中國政府會計論
（1933年版）

雍家源 著

會計經典叢書

立信會計出版社

图书在版编目(CIP)数据

中国政府会计论:1933年版 / 雍家源著. —上海:立信会计出版社,2014.12
ISBN 978-7-5429-4495-5

Ⅰ.①中… Ⅱ.①雍… Ⅲ.①预算会计—研究—中国—1933 Ⅳ.①F812.3

中国版本图书馆 CIP 数据核字(2015)第 099348 号

策划编辑　　黄成艮
责任编辑　　黄成艮
封面设计　　周崇文

中国政府会计论(1933年版)

出版发行	立信会计出版社			
地　　址	上海市中山西路 2230 号	邮政编码	200235	
电　　话	(021)64411389	传　真	(021)64411325	
网　　址	www.lixinaph.com	电子邮箱	lxaph@sh163.net	
网上书店	www.shlx.net	电　话	(021)64411071	
经　　销	各地新华书店			
印　　刷	常熟市梅李印刷有限公司			
开　　本	710 毫米×960 毫米	1/16		
印　　张	46.25	插　页	6	
字　　数	459 千字			
版　　次	2014 年 12 月第 1 版			
印　　次	2014 年 12 月第 1 次			
印　　数	1—1 100			
书　　号	ISBN 978-7-5429-4495-5/F			
定　　价	88.00 元			

如有印订差错,请与本社联系调换

雍家源

《會計經典叢書》編輯指導委員會

指導委員會

主任委員　葛家澍　郭道揚

委　員　（以姓氏筆畫爲序）

於玉林　王慶成　成聖樹
湯雲爲　楊宗昌　吳水澎　張文賢
張以寬　徐政旦　常　勛　蓋　地
傅　磊　裘宗舜　管錦康

編輯委員會

主任委員　邵瑞慶

委　員　（以姓氏筆畫爲序）

李穎琦　張維賓　邵　軍　曹惠民

总 序

组织中外会计经典著作与普及性会计读物出版，是潘序伦先生创立的立信会计事业的重要组成部分，历史上的「立信会计丛书」影响海内外，已为推动华夏会计事业的发展作出了杰出贡献。为了更好地继承和弘扬会计文化遗产，立信会计出版社特制订宏伟计划，隆重推出《会计经典丛书》（以下简称《丛书》），拟在今后相当长的时期内，分批系统地出版在世界会计发展史上具有一定学术地位的名人名著，以最终形成具有传世意义与珍藏价值的系列会计文化精品，为全球会计界树立起一座金字塔。

人类社会的会计事业有着悠久而伟大的历史，它的发端期与远古文化、艺术，以及原始算术相一致，在其起源之际所显示出来的管理功能，便与解决人类生存及发展问题至为密切相关。由此，它创立了自己的伟大历史起点。在进入「财产社会」及至其后的「产权社会」后，会计在维护和保障公共权益与私家（或公司）权益中的作用越来越突出，在经济控制中的基础性地位越来越重要，这正如马克思所讲：「过程越是按社会的规模进行，越是失去纯粹个人的性质，作为对过程的控制和观念总结的簿记就越是必要，因此，簿记对资本主义生产，比对手工业和农民的分散生产更为必要，对公有生产，比对资本主义生产更为必要。」近现代会计发展的历史事实证明了马克思这一光辉论断。作为现代市场经济管理控制基础的会计，当今已被人们看作实现社会经济可持续发展的基本保障，其作用又回归到与维护及保障人类的生存发展相关的方面，这已成为当今人类必须正视的一个问题。当然，会计控制的作用不仅仅显示在强化经济管理工作方

面，而且更爲突出地還表現在科學思想發展與會計理論、文化建設方面。先進的會計思想和科學的理論一直持續影響着會計學與會計工作的發展，這也是現代會計學之所以成爲交叉科學與邊緣科學的重要原因。盡管它作爲一門科學的研究成果成書時間較之其他科學爲晚，然而，近代社會以後，會計經典之作的產生與發展卻展現出後來者居上的演進態勢，尤其是在現代社會經濟、政治、文化，以及在現代科學技術發展的推動之下，以會計理論與實務研究爲中心的領域不斷拓展，以會計、審計和財務管理爲基本內容的理論與方法技術體系已經形成，會計學已在科學羣體中獨樹一幟，其經典論著層出不窮，熠熠生輝。

弘揚會計學的歷史發展成就是一代又一代會計學者應承擔的重大責任，整理出版會計著作精品是履行這一責任的重要體現，《叢書》出版目標正是根據這一點確定的。一方面《叢書》編委會將盡職盡責地做好這項工作，確保以上乘的質量，持之以恒地出版這套《叢書》；另一方面也企盼來自各個方面的支持，在著作遴選、修訂與出版等方面做到羣策羣力，以實現《叢書》出版所預期的目標與擴大它的世界影響。

《會計經典叢書》是一項永久性的出版工程，通過它既能夠展示數百年來中外會計學術演變與發展的歷史路徑及其運行規律，也便於廣大會計學者與工作者全面而系統地研究會計學術、實務問題，以達承前啓後，繼往開來，持續進行求實創新之效果。《叢書》編委會誠望會計學者、會計教育者、會計實務工作者，以及其他方面參與《叢書》的策劃與對會計經典著作的遴選，並對持續出版這套《叢書》提出寶貴意見。我們認爲，這項工程既是中國也是世界會計界共同的事業，它的每一步都需要來自會計界及其他方面力量的推進。

《會計經典經書》編委會

大學叢書

中國政府會計論

雍家源 著

商務印書館發行

大學叢書委員會

委員

丁燮林君　李權時君　胡　適君　唐　鉞君　傅運森君
王世杰君　余青松君　胡庶華君　郭任遠君　曹惠羣君
王雲五君　何炳松君　姜立夫君　陶孟和君　鄒　魯君　蔣夢麟君
任鴻雋君　辛樹幟君　翁之龍君　許　琬君　鄒　魯君　歐元懷君
朱經農君　吳澤霖君　陳裕光君　鄭貞文君　顏任光君
朱家驊君　吳經熊君　翁文灝君　鄭振鐸君　顏福慶君
李四光君　周仁君　馬君武君　程天放君　劉秉麟君　羅家倫君
李建勳君　秉志君　馬寅初君　程演生君　劉湛恩君　顧頡剛君
李書華君　竺可楨君　孫貴定君　馮友蘭君　黎照寰君
　　　　　徐誦明君　傅斯年君　蔡元培君

自序

近數年來著者在財政部會計委員會主任財務會計設計工作。亦嘗於京滬各大學，數度教授官廳會計一科。當以泰西各國書籍上之理論既未盡合吾國國情，而國內專書無多所發行者又於現行法令與制度略而未詳，用於講學治事都無是處。輒思本其所知及實地經驗所得而有編書印行之動機。初在國立中央大學金陵大學光華大學所編述者祇爲大綱繼在中央陸軍軍官學校所印講義爲本書之初稿。在中央政治學校所印講義爲改正稿。而在本書則屬第三次稿矣時歷數載稿經三易於所搜羅材料已盡力爲最審慎與最新穎之抉擇然顧此失彼在所難免若得讀者不棄進而敎之則幸甚矣。

全書無慮四十萬言謄正校讎之役胥獲良朋之助而材料之搜集體裁之商略得力於楊澤章君者尤多爰述於此用誌不忘。

中華民國二十二年七月一日雍家源序於南京。

凡例

（一）本書所論政府會計係採取會計學廣義之解釋，故包括財務行政秩序及簿記組織系統兩主要部份。

（二）本書各篇之次第先為緒論其中分為三章於政府會計學之意義及辦理會計事務機關與工作人員分別加以討論次為財務行政秩序論其中分為六章係分別討論預算現計決算及審核各點再次為簿記組織系統論其中亦分六章係分述其原理現行制度及由著者個人所發揮之批評與擬議各點最後為附論祇有討論辦理會計事務機關成立交代及結束各點之一章。

（三）本書每章內各節目之次先述其普通原理次及於吾國現行之制度然後參照理論與實施情形加以批評最後為著者個人對於以上應有制度之擬議第三編簿記組織系統論全編視為一章該編中各章相承之次第恰與上述每章內節目之次第同。

（四）本書內容第一注重於普通公務機關會計制度而略於公有營業機關部份第二注重於中央各機關及所屬會計制度而略於地方各機關及所屬部份第三注重於普通會計事務而於審核部份祇討論其政治問題并未及於審核之技術第四關於應有簿記組織系統之擬議注重普通徵收與支出機關而略於金庫及會計主管機

關部份。總上所述省略之部份，日後將另著專篇以論之。

（五）凡法令之已廢止及制度之已廢除不用，在本書內，一律屏除不錄。凡所舉之現行法令與制度，俱酌取其要點，用敍述體裁列入本文，而不錄公佈之全文。

（六）本書內所有會計名詞，已見現行法令與制度者仍依原有之規定，無規定者依極普通而合理之譯名。惟有極艱澀名詞，始將英文原名註入之。

目錄

第一編 緒論

- 第一章 政府會計學之意義 …… 一
- 第二章 政府辦理會計事務之機關 …… 二一
- 第三章 政府辦理會計事務之人員 …… 四八

第二編 財務行政秩序論

- 第一章 概算預算及月份分配預算 …… 五七
- 第二章 現計上——收支程序 …… 一八八
- 第三章 現計中——收支報表 …… 二四〇
- 第四章 現計下——月份收支計算書類 …… 二九四
- 第五章 決算 …… 三三二
- 第六章 審核 …… 三五一

第三編 簿記組織系統論

第一章 本編總論 …… 三七七

第二章 現行制度——徵收機關 …… 四五六

第三章 現行制度——支出機關 …… 四七二

第四章 現行制度——金庫及國庫 …… 五〇二

第五章 現時改革中之制度——中央各機關及所屬統一會計制度 …… 五一九

第六章 對於以上各項制度之批評及擬議 …… 五七三

第四編 附論

第一章 辦理會計事務機關之成立交代及結束 …… 七〇七

附錄 雍家源先生傳略 …… 七一七

中國政府會計論

第一編 緒論

第一章 政府會計學之意義

一國治亂之原由於政治者半由於經濟者半；而國家財務行政又繫乎二者之間。是以財政紊亂，影響所及，政治既末由清明，而民生亦難解決。試觀吾國二十年來在上則貪汚官吏巧取豪奪財政之不上軌道，概可想見在下則強者掠刦弱者怨讟財政之無辦法亦可知矣。長此以往伊於胡底所以納諸軌範止於至善其道爲何？惟有嚴格監督。監督之道爲何？惟有屬行會計制度而已使會計制度而能暢行無阻其結果消極方面財政可以公開其不上軌道者自上軌道矣。積極方面可以劑酌盈虛開源節流其無辦法者亦自有辦法矣。著者執筆爲以下之著述，不僅希冀以一己之所學供獻於同好而喝喝望治之心亦未敢後人焉。茲先將會計在財務行政上之地位詮次於下：

第一節 會計在財務行政上之地位

第一目 財政學上不易之原理

美國財政專家華洛伯（Willoughby）氏有言：「欲弭亂致治，造成一有效率之政府，其中雖有各種原素，而以財務行政為首要。」此語之涵義，可就下列主觀與客觀兩點解釋之：第一就主體言，財務行政為一切行政之中心事。無鉅細非錢莫辦，尤以近世重視物質建設之時代為然，譬如國防工程運輸工具，以及其他大規模之公有營業機關皆須極鉅之資本方能舉辦，此項鉅額之資本，如何取得，如何保管，如何支配實為行政上最大之問題，此問題一經解決其他枝節問題皆迎刃而解。第二就客體言財務行政一上軌道，即表明其他一切行政皆循軌道運行，故吾人可以財務行政為測量其他一切行政效率之工具，所謂財務行政問題，首應注意於政府歲出之情形，以及應付此種歲出之準備財政專家對於此種問題管有一術語名之曰：「量出為入」次應注意於財源開發徵收及保管與支配之方法，財政專家對於此種問題亦有一術語名之曰：「開源節流。」前者為體後者為用斯為公家理財不易之原理。

第二目 財務行政上可易之制度

就實施方面觀之政府一切措施罔不與財務息息相關故凡一種表明公款收支存留情形之會計正確報表，

就其量言，政府各機關皆應句括在內，就其數言錙銖必盡羅列，依據此種報表，詳為剖分，或以時為比較，或以類為區別，亦足覘行政官吏過去之成績若何，現狀若何，以及今後施政方針，當如何而決定，基於上述，凡行政措施皆與財務有關，而辦理財務行政之官吏，自應通力合作，共躋於成，故財政專家於論理外，尤當著重制度理論與而行制度本諸理論而立實相互為用者也。顧泰西各國對於財務行政，初無一極端完善之制度，且學者對於制度，亦少有系統之研究，換言之，即政府對於人民所委托首要之事務，尚未能得一合理化之方法以資處理。是有望治之心，仍無相當致怡之術，然則公家理財其制度上固尚有斟酌之餘地也。現時所論甲國財務行政制度較乙國為優劣之判者，亦不過為一比較語詞而已。

第三目 財務行政上最重要之事務

（一）決定政策

第一目所申述者為財政學原理，以量出為入為體，以開源節流為用；換言之，即以收支適相脗合為原則，顧理論恆未必與事實相符。任何國家實際上收支每多不能適合，或收浮於支，或出多於入，於是在預定財政政策以前，必須安謀善法用資彌補，未若私人之可臨渴掘井也。且一國之財政政策其意義之重大與繁複亦與私人或團體之企業完全不同。良以公款之收支原無自然脗合之理，而其來源與性質復各具特性，惟在財政政策既定之後，財用兩方務使平衡，而後可，至若平衡之方法不外下列數種（一）不開發歲入來源，或增高稅率而求歲出數額之

減少。(二)不減少歲出，而另開發稅源或增高稅率。(三)歲入與歲出雙方同時進行增減以求脗合，於萬不得已時始以發行公債爲彌補之方法。總之以上三種預算平衡方法之決定居財務行政上首要之地位此項政策既定則預算方案之編製決定執行及監察諸事務亦隨之而定矣故論財務行政上之要務首推政策之決定他若貨幣政策如本位幣之用金用銀問題貿易政策如採取保護或自由主義問題及匯兌政策如定貼現率之高低問題諸如此類實與一國財政之關係綦深其應如何決定之處務須事先有周詳之規劃否則措置稍有乖誤國計民生所受之損失直不可以數計此亦決定政策中之其他要務焉。

(二) 會計監督

試就財務行政秩序言之，預算方案云者，係對於被預算年度內一切歲出歲入之總額，由立法或民意代表機關事先加以釐定之謂也換言之，即將上述已決定之原則爲一具體之方案俾行政機關之工作得有準繩至考察行政機關執行預算已至若何程度是爲現計之工作一被預算年度過去以後歲出與歲入數額再經一度之整理，以與預算數比較核對者是爲決算之工作總之預算方案爲財務行政上工作之準繩是爲未來之計劃考察收支存留之實況，將以鉤稽現在之狀況。至於收支報銷之審核，將以考查過去之情形三者相互爲用缺一不可是以預算現計與決算爲財務行政上一定不易之秩序此皆整個屬於會計上之事務故論財務行政上之要務次推會計監督。明乎此會計在財務行政上之地位可以思過半矣再就簿記組織系統一方面言之凡一機關所有賬簿之記

第二節　政府會計學之定義

第一目　何謂會計學

會計學（Accounting）為論理科學之一種係研究用敏捷之過程及明晰之方法以產生關於財政數字報表之科學其功用在使主管人員就財政數字報表第一可知過去及現在經營之狀況第二可藉作日後擬定業務方針之準繩是以會計學所負最重要之使命在以敏捷之過程及明晰之方法編造報表以供主管人員之參考基於上述欲收實效首須將主管人員所需要參考之資料研究透澈拚搜集原始憑證以為編造之根據然後依照簿記方面之技術從事登錄簿冊總清賬戶及分戶賬簿等項之設計所謂敏捷之過程是也。凡此種種無非為求報表格式內容之修進如科目命名務求恰當排列先後必合條理所謂明晰之方法是也同時力求報表者之便利，使其不致有毫釐千里之差而主管人員決定日後方針亦即緣此為依據也是以一種財政數字之報表其取材及

載，應盡量表示實際情形而不容有絲毫不實不盡之處。欲求達到斯項目標，第一須有完善之簿記組織系統，第二須有稽察職權之行使。蓋在實行稽察職權以前，對於簿記組織系統之規定不全，則監察權之精神亦必隨之泯滅反之如有完善之賬簿更益以稽察之程序此時縱有不法之官吏亦難施其伎倆貪污之事，即已發生亦易敗露以上所謂簿記與稽察兩項仍屬於會計上之事務亦即以會計方法監督財政之一義也。

編製絕無貿然從事者而現時研究此項技術者,亦隨現代國家社會需要,蔚然日起矣以上所論尚偏重於簿記組織系統一方面近世會計學對於執行財務行政之秩序亦多加以規定。譬如成本會計學中除屬於工廠部份之記賬方法加以聲討外其他關於處理物品及勞役之程序,亦莫不有詳細之設計故現時會計學之範圍,至少應包括財務行政秩序及簿記組織系統兩大部份而言抑尤有進者社會上各種企業各有其特點即同一企業中之各個組織因時間或空間關係當無有一絕對雷同之機關。若就各種企業研究會計制度何止千百其數所謂普通會計原理不過就各種企業中研究一普通會計程序同時得於各方面引用之耳會計學特一提綱挈領之學科而已。

第二目 何謂政府會計學

（一）穆銳 (Morey) 氏定義

政府會計 (Governmental Accounting) 或稱公家會計 (Public Accounting) 係指明為政府各機關及各種公益事業之會計所謂政府各機關者乃指中央與地方各級政府及所屬而言至屬於各種公益事業者,則有學校醫院及圖書館等上述各方面關於財政與會計問題各有其特點實與各種私人或團體企業之複雜情形相類似又所謂政府會計原理不過說明一主要會計程序,可以同時引用於各方面;亦與普通會計原理賅括各種企業之會計程序者無異。

（二）多爾 (Dohr) 氏定義

市政會計（Municipal Accounting）或稱政府會計又稱公家會計係爲會計學中之一種其內容包括中央與地方政府及所屬與各種公益機關之會計其普通原理與商業會計相同但因上述各方面其目的組織管理及理財各點各有其特性故與商業會計上之處理方法即有顯然之區別市政會計學者即研究如何處置此個別問題之學科也。

（三）政府會計學之眞義

依據前目所擧會計學定義以及前兩段所申述政府會計學之定義而論政府會計學之內容與普通會計原理，不無差異者以其領域各殊耳總之政府會計學爲會計學中之一種所研究之內容有二第一爲各級政府及其隸屬於政府各機關關於處理財務行政上預算現計及決算三項之秩序此爲普通會計中所不習見者第二將用何種簿記之技術以編造斯項秩序上所應產生之報表。就第一目標言其效用在以預算管理之方法即會計之方法監督財務行政就第二目標言其效用在以敏捷之過程及明晰之方法以產生上項行政秩序上所需要有數字之報表庶使行政主管長官得知其管轄機關內之財政現狀及過去情形并可藉以爲決定日後大政方針之根據。而在審核方面亦可利用斯項簿記之組織以實行稽察之職權也。以上皆就政府機關本身而言民主國家之官吏係受人民之委託以完成其責任。對於其職務有向委託者報告之義務其中尤以負有公款收支存留之責任者平時應有一精確詳細之記載然後將此種記載向人民公佈一則使人民信任政府一則政府亦可藉此解除其責任。

第一編　第一章　政府會計學之意義

七

故整理會計公布所編造之報表實寓有公開財政與消弭亂原之深意在焉總上所論政府會計學之目標，就其主要者言之，則有下列三端：

1. 用預算管理法監督財務行政。
2. 擬定薄記組織系統以產生有關財政數字之報告。
3. 使政府一切收支數目得以公諸人民既使人民了解政府管理財政之狀況，又可為公開財政消弭亂原之工具。

第三節　政府會計學之範圍

政府會計學包羅之範圍至廣非僅研究狹義之官廳機關會計原理與實務為已足實包括一切公共團體之會計方面事項而言故多數會計專家輒以公家會計學一名詞為斯項學科之定名每一機關無論其地位之崇卑組織之廣狹要皆非錢不辦一與財貨有關則一切收支手續亦即隨之而起是政府會計學之範圍實視政府二字所包括範圍之廣狹為斷也茲先將政府之範圍討論於下：

第一目　政府之範圍

所謂公共機關者易詞言之卽國家及其他公益團體之謂此種機關，大別可分兩類：

1. 普通公務機關 所謂普通公務機關即指國家一切不含營業性質之機關而言。其中所包括者，又可分為兩類：（一）為各級政府機關如中央與地方各級政府機關及所隸屬之系統與所包括之範圍，應照組織法中所規定者為依據。（二）為公益團體及自治團體如學校路局以及公立慈善團體與地方參事會國民參政會等組織皆屬之，亦即不含有營業性質之機關也。

2. 公有營業機關 所謂公有營業機關，係政府為人民所設置之公營事業團體。其中所包括者，又可分為八類，其名稱如下：

1. 路政機關，凡關於鐵路公路之管理局皆屬之。
2. 電政機關，凡關於電報電話之管理局皆屬之。
3. 郵政機關，凡關於郵政之管理局皆屬之。
4. 航業機關，凡關於通商船舶之管理局皆屬之。
5. 農業機關，凡關於農林漁牧機關皆屬之。
6. 礦業機關，凡關於煤鐵及其他金屬物與非金屬物之礦廠皆屬之。
7. 工業機關，凡關於工廠局所等機關皆屬之。
8. 商業機關，凡關於國家銀行及郵政匯業儲金局等機關，皆屬之。

第二目　政府會計學之範圍

政府會計學為研究關於以上各種機關會計之科學。今已將政府各機關之範圍劃分多類，則政府會計學亦必因之分為多種矣。又在廣義之會計學中併將一部份審核方面原理及實施問題包括於內，是項賦有審核職權之機關為考察行政官吏對於所經辦之事務而設置，其職務分審計與稽察兩種，至其詳情將於以下各章中詳論之。故吾人研究政府會計者，又將繼起研究審計學廣義之政府會計學當然包括若干審計學部份在內也。

現時所論政府會計學，就其狹義一方面觀察之概指普通公務機關之會計而言。

1. 普通公務機關之會計　如依各機關所經管公款收支存留之事務而分類，可有下列四種：

　　i. 歲入事務機關之會計　凡各徵收機關皆屬之。其徵獲歲入款係受歲入預算之限制。其支出計分解庫款，與抵解欵兩種。以上收過於支之餘額，為存留於此種機關之現金結存數，研究此種機關之會計制度及簿記組織者，嘗以財務會計或稅款會計名之。

　　ii. 歲出事務機關之會計　凡各支出機關皆屬之。其支出之範圍應受歲出預算之限制。至支付上支出時所儲備之現金，係直接向國庫領取，或由坐支與撥付筆款轉賬而來，以上收過於支之餘額，為存留於此種機關之現金結存數，研究此種機關之會計制度及簿記組織者，嘗以經費會計或支用會計名之。

　　iii. 經管現金收支機關之會計　就收入方面言，凡各代理國庫銀行，及各地特定或非特定之承轉收入款

機關，省屬之。就經費方面言，凡承領及轉發經費之機關皆屬之此種機關專司現金存留及移轉之事務研究其會計制度與簿記組織者嘗以收支會計名之。

以上所述承轉收入款機關之會計又可與財務會計合併研究之，故名雖有三其實祇有財務與經費兩種之會計合併研究之。

iv. 會計主管機關之會計 若就會計之主管機關論例如主計處會計局職掌中，有一條規定「關於各機關會計報告之綜核記載及總報告之彙編事項」此種綜核記載與彙編工作吾人應以中央總會計名之。

現時吾國每一普通公務機關之會計至少應包括上述四種中之一種亦有一機關包括兩種或三種會計者，如國民政府委員會之會計因僅有經費之開支係屬於以上第 ii. 類者。如財政部所轄之江蘇印花菸酒稅局之會計因同時有徵收與支用之兩項事務故應包括以上 i. ii. 兩種之會計。如教育部之會計因同時自身為支出機關，又兼承轉各國立專科以上學校經費之事務故應包括以上 ii. iii. 兩種之會計。又如財政部所轄河北財政特派員公署之會計同時已有徵收與支用之兩項事務并兼任承轉河北一省國稅機關稅欵之事務又應包括以上 i. ii. iii. 三種會計矣。

2. 公有營業機關之會計 公有營業機關之異於私人或團體企業者，即為公有營業機關限制收益。首先應估定各該機關實有資產之價格，決定一合理之盈利定率然後求得其本年應有之利潤數加以每年營業開支之

第一編 第一章 政府會計學之意義

一一

總額，即可求得其應有之營業收入總額，再以所有交易次數除之，最後即得每一單位交易之售價，此其所以異於普通理財方法者也。此種機關每屆營業會計年度終結之時仍應有損益計算書及資產負債表之編造，如有盈餘當解繳國庫或留為擴充改良之準備，倘遇虧損可以請求國庫予以補助，此又其盈虧撥補方法上異點之所在也。

因有此種異點之存在，或須採用另一會計方法以處理之。然就其大概而言，則尚與普通商業會計成本會計與銀行會計等仍無多出入。第吾人研究此種機關之會計制度與簿記組織者，類多以公營事業會計名之。

現時吾國會計界中對於路電郵航等管理局所，一方以其為營業機關，一方以其有獨立資金故視為普通政府會計之例外，無以名之曰特別會計實即公營事業會計之另一名稱也。又吾國海關鹽務等徵收機關之會計，本可以財務會計繩之，乃因有客鄉或外債賠款之關係，一面任其獨立亦無以名之曰特別會計於是此種機關得藉特別會計之美名而超越中央會計主管機關範圍以外矣。

第四節 政府會計學之特點

第一目 政府各機關之特點

若論政府會計學之特點，必先就政府各機關之特點加以研究。其理由與先討論政府各機關之範圍，而後及政府會計學之範圍相同，茲將政府各機關分普通公務機關及公有營業機關兩方面言之。

1. 普通公務機關之特點　普通公務機關與私人或團體企業各有同異之處其相同者約為下列五點：（一）必有一定名，（二）可為訴訟之原告或被告（三）可與私人或其他團體簽訂契約（四）可有購置保管及變賣財產之權（五）可以舉債至其異點可就以下目的所有權組織及管理理財以及信用之取得五方面觀察之：

i. 普通公務機關之目的　普通公務機關之目的在為人民服務私人或團體企業之目的在乎牟利　就目的方面觀察所得之結果，政府普通公務機關應以為人民服務為目的換言之其於財政上自身雖無目的惟僅為達到各該機關所其他目的之手段故結果完全不能獲利例如徵收機關所徵獲之歲入款與自身所服務之勞役毫無相互連續之關係故兩者不能孿入計算而求一盈餘或虧損之數以此普通公務機關絕不以積蓄財貨為目的同時又須以利他心為發動之原則是與私人或團體企業之以自身為目的者迥乎不同緣後者之企圖強半為牟利耳。

ii. 普通公務機關所有權屬諸公有私人或團體企業所有權屬諸私有　就所有權方面觀察所得之結果，

一公務機關之長官係依法由上級機關所委派或由人民直接選舉而來其處理事務之全權操之於負責人或負責人團體此種負責人員祇能有權處理其分內之事務并非各該機關資產之所有者遇有卸職之時絕無人能以各該機關資產折價推讓之理是故政府各公務機關之所有權不屬於任何人而仍屬於全體人民，且此種機關為一合有強制性之公共團體其組織力最為強大得隨時強行其團體意志於人民，以徵獲其所需之收入如各項租稅費捐等是　換言之，卽在此種政治組織之下，人民各有被強制納稅之義務。但關於上項團體意志最

後決定之權仍屬諸全體人民。如關於政府之歲入法案應由立法或民意機關事先決定歲入預算以限制之。至於私人或團體企業所有權自當屬諸私有此種組織謂之共同團體，對於其團員僅有相對命令懲戒權而無絕對強制之權於法律許可範圍內應任其自由加入或脫離也。又此種團體當每會計年度結束之後有盈餘即可攤派收益於解散時如有賸餘資產，又可攤派於資本主或股東也。

iii. 普通公務機關之收支一律受預算之限制私人或團體企業之收支少有受預算限制者 就組織及管理方面觀察所得之結果，現時各國之治權大致俱採三權分立之制度吾國則更加考試監察二權故在政府普通公務機關其組織上分權制度之採行現時實爲重要。至若企業方面現時之組織仍有集中管理之趨勢，以上爲組織方面之區別。至於管理方面則以政府官吏所經辦事務之成績與官吏自身似無直接利害之關係職是之故其費用每屬無益之開支而且事務進行上恆呈緩滯之現象個人或團體企業依照章程規定選舉董事及監察人或聘用經理管理各該機關之事務斯項人員大都與其事業皆有直接利害之關係故其費用可以較省而且事務之進行又多敏捷靈活合於經濟原則也。某於上述故在政府普通公務機關爲考察行政效率起見不得不用預算管理方法以監督之。如各項費用之支出能完全受歲出預算之限制流弊自少而在企業方面現時尚少有採用預算制度者。

iv. 普通公務機關之收支又受專款所限制私人或團體企業之收支鮮有所謂專款之劃分者 就理財方

面觀察所得之結果，普通公務機關之收支所受預算方案之限制，已見前述其在預算管理方法之內，又應有專款之劃分蓋為某種歲出所籌劃之資金不得挪作其他各種用途此種限制在企業方面現時尚不經見至於政府普通公務機關資金籌劃之方法不外三端：第一為有強制性之租稅費捐等第二為攤費其方法先由政府墊欵建設或修繕某項工程然後將此項工程之通盤費用――有時加入一部份利益金計算在內――按照比例，分攤於收益者收益者於接到此項攤費通知時即應按期如數繳納於政府第三為借入金包括公債庫劵短期借款與銀行透支三種至私人或團體企業資金籌劃之方法除借入金一項與以上情形相同外其他較重要之方法有二一為招募資本企業之成立自必先行籌集一定資本金如因資金不足又可舉行添加資本二為提存公積，即不以盈餘數額分派於資本主或股東而用為營業上擴充改良之需使所經營事業之經濟日臻鞏固洵善法也。

v.普通公務機關之固定資產不得移充償還債務之用私人或團體企業之任何資金得以抵充債務　就取得信用方面觀察所得之結果普通公務機關信用取得之原因其主要者如預算案中預計歲入部份之是否可以按時徵獲第一應觀人民之納稅能力如何第二應觀察國民經濟之情況如何第三除舊有稅源外另闢新稅源之機會如何諸如此類問題皆為公家理財上信用取得之重要根據至以資產多寡視為信用之根據與以出賣固定資產之所得以抵償債務在現時尚屬罕見至於私人或團體企業則反是其信用取得之主要原因即

於資產雄厚與資本主或股東及管理人員個人之信用兩項觀之他若各該企業自身之牟利能力，亦視爲原因之一。

2.公有營業機關之特點 公有營業機關與私人或團體企業之性質大致相同。惟於理財與盈虧撥補之方法上略具異點而已。此點已於前第三節中詳之。而此種機關又恰與普通公務機關之性質相反。故論此種機關之特點與其以與私人或團體企業相比較毋寧以之與普通公務機關相比較之爲愈也。此種機關與普通公務機關之異點，約分下列三項：

i. 公有營業機關收入與支出混爲一體而普通公務機關之收支各成單位 在前第三節中已申述公有營業機關必先計算利潤及營業開支數而後始決定每單位交易之售價是三方面之關係密切實爲一整個的個體未可強爲分裂也但以普通公務機關言第一如徵收機關係經管歲入預算中所規定之歲入款徵收事務至其所徵收之現金須以解庫或抵解等手續處置之又此種機關本身之經臨各費則係另受歲出預算之限制而與其收入初無直接之關係第二如支出機關其支出固受歲出預算所支配其應付上項支出所得來之現金則有涇渭之分觀於以上兩說則普通公務機關之收支各成單位之情形當可明瞭矣。

ii. 公有營業機關之資產與負債混爲一體而普通公務機關之資產與負債各成單位 普通公務機關，不乃係直接向國庫或用撥付與坐支等手續向其他機關或本機關所領取者也與收入款部份之現金

能以固定資產抵償債務之原理已見前述茲再詳加討論於下：第一國家資產如公園醫院之建築道路橋梁之工程俱無舉以出賣之理。又如辦公處之土地房屋及器具等項亦以政府為永久設立之機關通常無用以抵償債務之理。故論執行財務行政與處理固定資產乃截然兩事也第二國家之負債如公債庫券本銀利息之償付通常俱已包括在普通歲出預算範圍以內根據斯項法案再為動支全與所有之資產毫無相互依傍之處。此就負債一端而論執行財務行政與運用資產以償還債務亦復迥不相侔也。至公有營業機關其情形又恰與之相反在先已申述決定利潤數為公營事業理財之最高原則而此種淨額數之計算實基於所有資產之價格所謂實有資產者乃由資產總額減負債總額後所餘之淨額也。而此種淨額數之計算實基於所有資產之價以儘先償還債務之原則故此種機關資產之與負債實有混為一體之趨勢也。

iii. 公有營業機關之平時收支與國庫不生直接影響而普通公務機關之平時收支與國庫直接發生影響國庫之資金其來源多為徵收機關之解庫款其用途多為支付各支出機關之經費款收支如不適合勢必出於舉債或向經營國庫收支銀行透支之二途是普通公務機關與國庫之間其平時收支有息息相通之關係也。至於公有營業機關則不然如吾國現行預算章程之規定在普通會計收入門中所列入者為國有營業純益一項。支出門中所列入者為國有營業資本支出一項。故此種機關之收支與國庫直接發生關係者厭惟解繳盈餘於國庫或請求國庫彌補其虧損以及增加或減少政府長期資金之兩項而已。其於平時收支上固不生直接影響

第二目　政府會計學之特點

依據以前第三節中所論政府會計學之範圍，所謂政府會計學者，至少須包括普通公務機關之會計及公有營業機關之會計兩種，而平時政府會計學一名詞多就狹義以解釋之，卽專指普通公務機關之會計而言，茲爲討論詳盡起見，仍就普通公務機關及公有營業機關兩方面研究其會計上之特點也。

1. 普通公務機關會計之特點　依據前目所申述此種機關之特點爲論斷，則其會計上之特點，亦可緣此而定。茲分五點闡明之：

i. 普通公務機關之會計中無損益科目　在普通會計學中各項損益賬戶，係用以表示某期間利益與損失之數目，而其相差之餘數則係用以表明各該營業某期間盈虧之淨數也。第在政府會計學中，卽無須此種賬戶之設置，考其原因，以普通公務機關之目的不在牟利，當然無須此種名稱之賬戶。但用一種表示執行收支所生差額之賬戶，仍屬不可或免，又在普通會計學中關於損益方面在一會計年度結束以後應有損益計算書之編造，惟在政府會計學中，則應就各項表示收支情形賬戶之餘額加以整理，並編製收支科目分類表以替代之。

ii. 普通公務機關之會計中無資本主科目　在普通會計學中資本主賬戶，係用以表示某資本主於其企業上投資之淨額，又在個人或合夥企業之中，有一資本主科目，卽足以表示其淨值之數，惟在股份有限公司則

又不然。因此種企業之投資係依照股份為計算之標準故除以股本賬戶表示法定股本外其有餘或不足之數，則另用公積或虧損之科目名之第在政府會計學中無須此種賬戶之設置因普通公務機關之所有權屬諸公有無所謂投資之名稱故資本主或股東賬戶可以廢置不用然表示本年度預計收支之盈絀或以前各年度實際收支盈絀之賬戶仍有設置之必要。

iii. 普通公務機關會計中之預算管理制度　普通公務機關用預算管理方法以監督財政之特點，已見前述故在會計上恆重視預算管理一端同時在簿記組織一方面以財務行政上既受預算之限制亦必以預算數字用為記賬憑證之權輿是以預算科目之採用實政府會計學上之最要特徵也。

iv. 普通公務機關會計為專款會計　政府會計因受預算管理方法所限制故凡為某種歲出所籌劃之歲入，必須專欵存儲不能挪移作為他用所謂劃分專款是也此係財務行政上之區劃至於賬務上因有專款之劃分亦隨之而為科目之劃分。

v. 普通公務機關會計上應多注重於資力負擔之情形　依前目所述政府為永久設立之機關，所有固定資產自無用作償還債務之理更有進者就歲入而言政府最重要之資產即為向人民徵稅之權。而此種權力並非資產在普通會計學中本無有若何表示之方法又每年歲入預算案一經通過政府各級機關依照法案即有權向人民徵收租稅故此種權力之運用實比任何資產為有力。是以雖非資產而為資力其重要性勝過資產為

多矣。再就歲出而言政府之歲出無論其為發給各支出機關之經費款，以及償還債務等項，一律須受歲出預算之限制，在歲出預算案一經通過以後國庫即有按期支付上項歲出數之義務，此種義務實係一種負擔，而通常所論之負債有別，其作用實佔財務行政上之最重要地位焉。基於上述，普通公務機關除資產與負債外，更應注重於資力與負擔之情形。又在簿記一方面除資產負債一表，應按期編製外，如欲為表明資力負擔之情形計，更應有資力負擔表之編製，此種表冊之性質內容及格式等項，更將於本書第三編簿記組織系統論中詳述之。

2. 公有營業機關會計之特點 依據前目所申述此種機關之特點以為論斷，則其會計上之特點亦可緣此而定茲分為三點闡明之：

i. 公有營業機關會計中應將精確損益之計算加以注重 公有營業機關限制收益之理由已迭見前述。是以此種機關在會計上應將某期間損益之情形加以精確之計算。其中如應收應付會計基礎之採用折舊費之計算以及呆賬準備之設置等均應加以注意，以上為計算損益之情形。又在一會計年度結束以後即應有損益計算書之編造，此點又恰與普通會計中之方法相同。

ii. 公有營業機關會計中應將正確資產與負債情形之表明加以注重 公有營業機關之中，如路電郵航等事業其資本支出一項種類之多與金額之鉅，已屬驚人，更有所欠內外債本銀利息等為數尤鉅。如欲整理斯項記錄，其唯一方法厥惟積極的將上項人欠欠人之數登記於表示整個資產與負債情形賬冊之上，故論整理

公有營業機關之會計其著手處應以整理資產負債之登記爲起點至若此種機關，平時每一會計年度結束以後亦應有表示該時日財政現狀報表之編製其情形上與普通會計上著重編造資產負債一表相同也。

iii 公有營業機關會計應將適當之資金來源與處置方法加以注重　公有營業機關與國庫之關係係在純益之解繳國庫與虧損之由國庫彌補等項此種情形已於本節第一目中闡明之矣。任何公有營業機關一方面應考慮其自身資金之來源與處置之方法他方面應按照實際國庫之情形以爲增加資本或彌補虧損之要求故此處公有營業機關之與國庫實具相互連帶之關係焉按目下吾國情形而論公有營業機關如以純益解繳國庫固佳而希冀國庫能有補助實難故其自身於資金來源與處置方法之決定在理財與會計上之地位實屬極爲重要也。

第二章　政府辦理會計事務之機關

本書第一章曾予財務行政實施制度上加以討論并謂現時泰西各國于財務行政之制度，尚少極端完善之楷模。吾人應就各國制度上已有之優點予以採用，而于不能適合吾國國情者，卽應審愼抉擇，已彰明矣。若再就現時吾國國內之情形觀之，民德之卑汚官箴之不守固已江河日下。惟會計制度之不良，會計機關之漫無節制，

致釀成貪墨之事實所在皆是故整理財政關于促進會計機關之改善，實屬不容稍緩。本章所論，即研究應有何種會計機關之設置，國帑始無虛糜或浪費而國運乃有光華燦爛之一日茲先將於設立各會計機關之各種原則詮次于下：

第一節　設立會計事務機關之原則

設立會計事務機關之原則有四其名稱及涵義如下：

1. 分工之原則　現今學者修譚工作效率者皆以分工合作之學說為中心。於私人或團體企業且然，於政府各機關亦何莫不然政府對於辦理會計事務之機關雖就其職權分為各院部會其共同目標則一此無他亦曰通力合作而已。

2. 分權之原則　上項分工之目的，固不以增加行政效率為止境。其最要者尤在求政府各部份相互間權限之牽制換言之所謂分權之原則是已茲就財務行政而論泰西各國財政專家或以正權分立為中心學說所謂四權者即行政出納會計及審核四者是其大概情形分述如下：

行政機關無論其為徵收或支出者祇能以徵收或支付命令向政府以外之私人或團體，徵收稅款或支付之。所有一切收入均應納入及存留于國庫一切支出應由國庫憑支付命令給與現金。是行政機關權限所及者，祇在

發出徵收或支付命令而已而國庫所掌管者亦惟有現金之出納及存留等事務耳此外則有會計機關徒事於財政之整理預算之編造及現金出納之登記審核機關擔任賬簿單據表冊等之審計與稽核手續嚴密相互牽制雖不敢謂涓滴盡歸於公猶欲演成重收重支中飽漁利，或無從稽查及監督之流弊者誠屬絕無僅有之事此論財務行政機關之分權，所以爲澄清吏治之根本辦法也。

3. 注重技術之原則　研究財務問題者亦與研究一般行政問題同其中槪分兩種：一爲政治問題，一爲技術問題。前者爲研究各機關之職權分配問題後者爲研究如何實施已決定之政治問題如各種程序上應採行之手續及有關係書表格式之規定等皆屬之泰西各國現時政府各機關所辦之事務已有技術化之傾向尤其在辦理財務行政之機關已早注重技術問題如專研究預算會計問題及審計程序上應行之手續等事務亦已有特別設置之至在吾國，如北京政府時代交通部爲研究鐵路會計問題乃有統一鐵路會計委員會之設置。現時如財政部爲研究財務會計問題亦有會計委員會之說置實合有注重技術方面問題之深意在焉

4. 中央及地方各機關應採取一貫制度之原則　就行政系統之隸屬言第一中央各機關爲本機關，有其分駐于各省政府所在地或各隸屬于行政院之市政府所在地之分機關又有分駐于各縣政府所在地或各隸屬於省政府之市政府所在地之支機關第二地方各機關如省府各機關爲本機關有其分駐于各縣政府所在地或各隸屬于省政府之市政府所在地之分機關又有分駐於各區之支機關又如隸屬于行政院之

市，亦有分駐於各區之分機關。第三縣府或隸屬於省政府之市政府爲本機關，又有分駐於各區之分機關第四各區局所爲本機關亦間有一二附屬機關者依據上述，中央與地方各機關行政系統上相隸屬之關係悉已表明。如就審計與稽核之一端言則中央各機關之收支報銷應送中央審核主管機關審查是在中央應有審核主管機關之設置于各省政府所在地或隸屬行政院之市政府所在地內，即應有分處之設置爲審核各核區域內中央及地方各機關于各縣政府所在地或隸屬省政府之市政府所在地內，又應有支處之設置爲審核此區域內，中央及地方各機關收支報銷之機關其在行政系統上則支處受分處之節制分處受主管機關之節制。

以上四點爲分立會計機關之原則又前章于討論政府會計學之範圍時會將政府各機關分爲普通公務機關及公有營業機關兩種是就各機關所辦事務之種類爲分類標準。換言之，卽橫式之分類法也本章于此亦將爲之詳細闡明，但須先依縱式之分類法，卽依辦理財務行政秩序之先後將政府各機關之性質，加以詮次焉。

第二節 縱式之政府辦理會計事務機關

第一目 理論上之四種縱式會計機關

所謂依辦理財務行政秩序之先後爲分類標準者卽指辦理預算現計及決算等事務之程序而言此種程序，

大概分爲下列四種步驟第一爲預算之編製第二爲預算之決定第三爲預算上收支之執行，第四爲對於所執行收支之審核以上所分四端其作用固不僅闡明財務行政之程序而制度上之基本組織緣此亦可推定辦理此項事務者亦祇有採取性質不同之四種機關而已。

1. 預算之編製機關　所謂編製預算即財政之計劃問題爲一般行政機關之職權。換言之，即擬定政府財政方案之謂也其工作不但懸擬將來大勢并須注意過去之情形及現在之狀況其所以必須如此詳徵博引者實以搜得此資料即能督促政府所屬機關使知警惕黽勉從公以期將來之成績也現時泰西各國關於預算之編製機關大抵爲最高行政機關或由最高行政機關特設一專管斯項事務之機關。

2. 預算之決定機關　所謂決定係對於行政機關所供獻之意見加以核定而公佈施行也是以擬具計劃爲行政機關之工作。而計劃之決定則爲立法機關之工作。蓋民主國家一切政策之決定皆應出於立法機關之手所以如此者無非分別權能而已民主國家之立法機關「權」之所在有決定政策之權，然無最後之執行能力。而賦有能力之行政機關，則又不能過問立法方面之工作通常民主國之國會對於法律案大赦案宣戰媾和案以及預算案等之決定視爲重大之使命是以一國國會之內例有關於審核預算委員會之設置爲專門考覈預算方案之機關又國會通常關于會計之立法其職務大抵有二一爲制定關於預算及其他一切之法規二爲依預算法規所規定爲預算案之決定但此種機關之權責常依各國憲法之精神而生差異。

3. 預算之執行機關　所謂執行預算，即將已決定之政策形諸實施而已。此方面之工作如職務之分配，人材之甄用及指揮監督等皆屬行政機關之職務總之就執行而論行政機關須稟承立法機關之意旨在其所決定範圍之內執行之但對於立法機關應負相當責任其責任有二：一為對於政府機關與政府機關以外之個人或團體及政府機關間款項之進出應當忠實而無舞弊之事端二為其所執行之事務應以最合經濟原則之辦法為之換言之其徵收固應深最小微收費之原則而於支用尤應以極微之數而獲最大效果泰西各國關於執行預算機關通常分為財政部主計處及國庫管理處等其共同職務大抵有二：一為依據歲入案徵收租稅或舉借債款以及依據歲出案支付經臨各項費用等在昔此種機關中之最重要事務。二為依據歲入案徵收租稅或舉借債款以及依據歲出案支付經臨各項費用等在昔此種機關中之最重要者，只有財政部除受行政元首及國會之指揮監督外能握財務行政上之全權但現時各國多提高主計處之會計權及國庫管理處之現金出納權以牽制之。

4. 收支之審核機關　所謂審核收支即指由另一機關考察行政機關於執行預算方案時是否忠實之謂在昔各國多將此種工作委諸立法機關以立法機關有事前決定及事後監督之兩重權力於決定政策時只行其一於事後審核完畢始形成之行政官吏有隨時受立法機關指揮監督之責任而立法機關并得就考查過去之情形，以供決定將來政策之參考但在現時行政機關之收支報銷除由立法機關為最後核銷外其間又多有超然審核機關之設置亦有並不專設機關隨時置一審計員或稽核員然其職責實又大同而小異也。

第二目　吾國現時之各種縱式會計機關

（一）吾國現時之各種縱式會計機關構成圖

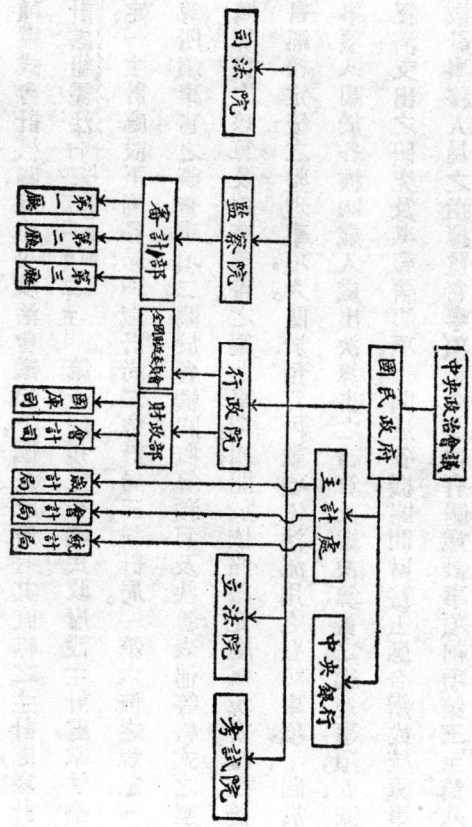

吾國現時之各種縱式會計機關構成圖

（二）吾國現時各種縱式會計機關之說明

吾國現時各種縱式會計機關自中央政治會議以下國民政府有其直轄之主計處歲計局及統計局隸屬之。（參閱主計處組織法十九年十一月二十五日國民政府公佈第一條之規定，「國民政府設主計處掌管全國歲計會計統計事務」第四條之規定，「主計處設下列各局：一、歲計局，二、會計局，三、統計局」。第六條之規定，「歲計局辦理下列事項，一、關於籌劃預算所須事實之調查事項，二、關於各機關概算預算及決算表冊等格式之製定頒行事項，三、關於各機關歲入歲出概算書之核算及總概算書之編造事項，四、關於各機關歲入歲出預算書之核算及總預算書編造擬定總預算書事項，五、關於擬定預算書經核定後之整理事項，六、關於預算內款項依法流用之登記事項，七、關於各機關各種計算書之彙編及其報告事項，八、關於各機關歲入歲出決算書之核算及總決算書之編造事項，九、關於各機關財務上增進效能與減少不經濟支出之研究及其報告事項，十、關於各機關間財務上應合辦或統籌事務之建議事項，十一、關於各機關辦理歲計事務人員之指揮監督事項，十二、其他有關歲計事項。前項第三至第八款之規定於追加預算及非常預算準用之。」第七條之規定，「會計局辦理下列事務，一、關於各機關會計人員之任免遷調訓練及考績事項，二、關於各機關會計表冊書據等格式之製定頒行事項，三、關於各機關會計事務之指導監督事項，四、關於各機關會計報告之綜核記載及總報告之彙編事項，五、其他有關會計事項。」又有中央銀行為經理國庫之機關。（參閱中央銀行條例十七年十月五日國民政府公佈第一條之規定，「中央銀行為國家銀行由國民政府設置經營之。」第五

條之規定「中央銀行由國民政府授以下列之特權：一遵照兌換券條例發行兌換券，二鑄造及發行國幣，三經理國庫，四募集或經理國內外公債事項。」五院之中與會計攸關者則有立法院為決定法律案預算案等之機關。（參閱國民政府組織法二十年十二月三十日第五章第三十七條之規定「立法院為國民政府最高立法機關，有議決法律案大赦案宣戰媾和案及其他重要國際事項之職權。」）行政院為提出于立法院法律案預算案等之機關（參閱國民政府組織法第四章第廿四條之規定「下列事項應經行政院會議議決，一提出於立法院之法律案，二提出於立法院之預算案，三提出於立法院之大赦案，四提出於立法院之宣戰媾和案。」）監察院為依法行使彈劾審計權之機關（參閱國民政府組織法第八章第四十六條之規定「監察院為國民政府最高監察機關，依法行使彈劾審計之職權。」）

行政院之下有全國財政委員會為促進財政改善及實現財政公開之機關。（參閱全國財政委員會組織條例二十一年六月十一日國民政府公佈）第一條之規定「國民政府為促進財政改善實現財政公開設立全國財政委員會」第二條之規定「全國財政委員會隸屬於行政院。」第三條之規定「全國財政委員會對於行政院辦理下列財政事項有審查及建議之職權：一、整理財政，二、審核收支概算，三審核公債之發行，四稽核報銷，五公佈收支數目。」）又行政院所轄之財政部為管理各種歲入款徵收及納入之機關有國庫司及會計司等隸屬之。（參閱財政部組織法十七年十二月八日國民政府公佈其中第四條及十七條於十六年五月九日由國民政府修正公佈）第一條之規定「財政部管理全國財務行政事務。」第四條之規定「財

政部置下列各署處:一、關務署二、鹽務署三、總務司四、賦稅司五、公債司六、錢幣司七、國庫司八、會計司九、菸酒稅處十、印花稅處十一、捲菸統稅處（菸酒印花捲菸統稅三處現已裁撤另組稅務署以替代之。）第十三條之規定「國庫司掌下列各項:一、關於國資之運用出納事項二、關於發欠命令之稽核計算事項三、關於國庫之出納計算書之編製事項四、關於國庫簿之登記事項五、關於政府各種基金及儲蓄保管事項六、關於國庫之出納管理及其他一切事項。」第十四條之規定「會計司掌下列各項:一、關於總預算決算及支付預算事項二、關於特別會計之預算決算事項三、關於編製歲入歲出計算書事項四、關於審核預備金之支出事項五、關於歲入歲出之統計事項六、關於金錢及物品之會計事項,七、關于主計簿之登記及各種計算書之檢查事項八、關于所屬各官署會計之稽核及整理事項,九、關於其他會計一切事項。」

監察院之下有審計部為管理審計與稽察事務之機關（參閱監察院組織法二十一年六月二十四日國民政府公佈第二條之規定,「監察院設審計部行使審計職權」第五條之規定,「審計部掌理下列事項:一、監督政府所屬全國各機關預算之執行,二、審核政府所屬全國各機關之計算及決算,三、核定政府所屬全國各機關之收入命令及支付命令,四、稽察政府所屬全國各機關財政上之不法或不忠於職務之行為。」審計部組織法二十二年四月二十四日國民政府公佈第一條之規定,「審計部直屬於國民政府監察院依監察院組織法第五條及審計法之規定行使職權」第五條之規定「審計部設三廳依監察院組織法第五條之規定分掌下列事務:一、第一廳掌理政府所屬全國各機關之事前審

計事務二、第二廳掌理政府所屬全國各機關之事後審計事務，三、第三廳掌理政府所屬全國各機關之稽察事務。」第十七條之規定，「審計部於各省及直隸行政院之市設審計處掌理各省市內中央及地方各機關之審計稽察事務其他不能依行政區劃之機關經國民政府之核准得由審計部設審計辦事處。」

按之上述情形法律條文固極嚴密但以頒布先後各有不同，在新法律條文公布之後，對於已經發生衝突之舊條文多未加以修正遂致往往不相銜接或相牴觸亦有機關組織法或條例雖會公佈施行，而始終整個一機關，或其中一部份未經成立者故在現時仍應含組織法條文而以實際情形為準也。

1. 預算編製及決定程序之概要 吾國現時預算之編製（一）先由國民政府主計處之歲計局根據各機關造送第一二級概算書編製全國總概算（二）全國總概算編竣後由主計處呈請國民政府送達中央政治會議核定（三）於核定後送由國民政府發交主計處歲計局即以之作編造全國總預算之根據（四）歲計局於編定全國總預算後由主計處呈請國民政府發交行政院提交立法院審議（五）立法院議決通過後呈請國民政府公佈之。我國會計立法機關及制度似盡於斯矣。至就實務一方面論現時吾國之辦理編製概算及預算事務大抵以往無財政方面之正確記錄之參考之資料不足第一政府將來辦理財政之大政方針尚未規定故難以確定各機關政費增減。第二基於不平等原則之稅法及不合經濟原則之開支事先省無具體通盤之計劃，故於編製時不得不苟且草率強附會以成之。以此種草率之預算案如何使各行政機關依樣推行之即以強

三一

力使之依樣推行其結果之不善在所難免退而言之此種似正確非正確之預算若能按期編製按期決定依照執行，尚可差強人意况并此而無之也耶故論吾國今日之編製預算旣不合理又不依時完成公家理財不循預算以行，貪汚之來，良有由矣。

2. 預算執行程度之概要 至關預算之執行，可依歲入及歲出之程序表明之：

i. 歲入程序之概要 國家歲入（一）先由人民填具申請書向徵收機關報告依法應行繳納之稅款。（二）徵收機關核對申請書，依法爲之徵收。（三）人民將應繳稅款納入於徵收機關待達到一定數額時再行依照統一國庫收支辦法由徵收機關解繳於各代理國庫之銀行或依法將已經撥付與坐支之款向國庫抵解。（四）以上關於稅款之現金收支情形應依主計處會計局所規定中央各機關及所屬編製收支報告暫行辦法編造乙種收支報告四份呈送主管機關除由主管機關抽存一份外幷將其餘三份分別核轉財政部（兩份）及主計處（一份）備查（五）以上徵收機關應依照法定期限與規定按月編造月份收入計算書四份連同票照存根備文呈送主管機關，再由該管主管機關將計算書三份分別核轉財政部審計部及主計處備查（六）至若每年辦理收入決算則有暫行決算章程之規定惟辦理成效現時未見顯著耳（七）又各徵收機關之主管機關爲本身便利審核起見亦多有於上項規定辦法外另行規定其附屬機關收支報表辦法者於會計上尤易明瞭其概況焉。

ii. 歲出程序之概要　國家歲出：（一）先由支出機關填具請款書，及支付預算書二份，依法請求財政部發款，斯項支付預算書一份存財政部一仍由財政部轉審計部。（二）如為直放款，則由財政部根據歲出預算，並對照各支出機關之請款憑單及支付預算書填發直字編號之支付書（三）上項支付書須先由審計部核簽後，再由財政部將其通知一聯交原請款之機關命令一聯交代理國庫銀行照發。（四）如為撥付款，則由財政部填發以撥字編號之支付書，又如坐支款，則由財政部填發以坐字編號之支付書，其他手續與上述直放款相同。（五）普通支出機關所購入者，不外物品與勞役兩種，故其所經管者亦不外現金與物品財產之保管消耗等項。（六）關於以上支出機關支付現金之情形，亦應依主計處會計局所規定中央各機關及所屬編製收支報告暫行辦法編造甲種收支報告四份呈送主管機關，其存轉情形與徵收機關同。（七）以上支出機關並應依照法定期限與規定，按月編造月份支出計算書四份連同支出憑證單據備文呈送主管機關抽存一份並核轉財政部主計處二份外，其餘一份連同轉送審計部為最後之審核。如審計部認為無剔除諮詢之處，則發給審核證明書以證明之。而原造送之機關於奉到斯項證明書後，對於該月份之用款方解除其責任。（八）至若每年辦理支出決算，則依暫行決算章程之規定。審計部於核銷年度支出決算時，用核准狀以證明之。而原造送之機關於奉到斯項核准狀後，對於該年度之用款，方解除其責任。

3.收支審核程序之概要　現時監察院之審計部之審計工作，已於前段預算執行程序中，連帶為之說明。茲

再就該部現時之組織及經管事務上，加以概約之敘述。該部現分兩廳第一廳審核財政部簽發之各種支付書，第二廳審核各機關所編造之月份支出計算書。前者審核之舉行，係在金庫未付款與支出機關以前，故又可名之曰事前審計。後者審核之舉行，係在各機關每月份經費已經開支之後，故又可名之曰事後審計一層，如由各徵收機關自行扣除或劃撥之經費，其簽發坐字或撥字支付書，多在事實發生數月或數年之後，故原屬於事前審計者，直與事後審計無異矣。在事後審計一層，各機關例多不能按期編送報表且以國庫空虛，各機關當月經費不能按期請領，故該月份實際收支之結束，多在原定造送報表期限數月之後。時日既久，審核結果所取得之時間性亦多因之喪失。如有剔除經費須令原任長官賠墊者，則該長官業已解職他去，不知所之矣。諸如此類皆為吾國現時審計工作方面之實際困難問題，以有此困難問題之存在，一般貪污事件往往因之而起，此與以衰弱之身體使病菌侵入機會較多者概相類云。

第三目　對於吾國現時各種縱式會計機關之批評

吾國現行會計制度之構成，已見前述。惟在組織方面有欠完整，在效率方面未易增加，故仍有改良必要。第於建議改良方案之先，須知其缺點所在，方可對症下藥。吾人就吾國現行會計機關之構成，及其本身職權上言之，有時不免有下列述四種批評焉：

1. 職權有牴觸處　分工辦理，原求工作之易於發生效率也。所謂各司其事，各盡其責，則事無不舉。若職權一

遇牴觸，則應收效者未必能盡其效也現時如全國財政委員會及審計部第三廳等始終並未成立皮之不存毛將焉附當不足與分工也又全國財政委員會之職權如整理財政審核預算稽核報銷及公佈收支賬目何當不與現時原有各機關之職權有所牴觸至若設置專門管理某項事務之機關一層現時雖有主計處之設立但仍不足賅括獨立機關之大全也。

2. 牽制有未得當處　各機關間相互牽制無非欲使會計事務免生流弊吾國現時各機關間相互牽制之處，或有不應然而然反有應然而不然者如審計部之事前審計只限制於核簽支付書一層至若支出機關之用款并不須經審計部之審核卽可支付現金僅於審核計算書時再行加以剔除諸如此種規定似有輕重倒置之缺憾亟應加以糾正者也。

3. 技術未知注重　技術為辦理一切事務之工具有此工具然後始能增加效率吾國對於會計專門人才現時尚未羅致於專一機關俾對於會計之理論與實施方面能時加研究且對於技術之改良亦未能切實注重雖有專聘人員多散處各機關終未見能集中一處以解決目前會計上發生之難題也。

4. 制度未能統一　吾國各機關無論其為中央或地方設立者對於會計制度每多未能採取一貫制度以資遵循。現時中央雖有此議迄未見諸實行如各省市之審計處按理固應及早成立以資進行審核之事務。惟吾人所能聞及者祇該機關組織法之公佈耳實際上尚未能籌備成立也至未經組織法公佈之機關第以其能促進會計

制度之成功且能發生一貫之效者吾人深望能公佈其組織法俾在短期內能次第成立云。

以上四點是關於現在實行制度之批評茲再衡以吾國國情並採取各國制度上之優點試爲下目之擬議：

第四目　對於吾國應有各種縱式會計機關之擬議

（一）吾國應有之各種縱式會計機關構成圖

第一編　第二章　政府辦理會計事務之機關

三七

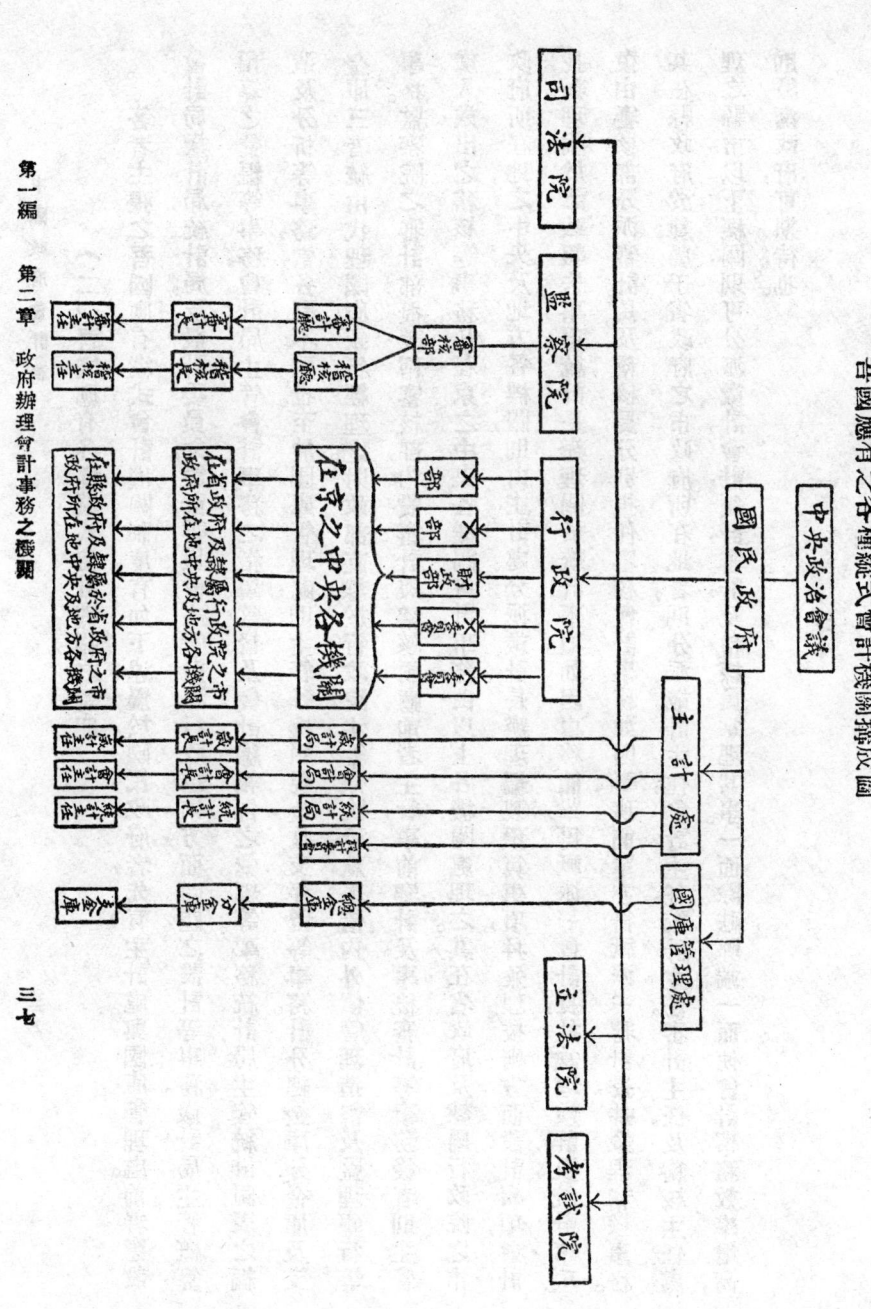

（二）吾國應有各種縱式會計機關之說明

著者主張之吾國應有縱式會計機關制度有如下述屬於國民政府者，先有主計處與國庫管理處。前者應設會計局歲計局統計局及設計委員會設計委員會主管財務行政技術方面問題之設計等事務歲計局主管概算預算之彙編等事務會計局主管會計事務之指導監督及會計總報告之彙編等事務統計局主管統計圖表之編造及分析等事務當各有不同也至於國庫管理處則主管各機關現金收支存留等事務計分總金庫分金庫及支金庫三者統由代理國庫銀行經理之財政部直隸於行政院主管徵收稅款舉借內外債管理造幣及監理銀行等事務監察院之審計部擬改稱審計部內設審計與稽核兩廳前者主管事前審計及事後審計等事務後者則主管歲入歲出之稽核等事務凡在京之中央各機關處理之其在省政府及隸屬行政院之市政府所在地之中央及地方各機關則由主計處分派歲計長辦理編製預算事項並彙理技術方面設計事項會計長辦理關於記載報告事項統計長辦理關於統計事項如因事務簡單得祇派一會計長並彙理歲計及統計事務復由審核部分派審計長及稽核長分別擔任審核會計事務如因事務簡單亦得祇派一審計長並彙理稽核事務其在縣政府於隸屬于省政府之市政府所在地者則分派歲計主任，會計主任，統計主任審計主任及稽核主任處理之。縣市以下機關則可分派歲計會計統計審計及稽核員掌理其事一面除袪弊端一面使會計事務效率增高，則廉潔政府可期待也。

第三節 橫式之政府辦理會計事務機關——普通公務機關

第一目 理論上之三種普通公務機關

橫式之政府辦理會計事務機關卽依照各機關所辦事務之種類爲分類標準也在此種分類法中，可將政府各機關分爲普通公務機關及公有營業機關兩種。茲先將關於普通公務機關之性質詳述於下：

或謂普通公務機關中又應劃分爲管理現金與管理物品財產兩種。其實在每一機關之中關於財物之管理，多係包括現金與物品財產兩類斷無專司現款而不及物品財產者。惟在會計處理方法上除於現金收支與存留情形應分別爲之登載外於物品之消耗與財產保管各情形亦當採用數量或價格之計算方法以整理財政不易之原理至在現金收支與存留情形之內國家歲入依歲入預算徵收之國家之歲出依歲出預算支付之。按泰西各國現時通行之制度皆省主徵收與支出機關除特設之備用金外無有自行管理現金之權，而由各代理國庫銀行代管之。其詳情如下：

1. 徵收機關　徵收機關在會計上復可分爲兩種：（一）命令機關，（二）收款機關。命令機關者發徵收命令之機關也各國普通租稅大抵由徵收機關根據納稅人之申請書，或直接下命令於納稅人令其照章完納收款機關者實行收納款項之機關也凡採用獨立國庫制度之國家收款機關大抵由代理國庫銀行代行之是命令與

收款機關宜分為二若合而為一固易生征收官吏中飽稅款之弊端，且稅款分存於各徵收機關，亦足妨礙金融之流通也。

2. 支出機關 支出機關在會計上亦可分為兩種：（一）命令機關，（二）付款機關命令機關者，發支付命令之機關也各國充當命令機關者，大都為各院部會長官及受其命令代理之官吏付款機關者，實行支付命令之機關也凡採用獨立國庫制度之國家大抵由代理國庫銀行充任之此兩機關既屬分離，則國家一切經費非至需用之時不發支付命令於受款者此制度之優點不僅免除各官廳於經臨各費上舞弊之情事而一般所謂暫付款項，亦可因此加以限制也。

3. 國庫 依照以上兩點之所述，可以推想所謂國庫者總管國家現金收支及存留事務之機關耳國家之現金須集中於國庫幾成各國之通例國庫之現金出納機關謂之金庫。按國庫金庫兩名詞本可通用並無十分明顯之區別惟國庫含有廣義性其所包括較金庫為廣，金庫含有狹義性其所包括較國庫為狹徵收與支出兩機關一恃各代理國庫銀行為公款之收取，一恃各代理國庫銀行為公款之支付足徵國庫在財務行政地位上之重要，何如矣。

各國國庫制度如依其形式為分類標準槪有下列三種：

i. 合一金庫制 卽國家一切出納省掌於同一金庫不許任何官廳獨設其他金庫之制也。此種制度允推

最善諸世界各國皆設總庫於首都，設分金庫支金庫辦事處於各地方，自成立上下一貫之系統。其財政所以有條不紊者於此種制度之採用當亦為重要原因之一也。

ii. 複合金庫制　卽於合一金庫之外得為處理某種官廳公款上收支及存留而另設一獨立金庫之制也。此種制度於事實需要上似可暫時設置之可視為合一金庫制之例外故近世各國仍有保存此制者但亦漸歸消滅矣。

iii. 複雜金庫制　卽使政府各機關省自行處置其公款上收支及存留事務之制也此制有如下四大缺點：（一）現金之收支及存留由各官廳隨意管理則主管官署勢難監督而全國財政上之概算預算等更不易覈核矣。（二）各官廳既擁有金庫不啻予以舞弊之機會審核機關不但難加審查且監督方面有時亦殊感棘手也。（三）現金旣為各官廳所保管勢必不願輕於放出現欵不能流通則金融易受影響矣。（四）現款分散於各地不能集中於國家財政上諸多不便固毫無疑義。倘遇損失誰負其咎藉曰負責有人試問保管等費能如寄存於各代理國庫銀行之低廉乎。此種虛糜浪費殊有撙節之必要此各國對於複雜金庫制皆屏棄不用願以合一金庫制代之者職是故也。

又各國國庫制度如依其作用為分類標準亦有下列三種：

i. 國家金庫制　係指國家自設金庫所有一切徵收支出及存留之公款，由政府自行經理任會計制度未

經改良以前各國類皆採用此制茲因其有管理不易金融呆滯及以費用過鉅之三項缺點故多採用委託金庫制或銀行存款制以代替之。

ii. 委託金庫制 係指國家公款不必自設金庫以資管理，或委託國立中央銀行代理其現金與銀行營業資金截然判爲兩事故於該銀行內另設國庫局與銀行營業毫無淆混之處銀行更不能挪用此款。美國及歐洲大陸各國多採用此制。

iii. 銀行存款制 較上述兩種制度尤爲簡便該制亦如私人向銀行存款然。凡國家現金，悉數存入中央銀行，作爲存款遇有需用時則開支票提取一面可節省自設金庫之保管手續費一面銀行亦可利用國家現金使市面金融益形流通。可謂一舉兩得此制行之最著者允推英日兩國。

第二目　吾國現時之各種普通公務機關

（一）吾國現時之各種普通公務機關構成圖

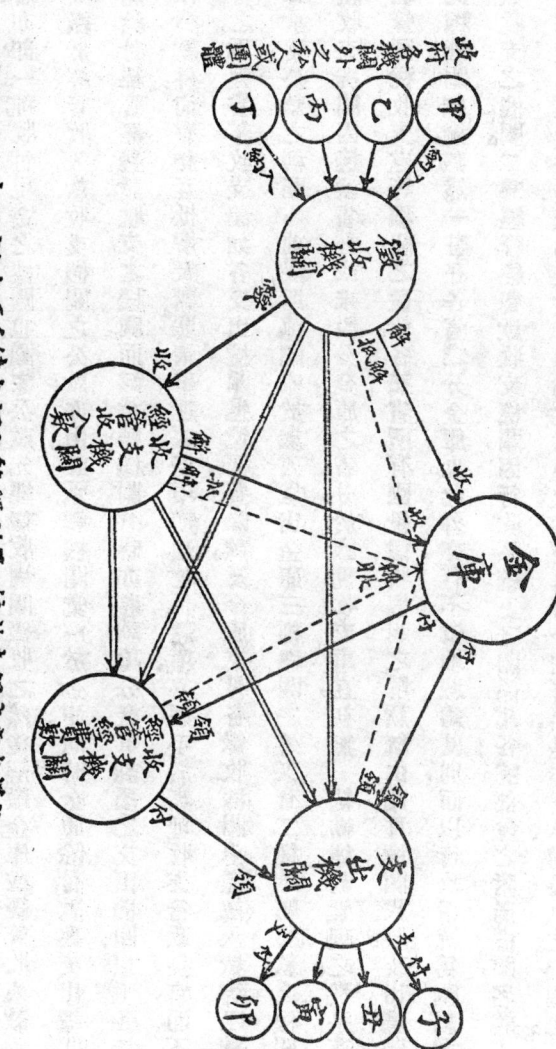

吾國現時之各種普通公務機關釋放圖

政府各機關

附註 1. 關於以上收支程序上各項手續之詞之解釋不要二節,此支程序章中詳之。
2. 關於零星收支及此機關之退還經費等較比全部付機關退還等不經圖中表明
3. 關於圖例之說明如下
    i. ═══ 係表明普通現金移轉之程序
    ii. ──── 係表明撥付渠墨支手續上現金移轉之程序
    iii. ---- 係表明收款限較限之程序

第一編　第二章　政府辦理會計事務之機關

（二）吾國現時各種普通公務機關之說明

依上圖所述吾人即知吾國現時各種公務機關大別有兩類：

1. 直接經營公款收支之機關　所謂徵收機關者即國家歲入之機關也，支出機關者即國家歲出之機關也。金庫者亦即一種收付現金之機關也。國家公款先經徵收機關徵收之，然後解繳金庫或經管收入款收支之機關，金庫除付款與支出機關俾其領收外，亦能給付經管經費款收支之機關之公款，亦由該承轉機關彙解於金庫，同時金庫除付款與支出機關以上各機關除收付核收其繳於經管收入款收支之機關之公款，亦由該承轉機關彙解於金庫，同時金庫除付款與支出機關以上各機關除收付及留存公款外尚有相互抵解及轉賬情事總之，斯項辦法收付款項，必假手於辦理收支行政長官而不直接由國庫收付之，再就零星收支論如各支出機關退還經費餘款及金庫支付各徵收機關退還歲入欵等手續，亦極煩瑣。

2. 承轉公款之機關　前段所述國家於歲入歲出金庫三種機關之外又有二種承轉公款之機關：一為經管收入款收支機關因邊遠省分或未設分金庫之省分於國稅收支事宜初無一統轄機關管理之，於是有財政特派員或經管國稅收支處等機關之設置各該省所有國稅徵收機關之解款統由此種機關代收支機關之經費亦統由此種機關劃撥儼然一駐在各省之分金庫也。此外亦有不依地域為區別而以行政系統為區劃之若干經管收入欵收支之機關二為經管經費欵收支機關因行政系統上之關係凡各院部會之附屬機關名義上雖有獨立預算，但其應領經臨各費須由其主管機關代為領取，然後再行分別發給是亦為承轉公款之機關也。

第三目 對於現時吾國各種普通公務機關之批評

吾國現時各種普通公務機關之構成已見前述組織之未善功效之未見在在足供吾人之批評若將現行之制度與理論上制度相比較吾人至少應有下列兩種感想：

1. 國庫制度未採行合一金庫制 現得吾國財政不時不免紊亂者迹其真因有類各自為政，不能利人之便故非先確立合一金庫制同時在各地遍設分金庫並將經管收入款收支機關予以裁撤則吾國財政殊難有整飭之望非然者徵收機關支出機關亦可為付款機關是使政府各機關在財政方面將漫無限制其本身無異於複雜金庫制而賦有管理現金收支及存留之實權安得不發生舞弊之事哉且主管機關不僅難於監督也而現款呆滯金融有欠靈活影響市面尤為鉅大設不幸而蒙意外損失則財政上何異增加一項浪費故欲解決會計上所感困難如重收重支以及不易記賬等要非先著手設立合一金庫制不克有濟也。

2. 國庫制度未採行銀行存款制 吾國國庫現時固由中央銀行經理矣仍係屬於委託金庫制之性質不如改為銀行存款制，一面可免除行政機關之中飽一面仍有利於市面金融也。

如上所述吾人認為欲修正吾國徵收機關與支出機關在國庫制度之形式上須採取合一金庫制在其作用上則不得不採用銀行存款制使財政愈有系統而行政效率因之增進矣。

第四目 對於吾國應有各種普通公務機關之擬議

（一）吾國應有之各種普通公務機關構成圖

吾國應有之各種普通公務機關構成圖

政府各機關

```
（甲）    （乙）    （丙）    （丁）
政府各機關
  │        │        │        │
  └────────┴───現金───┴────────┘
                  │
                ┌─┴─┐
                │金庫│
                └─┬─┘
         報表  ╱     ╲ 簽發
              ╱       ╲
         ┌──┴─┐     ┌──┴─┐
         │徵收│     │支出│
         │機關│     │機關│
         └──┬─┘     └──┬─┘
    徵收命令│           │支付命令
      ┌────┼────┐ ┌───┼───┬────┐
     （甲）（乙）（丙）（子）（丑）（寅）（卯）
      政府  各   私人  政府  各   私人
      機關  外   或    機關  外   或
            之   團體         之   團體
```

（二）吾國應有各種普通公務機關之說明

依照上圖，吾人對于改良普通公務機關之建議首須注意者，即廢除承轉公款之機關。蓋用徵收機關支出機關及金庫三者分立制度已足解除目前財政之積弊徵收機關祇能發出徵收命令與政府以外之私人或團體徵收稅款，徵收之後，即不負保管現金之責支出機關亦祇能發出支付命令與政府以外之私人或團體現金往來，仍須由金庫支付至於金庫則純係獨立性質所主管者概爲統轄各機關之現金收支及存留等事務故論國庫制度，應採取合一金庫制由專一國營中央銀行代理之幷應採取銀行存款制如是始能除積弊而收實效焉。

第四節　橫式之政府辦理會計事務機關——公有營業機關

公有營業機關，概分路電郵航農礦工商八類於第一章中已經爲之叙述此種機關，現時通行特別會計制度。論者謂每種公有營業機關爲適應特別之需要不能按照普通會計程序辦理故以法律規定爲特別部份得於預算決算案中另立系統使其脫離普通會計而自成一系統其實政府會計爲某種用途所籌劃之資力，即應爲之劃分爲一專款固不僅公有營業機關爲然此點會於前章討論及之專款會計不可語解爲劃分爲數國庫或數十國庫合一金庫制之精神無論如何不容破壞凡政府機關所收入之一切現金均應納入及存留於國庫。所謂專款會計者原爲整理賬簿上資力與負擔所有之區別以會國庫一切支出則憑支付命令向國庫兌取現金

計上截然之劃分得達到流用限制之目的。是預算上之區分,而非現金上之區別也。基於上述,公有營業機關,不得另有金庫收入無論涓滴之微,須解國庫支出無論錙銖之輕,亦須歸國庫支付合一金庫制者,無論爲非營業與營業機關皆得適用之。此點吾人須嚴加注意者也。

第三章 政府辦理會計事務之人員

吾人觀於前章所述,卽知欲求財務行政效率之增加,非有妥善之制度,不爲功會計監督一項,關係於財政者,至重且鉅泰西各國未有不先求辦理會計事務機關之改善,能謀財政之進步者。亦未有財務行政本身無一貫之順序,能免中飽或浪費之弊者。經國之道首在制度之確立。制度一經確立卽可樹治法之先聲更有進者會計機關不僅爲監督財政之用途已也積極言之更能增加行政之效率使一般藉做官以牟利者皆望而卻步廉潔政府於爲實現國家能有廉潔政府則一切政治亦易導入正軌非惟物質建設可以達到目的而精神建設又何致徒託空言因貪污之風一經洗除則民德自厚矣一完善會計制度足以轉易一切風氣者以此要知一國會計制度雖有完善之規定恐亦未能卽兆卽治之基蓋有治法而無治人似又跂行難前也。故吾人首先希望於政府對此項重要制度須有嚴密之規定其已規定之制度政府對之尤須抱有見諸實施之決心換言之,係指對於辦理斯項事務官吏

之人材問題耳。本章所論即將對此問題為之詳細剖分就中以官吏之甄用訓練工作保障及過失懲戒各點尤應加注意焉。

第一節　任免辦理會計事務人員之原則

關於辦理會計事務人員任免之原則有四其名稱及涵義如下：

1. 初時起用之原則　按泰西各國之官制凡籍隸仕版者應由銓敘或考選而來杜滅倖進謝絕請託意至善也吾國現時中央政府有考試院之設置銓敘部及考選委員會隸屬之前者係主管公務員之甄別等事務後者係主管各項考試上典試與襄試等事務此種嚴密之規定實為近世最完善制度也。

2. 平時訓練之原則　官廳雖非學校但平時長官對於屬員為增加行政效率計並應注重技術方面之訓練亦即教育問題也此種教導與訓練宗旨固應側重於技術方面之準備但一人於技術方面之研究深愈則其所熟諳者亦愈多就其善者言實足增加辦事之效能就惡意言則技術愈精舞弊之方法愈多而防閑與發現此種舞弊亦愈難故吾人希圖此種切於實用之訓練除技術工作外並應注重道德心之培養使人人鄙視貪污而不為如斯則以技術管理財務行政之全功竟矣。

3. 工作之保障原則　現時泰西各國對於辦理會計事務之人員多以終身職務以羈之超然地位以寵之。終

身職務者安其心也使其盡心力以赴公也予以超然地位者使之能監督其他行政官吏也雖舉發其弊竇揭露其隱情使後者凜然知畏雖嘖怨毒於心亦無如之何也

4. 失職之懲戒原則　行政官吏之失職，除對刑事負有責任者外，對於行政上之責任更有監察機關可以提出相當之彈劾而交付官吏懲戒會以懲戒之，如訓誡調任撤職與停止任用若干年等是。是以此項職權，如能盡量行使，則貪官污吏無從竄身法外矣現犯者使之受一度痛苦不僅冀圖其日後之力改前非重行為善且使後來者知所儆戒不敢蹈前人覆轍亦杜漸防微之道也總之辦理會計事務人員之應予極嚴懲戒斷無疑義者也。

以上四點為關於辦理會計事務人員任免之原則。而理論上關於會計人員任免之程序可按下列四種層次表明之：（一）初時任用以考試合格人員為限上述考試合格人員又以會計專科考試合格者為最合宜如無考試合格之人員可以經過合法銓敘之現任公務員替代之此為暫行辦法不得永久襲用。（二）考試合格人員必須先經試署然後實授在此試署期內，主管長官應予以機會便於實地之試驗并對於技術之訓練道德之培養尤當加以注意此種試署期間應以一年以上三年以下為限經過合法期限訓練之考試合格人員，遇缺應儘先實授。（三）合法任用之會計人員非有過失不得予以停職或免職之處分。（四）關於提升改敘告退養老及撤查等辦法，一律依普通公務員條例所規定者獎懲之。

第二節 吾國現行關於辦理會計事務人員任免之情形

第一目 吾國現行法中關於辦理會計事務人員之規定

1. 高等考試會計人員考試條例之規定

茲按吾國高等考試會計人員考試條例（二十二年五月二十三日考試院公佈）分析其內容如下：第一，按考試條例第二條規定應考之資格計分：（一）國立或經立案之公私大學獨立學院或專科學校修經濟財政商業等學科畢業得有證書者（二）教育部承認之國外大學獨立學院或專科學校修經濟財政商業等學科畢業得有證書者（三）有大學或專科學校經濟財政商業等學科畢業之同等學力經檢定考試及格者（四）確有會計專門學術技能或著作經審查及格者（五）經普通考試及格四年後或會任各機關會計職務及與委任官相當職務三年以上者。依該條規定係指投考者之資格而言對於拔取眞才後應如何培植，如何獎掖實爲屬行會計制度亟須注意者也。第二，就考試條例第三至第五條考試科目論除甄錄試如國文黨義中國歷史中國地理憲法（憲法未公佈前考中華民國訓政時期約法）財政學外又分正試與面試二種前者又分必試與選試兩種必試科目爲會計學官廳會計審計學歲計制度會計法規及民法六種選試科目爲財政法規各國會計制度公司會計銀行會計及鐵路會計五種以上選試科目祇須任選一種風簷寸晷中欲以判定研究會計者之眞學問眞經驗，

恐為事實所不許。即使應考者已被錄取，依考試所訂科目言，不免泛濫，欲求有裨實際，又不能於此類科目內盡獲之也。況選試科目投考者祇選一種而已。對於會計學之真諦，似覺有欠明瞭云。

2. 審計部組織法中關於審計人員之規定

茲按審計部組織法分析其內容如下，第一上項組織法第十一條之規定，審計須以具有下列資格之一者充之：（一）具有第十二條或第十三條之資格之一會任簡任以上官職者（二）現任最高級協審稽察二年以上成績優良者。前項第一款規定於常務次長準用之。第二，依上項組織法第十二條之規定，協審在未有考試合格之人員以前須以具有下列資格之一者充之：（一）會在國內外專門以上學校習經濟法律會計之學科三年以上畢業並有相當經驗者（二）會任會計師或關於審計之職務三年以上成績優良者。第三，依上項組織法第十三條之規定，稽察在未有考試合格之人員以前須以具有下列資格之一者充之：（一）於稽察事務所需學科會在國內外專門以上學校修習三年以上畢業並有相當經驗者（二）會任會計師或關於稽察事務曾任技師或職官三年以上成績優良者。以上三點所論俱為審計人員之積極資格。至在上項組織法中關於審計協審稽察在職中不得兼任之職務，在第十四條中亦有規定如下：（一）其他官職（二）律師會計師或技師（三）公私企業機關之任何職務。

又審計協審稽察非受刑之宣告或懲戒處分者不得免職或停職亦於上項組織法中第十八條中有明白規定云。

第二目 吾國現時辦理會計事務人員任免情形之說明

以上現行法中所規定之條文大都與實際情形為未合，茲舉各項實際情形之概要於下。

1. 普通會計人員任免情形之概要　前目所述之高等考試會計人員考試條例雖經考試院之公佈但此種高考迄未舉行故普通會計人員大都由各主管長官隨時任用或有經過銓敘部審查合格者亦有既經任用而未經銓敘者至於主計處指派之駐在各機關主辦歲計會計統計之人員現時在中央只有交通與鐵道兩部各派會計長一人實業部統計長一人其餘會計主任統計主任以下人員之指派現時尚不經見以上為關於普通會計人員任用方面之大概情形至就罷免一端而言有時隨長官意志為之調遣免職或停職亦有經過監察委員之彈劾移付懲戒者其情形不可一概論之也。

2. 審計人員任免情形之概要　審計部組織法對於審計人員之任用限制甚嚴有所謂積極資格者如專科以上學校畢業辦事成績優良等項消極資格如不兼任其他官職如律師會計師或技師等項取士之限制不可謂不嚴矣上項組織法中更有第十八條審計協審稽察非受刑事之宣告或懲戒處分者不得免職或停職之規定審計工作人員之地位不可謂不高矣以上為審計人員任免情形之概要。

第三節　對於吾國現時辦理會計事務入員任免情形之批評

吾國現時會計人員任免之情形，已見前述。而所望於促進改良者，亦甚殷。茲且先將對於上項任免情形之批

評，加以敘述然後覆按第一節所述各種任免之原則，而為下節之擬議吾人對於上項任免情形之批評計分為下列四點。

1. 任用漫無限制　合法之高等考試既未舉行，公務員甄別手續又屬視如具文。故實際上辦理會計事務人員，仍多由倖進請託而來。國家以財務重政委之於此輩倖進請託者之手結果竊敗事倍功半詎待蓍龜。

2. 技術全未注意　政府官吏應重視人才察其技術倆能久於其職顧今之官吏為何如其來也每由請託與倖進，情深者居高位薄者次之。如此當然不注重人才與技術而偷惰苟且之人以進迨長官一易例多相率以去甚至未嘗以請託倖進而來者，亦多遭池魚之殃而被黜職是之故人人皆視居官為傳舍來去飄忽意中事耳故一得一差缺勢必儘量搜求貨賄以饜私慾。官不可恃利須亟亟求安有不謀一勞永逸之計者耶。

3. 超然地位未能鞏固　會計人員本有超然地位俾得充分施行其監督之職權已見前述但在吾國則不然，本有超然地位之官吏其用舍一任長官之處置而無所保障是以仳仳倪倪畏首畏尾不敢有所表現，惟恐喪失其位置。而於若干應加審核之案件亦復聽之而已監督之不嚴執行之疏懈亦恆情之所許也現時如會計長之不能偏設審計處之不能成立職是故也。

4. 彈劾與懲戒未能通行　近年來社會上所發生貪污事件率皆任其自生自滅有時雖發生而倖未敗露者有之有時已敗露而有人為之緩頰仍得逍遙法外者已為吾人屢見不鮮僅有少數份子事敗無人為之庇護方

受相當制裁總之，政府於貪污事件之發生也僅有消極方法以制裁或竟此消極方法尚且不能施行。遂使貪污官吏竟視現行法令為無物甚至冒大不韙而仍舊企圖僥倖於一時政府亦無如之何，良可慨已。

第四節　對於吾國任免辦理會計事務人員應有規定之擬議

在中國現時極感缺乏專門人才之際對會計事務自生不少直接之影響希望今後先自學校起，著重培養行政上專門之人材幷厲行考試制度以為甄別與取捨之標準將已錄取之人員更加以合法期限之訓練，使其對於實習工作之步驟得以諳習然後任之以實事任用之後即應使其安於職守不可輕易更替庶能熟練工作而增加行政之效率昔日非數人不能為之者今可以一二人為之，昔之積若干時日始能蔵事者今可以一二小時完成之。利溥效大不可勝計但被任用者對其職務設有不忠實之行為，則司彈劾之責者出而彈劾之司懲戒之責者出而懲處之。於用之時盡其才盡其力於罷之時盡其惡盡其罰庶使善者安其位惡者不能容身矣此乃一般行政上所應注重者而於會計人員之任免亦應多為之留意焉。

第二編 財務行政秩序論

第一章 概算預算及月份分配預算

就本書第一編之所論,則吾人對於預算所應有之認識,可以思過半矣。第著者不厭求詳,茲再將預算意義,更為以下之敍述,將使讀者對於預算制度能有澈底之了解也。私人或團體企業,如為求其所營事業之發展,不得不在開始營業以前於所營事業事先加以考察;第一應注重技術上問題;第二應注重管理上問題。此中如財務管理制度必須事先考察十分周密,而尤以能編製收支預示為更佳。第三對於貨物原料之供給出產品之銷售亦須詳加考察與研究,否則或因生產過剩,而使銷路呆滯,或因生產價格過昂,而售價不能提高,遂致虧蝕諸如此類問題,當詳加思慮於先,自可操奇計贏於後。若不如此計劃周詳,除有特殊機會外,斷無不失敗者,以上三種其第二點於私人生計固然,而在國家則為尤不可少。其理由有四:(一)預算為判斷一國財政之必要資料,政府可由此博得人民之信仰。(二)私人或團體企業均由直接利害關係人自理其財政,固不待製有預算,而始克收節約之效。然

在國家則掌此者多由於無直接利害關係之人故不免於浪費是必籍預算案以監督之。（三）國家歲入歲出為數極鉅其管理非一人智力所能周及且以財務行政之繁複其錯綜糾紛自非先有一定預算案分別緩急先後將不免失策之虞。更有進者國家為永久設立之機關，自有不少事務含有永久繼續之性質故必須定有一種整個計劃分期舉辦關於此舉固又非預算案為之策應不可也。（四）且民主國政權屬於人民治權屬於政府人民處於監督政府之地位固不能一任政府為所欲為致流於放态而起亂原欲使政府財務行政上依一定之軌道加以抑制以實現人民統治之權力勢非採用預算制度不為功所謂會計監督財務行政實以預算為惟一之工具耳以上四點已述預算制度之必要茲再就其通義分別詮次於下：

第一節　預算之意義及種類

第一目　預算之意義

照美國財政專家華洛伯（Willoughby）氏所云近代預算應兼有下列三種意義：（一）預算為財務報告書類；卽謂預算為行政機關向立法機關報告前年度行政實況及財務實施截止報告日止之現狀及所有一切關於決定被預算年度行政綱領及財政計劃必須之參考資料。（二）預算為財務預計書類；卽謂預算為根據現行法令所預計之歲入歲出數額。（三）預算為財務建議書類此謂預算為行政機關向立法機關所提出之建議，如

關於籌劃舉辦新事業及應付歲出之準備等項。基於上述三種意義，吾人可以歸納而得一預算之定義如下：「預算為監督財務行政之一種工具就其廣義而言即係國家財政之計劃及一年度行政之方針應臚列以前年度之預計及實際收支數額被預算年度之歲出與應付上述歲出之預計歲入數及各項必要參攷附件并經立法機關審定成為國家歲入歲出總預算而昭示於人民之一種法案。」

由於以上定義所述吾人可以得知現在所謂預算應有下列四種特點：

1. 預算有詳盡之性質　就上段所述廣義之預算案言應包括（一）以前年度之預算計及實際收支數額，係為前會計年度實況之說明書（二）被預算年度之歲出及備付上述歲出之預計歲入數係為本會計年度預測之說明書，即通常所謂歲出歲入預算書或總預算是也（三）各項必要附件係為關於預算案之解釋或簽註意見之附件，皆所以供決定預算機關審議時參考之用是以預算案者實國家一種整理財政總計劃書耳故所包括之內容以詳盡核實為主又凡欲編製及決定一預算方案必先決定每預算年度之歲出然後決定為支付此種歲出所應籌劃之歲入，使出入得維持其平衡換言之所謂預算者實以量出為入為體為編製之根據也。更有國家所需歲出之總額必須比照人民納稅能力決定之。預算者即為限制歲出之浮濫俾人民負擔適得其平而設當歲出預算一定即以示支出機關應守之限制歲入預算一定即以示徵收機關以應達之目的亦即人民事先對政府官吏管理權加以限制使政府不得濫用職權增加人民之負擔換言之所謂預算者又以開源節流為用為編製之

根據也。是以第一章所論公家理財不易之原理，以量出為入為體以開源節流為用，而預算之目的，正以實現上述之理論也。

2. 預算有公開之性質　預算案為行政機關提交立法機關法律計劃之一種立法機關列入所有議程之中，加以審議及核定，而後成為定案；并經公布施行始生效力，俾使全體人民得以一體週知故公布預算乃係公開財政初步計劃也。又民主國家之政府全體官吏，係受人民之囑託以完成其所經辦之事務有向囑託者報告之責任此於管理財務之官吏尤為切要。人民既處於監督政府之地位故政府官吏不能不向人民報告其經辦事務以解除其責任是以政府遵預算案辦理財務行政於被預算年度過去之後應將實際收支數目與預算數目相互比較編成決算總報告以公告於人民行政機關之辦理決算實為政府全體官吏對人民解除責任之唯一方法。換言之人民信任政府官吏之心亦可於此堅定所謂公開財政可藉以達到最後目的也。

3. 預算有標準之性質　預算案經立法機關議定并經公布之後交由行政機關執行凡徵收及支出機關通常之工作必依此為標準政府管理現金收支存留各機關，亦必依預算案內所規定之事務為工作之準則故預算者所以供行政機關為實際收支上之根據亦即為財務行政機關之南針也預算案自交於財務行政機關執行其實際收支情形若何必須經監察機關加以審核方得作正報銷監察機關審核報銷勢必以預算為根據行其公正之評判換言之即審核機關當以預算案為考察行政官吏治績之根據也更有進者現世侈譚政府會計學原

程者，必先就預算數字為之分錄，過入歲入及歲出預計賬戶之中，然後關於實際上應收應付，現收現付等賬目，只就原列預算數字之中分別為之冲轉，所謂依歲入歲出為記賬根據之基礎也。換言之，預算案者亦卽整理政府會計財務上最初之原始憑證也。

4.預算有定期之性質　通常所謂預算應依被預算年度定期編製，故論預算為具有定期之性質也。但除普通定期編製之預算外，如國家有新發生及非常重大之事實則又須有追加或非常預算之編製及決定，此種例外又不能以定期編製法一一繩之也。關於斯項區別將於以下預算之種類一段中詳細討論之。

第二目　預算之種類

預算案雖具上述共同之性質然依政治上種種關係，往往可依不同標準分預算為各種類別，試為之詳細論究於下：

1.以預算上歲入之性質為標準　以預算上歲入之性質為標準可分預算為下列二種：（一）總額預算，（二）淨額預算。總額預算者為記載一切收支總額之預算，而淨額預算者由一切歲入總額中扣除管理費行政費及其他徵收諸費用僅記載歲入淨額之預算也。淨額預算於各國古時適用之，降至今日皆大抵施行總額預算，其理由如下：1.淨額預算只計純收入，故國家一切歲入之總額無從得知，人民所繳納租稅之總額亦無從計算，職是之故，往往使人民之負擔加重，而遠反租稅原則中之公平原則。2.只用淨額預算則在預算上不能明瞭一切徵

收費之多寡及一切私經濟事業進行之當否。如用總額預算，即可知徵收費之多寡，如稅額少而徵收及管理各項費用，徵收官吏可以利用此種事實侵蝕稅款，致使預算制度以監督財務行政之效力無由發揮，是即根本違反預算制度之目的。基於上述淨額預算既其三大缺點故各國現時皆採行總額預算制矣。

2. 以決定預算時期先後爲標準 以決定預算時期先後爲標準可分預算爲下列四種：（一）臨時預算或假預算。（二）本預算（三）追加預算（四）非常預算。臨時預算或假預算者當本預算尚未決定公布而年度已經開始於是不得不假定一臨時預算專行於本預算既經決定公布施行之前之預算也。本預算者一被預算年度中本來應行之預算也。追加預算於本預算未施行之後爲補本預算中未規定之事實及爲應付新發生及非常重大之事實所追加之預算也。基於上述是以本預算爲預算之主體，臨時預算或假預算爲應付本預算未決定前之權宜辦法，追加預算又爲應付本預算決定後之補充辦法。臨時預算或假預算中又有適用以前年度本預算者又謂之前預算延長制。此種辦法在辦理預算未上軌道之國家始見之，故以能不行此制爲尤佳。至於追加預算與非常預算各國皆不能免蓋未來之事實非目前完全可以預料，故於本預算決定施行之後發生新事實，自不能不提出追加預算以補充之。職是之故行政機關有時將本可預料之事實在編製本預算時加以隱匿及本預算決定後再行請求追加藉以膨脹其經費，此又不可不加防範者也。至非常預算與追加

預算之性質則相類似惟非常預算含有重大事故之性質現時各國大抵非於國防緊急，重大災變及緊急工程等時期不得辦理非常預算也。

3. 以預算範圍之廣狹為標準　以預算範圍之廣狹為標準可分預算為下列二種：（一）總預算。（二）分預算。總預算者包括一切歲入歲出之預算也分預算者只包括各機關及所屬之預算或各專欵範圍內之預算也。由總預算得知全國統一財政之關係，由分預算得知某機關個別財政之詳情政府全機關就行政系統言，各有其上下隸屬之關係，故某一主管機關，不能不依預算制度以統轄及監督其附屬機關是以機關別之分預算實有存在之必要又因政府歲出有特定之性質為某種歲出所籌劃之財源，自不得流用於他種歲出之上旣以有此種特殊目的之存在是以專欵別之分預算，亦有存在之必要也。

4. 以預算上收支所屬年度為標準　以預算上收支所屬年度為標準可分預算為下列二種：（一）本年度預算（二）後年度預算本年度預算者卽眞屬本年度應有之收支預算也後年度預算者本年度預算上所載以後各年度所需費用之預算也預算施行效力雖以在被預算年度期間內為原則然有時為便利計不能不稍加變動例如鉅大之建築歷時若千年需資若干萬方得落成者若不於開始興築之被預算年度內預定以後每年應需之費用，編入預算請求立法機關決定為預先之承諾萬一至以後年度正在興築之中立法機關忽削減其預算則此項工程將受此頓挫而陷於停頓狀態之中矣。

第二編　第一章　概算預算及月份分配預算

六三

5. 以預算之立法程序為標準　以預算之立法程序為標準,可分預算為下列三種:(一)擬定預算。(二)法定預算。(三)行政預算或月份分配預算。擬定預算者指預算未經立法程序者而言也其經立法程序者稱法定預算在法定預算範圍之內,由各主管機關長官依法為月份之分配,稱行政預算基於上述,足見預算案須經立法機關通過之手續始成法案未經通過若只為擬定之計劃不經立法程序只就總預算內為月份分配者僅為行政主管長官對其所屬官吏所施行之行政監督權而已,而非人民監督政府財務行政之工具此其最主要之不同點也。

6. 以預算內容煩簡為標準　以預算內容煩簡為標準,可分預算為下列二種:(一)提要預算(二)詳明預算。提要預算者,記載大體之預算也詳明預算者,即詳計細目之預算也。前者貴在簡單明瞭,後者貴在詳細周到,實一以簡馭詳之善法也且前者所以供一般欲知預算案大綱之用,而後者乃備被預算機關之用後者占篇幅最大而需要有限前者需要大而占篇幅有限故分而為二旣可獲得印刷費之節約,再在分配上亦感覺經濟,此為確定預算內容又應考慮之一點也。

第二節　與預算有關係各名詞之解釋

第一目　會計年度(Fiscal year)

（一）會計年度之意義

凡假定若干時日為一期間以供會計上之用者，此種期間謂之會計年度，一名預算年度。凡一預算所包括之期間通常謂之被預算年度，一名本年度。本年度以前年度謂之以前各年度。本年度以後年度謂之以後各年度。

（二）會計年度之期間及其名稱

會計年度本為會計上假定之期間，故此種期間起訖日期，不必與歷年相同，其期間亦不必與歷年之期間相等。現時各國關於會計年度期間之規定約有二種：（一）一年制（二）數年制。會計年度徵之沿革考諸天然狀態以一年為限最為便利，故一年制者泰西各國大都沿用之。即其採用數年制者近已逐漸廢止。茲將一年制之優劣各點分別為之討論於下：

1. 一年制之優點　一年制之優點有三：（一）會計年度以一年為限，期間既短，情形略同，則預算與實際收支之間必無大差；以常理言之一年之中斷不致有極端意外之事發生使收支不得其平，而失卻預算監督財務行政之本來目的也。（二）每年有預算案提出於立法機關，則財政之內容每隔一年使人民得知一次，公開財政之名實相符矣。（三）以近世科學進步之速，直有一日千里之勢，故財政計劃亦隨之有改良之必要，會計年度以一年為限，即不當使公家理財政策上多得改良之機會，不致與時勢相乖也。

2. 一年制之劣點　一年制之劣點有二：（一）一年制因每隔一年必須為預算之編製及決定，勞時費事，似

不經濟。（二）若會計年度能及數年，則政府對於同一事業經費之分配行政上較得伸縮自如，不致年年受立法機關之干涉致種種事業不易完成也。

以上一年制其採用二年以上制者殆屬例外然一年制之弊實亦復不少如各機關忙於預算之編製與決定而少致力於執行及監督等事吾國預算法規定會計年度為一年制事實上每年皆不能按期編製預算是實際上對於採行一年制是否妥善似有斟酌之餘地也至會計年度之名稱大抵以其年度開始時之年次為決定之標準。

採一年制其採用二年以上制者殆屬例外然一年制之劣點反之即為數年制之優點。然事實上各國大抵採一年制之優點反之即為數年制之劣點。

（三）會計年度起訖日期

關於會計年度起訖日期歷來慣例須與歷年相胞合以一月一日為始，以十二月三十一日為終。然為會計上特別需要起見亦有特選日期者徵諸泰西各國成例，大略分如下之三種：（一）歷年制，（二）四月制，（三）七月制。歷年制即自一月一日始至十二月三十一日止者如法比和奧匈瑞土瑞典及南美諸國採用之。四月制即自四月一日始至次年三月三十一日止者如英德羅馬尼亞及日本諸國採用之。七月制即自七月一日始至次年六月三十日止者如美意西葡哪威巴古及吾國採用之。要之會計年度起訖日期之差異係因各國所有之特別事由，而不必以理論繩之也。至論此種事由大致須備以下三種要件：

1. 年度開始不可遠於國會議決預算期　預算之為用，不過為監督財務行政之一種工具。故預算議決期，與

其施行期,不可相差過遠因議決與施行期若相差過遠則理論與事實將不免於隔絕民主國家議決預算者,大抵為國會可知國會召集開會期與會計年度開始期常有密切之關係如會計年度以一月一日為始而國會之召集為二月一日則國會所議決者須待下年一月一日始能實行;去時過遠則於事實隔絕之處增多至吾國現時尚無此種要件必備之可言。

2. 年度開始須在國家收入豐裕之時 年度開始須擇國家收入豐裕之時,此點務須注意不然年度交接收入無多勢必發行債券或籌劃短期借款以謀應付。多所稱貸不得不附加利息國庫蒙其損失矣吾國社會上生產事業如農產物收獲期多在秋冬如工廠商號結算上多在每年之下半年國家收入比較以秋季為暢旺故以七月一日為會計年度開始之期也。

3. 年度開始日期當顧及民間生計之情形 稅歉之徵收日期,當在人民生計寬裕之期,否則徒有病民而已如在稅收最旺之時雖向人民徵收稅歉其負擔似不甚感覺十分困難而於市場之繁榮金融之寬舒,均無妨礙,是其影響不致波及於社會也。

總之一國會計年度開始必合上述政治經濟及社會三種要件。如不適當,非僅政府歲入預算大受打擊,即人民亦承受其弊因此公私損失直不可以數計矣。

第二目 機關（Organization）與機關單位（Organization Unit）

第二編 第一章 概算預算及月份分配預算

六七

機關者為狹義之名稱；機關單位者為廣義之名稱，係指某機關之本身而言。至機關單位，則將本機關及其所屬各級機關俱行包括在內矣。茲將機關與機關單位之區別列表於下以表明之。

機關與機關單位之構成圖

第一級機關單位 { 主管機關本身 | 所各三機單屬第級關位 }

第二級機關單位 { 主管機關本身 | 所屬機關者 }

第三級機關單位 { 主管機關本身 | 所各三機單屬第級關位 }

第三目 專款或基金（Fund）

按泰西各國財政之有條不紊者大半由於施行基金制度之故。所謂基金為某項收入指定專供某項事實之用，並由法律規定其管理方法，即甲種專款內之收入不得為乙種專款內支用之謂也。至專款或基金如依其所有

權分類，應有下列二種：

（一）公款（Public Fund）其所有權屬諸政府其中又可分爲下列八類：1.普通基金（General Fund）即指爲支付普通歲出所籌劃之歲入而言國家歲出方面有黨務政務軍務給予補助清償結欠及其他各項費用。而爲支付以上各種歲出所籌劃之歲入有如關稅鹽稅統稅印花菸酒稅鑛稅及其他租稅等收入上項歲入爲支付各種歲出之需此之謂國家普通基金。2.特種基金（Special Fund）即指爲某一特種費用所籌劃之專款而言如海關附加振捐專爲支付振款之用故亦須特設專款以處理之。3.公債基金（Sinking Fund）即指政府每有指撥某種收入專爲償還債券借款本金利息之用如現時各項內債由海關月撥八百六十萬元以充償付本息基金此種基金之收入來源與流用限制亦自成一單位故應另立一專款。4.非營業循環基金（Working Capital Fund）因政府各機關對於物品材料皆有同樣之需要中央政府可劃定一部份款項專爲販賣或製造此項物品之用然後出品再由各機關分別出資購辦因大量生產或薦批購買一方面可以減輕成本一方面可以避免中間階級沾取利益是也此項基金因各機關於領用物品時隨時歸還極循環之能事故名之曰非營業循環基金也。5.特賦基金（Assessment Fund）如政府建築馬路等工程其受益者爲該路兩旁之住戶，故政府在先所墊用之工程費勢必按照受益之大小分別令受益者重行繳還於政府，故名之曰特賦基金。6.留本基金（Endowment Fund）凡依法令契約或遺囑所設定依信託保管之辦法，保管基本金，而僅以孳息以充指

第二編　第一章　概算預算及月份分配預算

定之用途，故名之曰留本基金。7.公共信託基金(Public Trust Fund)信託款之所有權屬於國家者謂之公共信託基金如各國退還庚款僑胞向國內捐款各有其指定用途，因有流用限制關係亦應另立一基金以處理之。8.暫存基金(Suspense Fund)凡來源尚未確定之收入應設一暫存基金以處理之。

（二）私人信託款(Private Fund)政府受私人或團體信託存留款項其所有權仍屬諸人民，如國營路電郵航農礦工商等機關皆屬之，除以上所述各種基金而外更有國家在各種公營事業上之投資款，如國營路電郵航農礦工商等機關皆屬之，此種投資款各有處理出入之限制應按照各機關分設各種營業基金(Public utility Fund)以處理之。

第四目 收入支出科目之分類(Classification of Cash Receipts and Payments)

（一）收入科目之分類

收入科目之分類法有以下四種：（一）依專款(Fund)分類 凡各種專款之收入應行劃分計算之。此類又可分爲下列二項：1.歲入各款(Revenue)2.歲入外各款(Non Revenue)（二）依來源(Sources)分類 凡各種來源不同之收入，應行劃分計算之。此類包括 i.稅款(Taxes) ii.稅外歲入欵(Revenue other than taxes)（三）依徵收機關(Collecting organization)分類 凡依機關別之收入應行劃分計算之。（四）依徵收機關地域(Provincial area)分類 凡依機關地域別的收入應行劃分計算之。

（二）支出科目會計上之分類

支出科目會計上分類有以下五種：（一）依專款（Fund）分類　凡每一專款之支出應行劃分計算之，（二）依支出機關（Spending organization）分類　凡依機關別之支出應行劃分計算之。（三）依支出機關之政事（Function）分類　凡一機關所辦不同事務之支出應行劃分計算之。（四）依性質（Character）分類　凡各種性質不同之支出應行劃分計算之，此類又可分為下列三項 1.歲定經費（Current Expense）2.繼續經費（Fixed Charges）計包括 i.短期繼續經費簡稱繼續經費 ii.恆久繼續經費簡稱恆久經費 3.購置營造（Capital Outlay）（五）依對象（Object）分類　凡各種對象不同之支出應行劃分計算之。

（三）支出科目政治上之分類

支出之政治分類法可依下列各項為標準。（一）以其所得之利益為標準，本項可分 1.利益及於全體人民之支出 2.利益及一部份人民但以無資力之故仍視為利益及於全體人民之支出 3.一方面利益及於其他方面利益，及於其他全體之支出及 4.利益僅及於一定個人之支出四目。（二）以其所生之收入為標準本項可分 1.完全不生直接收入，2.間接可生收入，3.可生一部份收入及 4.完全可生收入四目。（三）以國家之政事為標準本項可分 1.憲法上之支出及 2.行政上之支出兩目。（四）以國家之立法為標準，本項可分 1.保護經費，2.商務經費及 3.財務經費三目。（五）以統計方法為標準，本項可分 1.初級經費及 2.次級經費兩目。

（四）支出科目經濟上之分類

支出之經濟分類法可依下列各項為標準。（一）以支出所購之物件為標準，本項可分1.物的費用及2.人的費用兩目。（二）以支出之經濟效果為標準，本項可分1.生產支出及2.不生產支出兩目。（三）以支出之時間為標準，本項可分1.經常支出及2.臨時支出兩目。（四）以支出重要程度為標準，本項可分1.必要費用及2.自由費用兩目。（五）以支出之地點為標準，本項可分1.國內費用及2.國外費用兩目。（六）以支出之機關為標準，本項可分1.中央費用，及2.地方費用兩目。（七）以支出內容之廣狹為標準，本項可分1.總額經費，及2.淨額經費兩目。

第五目 歲入歲出預計數推算之方法 (The Method applied to ascertain Revenue and Expenditure)

關於預算上歲入歲出推算之方法，在泰西各國有下列各方法：（一）歲入方面有下列三種：1.依上年度預算數定為現年度歲入預算額。2.依前年度實收額外加逐年自然增加數定為現年度歲入預算額。3.依以前各年度實收平均數為基礎再行參酌經濟界之各種情形估定之。（二）歲出方面之歲定經費有下列三種：1.依上年度預算數定為現年度歲出預算額。2.依前年度實支額外加逐年自然增加數定為現年度歲出預算額。3.依以前各年度實支平均數為基礎再行參酌經濟界之各種情形估定之。（三）歲出方面之繼續及恆久經費依據已經核定數列現年度歲出預算額。

第六目 決定歲入歲出所屬年度之基礎（Accounting Basis）

會計學上之基礎大別不外兩種：一以現收現付為基礎（Cash Basis）凡以現款出入之收支方能計算。一以應收應付為基礎（Accrual Basis）無論其現款已於前期收進或付訖與尚未收進或付訖均以應屬之期間為準，計入各該期間收支之內。如以計算精確當推後法為佳。在預算上歲入歲出所屬年度之決定似亦以採用應收應付基礎為宜。如歲入則以稅票發出之時日為決定應屬期間之標準歲出則以負債發生為計算之根據此即所謂應收應付制也。

第三節 吾國關於辦理概算預算及月份分配預算之過去現在及將來

考王制家宰國用必於歲之杪五穀皆入，然後制用。蓋在每歲之杪，合計一年賦入賦出之大較，而因以預計明年一歲收支之數其用意至善也東周以後古意浸失。降及唐宋元明各朝左藏之掌委之胥吏一歲之出入樞府付之不聞不問或造冊呈報亦屬例行公事而已。

清各衙門動支款項須向上峯申題略存歲計之遺意積時既久習為例案徒供書吏舞弊之一種工具。降及清季預備立憲，光緒卅四年憲政編查館奏准在九年立憲期內自第三年起試辦各省預算。宣統二年正月度支部擬定預算冊式及例言二十一條附以比較表都為一冊通行在京各衙門及各省之清理財政局填註是年秋彙編三

年總預算冊送交資政院議決頒行，是爲吾國辦理預算之始。宣統三年春度支部賡續籌辦四年預算冊通行京內外各衙門，依式編造會武昌起義總預算冊途未及編竣而作罷，此民國以前辦理預算之情形也。

民國初元大局甫定財政部初則編訂各月臨時預算繼則編訂次年上半年預算先後提交參議院議決；然其預算內容則限於在京各機關，是年十二月通電各省於財政部內設立預算決算處趕編民國二年度（自民國二年七月一日至三年六月卅日）正式預算書於二月內送部旋因官制變更紛請展限各省預算書延至二三六月間始陸續送出財政部彙編至七月下旬始議决其實行期間爲三年一月起至六月止，以後三年四年五年以至八年雖會編造預算大抵議決年度開始以後始終未見全部實行是吾國之預算卒爲試辦性質逮乎民八以後軍閥稱雄戰端迭起財政之凌亂錯雜益覺不可收拾求若以往形式上之編製亦不可得。

民國十四年財政整理會徵集中央及各省區自編部份預算幷於是年十二月編訂成帙名曰暫編國家預算案計全國歲出爲六億三千四百三十六萬一千九百五十七元，歲入爲四億六千一百六十四萬三千七百四十一元收支相差甚鉅，但論其大體可謂北京財政時代財政收支上比較完善參考資料。此民國以來北京政府時代辦理預算之情形也。

國民政府，奠都南京時，財政部卽編製是年度預算製訂例言凡十一條，於十六年六月二十五日呈報國民政府，七月十三日奉令核准又是年十月四日國民政府公布財政監理委員會組織條例成立財政監理委員會以便

審定各項預算。惟時值大軍北伐餉糈供給浩繁預算云者，則有其名而無其實，十七年財政監理委員會改組為預算委員會仍未辦理預算之核定事宜，十八年一月二十九日國民政府公布財政委員會組織大綱又將預算委員會改組為財政委員會，權限同前財政委員會成立以來曾核定各機關十七十八年度歲入歲出預算數實際上亦為試辦性質仍非正式預算。彼時中央有見於此於是令飭財政部辦理十九年度預算案，而財政委員會亦於十九年度開始時裁撤矣。財政部以預算法為財政上之重要法典，自宜參照東西各國制度之相對優點並斟酌我國國情廣徵博採之後方能呈請立法院議決公布，著為會典，故當十九年度預算着手辦理之頃，先就現行辦法酌加整理，另擬十九年度試辦預算章程五十一條及其他重要書式多種曾於十九年二月二十六日經國民政府明令公布施行。但事實上是年度預算未能如期成立會經中央政治會議第二百三十四次會議議決救濟辦法不外各機關預算十九年度開始時未經核定者可參照十八年度核定案執行及新事業之預算由中央政治會議核定各條。

十九年十一月二十五日國民政府公布主計處組織法主計處置一歲計局為核算與編造全國總概算及總預算之機關，故二十年之全國總概算及總預算即由歲計局所彙編，主計處於二十年一月一日成立，因去二十年度開始期僅距兩月，故未及另訂預算章程仍依十九年度試辦預算章程編造。

二十年度國家普通歲入歲出總概算書附具審查意見於二十年八月五日，呈經國民政府轉送中央政治會議，十二月十五日議決通過發還主計處再依法編成擬定國家歲入歲出總預算案於十二月二十三日呈經國民政府提交行

政院交立法院經立法院審議通過並制定二十年度國家普通歲入歲出總預算施行條例凡十七條，一並由立法院呈請國民政府於二十一年四月二十八日明令公布是二十年度國家總預算案成立之大概情形也。二十年度國家總預算中歲出共列八萬九千三百三十三萬五千〇七十三元歲入共列七萬一千三百三十三萬五千〇七十三元收支不適合之一萬八千萬元以發行公債彌補之。第因是次總預算案之公布已在年度開始後十個月始行辦竣似覺有明日黃花之感也至二十一年度預算雖由主計處循例編送但迄今尚未公布反不若二十年度預算多矣現時中央政治會議有感於此於是由該會財政組提一變通辦法提經中央會議通過即責成主計處會同審計部財政部按照預算分類標準分期召集各主管彙編關機會並根據最近支出金額分別緊急裁節剷冗，一薪體鑒定經費並由主計處負責按照會查擬定實數代編二十二年度簡明概算作為假預算。如斯一方可以節省再照章編造預算依法公布。如在年度開始以前預算不及公布，即以核定概數作為假預算。一方可以切於實用現二十二年度之概算已按期成立矣（科目及金額見後）此國民政府時代辦理預算之情形也。

又二十年十月二十八日中央政治會議第二百九十五次會議通過預算章程凡六十四條，及其附件多種。此次章程於當年十一月二日由國民政府明令公布是為現行之預算法典惟在立法院財政委員會方面認預算法之重要於上次預算章程似有應行擴充改良之處故即着手擬編預算法斯項預算法原則於二十一年八月二十

日由中央政治會議第三百十八次會議議決通過立法院再根據原則將擬編之預算法凡九十六條及其重要附件多種，加以修正是項修正法典已於當年九月呈送國民政府明令公布惟其施行日期須另以命令行之故現行預算法典仍為前項之預算章程而非所頒布之預算法也至於月份分配預算方面則各機關各自為政，或有尚未加以規定者現以財政部所屬財務機關而論，財政部於十九年六月十二日以部令公布編製分配表章程同日又有支付預算書章程之公布斯項規定頗為詳盡實為其他各機關所不逮也。

第四節　預算章程中關於概算及預算之規定

第一目　關於國家預算部份之規定

（一）概算及預算編製及決定之程序

按預算章程中規定,中央各機關所編本機關（包括附屬機關）歲入歲出概算為第一級概算中央各機關之主管機關彙合第一級概算編成之分類概算為第二級概算。國民政府主計處彙合第二級概算編成之總概算為第三級概算（見預算章程第八條。）至中央各機關編造各機關次年度歲入歲出概算書（第一級概算）各繕具三份限十一月三十日以前送達各該主管機關。各主管機關審核第一級概算應分別加具審核意見彙編各分類歲入歲出概算書（第二級概算）各繕具三份連同第一級概算書各二份，限一月十五日以前送達國民

第二編　第一章　概算預算及月份分配預算

七七

政府主計處國民政府主計處審核第二級概算分類簽註意見彙編總概算書各繕具三份限三月十五日以前，將總概算書二份連同審查意見書一份并檢同第二級概算書各二份呈請國民政府送達中央政治會議歲出概算總額如超過歲入概算總額，主計處應於編送總概算書時附具補救意見書中央政治會議依據收支適合原則核定歲入歲出概算總額，於四月十五日以前將核定總概算書一份連同議決案第二級概算書各一份，送由國民政府發交主計處國民政府主計處依據中央政治會議核定總概算書編成總預算案，并檢同議決案并檢同第二級概算書各一份呈請國民政府，提月十五日以前將總預算案連同中央政治會議議決案并檢同第二級概算書各一份呈請國民政府公布。（見預算章程第二十一條至出立法院核議立法院於每年六月十五日以前將總預算議決呈送國民政府公布。（見預算章程第二十一條至二十六條。）

以上為關於本預算方面之規定，在預算案未經全部通過，即預算未成立前則應有臨時預算或假預算之公布。預算章程中關於救濟國家預算未成立之辦法有下列三種：（一）舊有機關或事業本年度概算依期編送在年度開始以前未經核定者，暫照最近年度核定案執行之；但無該項核定案者其應需經費由主管機關核定概數送由主計處簽註意見呈請國民政府轉送中央政治會議核定施行（見預算章程第三十七條。）（二）預算未成立時國民政府認為必須成立之新增機關，或亟應舉辦之事業其應需經費由主管機關核定概數送由主計處簽註意見，呈請國民政府轉送中央政治會議核准動支（見預算章程第三十八條。）（三）預算未成立時如有特

須應急之經費得由主管機關擬定數目送主計處簽註意見呈經國民政府會議議決以國民政府之命令行之,但仍應補編概算送請中央政治會議追認。(見預算章程第三十九條。)

在預算案通過之後,如遇有重大事故發生則應有追加預算與非常預算之公布,預算章程中關於國家追加與非常預算方面之規定有下列各種:(一)歲出預算公布後,如因特殊事故或國家政策之變更經中央政治會議決後,不得提出追加預算,但本於法令或契約所必不可免之經費遇有不足時,得提出追加預算,其辦理程序依照本預算之規定。(見預算章程第三十三條。)(二)歲出預算公布後,如因特殊急之設施或處置不及辦理追加預算時以國民政府之命令得為預算外之支出但仍應補編概算書由主管機關送主計處簽請國民政府轉送中央政治會議核定後交行政院提出立法院追認。(見預算章程第三十四條。)(四)預算公布後因特殊事故致收入短少不能適應原定歲出預算時由國民政府提出補救方法送中央政治會議核定施行。(見預算章程第三十五條。)(五)新舊機關或事業其歲出預算在年度開始後核定者均自核定之次月份起照案執行,

(見預算章程第三十六條。)

(二)概算及預算之內容

國家部份之概算及預算其辦理收支分類標準為下列各種:

1. 國家收入部份

i. 屬於普通會計者

一、鹽稅　凡鹽類正附稅捐等之各項收入均屬之

二、關稅　凡關稅之正附等項收入均屬之

三、菸酒稅　凡於酒產銷公賣費稅洋酒類稅及牌照稅等之各項收入均屬之

四、印花稅　凡普通印花特種印花稅等之各項收入均屬之

五、統稅　凡捲菸麥粉棉紗火柴水泥等各種統稅收入均屬之

六、礦稅　凡礦區稅礦產稅等收入均屬之

七、交易所稅　凡證券物品等交易所稅之收入均屬之

八、所得稅　凡各種所得稅收入均屬之

九、遺產稅　凡遺產稅收入均屬之

十、銀行稅　凡銀行業收益稅銀行兌換券發行稅等收入均屬之

十一、國有財產收入　凡沙田官產屯衞田地營業房租等收入及其他國有財產之收徵等均屬之

十二、國有事業收入　凡國家經營不含營業性質之各事業如試驗事業之出品及學校醫院等之各項收徵均屬之

十三、國家行政收入　凡國家機關如訴訟罰金註冊登記查驗證書執護照等費之行政收入均屬之

十四、國有營業純益　凡國有各種營業之純收益均屬之

十五、協款收入　凡各省市在地方收入內協助中央各款均屬之

十六、債款收入　凡中央募借各種債款均屬之

十七、其他收入　凡不屬於上列各項之國家收入均屬之

上列各項國家普通歲入概算之審核彙編及其主管系統均按支出分類標準之規定辦理

ii. 屬於營業會計者

一、路政收入　凡關於鐵路汽車等之各項收入均屬之

二、電政收入　凡關於電報電話等之各項收入均屬之

三、郵政收入　凡關於郵政之各項收入均屬之

四、航業收入　凡關於航業各機關之各項收入均屬之

五、農業收入　凡關於農林漁牧各機關之各項收入均屬之

六、礦業收入　凡關於礦業之各項收入均屬之

七、工業收入　凡關於工廠局所等機關之各項收入均屬之

第二編　第一章　概算預算及月份分配預算

八、商業收入　凡關於國家銀行及其他國營商業機關之各項收入均屬之

九、其他收入　凡不屬於上列各項之收入均屬之

上列各項國家營業歲入概算之審核彙編及其主管系統均按支出分類標準之規定辦理

2. 國家支出部份

i. 屬於普通會計者

一、黨務費　凡關於中央黨務機關黨務設施之各項經費均屬之以中央黨部為審核彙編本類概算之主管機關

二、國務費　凡國民政府行政院立法院司法院考試院監察院審計部銓敘部考選委員會總理陵園管理委員會僑務委員會等及其他關於國務設施之各項經費均屬之以國民政府為審核彙編本類概算之主管機關

三、軍務費　凡軍事委員會軍事參議院參謀本部訓練總監部軍政部海軍部及其所屬機關部隊經費暨其他關於中央軍事機關軍務設施之各項經費均屬之以軍政部為審核彙編本類概算之主管機關

四、內務費　凡內政部衛生署禁煙委員會賑務委員會首都警察廳華北水利委員會太湖流域水利委員會湘鄂湖江水利委員會及其所屬機關暨其他關於中央內政機關內政設施之各項經費均屬之以內政部為審核彙編本類概算之主管機關

五、外交費　凡外交部暨駐外使領館等及其他關於外交機關外交設施之各項經費均屬之以外交部為審核彙編本類概算之主管機關

六、財務費　凡財政部與其所屬各財務機關各徵收機關等及其他關於不含營業性質之中央財務機關財政設施之各項經費均屬之以財政部爲審核彙編本類概算之主管機關

七、教育文化費　凡教育部中央研究院國立學校圖書館博物院等及其他關於中央教育文化機關教育文化設施之各項經費均屬之以教育部爲審核彙編本類概算之主管機關

八、司法費　凡司法行政部最高法院最高法院檢察官首都反省院法官懲戒委員會等及其他關於中央司法機關司法設施之各項經費均屬之以司法行政部爲審核彙編本類概算之主管機關

九、實業費　凡實業部與其所屬及所營不含營業性質之各機關各事業暨其他關於不含營業性質之中央農鑛工商機關農鑛工商設施之各項經費均屬之以實業部爲審核彙編本類概算之主管機關

十、交通費　凡交通部鐵道部與其所屬及所營不含營業性質之各機關各事業暨其他關於不含營業性質之中央交通機關交通設施之各項經費均屬之交通部鐵道部各就主管事項爲審核彙編本類概算之主管機關

十一、蒙藏費　凡蒙藏委員會及其附屬機關所需之各項經費均屬之以蒙藏委員會爲審核彙編本類概算之主管機關

十二、建設費　凡建設委員會導准委員會與其所屬及所營不含營業性質之各機關各事業暨其他關於不含營業性質之中央建設機關與建設事業之各項經費均屬之以建設委員會爲審核彙編本類概算之主管機關

十三、國有營業資本支出　凡由國家撥付營業資本及增加營業資本均屬之以各該營業之主管部會爲審核彙編本類概算之主管

第二編　第一章　概算預算及月份分配預算

機關

十四、補助費　凡由國庫補助各省市及公私團體之各項關費均屬之以財政部為審核彙編本類概算之主管機關

十五、撫卹費　凡由國庫發給文武官吏兵警等之各項撫卹金均屬之以財政部為審核彙編本類概算之主管機關

十六、債務費　凡中央所負不屬官營業之合法內外債之償還費均屬之以財政部為審核彙編本類概算之主管機關

ii. **屬於營業會計者**

一、路政支出　凡關於鐵路汽車路等各項支出均屬之

二、電政支出　凡關於電報電話等之各項支出均屬之

三、郵政支出　凡關於郵政之各項支出均屬之

四、航業支出　凡關於航業各機關之各項支出均屬之

五、農業支出　凡關於農林漁牧各機關之各項支出均屬之

六、礦業支出　凡關於礦業之各項支出均屬之

七、工業支出　凡關於工廠局所等機關之各項支出均屬之

八、商業支出　凡關於國家銀行及其他國營商業機關之各項支出均屬之

上列各項國家營業歲出以各該營業之主管部會為審核彙編各該類概算之主管機關

（三）概算及預算科目

國家部份之概算及預算科目分爲下列各種：

1. 國家收入部份

i. 第一級概算書

關於國家收入部份中央各機關所編造之第一級歲入概算書所列科目爲下列各種（以財政部統轄之各省印花菸酒稅局爲例）

第一款　某某印花菸酒稅局收入

第一項　菸酒稅

第一節　菸公賣費

第一目　公賣費

第二節　酒公賣費

第一目　菸稅

第二目　菸酒稅

第二節　酒稅

第二編　第一章　槪畫預算及月份分配預算

第三節 洋酒稅
第三目 牌照稅
第一節 菸牌照稅
第二節 酒牌照稅
第二項 印花稅
第一目 普通印花稅
第一節 普通印花稅
第二目 特種印花稅
第一節 特種印花稅
第三項 國有財產收入
第一目 租金
第一節 房地租金
第二節 其他產業租金
第四項 國家行政收入

第一目 罰金
　第一節 菸酒罰金
　第二節 印花罰金
第二目 沒收物變價
　第一節 菸酒變價
第五項 其他收入
第一目 利息
　第一節 存款利息
第二目 兌換盈餘
　第一節 兌換盈餘
第三目 刊物售價
　第一節 刊物售價
第四目 雜項收入
　第一節 雜項收入
第二編
　第一章 概算預算及月份分配預算

ii. 第二級概算書

關於國家收入部份中央各主管機關所編造之第二級歲入概算書所列科目爲下列各種：（以財政部爲例）

第一款　財政部主管國家普通收入
　第一項　鹽稅
　第二項　關稅
　第三項　菸酒稅
　　第一第二兩項之目節可照第三項類推
　　　第一目　公賣費
　　　　第一節　菸公賣費
　　　　第二節　酒公賣費
　　　第二目　菸酒稅
　　　　第一節　菸稅

第二節　酒稅
　　　第三節　洋酒稅
　　第三目　牌照稅
　　　第一節　菸牌照稅
　　　第二節　酒牌照稅
　　　餘類推
　　第四項　印花稅
　　　第一目　普通印花稅
　　　　第一節　普通印花稅
　　　　餘類推
　　　第二目　特種印花稅
　　　　第一節　特種印花稅
　　　　餘類推

iii. 總概（預）算書

第二編　第一章　概算預算及月份分配預算

中國政府會計論

歲入總概（預）算書，係由主計處彙合各第二級概算書所編成。茲將二十二年度國家普通歲入總概算摘要表中所列科目與金額列舉於下以窺全豹。

二十二年度國家普通總概算摘要表

歲入	一六、七四八、一四八元
鹽稅	一六、七四八、一四八元
關稅	三五四、六五六、八八〇
菸酒稅	二三、五四五、〇五五
印花稅	一二、九三九、八五三
統稅	九六、九七五、〇九一
礦稅	二、六八三、一六〇
交易所稅	一四〇、〇六八
銀行稅	一、六〇〇、〇〇〇
財產收入	三、六一七、一五八
事業收入	一、六七四、二六二

九〇

行政收入	一二、一五一、一六七
營業純益	一、一三八、三三八
其他	二四、七一〇、四〇九
地方協款	一、八三六、〇〇〇
合計	六八〇、四一五、五八九元

2. 國家支出部份

i. 第一級概算書

關於國家支出部份中央各機關所編造之第一級歲出概算書所列科目爲下列各種：

第一款 本機關經費 凡本機關之各項經費均列此款

第一項 俸給費 凡本機關長官員司之俸薪工匠夫役軍士兵警之工餉等均列此項

第一目 俸薪 凡關於長官員司之俸薪均列此目

第一節 特任官俸 凡按法令規定設置之特任官及與特任官同等待遇之官俸均列此節

第二節 簡任官俸 凡按法令規定設置之簡任官及與簡任官同等待遇之官俸均列此節

第三節 薦任官俸 凡按法令規定設置之薦任官及與薦任官同等待遇之官俸均列此節

第二編

第一章 概算預算及月份分配預算

第四節　委任官俸　凡按法令規定設置之委任官及與委任官同等待遇之官俸均列此節

第五節　聘員薪　凡按法令規定設置之聘任人員薪水均列此節

第六節　雇員薪　凡按法令規定設置之僱員及臨時僱用之僱員薪水均列此節

第二目　餉項工資　凡軍士兵警之餉項及工匠公役等之工資均列此節

第一節　餉資　凡軍士兵警等之餉項均列此節

第二節　工資　凡工匠公役等之工資均列此節

第二項　辦公費　凡辦公所需之各種費用須列此項

第一目　文具　凡各種文具均列此目

第一節　紙張　凡各種紙張卷夾封套等費均列此節

第二節　筆墨　凡各種筆墨費用均列此節

第三節　簿籍　凡各種普通簿籍及特印帳簿等費均列此節

第四節　雜品　凡不屬於右列各節之文具如銅釘漿糊橡皮木戳絲棉膠水撤針圖釘印泥伏油硃硯線球橡皮圖捺筆刀蜈蚣釘等費均列此節

第二目　郵電　凡因公所需之郵電等費均列此目

第一節　郵費　凡郵費列入此節

第二節　電費　凡電報電話均列此節

第三目　消耗　凡關於發光導熱用水運轉及其他各種消耗物料所需費用均列此目

第一節　燈火　凡電燈之電費及煤氣燈或油燈等所需燃料之費用均列此節

第二節　茶水　凡茶葉飲料水及使用水費均列此節

第三節　薪炭　凡柴薪煤炭等燃料費（包括爐灶及冬季煤炭費）均列此節

第四節　油脂　凡汽車機車及機件上所需之各種油脂費均列此節

第四目　印刷　凡關於公報文告等之印刷費均列此目

第一節　刊物　凡本機關發行之定期刊物及臨時刊物之印刷費均列此節

第二節　雜件　凡本機關發布之布告規章圖表或單據票照憑證等印刷費均列此節

第五目　租賦　凡關於公用房地等之租金及賦稅均列此目

第一節　房金　凡房屋之租賦均列此節

第二節　土地　凡土地之租賦均列此節

第三節　場圍　凡場圍之租賦均列此節

第二編　第一章　概算預算及月份分配預算

第六目 修繕 凡關於房屋舟車器械及其附屬物之修繕費均列此目

第一節 房屋 凡房屋土地場圃及其附屬物（如涼棚爐灶等）之修繕費均列此節

第二節 舟車 凡舟車及其附屬物之修繕費均列此節

第三節 器械 凡家具器皿機械及其他物品之修繕費均列此節

第七目 旅運費 凡因公出差及運輸所需之費用均列此目

第一節 旅費 凡因調查視察及其他因公出差所需之旅費均列此節

第二節 運輸費 凡因公所需之運輸列入此節

第八目 雜支 凡不屬於右列各目之各種雜費均列此目

第一節 廣告 凡刊登公報雜誌報紙等之廣告費均列此節

第二節 報紙 凡購買報紙等費均列此節

第三節 雜費 凡各種零星雜費均列此節

第三項 購置費 凡有財產性質之購置所需費用（如有運費捐稅併計在內）均列此項

第一目 器具 凡家具器皿及雜件等之購置費均列此目

第一節 家具 凡桌椅几櫥衣架鐵櫃火爐電爐電扇電燈地毯帷帳抬布屏風等之購置費均列此節

第二節　器皿　凡墨盒水壺硯台筆架算盤算盤刀尺印色盒叫人鈴茶壺痰盂面盆時鐘鏡框等之購置費均列此節

第三節　機件　凡打字機印字機加減機油印機號碼機打洞機及其他各種機件等之購置均列此節

第四節　雜件　凡不屬於左列各節物件之購置均列此節

第三目　服裝械彈

第一節　服裝　凡購置服裝械彈所需費均列此目

第二節　械彈　凡械彈之購置費均列此節

第三目　舟車牲畜

第一節　牲畜　凡車輛船隻牲畜等之購置費均列此目

第二節　船隻　凡騾馬等之購置費均列此節

第三節　車輛　凡輪船汽船帆船等及其附屬物之購置費均列此節

第四節　圖書　凡汽車馬車人力車運貨車等及其附屬物之購置費均列此節

第一節　圖書　凡供參考或研究所用各種書籍圖表雜誌購置費均列此目

第四項　營造費

第一目　房屋　凡營造房屋場圃及其附屬物等所需費用均列此項

第二編　第一章　概算預算及月份分配預算　凡添造房屋及其附屬物等所需費用均列此目

九五

第二目 場圖 凡添造場圖及其附屬物等所需費用均列此目
第五項 特別費 凡特別費用不能入右列各項者均列此項
第一目 特別辦公費 凡長官爲執行公務上必需之一切額外開支均列此目其節按官階分列之
第二目 匯兌 凡匯款所需匯水及折合本位幣之虧耗均列此目
　第一節 匯水 凡解款所需之匯水列入此節
　第二節 虧耗 凡折合本位幣之虧耗列入此節
第三目 醫藥費 凡因公需用之醫藥費均列此目
　第一節 醫藥費
第四目 其他 凡關於法律事務及撫卹獎賞保險並其他不能歸入右列各目之特種費用均列此目其節按性質分別之

ii. 第二級概算書

關於國家支出部份中央各主管機關所編造第二級概算書所列科目爲下列各種：（以財政部主管財務費爲例）

　第一款 財政部主管財務費
　　第一項 財政部本部

第一目　本部
　第一節　俸給費
　第二節　辦公費
　第三節　購置費
　第四節　營造費
　第五節　特別費
第二項　鹽務署所屬機關
　第一目　鹽務署
　　第一節　俸給費
　　　餘類推
　第二目　兩淮鹽運使公署
　　　餘類推
第三項　關務署所屬機關
　　　餘類推

第二編　第一章　槪算預算及月份分配預算

第四項　預備費

iii 總概（預）算書

歲出總概（預）算係由主計處彙合第二級概算書所編成。茲將二十二年度國家普通歲出總概算摘要表中所列科目與金額列舉於下以窺全豹。

二十二年度國家普通總概算摘要表

歲出	五、四八九、一〇〇元
黨務費	九、七一三、二〇〇
國務費	四一五、六〇〇、〇〇〇
軍務費	四〇六、九〇四二
內務費	一〇、六六二、九八九
外交費	六四、九六九、一七五
財務費	一六、六一八、一八四
教育費	二、六七六、三五九
司法費	

實業費	四、二三四、九二二
交通費	五、〇八三、七三八
蒙藏費	一、三四〇、一九二
建設費	七一五、〇〇〇
補助費	二九、八七八、四四九
撫卹費	六、〇二九、八一〇
債務費	二四一、八四一、八〇四
預備費	一〇、〇〇〇、〇〇〇
合計	八二八、九二一、九六四元

(四) 概算及預算書表之格式及說明

1. 概（預）算書之格式及說明

i. 格式

中國政府會計論

概（預）算書

編製機關＿＿＿＿＿

中華民國＿＿＿年度 第＿＿＿號 第＿＿＿門

　　　　　　　　　　年＿＿月＿＿日起至＿＿年＿＿月＿＿日止　　　　第＿＿頁

前年度決算數	科目	本年度…算數	上年度預算數	比較增減數		說明
				增	減	

編製日期＿＿＿＿年＿＿＿月＿＿＿日　　編製機關長官＿＿＿＿＿　　會計主任＿＿＿＿＿

100

第二編　第一章　概算預算及月份分配預算

ii. 說明

關於概算書塡法說明，業經主計處爲之規定，茲舉其要點如下：（一）各機關編製概算，須依據預算章程及辦理預算收支分類標準曁預算科目細則辦理。（二）號次欄之塡法在第一級歲入概算書爲第一號第一級歲出概算書爲第二號第二級歲入概算書爲第三號，第二級歲出概算書爲第四號，第三級歲入概算書爲第五號第三級歲出概算書爲第六號。（三）前年度決算數欄內應塡前年度實在決算數。（四）科目欄內應分款項目節四級按預算科目細則塡列。（五）本年度槪（預）算數欄內應塡本年度槪（預）算數。（六）上年度預算數欄內，應塡上年度之核定預算數。（七）比較增減數欄內，本年度概（預）算數與上年度預算數比較之差數。其本年度概（預）算數多於上年度預算數者謂之增塡於增數欄內，少於上年度概（預）算數者謂之減，塡於減數欄內。（八）說明欄內應塡各科目列數之理由及應行聲敍之事項。

2 概算書提要之格式及說明

i. 格式

一〇一

概算書提要

編製機關＿＿＿＿＿　　第＿＿＿號　　　　類別
中華民國＿＿＿年度　　　　　　　歲＿＿＿門　　列概算第＿＿項

本年度概算數起＿＿年＿＿月＿＿日起　至＿＿年＿＿月＿＿日止　第＿＿頁

科目	摘要	本年度概算數	上年度預算數	比較增減數		核定本年度概算數	核定理由
				增	減		

編製機關長官＿＿＿＿＿　　審核機關長官＿＿＿＿＿

會計主任＿＿＿＿＿　　　　審核者＿＿＿＿＿

ii. 說明

關於概算書提要填法說明，亦經主計處為之規定，其詳情如下：（一）本提要為辦理上級概算之機關便於審查下一級概算之用故任何機關編製任何概算均須照填。（二）提要之號次須與概算書號次相同。（三）提

要之份數與概算書份數相同。（四）第一級概算提要內之科目與第一級概算書內款與項兩級第二級概算書提要內之科目列款項目三級。（五）提要內之各欄與概算書相同者均與概算書同樣填寫。（六）提要內之核定本年度概算數欄與核定理由欄及審核機關長官與審核者之下均由該上級審核機關填寫。（七）提要右角方格內項之次序，由該上級機關彙編上一級機關概算時填列。（八）每份提要須釘於每份概算書第一頁之前。

第二目　關於地方預算部份之規定

（一）概算及預算編製及決定之程序

按預算章程中規定，省市各機關編造各該機關次年度歲入歲出概算書，（第一級概算）各繕具三份，限十一月卅日以前送達各該省財政廳或市財政局。如有一部份未能按期編造者，即由該省財政廳或市財政局代為編造。各省財政廳或市財政局，審核第一級概算，應分別加具審核意見，彙編各該省市歲入歲出概算案繕具二份，連同第一級概算書各一份限一月十五日以前送達各該省市政府各該省市政府依據收支適合原則議定各該省市概算案限一月卅一日以前發還財政廳或財政局。概算總額如超過歲入概算總額時，應由該省市政府議定核減歲出或加稅募債等補救辦法，以資平衡各省財政廳或市政府依據省市政府議定概算案編成各該省市歲入歲出總概算書（即第二級概算）繕具三份連同第一級概算書各一份限二月十五日以前送達國民政

府主計處國民政府主計處審核各省市歲入歲出總概算書，應簽註意見限三月卅一日以前將總概算書二份連同審查意見書一份呈由國民政府送達中央政治會議核定各省市總概算於四月卅日以前將核定總概算書一份連同議決案送由國民政府發交主計處國民政府主計處依據中央政治會議核定各該省市總概算書編成各該省市總預算案連同中央政治會議議決呈請國民政府交行政院提出立法院核議立法院於六月十五日以前將各該省市總預算案議決呈請國民政府公布國民政府主計處應將前項公布之各該省市總預算彙編全國地方總預算書呈報國民政府（見預算章程第四十至第四十七條。）

以上為關於本預算方面之規定在預算案未經全部通過即預算未成立前亦應有臨時預算，或假預算之公布。地方預算未成立時得由各該省市政府參照最近年度預算及本年度財力議定暫行救濟辦法呈報行政院轉國民政府備案，（見預算章程第六十條。）

如在預算案通過之後，遇有重大事故發生亦應有追加預算與非常預算之公布。預算章程中關於地方追加與非常預算方面之規定有下列各種（一）歲出預算公布後如因特殊事故收入短少或加稅募債等彌補辦法未經實行時由省市政府就原有收入範圍議定縮減支出辦法以省市政府之命令行之幷呈報行政院轉呈國民政府備案（見預算章程第五十四條。）（二）歲出預算公布後如因特殊事故或政策之變更經省市政府會議

決議得縮減某項之一部份或全部並呈報行政院，轉呈國民政府備案（見預算章程第五十五條。）（三）預算公布後因特殊事故致收入短少而支出不能縮減時由省市政府擬具彌補方法并附概算書送主計處簽註意見呈請國民政府轉送中央政治會議核定施行（見預算章程第五十六條。）（四）歲出預算公布後不得提出追加預算但於法令或契約所必不可免之經費有不足時得提出追加預算其辦理程序依照本預算之規定（見預算章程第五十七條。）（五）歲出預算公布後，如因特殊應急之設施或處置不及辦理追加預算時以省市政府之命令得為預算外之支出但仍應補編概算書由省市政府送由主計處簽註意見呈請國民政府轉呈中央政治會議核定後交行政院提出立法院追認（見預算章程第五十八條。）（六）新舊機關或事業其歲出預算在年度開始後核定之次月份起照案執行，（見預算章程第五十九條。）

（二）概算及預算內容

地方部份之概算及預算其辦理收支分類標準為下列各種。

1. 地方收入部份

    i. 屬於普通會計者

    一、田賦　凡地丁糟糧租課及其附加之各項收入均屬之

    二、契稅　凡不動產典賣等之契稅及其附加之各項收入均屬之

第二編　第一章　概算預算及月份分配預算

一〇五

三、營業稅　凡各種商業之營業稅及原有之牙稅當稅屠宰稅等收入均屬之

四、房捐　凡都市城鎮之房捐及其附加之各項收入均屬之

五、船捐　凡船捐等項收入均屬之

六、地方財產收入　凡公有財產之各項收益均屬之

七、地方事業收入　凡經營不含營業性質各事業之各項收益均屬之

八、地方行政收入　凡地方機關之各項行政收入均屬之

九、地方營業純益　凡地方各種營業之純收益均屬之

十、補助款項收入　凡中央補助各款之收入均屬之

十一、債款收入　凡地方募借各種債款均屬之

十二、其他收入　凡不屬上列各項之地方收入均屬之

各省市情形不同上列各項收入分類得依據事實酌量增減之

ii. 屬於營業會計者

一、路政收入　凡關於路政之各項收入均屬之

二、電政收入　凡關於電話等之各項收入均屬之

三、航業收入　凡關於航業各機關之各項收入均屬之

四、農業收入　凡關於農林漁牧各機關之各項收入均屬之

五、礦業收入　凡關於礦業之各項收入均屬之

六、工業收入　凡關於工廠局所等機關之各項收入均屬之

七、商業收入　凡關於地方銀行及所營其他商業機關之收入均屬之

八、其他收入　凡不屬於上列各項之收入均屬之

各省市情形不同上列各項收入分類得依據事實酌量增減之

2. 地方支出部份

i. 屬於普通會計者

一、黨務費　凡關於省市地方黨務機關黨務設施之各項經費均屬之

二、行政費　凡各省政府市政府及縣市政府及其他關於普通政務設施之各項經費均屬之

三、司法費　凡各省高等法院地方法院地方監獄各縣承審員及其他關於地方司法機關司法設施之各項經費均屬之

四、公安費　凡各省市保安處公安局與其所屬水陸公安隊保安隊警備隊等及其他關於公安各機關公安設施之各項經費均屬之

五、財務費　凡各省財政廳各市財政局與其所屬各財務徵收機關及其他關於財務機關財政設施之各項經費均屬之

第二編　第一章　概算預算及月份分配預算

一〇七

六、教育文化費　凡各省致育廳各市教育局與其所屬各省立學校及其所關於地方教育文化機關致、文化設施之經費均屬之

七、實業費　凡各省市專管農礦工商事務之機關與其所屬及所營不含營業性質之各農礦工商機關農礦工商事業之各項經費均屬之

八、交通費　凡各省市專管交通事務之機關與其所屬及所營不含營業性質之各交通機關交通事業之各項經費均屬之

九、衞生費　凡各省市專管衞生事務之機關與其所屬及所營不含營業性質之衞生機關衞生事業之各項經費均屬之

十、建設費　凡各省市專管建設事務之機關與其所屬及所營不含營業性質之建設機關建設事務各項經費均屬之

十一、地方營業資本支出　凡由省庫或市庫撥付營業資本及增加營業資本均屬之

十二、協助費　凡各省市協助中央及補助地方公私團體之各項經費均屬之

十三、撫卹費　凡由省庫或市府發給文武官吏兵警等之各項撫卹金均屬之

十四、債務費　凡各省市所負不屬官營業之合法債務之償還費均屬之

各省市情形不同上列各項支出分類得依據事實酌量增減之

ii 屬於營業會計者

一、路政支出　凡關於路政之各項支出均屬之

二、電政支出　凡關於電話等之各項支出均屬之

三、航業支出　凡關於航業各機關之各項支出均屬之

四、農業支出　凡關於農林漁牧各機關之各項支出均屬之

五、礦業支出　凡關於礦業之各項支出均屬之

六、工業支出　凡關於工廠局所等機關之各項支出均屬之

七、商業支出　凡關於地方銀行及所營其他商業機關之支出均屬之

各省市情形不同上列各項支出分類得依據事實酌量增減之

（三）概算及預算科目

地方部份之概算及預算科目分爲下列各種：

1. 地方收入部份

　i. 第一級概算書

關於地方收入部份地方各機關所編造之第一級歲入概算書所列科目爲下列各種：（以省政府教育廳統轄之各省立中小學校爲例）

第一編

　第一章　概算預算及月份分配預算

　　第一款　某某省立第一中學收入

　　　第一項　地方事業收入

一〇九

第一目 學費
　第一節 高中學生學費
　第二節 初中學生學費
第二目 宿費
　第一節 高中學生宿費
　第二節 初中學生宿費
第二項 其他收入
　第一目 利息
　　第一節 存款利息
　第二目 雜項收入
　　第一節 刊物售價

ii. 第二級概算書（爲例）

關於地方收入部份，地方各主管機關所編造之第二級歲入概算書所列科目，爲下列各種：（以某某省政府

第一款　某某省普通歲入
　第一項　田賦
　第二項　契稅
　第三項　營業稅
　第四項　房捐
　第五項　船捐
　第六項　地方財產收入
　第七項　地方事業收入
　以上各項目節可參照第七項類推
　　第一目　學費
　　　第一節　省立第一中學收入
　　　第二節　省立第二中學收入
　　第二目　宿費
第二編　第一章　概算預算及月份分配預算

中國政府會計論

第二節　省立第二中學收入

第八項　其他收入

第一目　利息

第一節　省立第一中學收入

第二節　省立第二中學收入

第二目　雜項收入

第一節　省立第一中學收入

第二節　省立第二中學收入

iii. 總概（預）算書

地方歲入總概（預）算書係由主計處彙合在省市第二級概算書所編成茲將各省市二十年度歲入預算及概算總表所列省市別及金額列舉於下以窺全豹：

各省市二十年度歲入預算及概算總表

山東省地方歲入預算　　二四、五七五、一三〇元

上海市地方歲入預算　　八、一九八、二〇四

南京市地方歲入預算 ... 2,857,676
安徽省地方歲入預算 ... 1,558,850
察哈爾省地方歲入預算 ... 2,348,154
江蘇省地方歲入預算 ... 2,626,187
浙江省地方歲入預算 ... 2,519,398
河南省地方歲入概算 ... 1,784,852
河北省地方歲入概算 ... 3,815,743
湖南省地方歲入概算 ... 1,723,714
熱河省地方歲入概算 ... 1,713,516
陝西省地方歲入概算 ... 1,394,897
寧夏省地方歲入概算 ... 1,104,733
雲南省地方歲入概算 ... 2,124,857
貴州省地方歲入概算 ... 2,623,000
山西省地方歲入概算 ... 2,349,661

第二編　第一章　概算預算及月份分配預算

一三

湖北省地方歲入概算 ……………………… 二三,六〇〇,一二一

廣東省地方歲入概算 ……………………… 三四,一六九,九四五

北平市地方歲入概算 ……………………… 三,四八三,九二二

青島市地方歲入概算 ……………………… 四,六〇四,四〇八

威海衞管理公署地方歲入概算 …………… 二〇八,三九八

青海省地方歲入概算 ……………………… 八,六四,二三八元 四〇,〇〇〇九石

新疆省地方歲入概算 ……………………… 三,二〇五,七五六

廣西省地方歲入概算 ……………………… 一三,七四三,八一六

福建省地方歲入概算 ……………………… 二七,五〇九,七三八

2. 地方支出部份

i. 第一級概算書

關于地方支出部份,地方各機關所編造之第一級歲出概算書之所用科目,悉依國家支出部份國家歲出科目辦理。

ii. 第二級概算書

關于地方支出部份,地方各主管機關所編造之第二級歲出概算書所列科目爲下列各種：(以江蘇省政府爲例)

第一款　江蘇省地方普通歲出

　第一項　黨務費

　第二項　行政費

　　第一目　省政府本府

　　　第一節　俸給費

　　　第二節　辦公費

　　　第三節　購置費

　　　第四節　營造費

　　　第五節　特別費

　　第二目　民政廳

　　第三目　江寧縣

　　餘類推

第二編　第一章　概算預算及月份分配預算

第三項　司法費
第四項　公安費
第五項　財務費
第一目　財政廳
　第一節　俸給費
　第二節　辦公費
　第三節　購置費
　第四節　營造費
　第五節　特別費
　第六節　預備費
　　餘類推

iii. 總概（預）算書

地方歲出總概（預）算書，係由主計處彙合各省市第二級概算書所編成茲將各省市二十年度歲出預算及概算總表所列省市別及金額列舉于下，以窺全豹。

各省市二十年度歲出預算及概算總表 20,575,130元

山東省地方歲出預算 8,188,204

上海市地方歲出預算 21,858,766

南京市地方歲出預算 15,587,850

安徽省地方歲出預算 .... 2,234,815<!-- -->4

察哈爾省地方歲出預算 2,612,6,187

江蘇省地方歲出概算 25,195,398

浙江省地方歲出概算 17,848,752

河南省地方歲出概算 38,153,413

河北省地方歲出概算 18,123,714

湖南省地方歲出概算 23,592,462

熱河省地方歲出概算 20,781,164

陝西省地方歲出概算 32,600,809

寧夏省地方歲出概算

第二編

第一章　概算預算及月份分配預算

雲南省地方歲出概算 　 五、四三〇、八一九

貴州省地方歲出概算 　 八、九二五、六六九

山西省地方歲出概算 　 一七、七六六、一一六

湖北省地方歲出概算 　 二八、〇〇六、六九四

廣東省地方歲出概算 　 四三、〇九五、二四三

北平市地方歲出概算 　 五、〇六八、五二一

青島市地方歲出概算 　 四、六〇四、四〇八

威海衞管理公署地方歲出概算 　 五一六、九八八

青海省地方歲出概算 　 九一〇、〇〇〇元　四、七一四石

新疆省地方歲出概算 　 八、九四七、三六七

廣西省地方歲出概算 　 一一、四一五、九一六

福建省地方歲出概算 　 三〇、八三八、八二〇

（四）概算及預算書表之格式及說明

各級地方政府，辦理概算及預算所用之表式悉應依照關於國家預算方面之規定。

第五節　預算法中關于概算預算及月份分配預算之規定

第一目　關于預算籌劃之規定

辦理預算必先決定財政政策，蓋政策決定為財務行政首要之事務，預算管理，尚屬其次，此點已於前編第一章中闡明矣。故在預算法中規定辦理預算之前一國民政府應於每年七月內決定次會計年度之施政方針令行全國各機關遵照籌備其施政計劃擬編收支概算（見預算法第二十六條）第二國民政府主計處駐在各機關辦理歲計事務人員對於其所在機關施政計劃之籌備及收支概算之擬編應將財務上增進效能與減少不經濟支出之辦法報告該機關間認為有財務上應合辦或統籌之事務應研究其辦法建議於該機關（見預算法第二十七條）如此上下齊心戮力籌劃辦理庶可使預算之編製與決定容易着手焉。

第二目　關于概算之規定

茲將預算法中關于吾國國家歲入歲出概算之編製及決定程序與概算書內容及格式上諸要點之規定依次述之于下：

（一）概算之編製及決定程序

預算法中規定于總概算外另須編造依機關別及依基金別之分概算兩種。是欲研究機關別之分概算，必須

明瞭機關單位之分級方法。預算法中規定斯項分級方法如下：（見預算法第十三條）第一級機關單位，為國民政府與其直轄機關及其所屬各級機關五院與其直轄機關及其所屬各級機關第二級機關單位，為國民政府之直轄機關及其所屬各級機關行政司法攷試監察各院之直轄機關國民政府第三級機關單位為國民政府或行政司法攷試監察各院之直轄機關所直轄機關惟其所屬各級機關國民政府或行政司法攷試監察各院之直轄機關本身。第四級以下機關之各級機關單位依次遞推。

至于依基金別之分概算，在預算法中規定其分類為以下之各種：（見預算法第四條）1.普通基金，為歲入適用一般管理法而供一般支出之用者。2.特種基金，為有特殊管理方法及特殊用途者，特種基金之中又有1.營業基金係以營業管理辦法管理，而供營業之用者。3.公債基金係以法定或約定之管理辦法管理，而供公債價付本息之用者。3.非營業循環基金雖非營業性質而其資金每經用去必須歸還者。4.特賦基金係因土地改良而對於直接享受利益者所徵收之特賦。5.留本基金係以法令契約或遺囑設定依信託保管辦法保管其本金而僅以孳息充指定之用途者。6.信託基金係為私人或他公務機關之利益依所定之條件管理辦理，或為處分者。7.暫存基金係用途尚未確定者。

以上已將機關與基金之分別，加以闡明。茲再依機關別之分概算，論及擬編及核定之程序于下：國民政府應於每年七月內通知各機關按照規定表格擬編次年度之概算（見預算法第二十九條。）至各機關概算之擬編，

應按照該機關之施政計劃，由其主辦歲計事務人員，先依據其主管長官所主張之數額及理由編就，再按科目逐項依據其自己主張修正之數額及理由簽註之會同簽名蓋章，由主管長官呈送上級機關（見預算法第三十一條。）上級機關收到其附屬機關所呈送之概算後，應由其主管長官及主辦歲計事務人員會商假定其概算之各數額意見不一致時應分別記錄之（見預算法第三十二條。）此種上級機關對於所屬各機關之概算各數額假決定後應連同本機關之概算擬具其機關單位之全部概算由此機關之主管長官與駐在此機關辦理歲計事務人員會同簽名蓋章由主管長官再呈送更上級機關，再按以前各項辦法遞送於國民政府及五院本身（見預算法第三十三條。）此種機關各彙編其第一級機關單位之概算國民政府主計處歲計局再彙集各第一級機關單位概算編造中央政府總概算書稱某年度國家歲出總概算書呈國民政府轉送中央政治會議核定其概數（見預算法第三十四條第一項。）

至依基金別之分概算，如此項基金係在每機關單位之下者，須隨同依機關單位之程序，依次編送如其不專屬於任何機關單位者則應由主計處編入總概算呈國民政府轉送中央政治會議核定之（見預算法第三十七條。）

又以上所論概算之彙集編造及審核，第三級機關單位分概算，應于每年十月一日以前送達第二級機關單位之主管機關第二級機關單位之分概算應於十月二十一日以前送達第一級機關單位之主管機關。第一級機

第二編　第一章　概算預算及月份分配預算

一二一

關單位之分概算應於十一月一日以前送達主計處。國家總概算書應於十二月十五日以前送達中央政治會議，（見預算法第二十四條第二項。）中央政治會議應自接到總概算書起一個月內將審核工作辦理完竣（見預算法第三十八條規定。）

(二) 概算之內容

依預算法第三十六條之附件規定國家總概算書之內容應包括下列上下兩編，其要件如下

上編

第一卷 概算總說明書

本卷應簡要說明本概算書之主要各點

第二卷 概算之綜要

本卷應記載事項如左

一、總概算及其基金別與機關別之總略

二、第一級機關單位之分概算及其基金別與機關別之總略

三、第二級機關單位之分概算及其基金別與機關別之總略

第三卷 決定總概算分概算之概數所必要參攷資料

本卷應記載左列事項

一、關於歲出之表解

1. 政事別費用之分析
2. 經費別費用之分析經費別費用之分析分歲定經費繼續經費恆久經費三門
3. 其他決定總概算分概算歲出之必要參考資料

二、關於歲入之表解

1. 現有之各種收入
2. 擬廢止或減少各種收入
3. 擬設定或增加之各種收入
4. 必要時可設定或增加之各種收入
5. 其他決定總概算分概算歲入之必要參考資料

三、其他表解

1. 最近已結四年度年度終了時國家資產及負債之狀況
2. 最近已結四年度年度終了時各機關人員數額及分配之狀況

第二編 第一章 概算預算及月份分配預算

下編

3.其他可資解決概算中各問題之必要參攷資料

（1）總目錄

（2）每一個第三級機關單位之收支分概算及其基金別與機關別之總略為一卷應詳載概算之內容並附細表及說明

（3）不依機關單位劃分之各個特種基金收支分概算各為一卷應詳載概算之內容除附細表及說明外並應分別註明左列事項

1.營業概算 其最近已結年度之營業收支經過一覽表其年度終了時之資產負債平衡表

2.信託或其他基金概算 其最近已結年度之信託或其他基金收支經過一覽表並其年度終了時之資產負債平衡表及資力負擔平衡表（即財用對照表）或資產負債資力負擔綜合平衡表

前（二）（三）各卷中如有繼續經費恆久經費或無變更之現有收入者應註明其所依據之法律繼續經費並應註明其全部總額及預定按年支出之額

（三）概算科目

以上為總概算書之內容至歲入歲出概算科目之分類應依下列之規定：

1.國家收入部份——中央歲入來源別科目表

ｉ.歲入經常門

第一類　征課所入
　第一綱　稅收
　　第一目　關稅
　　第二目　鹽稅
　　第三目　菸酒稅
　　第四目　印花稅
　　第五目　出廠稅
　　　捲菸
　　　棉紗
　　　麥粉
　　　火柴
　　　水泥
　　　其他出廠稅
　　第六目　特種收益稅
第二編
　第一章　概算預算及月份分配預算

交易所稅
銀行稅
其他特種收益稅
第七目 所得稅
第八目 遺產稅
第九目 其他稅款
第二綱 特賦
第一目 水利特賦
第二目 道路特賦
第三目 其他特賦
第三綱 課攤
第四綱 專賣
第二類 行政所入
第一綱 罰款

第一目 罰金
第二目 罰鍰
第三目 沒收金
第四目 沒收物
第二綱 規費
　第一目 執照證書
　第二目 登記登錄
　第三目 檢驗
　第四目 訴訟
　第五目 考試
　第六目 敎育
　第七目 公文書閱覽或抄錄
　第八目 其他規費
第三綱 售價
第二編　第一章　概算預算及月份分配預算

第一目　公報狀紙及其他公印刷品
第二目　試驗場及試驗室出品
第三目　監獄及救濟機關出品
第四目　學校研究院及其他教育文化機關出品
第五目　其他出品售價
第三類　公有權利財産及營業所入
第一綱　租金及特許使用費
第一目　國有土地
第二目　國營礦業權
第三目　國有森林
第四目　國有道路
第五目　國有運河
第六目　國有建築物及其他土地改良物
第七目　其他國有財産或權利之租金及特許使用費

第二綱 利潤
　第一目 利息
　第二目 折扣
　第三目 申途
　第四目 兌換贏餘
　第五目 官股紅利
　第六目 其他利潤
第三綱 盈餘
　第一目 電信
　　第二目 電報
　　　電話
　　　其他
　第二目 郵政
　第三目 國營鐵路及其他陸運

第二編　第一章　概算預算及月份分配預算

第四目　國營水運
第五目　國營陸運
第六目　國營銀行
第七目　造幣廠
第八目　國營公用事業
第九目　國營製造事項
第十目　國營林墾事業
第十一目　國營畜牧事業
第十二目　國營鑛業
第十三目　國營電汽事業
第十四目　其他國營事業
第四類　信託管理所入
第一綱　代管項下收入
第一目　服務人員儲蓄金

第二目　服務人員保險金
第三目　銀行紙幣兌換準備金
第四目　出納保管人員保證金
第五目　其他
第二綱　代辦項下收入
　第一目　省
　第二目　市
　第三目　縣
　第四目　其他
第五類　協助所入
　第一綱　省協助
　第二綱　市協助
第六類　得作經常支出之贈與及遺贈所入
　第一綱　人民贈與及遺贈
第二編
　第一章　概算預算及月份分配預算

[三]

第二綱　地方政府贈與
　第三綱　其他贈與及遺贈
　　第七類　無永久性之財產變賣所入
　第一綱　賸餘消費品
　第二綱　賸餘材料品
　　第八類　其他所入
　　第九類　應退還之所入
　　第十類　上年度給存所入
ii. 歲入非經常門
　　第一類　長期借貸收入
　第一綱　國內公債
　第二綱　國外公債
　第三綱　國內長期賒欠
　第四綱　國外長期賒欠

第二類 有永久性之財產變賣所入
　第一綱 土地建築物及其他土地改良物
　第二綱 設備
　第三綱 投資證券
　第四綱 其他國有權利
第三類 收回或減少資本所入
　第一綱 國有營業之資本收回
　第二綱 國有營業資本之減少
　第三綱 非營業循環資本之資本收回
　第四綱 非營業循環基金之資本減少
第四類 歸公財產或變賣所入
　第一綱 現金
　第二綱 票據
　第三綱 證券

第二編　第一章 概算預算及月份分配預算

第四綱 消費品
第五綱 材料品
第六綱 設備物
第七綱 土地與建築物及其他土地改良物
第八綱 應收賬款
第九綱 預付開支
第十綱 其他歸公物
第五類 不得作經常支出之贈與及遺贈所入
第一綱 人民贈與及證贈
第二綱 地方政度贈與
第三綱 其他贈與及遺贈
第六類 其他所入
第七類 應退還之收入
第八類 上年度結存

2. 國家支出部份——中央歲出用途別科目表

i. 歲出經常門

第一類 用人費用

第一綱 俸薪

第一目 選任

第二目 特任

第三目 簡任

第四目 荐任

第五目 委任

第六目 聘任

第七目 僱用

第二綱 津貼

第一目 選任

第二目 特任

第二編 第一章 概算預算及月份分配預算

中國政府會計論

第三目 簡任
第四目 荐任
第五目 委任
第六目 聘任
第七目 僱用
第三綱 餉糈
　第一目 士兵
　第二目 醫衞
第四綱 工資
　第一目 職工及二匠
　第二目 夫役
第二類 事務費用
第一綱 交通
　第一目 郵務

第二目　電報
第三目　電話
第四目　旅費
第五目　運輸
第六目　匯兌
第七目　其他交通
第二綱　給養及消耗
第一目　牲口給養
第二目　電氣煤氣
第三目　水
第四目　其他給養及消耗
第三綱　修繕
第一目　建築物及其他改良物
第二目　設備物

第二編　第一章　概算預算及月份分配預算

中國政府會計論

第四綱 消費品

第一目 紙張簿册
第二目 筆墨
第三目 雜項文具
第四目 新聞雜誌
第五目 飼料
第六目 薪水炭煤
第七目 燈燭
第八目 汽油煤油及油脂
第九目 紗布及其他織物
第十目 衛生用品
第十一目 飲食品
第十二目 其他消費物品

第五綱 材料品

第六綱　印刷裝訂
第七綱　雜項開支
第八綱　固定開支
　第一目　稅課及特賦
　第二目　租賃
　第三目　保險
　第四目　其他
第九綱　義務支出
　第一目　獎賞金
　第二目　賠償金
　第三目　退還金
　第四目　醫藥金
　第五目　其他義務支出
第三類　非事務費用
第二編　第一章　概算預算及月份分配預算

第一綱 利息及虧損
　第一目 公債利息
　第二目 庫券利息
　第三目 臨時挪借利息
　第四目 賒欠利息
　第五目 折扣或申溢
　第六目 兌換虧損
　第七目 其他
第二綱 卹養
　第一目 撫卹金
　第二目 退休金
第三綱 補助
　第一目 下級政府
　第二目 人民團體

第三目 私人
第四類 公有營業虧空填補費用
第五類 信託管理費用
 第一綱 代管項下支出
  第一目 服務人員儲蓄金
  第二目 服務人員保險金
  第三目 銀行兌換券兌換基金
  第四目 出納保管人員保證金
  第五目 其他
 第二綱 代辦項下支出
  第一目 省
  第二目 市
  第三目 縣
  第四目 其他
第二編 第一章 概算預算及月份分配預算

第六類　其他費用

第七類　上年度虧空填補費用

ii. 歲出非經常門

第一類　有永久性之財產購置費用

第一綱　土地與建築物及其他改良物

第一目　土地

第二目　建築物及其附著物

第三目　溝渠

第四目　道路

第五目　橋樑隧道

第六目　碼頭

第七目　花木

第八目　其他土地改良物

第二綱　設備物

第一目　家具陳設品裝潢品
第二目　器皿
第三目　工具
第四目　機器
第五目　儀器
第六目　舟車
第七目　牲口
第八目　服裝
第九目　槍械
第十目　圖書
第十一目　其他設端物
第三綱　投資證券
第一目　債票
第二目　股票
第二編　第一章　概算預算及月份分配預算

中國政府會計論

第四綱　權利之收買
　第一目　專利權
　第二目　版權
　第三目　其他
第二類　設定或增加資本費用
　第一綱　國有營業之資本設定
　第二綱　國有營業之資本增加
　第三綱　非營業循環基金之資本設定
　第四綱　非營業循環基金之資本增加
第三類　償還公債費用
　第一綱　國內公債
　第二綱　國外公債
　第三綱　國內長期賒欠
　第四綱　國外長期賒欠

3. 國家支出部份——中央歲出政事別科目表

第一編

 第一門　政權組織及其運用之支出

  第一類　民意費用　凡民意機關及人權行使由國庫支出之費用均屬之

  第二類　黨務費用　訓政時期中國國民黨由國庫支出之費用均屬之

 第二門　治權組織及其運用之支出

  第一類　關係國家福利政事支出　凡為維持政府國家社會之存在及改善其組織發展其效用而支出之費用均屬此類

   第一綱　國務費用　凡國民政府之各項費用除所屬機關別有科目外均屬之

   第二綱　普通行政費用　凡行政院及其所屬各機關之各項費用除別有科目者外均屬之

   第三綱　立法費用　凡立法院之各項費用均屬之

   第四綱　司法費用　凡司法院及其所屬各機關之各項費用及司法行政費用均屬之

   第五綱　考試費用　凡考試院及中央之考試銓敘及行政之費用均屬之

第二編

 第一章　概算預算及月份分配預算

第四類　預算準備金

 第一綱　預備金

 第二綱　後備金

第二類　關係國民福利政事之支出

　第一綱　教育及文化費用　凡關於教育學術文化信仰之中央行政事業及補助之費用均屬之

　第二綱　衛生及治療費用　凡關於衛生防疫醫藥之中央行政事業及補助之費用均屬之

　第三綱　經濟及建設費用　凡關於經濟交通實業勞工及建設之中央行政事業及補助之費用均屬之

　第四綱　營業役資及維持費用　凡中央政府自辦或合辦營利事業投資及其虧空填補之費用均屬之

　第五綱　救濟費用　凡為振災卹貧育幼養老贍給殘廢及其他救濟事業之中央行政事業及補助之費用均屬此類

第三類　關係國族福利政事之支出　凡為維持民族之生存及改善其地位發展其實力而支出之費用均屬此類

　第一綱　國防費用　凡關於陸海空軍事之行政設備供給動作及補助之費用均屬之

　第二綱　外交費用　凡關於外交之行政事業及補助之費用均屬之

　第三綱　僑務費用　凡關於僑務之行政事業及補助之費用均屬之

　第四綱　移殖費用　凡關於屯墾移民之行政事業及補助之費用均屬之

第四類　關係各政事尚未擬定之支出　凡非前三類政事之直接支出而待計算擬定之費用均屬此類

　第一綱　財務費用　凡財政部所屬國庫收入支出管理及國債募集償還等行政之費用均屬之

第六綱　監察費用　凡監察院及中央之監察審計與其行政之費用均屬之

第二編　第一章　概算預算及月份分配預算

(四) 概算書表之格式及說明

1. 總概算表之格式及說明

i. 格式

第八綱　預算準備金　凡預備金及後備金均屬之
第七綱　退還金　凡稅收退還金及其他退還金均屬之
第六綱　信託管理費用　凡代管及代辦事項支出之費用由國家担任部份均屬之
第五綱　損失費用　凡國家動產不動產之毀傷折舊及買賣損失與貨幣票據證券之兌換損失均屬之
第四綱　退休及撫卹費用　凡公務人員之退職薪俸及因公死傷人員之自身或其遺族之撫卹費用均屬之
第三綱　補助費用　凡補助各級地方政府未經明令其用途之費用均屬之
第二綱　債務費用　凡內外長短期債券及賒欠等之還本付息之費用均屬之

一四七

總概算表（或各級分概算表）

科目	主管長官所主張之附算年度概算數	主管長官所主張之概算數與現行年度概算數之比較	現行年度概算數	主計處修正數之附算年度	主計處修正之概算數	最近已終了度實有數	最近已結束前三年度之平均數	主管長官所主張數之說明	主計處總所主張修正數額之說明

ii. 說明

編製總概算表應（一）先填編製機關之名稱及其他必要之事由。（二）科目欄內，應照以前第（三）段所列之科目分別門類綱目依次填入之。（三）金額各欄，應依相當名稱填入相當之金額。（四）主管長官所主張數額之說明填入相對等名稱欄內。（五）主計處所主張修正數額之說明亦填入相對等名稱欄內。（六）主管長官及主計處于編送時并應加蓋印信于其上以昭慎重。

2. 機關別分概算之總略之格式及說明

i. 格式

中央總概算　　機關別分概算之總略

科　目	合　計	機　關　單　位　別					
		國民政府	行政院	立法院	司法院	考試院	監察院
歲　入　科　目	(甲)(乙)	(甲)(乙)	(甲)(乙)	(甲)(乙)	(甲)(乙)	(甲)(乙)	(甲)(乙)
歲出科目							
甲　歲入經常門							
第一類　征課收入							
第一綱　稅收							
第一目　關稅							
第二目　鹽稅							
合　計　總　數							

ii. 說明

本總略應分歲入與歲出兩部各應（一）先填編製機關之名稱及其他必要之事由（二）科目欄內，應照以前第（三）段所列之科目分別門類綱目填入之。（四）金額各欄內，應分甲乙兩部甲部填入主管長官所主張之數額，乙部填入主計處所主張修正之數額。（四）合計欄內應填入以下各機關欄內所填金額之合計數。（五）機關單位別欄內，應填入各相當機關概算數。（六）主管長官及主計處于編送時并應加蓋印信于其上以昭慎重。

3. 基金別分概算之總略之格式及說明

i. 格式

中央總概算　　基金別分概算之總略

歲入科目	合計	基　　　　　金　　　　　別			
		普通基金	營業基金	公債基金	其他公有特種基金 信託基金
（甲）（乙）	（甲）（乙）	（甲）（乙）	（甲）（乙）	（甲）（乙）	（甲）（乙）
歲出科目					

甲 歲入經常門	第一類 征票收入	第一綱 稅收	第一目 關稅	第二目 鹽稅	合計額數

ii. 說明

本總略之說明除合計欄內各數額不加入信託基金外其餘各點與前段所述者相同。惟前者以機關為分別，此以基金為分別耳。

第三目　關于預算之規定

預算乃係根據中央政治會議已決定之概數所編訂者。關於概算方面之規定，前目已經詳為敍述。茲再將關預算方面之規定詮次于下：

（一）預算之編製及決定程序

預算法中規定各依機關別之分預算，係依據已核定之歲入歲出各類概算數編成擬定預算。但第四級以下各級機關單位之擬定預算由第三級主管機關造送各級機關造送之程序俱與概算造送之程序相同（見預算法第三十九條。）至依基金別之擬定預算，及不由專屬於任何機關單位之基金別之分預算造成擬定總預算書送行政會議核定一級機關單位之分預算，當亦適用關於概算方面之規定國民政府主計處彙編各第一級機關單位之分預算，及不由專屬於任何機關單位之基金別之分預算造成擬定總預算書送行政會議核定（見預算法第四十條及第四十一條。）行政院會議之核定非有重大新事實發生不得爲內容之修正。如因發生重大新事實而修正內容時屬於行政院所屬範圍者由行政院修正之。屬於其他第一級機關單位者由核機關將其修正案送交行政院編入之。上述內容之修正非經中央政治會議之議決不得增加數額（見預算法第四十二條。）總預算書經行政院會議核定後，再由主計處整理印刷由行政院咨送立法院審議（見預算法第四十三條。）立法院爲預算案之審議應根據量出爲入之財政不易原理，先審議歲出案然後歲入案最後以全案付表決（見預算法第四十四條。）立法院審議歲出係採決定一部經費制，故規定歲出案之審議，以歲定經費及擬設之繼續經費爲限，對於原有之繼續經費及恆久經費非依法律不得變更，或廢止之（見預算法第四十五條第一項。）總預算案全案審議完竣後應由立法院送請國民政府公布之，是爲預算最後之決定，而預算方案之成立即于是確定焉（見預算法第四十七條。）

如立法院于審議預算案時不能爲全案之決定，致未能照上述程序爲最後之決定，而被預算年度，即將開始

勢不得不爲之編造假預算呈送國府公布此項假預算在法定預算未公布前效力等於法定預算亦所以資行政官吏工作之準繩也。此項假預算應包括之內容約有如下數目：（見預算法第四十八條）1.恆久經費及原有繼續經費；2.已經議決之新定繼續經費其未經議決者暫依現年度之經費現年度原無此項經費者缺之；3.已經議決之歲定經費其未經議決者暫依現年度之經費現年度原無此項經費者缺之；4.未經提議變更之原有收入；5.已經議決之收入其未經議決者除係非經常收入外暫依現年度之收入辦法現年度原無此項收入者缺之。

以上所論假預算爲法定預算未成立前所有之補救方法法定預算公布施行之後在歲出方面如第三級單位以上各機關有下列情事之一時得提出追加經費預算（見預算法第七十二條）。1.本機關或其所屬機關固不可避免之障礙不能依限送其擬定預算時；2.本機關或其所屬機關依法律增加其職務或舉辦新事業致增費用時；3.依法律增設新機關時；4.所辦事業因發生重大變化致支出超過法定預算時；5.上年度之依法已發生而尚未清償之債務轉入本年度時在歲入方面因發生重大變化致法定歲入有減少之形勢時財政部得請求提出追加預算（見預算法第七十三條）。以上追加預算編製及核定之程序均與本預算之規定相同（見預算法第七十四條）至於非常預算則非在國防緊急設施及重大災變及緊急重大工程等之必要時不得辦理其程序除準用關於本預算之規定外須依照另訂之非常預算施行條例之規定辦理之（見預算法第七十五條至七十六條）。

第三編　第一章　概算預算及月份分配預算

一五三

至預算法中關於預算編製及決定所規定之時期爲主計處擬定之總預算書，應於每年三月一日以前編造完竣送行政院會議核定。其核定應於三月十五日以前送立法院審議總預算案之審議應於五月三十一以前完竣送呈國民政府至遲在六月十五日以前公布。如總預算案不能依以上規定日期審議完竣立法院應於六月五日前送呈假預算於國民政府至假預算之內容已於前段論及茲不復贅（見預算法第四十一至四十八條）。

（二）預算之內容

總預算之內容亦與總概算書之內容相同，分爲上下兩編惟在上編須加入第一卷預算總說明書，其內容應記載下列各事項（見預算法第四十條）

1. 施政方針
2. 施政計劃
3. 財政政策
4. 中央政財最近之經過及其現狀
5. 本預算與上1年度預算不同之點及其理由
6. 國有財政狀況及計劃
7. 國有營業狀況及計劃

8. 國債狀況及計劃

9. 其他重要事項

（三）預算科目

國家預算上歲入歲出科目之分類，悉依關于概算方面之規定辦理。

（四）預算書表之格式及內容

關于預算書表之格式及說明，悉依概算書表方面之規定辦理。

第四目　關於月份分配預算之規定

月份分配預算，即係行政預算謂在法定年度預算範圍之內，由各主管機關長官依法為月份分配之規定也。

預算法中關于斯方面之規定如下：

（一）月份分配預算之編製及決定程序

預算法中規定各機關應于被預算年度開始前按其法定預算之經費數額編造分日行政預算（見預算法第四十九條第一項）是預算法規定所應編製之行政預算指明為歲出一方面，至于歲入方面是否應編行政預算則無有明文之規定各級歲出事務主管機關應編造本機關之科目別分月行政預算表第三級以下之機關並應備機關別分月行政預算表及科目別與機關別之分月行政預算分析表（見預算法第四十九條第二項。）第

第二編　第一章　概算預算及月份分配預算

一五五

一級，第二級主管機關單位之行政預算由該管上級機關主管長官核定第四級以下各機關單位之經費，由第三級機關單位之經費中劃分之其分月行政預算各由其上級機關之主管長官核定（見預算法第五十條）。

(二) 月份分配預算之內容

月份分配預算表祇須將數字依門類綱目排列而已自無庸包括總說明及綜要于內也。

(三) 月份分配預算科目

月份分配預算科目之分類亦應悉依概算方面之規定辦理。

(四) 月份分配預算書表之格式及說明

1 科目別分月行政預算表之格式及說明

i. 格式

科目別分月行政預算表

科目	年度預算數	月　　　　分　　　　配　　　　數											
		七月份	八月份	九月份	十月份	十一月份	十二月份	一月份	二月份	三月份	四月份	五月份	六月份

ii. 說明

本表應分歲入與歲出兩部各：(一)先填編製機關之名稱及其他必要之事由，(二)科目欄，應列預算上原列之科目，(三)全年度預算數欄內應填入以下十二月份金額之合計數，(四)各月分配數應填各相當月之分配數，(五)於編送時主管長官應加蓋印信于其上以昭慎重。

2. 機關別分月行政預算表之格式及說明

i. 格式

機關別分月行政預算表

機關	年度預算數	各月分配數										
		七月份	八月份	九月份	十月份	十一月份	十二月份	一月份	二月份	三月份	四月份	五月份	六月份

ii. 說明

本表之說明與前段所述者相同,惟前者以科目為分別,此以機關為分別耳。

3. 科目別與機關別之分月行政預算分析表之格式及說明

1. 格式

(七月份)科目別與機關別之分月行政預算分析表

科目	某機關	某機關	某機關	某機關	某機關	某機關	某機關	某機關

ii. 說明

本表應以一月為編製之單位,橫行列以機關為分別之分配數,豎行列以科目為分別之分配數,其他說明與以前兩表相同。

第五目　關于地方預算之規定

預算法中關于地方預算之規定又分為以下之各類：

(一) 關于省政府預算之規定

各省政府概算及預算之機關單位與中央各機關不同，其分級如下：（見預算法第八十條）第一級機關單位，省政府與直轄各機關及其所屬各級機關各廳與其直轄機關及其所屬各級機關各廳之直轄機關及各廳本身。第三級機關單位以下之各級機關單位依次遞推至彙編總概算者為省政府主計機關此項總概算於每年十一月由省政府作為假決定編就總概算書呈送國民政府（見預算法第八十二條）國府收到各省總概算書應交國民政府主計處及財政部簽註意見再送立法院審議之（見預算法第八十三條）已審定之各省總概算書國府應於二月底前發還各該省政府（見預算法第八十四條）省政府再按中央審定之經費及收入數額改定其收支計劃（見預算法第八十五條）至關經費方面第一級第二級各機關單位之預算書由省政府會議就中央審定之經費總額分配之其所屬各機關單位之預算由各第二級主管機關定之，仍應彙送省政府主計機關編成總預算書於六月十日由省政府依法定程序制定預算公布施行並呈報國民政府（見預算法第八十六條）以上為關於概算預算方面之規定其他若月份分配預算方面則省政府所屬各機關應編造之分月行政預算均由第一級機關單位之主管長官核定之

（見預算法第八十七條。）此外關於預算內容格式等項，俱準用中央機關之規定（見預算法第八十一條。）

（二）關于隸屬行政院之市政府預算之規定

凡直隸于行政院之市政府，其辦理概算預算月份分配預算之程度大致與省政府相同，惟規定之時期，則略有差池茲將各項程序上所規定之時期逃之於下：（見預算法第九十一及九十二條）第一各市政府應於每年一月一日以前編定次年度總概算書呈送國民政府第二國民政府應於四月一日以前將已審定之總概算書發還各該市政府第三各市政府應遵照中央之審定依法定程序制定預算於六月一日以前公布施行呈報國民政府。

（三）關于縣或隸屬省之市政府預算之規定

凡縣及隸屬省之市政府其辦概算預算及月份分配預算之程序大致亦與省政府相同，惟規定之日期略有差池茲亦將各項程序上規定之時期述之於下：（見預算法第九十三條）第一各縣政府及市政府應於每年二月一日前編定次年度總概算書呈送省政府。第二省政府應於五月一日以前將已審定之總概算書發還各該縣市政府第三各縣市政府應遵照省政府之審定依法定程序制定預算於六月十日以前公布施行並應呈由省政府彙呈國民政府。

第六節　財政部公布編製預算分配表章程及編製支付預算書章程中關于月份分配之規定

預算章程中未將各機關月份分配預算加以規定，又預算法中雖有行政預算之規定，但未施行，故各機關現時所奉爲圭臬者，祇有其主管機關所規定之辦法耳，茲舉財政部關于斯方面之規定爲例證述之於下：

第一目　關于編製預算分配表之規定

（一）預算分配表編製及決定之程序

財政部所屬各財務機關，應於年度預算核定後，按照財政部所規定之編製預算分配表章程（是項章程於十九年六月十三日以部令公布）之所定編製歲入歲出月份分配表呈部核准成爲定案（見編製預算分配表章程第一條。）

（二）預算分配表之內容

各財務機關預算分配表應分歲入及歲出兩種，其所分經常臨時門類應與本年度核定預算書內所列者相同（見編製預算分配表章程第二條）至於預算分配表科目欄內所填科目應與本年度核定預算書內所列者相同歲入預算分配表，以本機關全部收入爲款，以收入種類爲項，以分機關爲目本機關有收入者本機關亦爲目以支機關爲節，本機關分機關有收入者本機關分機關亦爲節（見編製預算分配表章程第三條）但現時實施上歲入預

算分配表祇塡各種稅項科目。而于本分支各機關每種稅項分配情形須另編附屬表以說明之。預算分配表金額部份之全年度預算數欄內所塡各科目之數目應與本年度核定預算書內所列者相同。惟歲出分配表各款之總數應除去預備費計算之。至各月份分配數欄內所塡之數，在歲入方面以稅收淡旺爲標準，歲出方面除預備費外，以本年度核定預算，按月平均數爲標準。其因性質上或事實上不能平均分配者，得量爲增減，加具說明。但各月合計，仍應與全年度預算數欄內所列者相同。預備費應臨時呈准動支，故於各月分配數欄，得暫不列入也。（見編製預算分配表章程第四條及第五條）

（三）預算分配科目

預算分配科目，應與本年核定預算科目所列者相同，已見前段所述茲不復贅。

（四）預算書分配表之格式及說明

1. 格式

編製機關　　　　　　　　　歲　　　　　　門

預　算　書　分　配　表

中華民國　　年度自　　年　　月　　日起至　　年　　月　　日止　　第　　頁

2. 說明

編製預算書分配表應：（一）先填編製機關之名稱歲入或歲出之種類經常或臨時之門類會計年度名稱及其起訖日期與本表之頁次。（二）科目欄內應照以前第（二）段中之規定分別款項目節依次填入之。（三）

科目	本年度預算數	名 月 分 配 數												說明
		七月份	八月份	九月份	十月份	十一月份	十二月份	一月份	二月份	三月份	四月份	五月份	六月份	

編製日期中華民國　　年　　月　　日　　機關長官　　　　會計主任

全年度預算數欄內應填入以下十二月份金額之合計數。（四）各月分配數欄內應填入各相當月之分配數。（五）說明欄內應填入分配上各項主要之事由（六）編製日期欄應填入編送之日期（七）機關長官及會計主任于編送時應加蓋印信于各相當名稱欄上。

第二目　關於編製支付預算書之規定

按審計法施行細則第二條第一項內規定各機關應於每月十五以前，依預算案之範圍，編造次月份支付預算書，送由財政部查核後轉送審計部備查。是各級機關，每月俱應有次月份支付預算書之編造否則無由領取經費。又前審計院對于斯項規定，會有橫豎各種格式之頒行。惟現時中央各機關，多不遵行惟有財務機關尚能遵照部頒章程辦理。茲將斯項程序之概要詮次於下

（一）支付預算書編製及決定之程序

財政部所屬各財務機關，應于每月十五日以前編造次月份支付預算書連同請款憑單，呈部核辦其在較遠之地方應酌量提前編送（見編製支付預算書章程第二條）。

（二）支付預算書之內容

各財務機關支付預算書應分經常臨時門類，及科目欄內所填款項目節等科目均以本年度核定預算分配表為標準（見編製支付預算書章程第三條。）支付預算書金額部份之全年度預算數欄內所填各科目數目應

與本年度預算分配表內所列者相同。至本月份預算數欄內所填各科目數目應以本年度核定預算分配表內月份所列之數為標準。其在核定預算範圍內因組織或事實之變更有一部份金額無須支出者應於編造預算時如數剔除。如欲動支預備費應事前專案呈部經核准後另行編造支付預算表連同請欵憑單送部核辦（見編製支付預算章程第四條至第六條）

（三）支付預算書上之科目

支付預算上之科目應與各月預算分配表所列者相同，已見前段所述茲不復贅。

（四）支付預算書之格式及說明

1 格式

支出 _____門

某　某　機　關

支　付　預　算　書

中華民國 _____ 年 _____ 月份　　截止上月止預算未支數 _____

科目	全年度預算數			本月份預算數			備考
	節	目	項	節	目	項	

機關長官──────　　會計主任──────

2. 說明

編製支付預算書應(一)先填編製機關之名稱經常或臨時之門類支付預算書所屬之月份及截至上月

止之預算未支數。（二）科目欄內應照以前第（二）段中之規定分別款項目節，依次填入之。（三）全年度預算數欄內應照節目項之區劃填入核定預算之金額。（四）本月份預算數欄內，應照節目項之區劃填入該月核定分配之金額。（五）備考欄內應填入其他各項主要之事由。（六）機關長官及會計主任於編送時應加蓋印信於各相當名稱欄上。

第七節　對於吾國現時預算書制度之批評

以上關於吾國最近預算方面之法令，已為之詳情羅列。現行預算章程所規定者，因不能包括周詳，是以有預算法之編訂，在預算法中固已將預算章程中之缺點，為之修正補充，但法令雖經明令公布，迄今猶無確定之施行時期。即以現行預算章程而論，無論其周詳與否，如能按照此項規定辦理其結果雖未必佳但亦可差強人意何意幷此而無之。著者嘗詳細推究其不能辦理完善原因約有以下四點試為之論列於次：

第一目　政府於辦理預算無決心

欲求預算有效，須視中央有無切實辦理重要計政之決心。按制定預算之主要根據，在確定財政政策。民國二十年來。未聞政府有任何財政政策之決定也此其一。又如促成二十年預算辦法第三項規定「嚴定編造預算違誤程限罰則逾限者免官其應造預算由上級照舊案代編無論文武大小機關一律嚴行不許寬假」決議自決議，

訓令自訓令試閱該年度國家歲入總預算案內容自知,并未聞中央罷一官免一吏也刷新政治改善制度整飭綱紀提高效率更是從何說起故為政不在多言正在能言卽能行耳此其二觀於以上二點則政府對於辦理預算事務之切要現時尚未達到能言能行之時期也。

第二目　機關於辦理預算太遲滯

依現行預算章程之所規定編造概算有三階級,審核概算有三機關。而在預算,更須經過主計處彙編行政院咨送立法院議定及國府公布等手續,如斯紆迴曲折於審愼一端,則有過無不及矣。第就敏捷一端而觀察之,卽在一機關擱置一星期其間亦須有數閱月之久方能有逐步編就之一日,職是之故民國二十年來從無有按期編就之預算。可勝慨夫!

第三目　人員於辦理預算無訓練

考吾國預算之不能辦理完善之原因除以前所提出者外,仍有一極大原因,卽各下級機關無辦理斯項書類之技能。查辦理預算原屬專門技能,司其事者非經長時期之訓練不能勝任。我國現今關於此項人才非常缺乏,故有卽時成立訓練機關之必要,以造就辦理歲計事務人員,分發各機關辦事也。

第四目　現行法規於辦理預算之規定太嚴密或太疎略

（一）規定太嚴密處

現行法規於辦理預算之規定太嚴密處有下列二點：

1. 編造概算機關層次過繁　現時各機關編送概算以最低一級機關編起依次向主管上級機關呈報如此遞推，不知須經過多少層次始得為一機關單位之概算是以稽延時日進行遲滯為最近辦理預算不能如期完竣之一重要原因。吾意似應改預算章程中之第二級概算主編機關為編送概算之基本單位。如斯則事實上可節省許多時日且由主管機關擬定所屬機關概數於理論亦無不合也。

2. 概算預算科目規定過繁　現時概算預算書上之歲入歲出科目規定應分欵項目節詳細列報，如此冗瑣工作，自然極費時間此亦為辦理預算不能如期完竣之又一重要原因吾意似應改為列至欵項為止其節目方面，仍可在行政預算內補充之也。

（二）規定太疏略處

現行法規於辦理預算之規定太疏略處有下列二點：

1. 地方預算規定太疏略　現時中央對於地方政府收支情形隔膜，自無從加以考核以增進其行政之效率。遂致地方官吏牟屬貪污地方秩序不得安寧。以地方彙成之中央，自屬更無辦法吾國之所以不能致治原因其在此乎是以辦理預算并不應專重國家預算至地方預算要不能因其無直接影響而忽略之也。

2. 營業預算規定太疏略　現時中央對於公有營業機關之收支亦屬隔膜已極實因營業預算在先未經確

定之故。遂致公家資產平時竊取變賣者有之。任從折耗者亦有之。公家負債本息從未整理者有之，任從賒欠者亦有之。是以清理公有營業機關爲刻不容緩之舉而自確定預算著手亦爲一定不移之理也。

第八節　對於吾國應有預算制度之擬議

前節所述，已將吾國現行預算制度缺點加以敍明。而此種缺點，應爲之如何糾正實有研究價值茲分普通會計與營業會計預算兩部份言之

第一目　對於吾國應有普通會計預算之擬議

預算章程與預算法上對於普通會計方面之預算甚爲詳盡，故無須有重大之增益。惟欲希冀早日觀成必注意如下之四點：（一）中央須有切實辦理斯項重要計政之決心。（二）各辦理歲計事務之機關須研究斯項技術之改善（三）中央須訓練辦理歲計事務人員分發各機關辦事。（三）關於斯項法規上應規定編送概算機關單位自預算章程中第二級概算主編機關起。又概算預算書上歲入歲出科目應規定分至預算章程中款項或預算法中門類爲止。

第二目　對於吾國應有營業會計預算之擬議

（一）營業會計預算應有之特點

公有營業機關與普通公務機關相異之三點，已在第一編第一章緒論中敍明矣。惟其有斯項異點之存在故其辦理預算亦必另立一個系統。茲就斯項異點論各營業機關預算書類之特點如下：

1. 營業會計預算上應有損益計算書之編製　公有營業機關收支混爲一體之原理，已見前述。故此種機關在年度終了之時固應編製損益計算書以明某期間財政經過情形；而在事先亦應有一種損益預計書之編製并用以代替歲入與歲出個別之預算。至於此種預計書之性質內容及格式將於以下第二段中詳之。

2. 營業會計預算上應有預計比較資產負債表之編製　公有營業機關注重資產負債情形之原理，已見前述。爲表現此類正確情形者在商業會計上例皆有資產負債表之編製，故公有營業機關在年度終了之時亦應編製資產負債表也。又平時所謂資產負債表多以兩年度以上同一時日之金額相互比較以排列之。蓋以同科目金額相增減不但可以表示財政現狀其經過情形又能籍以表明也。再此種報表又不僅在年度結束時應行編製即在年度開始以先亦可用預計金額相互排列以觀察預爲變遷之情形。斯項報表可以預計比較資產負債表名之。至其性質內容及格式亦將分別於第二段中述之。

3. 營業會計預算上應有預計資金來源處置表之編製　公有營業機關之平時收支與國庫不生直接影響之原理，亦見前述。又此種機關在年度終了之時分配贏餘與彌補虧損諸問題，極爲重要更有在年度開始之時，此類問題不但與營業預算自身有關鍵且與普通會計部份之預算連帶發生問題。蓋後者之預算上收項列有營業

機關之純益與付項列有營業機關之資本支出兩科目也。故當決定以上兩種預算之時國庫方面於此問題，不得不有詳細之考慮，而為供獻此種考慮參考之用者，不得不有特置預算書類之編製。著者意見可以倣傚商業會計之資金來源處置表而編製一種預計資金來源處置表以供參考。斯項表式內容亦待下段次第為之詮次焉

（二）營業會計預算應有之書類

1. 損益預計書

i. 性質

公有營業機關於損益預計書之編製，應注意以下六點：（一）普通會計係以量出為入之決定視為辦理預算最高之原則。但在營業會計上則以限制利潤數為最重要，蓋利潤數大則各個售價高，而於人民負擔加重此點審核預算之主管長官應首加注意者也。（二）普通會計之預算於歲出之限制極嚴。但在營業會計上支出一方面其增減完全依業務之發達與否而定。但其中又有固定費用與非固定費用兩種，前者如長官薪俸長期負債利息等支出殆與業務無關係故其限制應嚴而後者如業務開支，財務開支等則全與業務有關而絕不應加以限制也。（三）普通支出機關於固定資產不應採其折舊一項列入經常費用之內。而在營業會計上為求比較精確損益起見即應加以計算矣。（四）普通支出機關之開辦費用，即應視為一種支出，而在營業會計上則應列入資產項下矣。（五）普通支出機關於合同之簽訂及定單之發出時，即應將預計之數記入歲出預計數中保留之金額。

但在營業會計上,似無記載準備保留數之必要。(六)呆賬數額之多寡在計算精確損益時,亦見重要。

ii. 內容

損益預計書之內容分為三部,其名稱及範圍如左:

1. 營業部份 本部份應記載營業部份之收支,並須用應收應付為計算之基礎營業收入部份,應臚列各項直接與營業有關之收入預計數營業支出部份,應臚列各項直接與營業有關係支出之計數其中固定支出與非固定支出之劃分尤須注意以上收支之差額是為營業上所生盈餘或虧損之情形。

2. 歲計部份 本部份應先過入第一部營業部分之差額其餘應將屬於本年度非營業之收支過入之。部份應臚列有價證劵之收入利息收入兌換盈餘及其他各款以上收支之差額連同第一部差額是為屬於本年度營業及非營業上所生盈餘或虧損之情形。

3. 盈虧部份 本部份應先過入第二部歲計部份之差額其餘將屬於以前各年度營業與非營業之收支過入之收入部份應臚列出售資產之盈利過帳收入及其他各類支出部份應臚列出售資產之虧損過期賬支出及其他各類以上收支差額是為本年度及以前各年度營業及非營業上所生盈餘及虧損之情形。

以上三部合併而成損益預計書之主要部份至每一科目之詳細情形更應有詳細表之編製而此詳細表上各項金額之和又須與上項損益預計書之相當科目相鈎稽也。

iii. 格式

機關名稱
損益預計書
中華民國　年度

科　　目	秘預算年現行年度預計數預計數	比較增減數		說　明
		增	減 最近已結年度實有數 最近已結前三年之平均數	
營業之部				
付項:				
營業進款				
I.				
II.				
營業進款共計				
收項:				
營業用款				
I.				
II.				
III.				
營業用款共計				
差數（營業用款差營業盈餘或虧損）				

一七三

歲計之部

付項：
　I. 營業上盈餘
　II. 歲計部份之收入

　　歲計部份收入共計

收項：
　I. 營業上虧損
　II. 歲計部份之支出

　　歲計部份支出共計

　　歲計部份之收支總計

　　差數（關于本年度盈餘或虧損）

盈虧之部

付項：
　I. 屬於本年度盈餘
　II. 盈虧部份之收入

第二圖　第二章　概算預算及月份分配預算

3. 盈虧部份收入共計
　付項總計

收項：
　I. 屬於本年度虧損
　II. 盈虧部份之支出

1.
2.
3.

盈虧部份支出共計
收項總計
差數（盈虧淨計）

2. 預計比較資產負債表

i. 性質　預計比較資產負債表所列入者為上年度及本年度預計之金額幷將其增減情形一併表明之其作用在觀先後兩年度各科目金額之增減可推知兩時期中事業過程之變化更有視其淨值科目之增減可以推算此期中盈絀之情形幷可用與損益預計書之餘額相軋平而後知其間有無錯誤情形之發生故資產負債表而用數年度金額排列者其意義實更重大也。

資產負債一表所應列財政之情形，一為所有物之價格，一為所有物反面債務金額。如以科學名詞名之，則為

資產與負債資債為多之差額，則為事業所有之資產，如以科學名詞名之，則為上述之淨值。反是，負債大於資產，則為虧損資產有流動固定各種性質負債又有各種長短之期限淨值中亦有原投資金額及累計盈餘性質之各別。故在無論任何會計之中，非先致力於資產負債分類，則資產負債一表卽無由着手編造。所幸會計學者以歷年研究所得，對於科目總分類已有一致之意見，以下格式中所列舉者卽此種總分類之標準，至於各項細目，在各個機關各有不同矣。

又關於本年度估計金額中最易計算之方法大致如下：

1. 關於固定資產估計數之計算方法

2. 關於長期負債估計數之計算方法

舊有財產價值（用上年度估存額）＋擬增設財產代價－財產本年折舊－擬出賣財產價值＝估存財產價值

舊欠債務總額（用上年度估欠額）＋本年募債－財產本年償債＝估欠債務總額

3. 關於資本估計數之計算方法

上年度資本估計數＋增加資本－減少資本＝本年度資本估計數

以上三端為估計數計算之方法，至斯項預計表之內容，再於下段中討論之。

ii. 內容　預計比較資產負債表之內容分為三部，其名稱及範圍如下：

1. 資產部份　資產部份之總科目應依其流動與固定性質以為分類之標準。現時會計學者，資產分類已有一致之論斷，國有營業機關，亦得沿用之。斯項總科目名稱如下：

　i. 現金
　ii. 其他流動資產
　iii. 遞延資產
　iv. 固定資產
　v. 其他資產

2. 負債部份　負債部份之總科目應依其長短期限以為分類之標準。現時會計學者對於商業機關負債分類，亦有一致之論斷。國有營業機關亦得沿用之。斯項總科目名稱如下：

　i. 亟應支付欵項
　ii. 其他短期負債
　iii. 遞延負債
　iv. 長期負債
　v. 其他負債

3. 淨值部份 淨值為資產減負債後之差額國有營業機關應將斯部份分為兩大類其名稱如下：

　i. 政府長期資金

　ii. 累計盈餘或虧損

如有累計盈餘斯部份又可分為公積金，提出增建產業之盈餘，提出償還債額之盈餘，提出抵銷折扣之盈餘及未經支用之盈餘各類。實視個別情形而有差異也。惟此處轉入本年度損益預計書上之差額如為付方，或即有盈餘之時應即直接將此數轉入未經支用之盈餘科目之內其將如何分配之詳細情形，則於以下預計資金來源處置表中表明之。其於上述損益預計書上之差額為收方或即有虧損之時亦無須將虧損先給彌補而後轉入之。

以上三部合併而成預計比較資產負債表之正表至每一科目之詳細情形更應有詳細表之編製而此種詳細表上各項金額之和又須與上項正表上之相當科目相鈎稽也。

iii. 格式

機　關　名　稱

預　計　比　較　資　產　負　債　表

中華民國　　年　　月　　日及　　年　　月　　日

科　　目	previous 預算年度預計數	現行年度預計數	比較增減數		最近已結年度實有數	最近已結年度前三年之平均數	說　明
			增	減			
資產之部							
i. 現　金							
現金共計							
ii. 其他流動資產							
1. （附表一）							
2. 〃							
3. 〃							
其他流動資產共計							
iii. 遞延資產							
1. （附表一）							
2. 〃							
3. 〃							
遞延資產共計							
iv. 固定資產							
1. （附表一）							
2. 〃							
3. 〃							
固定資產共計							
v. 其他資產							
其他資產共計							
資產總計							

負債之部

i. 亟應支付款項
ii. 其他短期負債
 1. _____
 2. _____
 3. _____
 其他短期負債共計（附表~~~）

亟應支付款項共計

iii. 遞延負債
 1. _____
 2. _____
 3. _____
 遞延負債共計（附表~~~）

iv. 長期負債
 1. _____
 2. _____
 3. _____
 長期負債共計（附表~~~）

v. 其他負債
 其他負債共計

淨值之部

i. 政府長期資金
 政府長期資金負債總計

3. 預計資金來源處置表

i. 性質　預計資金來源處置表，係用以表示被預算期間內資金之用途，并為支付斯項用途之資金來源情形，其編製方法可以預計比較資產負債表上比較增減數一欄之金額為根據此表之主要構成算式如下：

資金之來源
1. 資產之減少額
2. 負債之增加額
3. 資本之增加額
4. 盈餘之增加額
資金之來源總額（對照）

資金之處置
1. 資產之增加額
2. 負債之減少額
3. 資本之減少額
4. 虧損之增加額
資金之處置總額（對照）

累計盈餘或虧損	淨值總計	負債及淨值總計
1.		
2.		
3.		
ii. 累計盈餘或虧損		
1.		
2.		
3.		

此算式即通常用為編製事後資金來源處置表上之基礎。此資金來源處置表云者，（一）將資金之來源分類

表示。（二）將所有資金之用途明白表示以後，即可以研究1.有盈餘是否可以分派紅利於股東。2.有虧損即須股東增集資本抑因已經募集公債彌補暫可無須增集資本總之此表之作用，在供股東或最高級執行事務人員決定日後方策之用。實爲連貫損益計算書與資產負債表而後編製之重要分析表也。至在公有營業機關政府居於股東或最高執行事務人員之地位其辦理預算等於私人或團體企業將營業政策提出股東會或其他會議請求承認相同。惟在事前，先須着重在資金之用途而後考慮爲付此種用途所籌劃之來源至有盈餘將如何分配虧損將如何彌補亦佔事前決定各事務中一重要地位。故須連帶決定之也。

　　ii. 內容　預計資金來源處置表，分爲二部，其名稱及範圍如下：

　1. 資金處置部份　本部份應臚列資產增加額負債及資本減少額及虧損之增加額三類。每類之有增減者，幷須附有計劃書及說明書等項以供決定時參考之用。而虧損之估計彌補方法亦應於此處詳細表明之。公有營業機關通常彌補虧損方法大致有下列之三種：

　　　i. 減少公積金。
　　　ii. 要求國庫補助。
　　　iii. 其他。

以上所論各項處置方法，祇表示各公有營業機關對於處理該項事務之需求，而其最後決定權，則在審預算之各法定機關也。

2. 資金來源部份 本部份應臚列資產減少額負債及資本增加額，及盈餘增加額三類。此中每類之有增減者，亦須附有計劃及說明以資參閱。而盈餘增加額之估計分配方法亦應於此處詳細表明之。公有營業機關通常分配盈餘方法，大致有下列八種：

i. 提存公積金。
ii. 分派紅利。
iii. 提取獎勵金。
iv. 擴充產業之撥用。
v. 償還債款之撥用。
vi. 抵銷折扣之撥用。
vii. 解繳國庫。
viii. 其他。

以上所編各項來源，亦祇表示各公有營業機關於籌劃資金上之一種建議，而其最後之決定則仍在審核預

算之法定機關也。

iii. 格式

機 關 名 稱
財 源 配 置 表
中華民國　　年度

摘　要	計	小　計	共　計	說　明
i. 資產增加額之部				
1.				
2.				
3.				
ii. 負債減少數（附件～）				
1.				
2.				
3.				
iii. 資本減少額				
iv. 歲計賸餘額				
1. 撥加彌補之部				
a. 減少公債金				
b. 要求國庫補助				
c. 其他				
2. 留待彌補之部				
歲歲之部共計				

來源之部

1. 資產減少額（附件~~）
ii. 負債增加額（附件~~）
  1.
  2.
  3.
iii. 資本增加額
iv. 盈餘增加額
  1. 擬加支用之部
    a. 提取公積金
    b. 分派獎紅利
    c. 提收獎金
    d. 擴充營業
    e. 償還債款之撥用
    f. 抵銷折扣之撥用
    g. 繳納國庫
    h. 其他
  2. 未經支用之部

來源之部共計

審核公有營業機關預算應行注意之點，約有下列四端：

（三）審核公有營業機關預算應行注意之點

1. 關於預計損益之審核　關於公有營業機關預計損益之審核，第一應限制其收益蓋公有營業不以獲得

巨額利益為目的也。第二應詳細計算屬於某期間之費用，如有浮濫開支卽應為之剔除，更有應收應付基礎之採用折舊之計算呆賬之設置等項者屬應行注意之事也。其他計算盈餘方法已在以前第二段中敍明茲不復贅至於供斯方面審核之根據為損益預計書及其附件。

2. 關於資產負債計劃增減之審核　關於公有營業機關資產負債計劃增減之審核中最着重者，第一為固定資產之增加須參閱其計劃書及實際調查該事業之狀況然後決定有無增加之必要第二為長期負債之增加亦須參閱重要說明經濟狀況等視其有無舉債之理由其他各項資產負債計劃中之增減亦須有同樣之考慮至於供斯方面審核之根據為預計比較資金負債表預計資金來源處置表及其附件。

3. 關於盈虧撥補預計方法之審核　關於公有營業機關盈虧撥補之預計方法先由各該機關試行擬定。在審核斯項方法者應同時考慮斯項擬議與下屆國庫情形是否相符而普通預算上收入方面之有營業純益與支出方面國有營業資本支出兩科目之預計金額亦可於斯時有連帶之決定更有盈餘分派時如欲提取過量獎勵金是亦應於事先加以限制至於供斯方面審核之根據為預計資金來源處置表及其附件。

4. 審核各項預算書類相互間之關係　至關以上三種書表相互之關係，則在審核方面可觀察以下兩點：

a. 損益預計算書上差額應與預計比較資金負債表累計盈餘或虧損之增減數相等又應將斯項差額如數檢查其辦理預算時有無技術上錯誤之發生。

過入預計資產來源處置表相當名稱之欄內。

b.預計比較資產負債表上各科目比較增減金額應全與預計資金來源處置表上相當名稱科目所表示之金額相等。

第二章 現計上——收支程序

前章所論為政府辦理概算預算及月份分配預算之情形此類工作辦理完竣以後交由行政機關執行，是即謂之現計現計者乃係預算之執行而為預算之對待名詞也。至就現計之沿革及現狀言在昔執行預算之官吏權限漫無限制舉凡徵收存留與支用公款等事皆可任其自由意志以處置之使國家用得其人未嘗不涓滴歸公而政治幾於清明之域苟非其人則貪贓敗法而行政紊亂亦復相逼而至但在近世以財務行政事務之重要與繁複，窮一個人之心力勢有不能兼顧故由集中管理之制度分為分部管理之制度諸多牽制已未便上下其手同時又有預算方案強制行政官吏遵照執行方法既立納之軌物雖匪其人亦莫如之何也矣基於上述昔時管理財務行政之事務完全集中於行政長官一人於身賢者任之賴其獨立之經營可以促成廉潔之政治否則弊竇之發生輒非人所不及知，卽為人所不及防偶有發現誠所謂一鱗半爪其無從發現者正不知幾許矣現世財務行政制度已

多改良行政官吏之職權,並以分權制度之發生而有合理之削減,故往哲之言有治法無治人,至今日則有治人亦有治法,猶有進者甚且有治法無治人不甚善歟?總之現時政治之特點,一方在著重制度而比較看輕個人之努事能力,同時又削減行政官吏之權力並提高行政以外之治權,如立法司法考試監察等形成相互牽制共同努力以達到增加行政效率之目的,故在現時由于執行所生貪汚事件適可因有此種完善制度之設置,而得逐漸減少。本章之所論將全著力于斯焉。

第一節 現計之特點

1. 現計之實質執行預算為收為付悉應以預算上所記明者為標準。故前論預算之性質時,即主張預算應有詳盡性質之規定,行政官吏執行預算在收入方面有關于增加人民負担之收獲各款如無法律明文之規定,或未經合法之立法程序所規定者,一律不得強制人民繳納吾國預算法中即有關于斯項之規定,其條文如下:

『經營專賣獨占或其他以營利為目的之事業徵收稅賦捐費,或其他有強制性質之收入,非依法律不得為之。』(預算法第六十六條)

以上為關于收入方面之限制。至于經費方面,各個門類綱目除有明白規定可以流用者外各機關非經呈准,一律不能任意處置。吾國預算法中亦有關于斯項之規定,其條文如下:

「各機關普通收支預算及營業預算之各科目經費除下列各款情形外不得流用：(一)歲出經常門同綱各目中有一目不足而他目有賸餘者。(二)歲出經常門同類各綱中有一綱不足而他綱有賸餘其在第四級以下各機關經第三級機關核准，在第二級機關經第三級機關之核准在第二級機關經第一級機關之核准在第二級機關經其主管長官之核准在第一級機關經其主管長官之核准時。(三)歲出非經常門有不足而歲出經常門有賸餘其在第三級以下各機關經第二級機關經其主管長官之核准時。」（預算法第五十二條）

「第三級以上各機關單位之經費不得互相流用」（預算法第五十五條）

以上為關于機關別之分預算，則亦有基金間之經費不得互相流用之規定，（見預算法第五十四條）基于上述足見行政官吏執行預算極端受預算案之限制故現計上所謂收支之實質，于預算案上早有明白規定矣。

2. 現計之期限預算一經議定之後待達到會計年度開始之期，即當發生效力，由徵收機關出發該年度範圍內之徵收命令由支出機關發出該年度範圍內之支付命令復由金庫實行現金之收支及存留之事務在理論上言歲入之應收項目與歲出之應付項目迄至年度終了之日為止俱可計算完結矣惟關于現收現付等手續則有可延至下一年度者但在實際上又有不可將應收應付各款隨時計算清楚者故須規定一種整理時限以為期間延長之限制在吾國〈預算法〉中即有關于斯項之規定其條文如下：

「每一會計年度歲入歲出之出納事務整理完結之期限,不得逾其年度終了後三個月,會計事務整理完結之期限,不得逾其年度終了後之六個月各級機關于斯項期限內應分別限令其所屬機關整理完結其出納及會計事務」(預算法第二十二條)

依照上述條文,則各級機關出納與會計事務應分別在年度經過後三個月與六個月以內辦竣否則為不合法。但按實際情形,第一到期已徵收各欸因金融呆滯之故商人繳納期限甚至有延長數月之久者又如因稅率爭執之故須經行政訴願等手續方能得有相當解決之時日更多第二各級機關應付薪給辦公各費因國庫空虛欠發經費之故實有不能如期整理完結之苦衷故法令上所規定之出納及會計事務之整理完結期限似為事實上所不容許。所謂整理完結者,只限制于應收應付一方面,至于現收現付以後可于應收應付科目項下隨時冲轉。如必欲規定期限整理完結直為不可能之事實耳。

第二節　政府機關與政府以外之私人或團體收支之程序

第一目　與上項程序有關係各名詞之解釋

1. 稅款之徵收 (Revenue Assessed or Levied) 徵收含有查定之意。凡稅雜各項應收入數,照法定手續達到應繳納時期發出徵收命令者謂之徵收。

2. 稅款之納入（Revenue Collected）納入係納稅人以現金繳納之意。在徵收之後被徵者，卽有納入現金之義務，殆其根據徵收命令將現金繳入金庫，此項手續卽謂之納入。又有時在徵收期間隨時繳納現金者如斯卽無有應收款之存在矣。

3. 債券條例之通過（Bonds Authorized）以上所論爲稅雜各項之收入，他如爲募集公債及庫券，則在先必經立法機關通過幷頒布條例，如某項債券之名稱數額担保品及每期還本付息表等必先在條例內爲明白之規定，然後可以發行。此項手續謂之債券條例之通過。

4. 債券之認購（Bond Subscribed）凡經過法定手續所發行之公債或庫券，一時尚不能攤派於各地市塲換言之，卽一時不能完全脫售，必先由各機關或人民認購若干，然後納入現金以完其認購之手續，是故債券之發行有三步驟必先通過條例，而後認購最後收款又有時在認購期間隨時繳納現金者，如斯又無有認購而未納入之債券欠存在矣。

5. 費用之發生（Expense incurred）發生係表示到期應付款項之意。凡政府各級機關於一定期間過去之後，如該期間工作人員應支薪給購置物品材料應付貨款及債欠之過期欠息等償價，爲各該政府機關對外所欠之債務有隨時歸還之必要。通常支出機關應發出支付命令與債權人使其直接向金庫支取現金。凡尚未歸還之所欠金額謂之已發生未付現之欠。

6費用之付現（Expense liquidated）付現係各債權人持上項所逃之支付命令向金庫支取現款之意。已發生之各項費用，領款者卽有向政府各機關索償之權利此種歸償之手續通謂之付現亦卽支付現金之謂。又有時在發生期間，隨時支付現金者如斯卽無有已發生費用之存在矣。

第二目　吾國現時通行之程序

（一）稅雜各款之徵收及納入程序

例如經營某項事業之商人對於其所營之事業依照法律所規定應行繳納若干稅款。該商人卽應於稅款徵收期間之內，自行塡具申請書向徵收機關申明各項事實及所請求之事項該徵收機關於接到申請書後在先應調查所申請之事項是否屬實再按照稅率塡具一稅票與原申請人原申請人再照稅票上金額納入現金於該徵收機關，然後手續斯爲完備吾國現時通常所用之申請書及稅票之格式如下（以於類營業牌照稅爲例）

1.申請書格式：

申請書正面

申請書

為申請事　　　年　歲　　　縣人今於　　　地方開設　　　字號
販賣　係　賣營業每年應納稅銀　　　元分兩期完納理合遵
照販賣菸酒特許牌照稅條例第二條申請
核明塡給特許販賣　　　牌照收執幷隨完本期稅銀　　　元此申

中華民國　　年　　月　　日

申請人　　　簽名蓋章

保　人　　　簽名蓋章

申請書反面

申請人注意

一、此項申請書營業人請領牌照時用之
一、此紙由該管經徵局署發給幷無分文費用
一、該管經徵局署備有塡寫格式申請人須照式塡寫
一、「今於」二字之下塡寫營業地名如係外省人營業幷將營業之省名或縣名塡入「開設」二字之下塡寫店肆字號如係丙種零賣營業無店肆字號者免塡
一、數目字均應大寫如一二三等字須寫壹貳叁等字之類

2. 稅票格式：

財 政 部

根存照牌業營賣(零或整)類於

中華民國	牌照號數	經有每年營業	每年營業人	每營業人姓名	營業人所縣	營業地籍	稅字	稅別類
年								
月								
日								

字第　　　號

財 政 部

照牌業營賣(零或整)類於

中華民國	牌照號數	經有每年營業	每年營業人	營業人姓名	營業人所縣	營業地籍	稅字	稅別類
年								
月								
日								

以上舉例，爲通常各機關所用申請書與稅票格式之一種，又有若干種稅雜各款之徵收，無須填具申請書者。至於稅票一層則各種稅項各有其自身所規定之格式，譬如印花稅票又爲無記名式之票照各種發單收據上只須粘貼相當金額之稅票並加蓋騎縫圖章後即完成法定手續此又稅票制度中之特例也。

（二）債券條例之通過及其認購納入程序

吾國現時通常關於公債庫券之發行，須先經過立法院通過條例並經國民政府公布後然後發售。至於公債與庫券之分別，原以長期與定期之不同，但吾國現時所謂公債係指定期付息及用抽籤法歸還本金之一種債務，所謂庫券則指按月照規定比例還本及付息者茲舉兩種債券之條例於下：

1. 公債條例

民國十八年裁兵公債條例（十八年二月六日國民政府公布）

第一條　國民政府於實行裁兵及抵補編遣期內預算不敷特由財政部發行公債五千萬元定名爲民國十八年裁兵公債

第二條　此項公債定於十八年二月一日發行

第三條　此項公債利率定爲週年八厘

第四條　此項公債每年付息兩次一月三十一日及七月三十一日行之

第五條　此項公債自民國十八年七月起用抽籤法每分十年償還每年抽籤兩次每次抽還總額二十分之一計二百五十萬元至民國

二十八年一月底止本息全數償清

前項抽籤定於每年一月十日及七月十日舉行即於該月底開始付款

第六條 此項公債應還本息由財政部指定在關稅增加收入項下照撥特命令總稅務司依照還本付息表所載數目撥出基金交基金保管委員會專款存儲備付到期本息

第七條 此項公債按照票面九八發行即每票面百元官收九八元

第八條 此項公債定為無記名式

第九條 此項公債票面定為萬元千元百元十元五元五種

第十條 此項公債得隨時買賣抵押凡公務上須繳納保證金時得作為担保品并得為銀行保證準備金

第十一條 對於此項公債如有損毀信用之行為依法懲治

第十二條 本條例自公布之日施行

2. 庫券條例

國民政府捲於稅國國庫券條例（十七年四月廿一日國民政府公布）

第一條 本庫券定名為捲於國庫券

第二條 本庫券定額為一千六百萬元以充國民政府預算不敷之用

第二編 第二章 現計上——收支程序

一九七

第三條 本庫券定為月息八厘按票面十足發行但自發行之一日起於兩月以內總欵者得按九八實交

第四條 本庫券定為十七年四月一日發行

第五條 本庫券於發行之月即十七年四月份起每一個月付息一次并用平均法每月付還本銀三十二分之一均於每月末日行之至

民國十九年十一月末日本息如數償清

第六條 本庫應付本息以財政部應收捲於統稅全數為擔保品組織基金保管委員會辦理還本付息事宜并由財政部規定保證辦法命令捲於統稅處遵照撥足應付本息其詳細辦法另行公布之

第七條 本庫券還本付息機關由基金保管委員會指定之

第八條 本庫券定為萬元千元百元十元四種定為不記名式有請求記名者亦得照准

第九條 本庫券得為銀行之保證準備金及其公務上須繳納保證金得作為擔保品

第十條 本庫券如有偽造及毀損信用等情由司法機關依法懲辦

第十一條 本條例由呈准國民政府公布之日施行

公債及庫券之條例公布施行以後卽由財政部向金融界及人民勸募有時先經認購手續，然後由認購人按期納入若干現金。有時卽由持票人兌出若干現金，隨時將債券脫售者。或有時由財政部將債券用作抵押品向金融界臨時抵借現金者其手續隨時隨地不同也。又公債庫券之收入，須一度經立法院審議手續故屬於預算範圍

內之收入。而日後本息償還亦經編入歲出預算而爲預算範圍內之支出但財政部爲應臨時急需起見有時將未來之稅項或夫經發售之債券向國內或國外商借短期借欵關於此項收入方面財政部即應與承借人商訂合同其金額時限利率擔保品俱應具載此項合同之內。至其償還方法有時先歸還一部份本金然後計算利息者此與公債之償付方法相似。有時先將本金利息籠統計算在內按照比例分期付取若干至若干期後本利全數償淸者此與庫券之償付方法相似用後者方法多先由財政部出一期票於承借者按期由承借者持票向借欵者兌取現金至兌滿之日爲止一八九八年四厘五英德金借欵由江海關所出之關票卽此例也。

（三）費用之發生及付現程序

一支出機關所有之支出，如以領欵人爲分類之標準大致不外分爲貨欵與俸給費用兩類俸給費之中其所用之書據又可分爲俸給收據與工飾收據兩種貨欵之中又有若干爲可以取得收據或發貨單者若干爲不可取得收據或發貨單者。取得收據或發貨單之中又有若干其用途已經表明淸楚者若干未經表明淸楚者於報銷時須另塡單據註明簽或日記簿等項以足成之吾國現時通行各種書據之格式大致如下：（以財政部及所屬機關採行者爲例）

1. 俸給收據格式：

某某機關俸薪收據				
月份	職務姓名	金額	備考	

右欵已照數領訖此據

某某機關查照

中華民國　年　月　日　領欵人簽名蓋章

貼印花處

字第　　　號

某某機關俸薪收據存根				
月份	職務姓名	金額	備考	

右欵已照數領訖

中華民國　年　月　日　領欵人簽名蓋章

2. 工餉收據格式：

機關存根					機關收據				
某收據	某餉	工			某收據	某餉	工		
金額	姓名	月份			金額	姓名	月份		
右款已照數領訖此據			執務別	月給額或日給額	右款已照數領訖此據			執務別	月給額或日給額
中華民國　年　月　日					中華民國　年　月　日				
領款人（簽名蓋章）					領款人（簽名蓋章）				
					貼印花處				

字第　　號

3. 不可取得收據之證明單格式一——購買郵票證明單

某某機關今向

某處郵局購買（幾分）郵票若干枚

計銀洋若干元

郵局印章

中華民國　年　月　日

經手人（署名蓋章）

4. 不可取得收據之證明單格式二——購買其他物品證明單

證　明　單

品名或事由	數量及單價	實付數	折合國幣數	賣物人或受款人	不能取得收據之原因	金額

中華民國　年　月　日

經收人（簽名蓋章）

貼印花處

5. 收據填寫不明顯之註明簽格式一——電報單據註明簽

電報單據註明簽

事由	收電者	電報單據註明簽 單據第　　號

6. 收據填寫不明顯之註明簽格式二——其他單據註明簽

單據註明簽

單據第　號	商牌名號	品名	數量	單價	金額	折合率國幣價	用途

7. 日記簿一——出差旅費日記簿（爲前審計院所規定十八年十一月二十日國民政府公布）

出差事由	日期	起點及駐在地點	舟車	車費膳宿雜費	單據號數	特別費	單據號數	摘要
		每日	火車輪船舟轎馬車					
			元	元				
			元	元				
			元	元				
			元	元				
			元	元				

出差人員職務等級簽字蓋章

8. 日記簿格式二——出差工作日記簿（為前審計院所規定十八年十一月二十日國民政府公布）

總計由某年某月某日起至某月某日止共支	元	角	分
	元	元	
	元	元	
	元	元	
	元	元	
	元	元	

自　年　月　日起至　年　月　日止共計

某日在途次

某日由某地附乘某路火車或某汽船前往某地

某日行抵某地當日或次日即列席某項會議或繼續調查某項事務

某日繼續列席某會議及與議情形或繼續調查及調查情形

某日由某地附乘某路火車或某汽船轉赴某地接洽某項公務接洽情形會致電某地機關計若干字

某日差竣仍滯留某地或轉赴某地候車或船

某日附乘某路車或某船返回某地換車或船到達某地

以上所列舉者為關於用款方面除普通發貨單外所用各種書據之支式。至各支出機關在取得各項書據以後，須依照各該書據所填列之金額支付現金是由發生步驟進展至付現金之步驟又有若干債務雖經發生之時期，尚不能支付現金者此于吾國國難當頭庫空如洗之時尤為不可倖免者也。

第三目　對于吾國現時通行程序之批評

（一）對于收款程序之批評

吾國現時各項稅法上之徵稅目的物有若干為生產稅，若干為通過稅，若干為消費稅，又有若干為收益稅，何優何劣就是就非此為財政學上之問題也其他以稅率而論有比例稅率累進稅率等項以租稅之轉嫁及歸宿而論有完全轉嫁一部轉嫁及不能轉嫁等項以徵收方法而論有專設機關及招商投標等項諸如此類其中之利弊若何亦屬於財政學所討論之範圍以內故在本書不能遍譚玆僅就徵收納入程序與稅票制度兩方面批評之。

1. 對于徵收納入程序之批評　徵收機關有權過問現金不僅增加收支繁重之手續且有背各機關分權之原則，此點已早見前述矣。

2. 對于現行稅票制度批評　綜上所論吾國現時收款方面，關于稅雜項下之收入除黏貼印花票一種方法以外大概以發出稅票為徵收之根據又稅票之格式不外分為兩聯一為存根係截留本機關備查或轉呈上級機

關用為審核計算書類之憑證一為收據或名執照，或名憑證視各種稅項而異其名稱係與納稅之私人或團體收執，以為稅款收訖之憑證。稅票除兩聯者外又有用備查或備戳等聯者乃係向幾個上級機關呈報備查之用。以上格式極為普遍故可謂吾國現時最通行之格式。

收款機關于收款上舞弊之機會，大概有二種：（一）偽造稅票偽造稅票以收稅固屬不法之極但其中仍有一例外之情形即現時招商投標之稅項（認商制）其應解繳稅欸以原投最高額為限有餘為該認商之贏餘不足為其人之虧蝕。故稅票之於該商可任其自行處理。但現時收支報銷上仍須列有原發稅票號數之證明。於是各認商為避免各認法自陷，莫此為甚矣。（二）偽造稅票以外之辦法其中又大概有三類一為濫收而不報稅欸雖屬徵收並不填發稅票然而得納稅人之相當諒解本應完納一百元者納稅人出八十元而稅票僅填五六十元。如此徵收機關與納稅人可以互惠而被侵蝕者則為國家。三為大頭小尾之方法，即在徵收機關同屬一份稅票之上其憑證一聯填一數目而存根一聯又用較小之另一數目填寫此以未經納稅人之同意全數填票則徵收機關心有不甘貿然以多填少亦惟恐遺人以口實故在同屬一份稅票之上用兩種數目填寫于不同樣各聯之上。以上方法雖各不同結果稅款之被侵蝕則一也又以上所論為稅雜各款一項他如出售債券以有折價關係亦可有大小左右之可能。舉

吾國現時用款方面有若干係實報實銷者有若干係提成充當經費者又有若干係有固定數目者屬於以上第一種者，如各種俸給辦公購置營造及特別各項費用購置營造費用又有招標與非招標之兩類屬於第二種者，如各印花稅分局係照銷售稅票總額提二成充當經費屬於第三種者，如各院部、會長官所領之特別辦公費是以上三種用款每種之利害若何此處且不具論惟在會計上無論其所出單據屬於何種概須依照實際情形填寫不可僞造憑證以作報銷反此實足啓辦理會計事務者以舞弊之機會也茲即就發生付現程序與支出憑證單據兩方面批評之。

1. 對于發生付現程序之批評　支出機關之有權過問現金，已違反各機關分權之原則，此點亦早見前述矣。

2. 對于現行之支出憑證單據批評　綜上所論吾國現時用款方面用以爲支出之證明者即由上述各項開支所取得之憑證，不外收據與發貨單兩種。收據一項，爲服務于該機關之職員等于領到薪津時所填發貨單一項，即爲通常購置物品時向各商店所製问之發票。關于用款方面亦易有三種舞弊機會之發生①爲僞造單據根本無斯項債務之發生或爲便利于報銷起見，可以妄填單據而向公家支取現金②爲與領款人串通發出一種以少報多之單據經手人從中得有攫取利益之機會③爲塗改單據，如單據上原列十元者改爲二十元等

（二）對于用款程序之批評

行借款例可從中取得手續費若干。凡此種種皆係侵蝕公帑之常法也。

是。以上三種方法試彙總比較以觀，則以第三法爲最笨，以上三種方法以外通常政府官吏于物品與財產之購置鉅大工程之建築多半應向承辦之商人收取佣金，但商人皆以牟利爲目的，其所付之佣金早經增加于貨價之內，故官吏所取之佣金直接雖取諸商人，間接乃出自政府，實亦舞弊方法中之一端耳。

第四目　對于吾國應有程序之擬議

由於上述吾國現時收支程序之不良，致易啓貪污之端。故吾人欲思一根本剷除貪污方法，著者以爲至少應有以下六點須資注意焉。

1. 關于統一國庫制度之推行　整理財政應自統一國庫制度著手，爲盡人之所能道也。所謂統一國庫者，其最高原則在使任何機關現金皆能集中於國庫。凡徵收及支出之機關只能有發出命令之權，在前者名爲徵收命令，在後者謂之支付命令。至於實行管理現金之權應全由國庫擔任管理現金者無權徵收與支用，而有權者又同時不能管現金。如此不同機關分任命令上與現金上之事務，庶免其權集中於一人，而生出種種流弊也。

我國辦理財務行政之官吏，以後自應遵照此項原則而推行。但屬行國庫統一制度，必先有委託辦理國庫事務銀行之設置。且其分支機關應偏設於各處，又有極端迅速之交通設備，以取得其相互之聯絡，不然此種最高理想始終無達到目的之時矣。

2. 關于事前審計制度之推行　所謂事前審計，可使舞弊事件於未經施行之前即能加以控制。如徵收機關發出徵收命令事前即應送審計機關審核經其查明課稅目的物之數量價值以及稅率之多少無訛予以會簽納稅人根據已會簽之命令始得向代理國庫之銀行，繳納現金從前所有收而不報或以多報少之弊端即可賴以避免。又如支出機關發出之支付命令亦應先送審計機關檢定經其會簽後方得由代理國庫銀行開始付欵是亦杜弊之道也。總之，事前審計制度在現時歐西各國頗多推行，而其效果頗佳。但在吾國現時所行之事前審計只限於財政部國庫司於發款所簽之各種支付書為止其距理想中事前審計制度之途徑尚遠急起直追正吾人分內之事耳。

3. 關于一機關內部牽制組織制度之推行　私人或團體企業上之內部牽制組織，在認會計制度為有缺憾欲加改良之時或新興之企業欲立會計制度之時所必當考慮採用者也。而在現時貪污盛行世界之中此理於政府各機關為尤然。每一機關所有之出入在嚴密內部牽制組織之下，各經辦人員應為之適當安排令其互相牽制如甲員所執事務之當否，可因乙員之執務而自然檢證也。惟然一機關任何之出入省不置諸某一員絕對支配之下，而以規定其事務之分掌為重要。此例如歲出方面銀行支票由長官及會計會簽與採取憑單或傳票制度（Cash Voucher System）等皆屬之也。

4. 關于超然稽察制度之推行　以上內部牽制組織為事前之檢查不然實行事後檢查亦足由考核賬簿或

以其他方法發現已經舞弊之事實執行此項檢查事務者應與審計相同居於一種超然之地位不受其他行政權力之干涉以執行其職務故吾人對於此種超然地位之實際檢查工作常以超然稽察之名稱呼之吾國監察院組織法中規定審計部職掌內即有以上所述超然稽察之事務惟以現時審計部對於掌理斯項事務之第三廳尚未成立又在各省市亦未曾有審計處及審計辦事處設置故於斯項事務始終未能見諸實行揆諸立法與會計監督之原理吾人甚希冀其有實現之一日也。

5. 關于投標制度與集中購置營造制度之推行 政府各機關之購置費營造費等項常致膨脹至極大數蓋一方面商人有意抬高貨價與一方面辦理會計庶務人員攫取佣金之故若一日吾人採行投標制度與集中購置營造之制度則上述事件即可于無形中消滅矣前者方法在吾國現時尚能通行而後者方法則應為之提倡與推行也。

6. 關于收款及用款書據新格式之推行 在收款方面言以應用一份兩聯稅票之格式常有大頭小尾機會之發生此種舞弊事件乃由於稅票格式之不良吾人可以更換一種合理化之稅票則此種事件可於無形之中消滅之，新式之稅票格式大抵分爲兩種：（一）採用固定金額之稅票——所謂固定金額稅票者即每張稅票載明一定之金額如稅票規定百元十元一元一角一分五種一納稅人應繳納三百八十五元六角七分即應由徵收機關交與納稅人百元票三張十元票八張一元票五張一角票六張及一分票七張是也蓋稅票減少一張即表示已

二一一

經徵收其一定數，而從前大頭小尾之辦法將無由施其技倆矣。（二）採用特殊騎縫之稅票——所謂特殊騎縫之稅票乃每份稅票之存根與收據兩聯騎縫之處用一種特殊之記號明稅款銀數或徵收目的物之單位數（稅率固定所徵稅銀可與徵稅目的物之單位同時依次撕去之數，而後可計算與所繳納之金額是否相符是據一聯之時若將此項小方塊按照銀數或單位數於撕去收其應繳納之金額一方又可在存根觀察未撕去方格之數，而後計算舉而兩得其便也以上關於稅票之改良亦只有在納稅人非照表繳款不得取回收據時方有效力設若與納稅人勾通舞弊雖經改革稅票式樣終屬無補於事則惟有實行以上所述之審核之制度而已。

以上爲收款書據之改良至於用欵方面則以用款之單據爲由政府機關以外之團體或個人所給予故改良自屬不易措手惟有塗改單據一點容易破獲其破綻總之關於貨單收據之數應規定一律用正楷字書寫或規定單據上書寫金額之空白地位上多劃數條虛線，一經揩擦則斯項虛線與花紋，即不能完整如初，緣是而弊竇可以立現又如爲造單據或與商店串通塡寫非實之收據則亦應採用實際檢查與事前籌計等方法以使作弊者易於敗露也。

以上六點備述改良程序以澄清吏治之原理，此種原理在泰西各國早經採行，并且辦有成效。但在吾國現時，尚爲設計并推行之期也。

第三節 政府各機關間收支之程序

第一目 與上項程序有關係各名詞之解釋

政府各機關間現金之移轉，在吾國現時通常視為重要之手續，其實就全體政府機關而觀，此種移轉，不過一部份現金之撥出撥入，初無關乎總額之增加與減少也，且各機關長官俱負行政上相當之責任，彼之所移託之所接，顯有軌跡可循，責無可以旁貸，是以此間程序之規定，在泰西各國即無有充分之記載也，將來吾國如採合一金庫制時，則亦可廢除此項手續，惟在現時既具此項手續，即不得不為之討論茲先將關于斯項程序所用各名詞之涵義，解釋于下

1. 解款或繳款 凡徵收機關及經管收入款收支機關，將收入現金交與金庫，或由支出機關將經費餘款交與金庫之手續皆曰解款，徵收機關以現金交與經管收入款收支機關之手續皆曰繳款。

2. 收款 凡金庫或經管收入款收支機關收到以上解入或繳入現金之手續皆曰收款。

3. 付款 凡金庫根據支付書將款項無論現金或轉賬交與支出機關備付歲出之用，或徵收機關備付退還歲入款之用，其手續皆曰付款。

4. 領款 凡各機關接到以上支付款項之手續皆曰領款，支機關備付其他機關歲出之用，或交與經管經費款收

5. 抵解　凡徵收機關或經管收入款收支機關於收入款內,自行扣除或劃撥其他機關之經臨各費財政部准予用以代替解款之手續者曰抵解又凡抵解之款必須送請金庫轉賬始將「抵解」之手續辦理完竣。

6. 轉賬　凡金庫辦訖以上抵解款所辦理之手續曰轉賬又凡轉賬之款須同時有同一或其他機關所辦領款之手續始將轉賬之手續辦理完竣。

7. 請款　凡支出機關,向財政部請發款項所辦之手續曰請款。

8. 發款　凡財政部根據各機關請款簽發支付書之手續曰發款。

9. 支付書　支付書為財政行政主管長官或其指定代理人命令金庫付款與某指定人或機關之一種公文,金庫對於公款之付出非經有支付書許可,不得有分文之挪用支付命令以其形式又可分為下列三種:

   i. 直字編號支付書　係指由金庫直接付出款項之公文。
   ii. 撥字編號支付書　係指由各機關收入存留款項內,撥付其他機關經臨各費之公文。
   iii. 坐字編號支付書　係指由各機關收入存留款項內,自行扣支經臨各費之公文。

第二目　吾國現時通行之程序

吾國關於上項程序,如在國民政府財政部會計則例,(十六年七月二十八日公布後修正備案)江蘇省暫行會計規程,(民國十七年八月十七日第一一二次省政府委員會議決二十一年六月三十日修正呈省政府備

案）上海特別市市政府會計規程（民國十七年一月頒行）中央各機關經管收支款項由國庫統一處理辦法（民國二十二年三月頒行）等項規定之內皆有比較詳細之記載，以財政部公布之則例在先其他各機關在後故所公布者多半係倣前者之作。而中央各機關經管收支款項由國庫統一處理辦法又為最近公布及經修正後最精之作。是故僅敍述上項條文即足以為其他現行法令之代表舉一可以反三矣，

（一）解款及收款程序

中央各部會向國庫解款時應塡具五聯解款書以現字編號除留存根一聯外其餘通知報告報核回證四聯連同現欵一併送交國庫（見中央各機關經管收支款項由國庫統一處理辦法第四條）國庫收到解款核與解款書所列數目相符即塡具三聯收款書以現字編號除留存根一聯外其餘收據報報查二聯交解款機關並將所收款通知報告報核回證四聯加蓋收訖及年月日章記留存通知一聯以報告報核回證三聯隨同收支日報表送財政部，（上項辦法第五條）財政部收到解款報告報核回證三聯後除留報查一聯存查外以報核一聯轉送審計部備查以回證一聯加蓋部印送交解款機關備查。（上項辦法第六條）解款機關收到收款收據報查二聯後除留收據一聯存查外以報查一聯送財政部隨同收支旬報表二份（卽主計處規定之乙種收支報告）送財政部備查。（上項辦法第七條）中央各部會所屬各機關向主管部會繳款辦法由各部會與財政部商定之。（上項辦法第八條）中央各部會及其所屬非營業機關繳囘經費餘款照以前各項規定辦法辦理（上項辦法第九條）至上項

二五

規定中所坿之解款書及收款書格式如下：

1. 解款書格式

解　款　書		
第一聯——存根		
字第　　　　號		
收款國庫		
年月份		
款別		
摘要		
金額		
備考		
（長官）	（主管會計人員） （主管出納人員）	
中華民國　年　月　日		

字第　　　　號

此聯留存解款機關

解款書 第二聯——通知

此聯由解款機關送交國庫

字第　　　　　號				
中華民國　年　月　日（解款機關長官）	收款國庫	年月份	款別	摘要	金額	備考

字第　　　　　號

解款書 第三聯——報告

此聯由解款機關送解轉送財政部由國庫

字第　　　　　號				
中華民國　年　月　日（解款機關長官）	收款國庫	年月份	款別	摘要	金額	備考

字第　　　　　號

2. 收款書格式：

解款書 第四聯——報核

字第　　　號	收款國庫	年月份	款別	摘要	金額	備考

中華民國　年　月　日　　（解款機關長官）

此聯由財政部轉送再審計部轉送解款機關蓋印送國庫部

解款書 第五聯——回證

字第　　　號	收款國庫	年月份	款別	摘要	金額	備考

中華民國　年　月

字第　　　號

此聯由財政部送解款機關蓋印送還原解國庫

收款書 第一聯——存根		收款書 第二聯——收據	
字第　　　　　號	中華民國　年　月　日　（收款國庫主管人員）	字第　　　　　號	中華民國　年　月　日　（收款國庫主管人員）
解款機關　年月份　款別摘要　金額備考		解款機關　年月份　款別摘要　金額備考	
此聯留存收款國庫		此聯由國庫交解款機關	

收款書

第三聯——報查

字第　　　號		
解款機關		
年月份		
款別		
摘要		
金額		
備考		

中華民國　年　月　日

（收款國庫主管人員）

此聯由國庫交解款機關轉送財政部

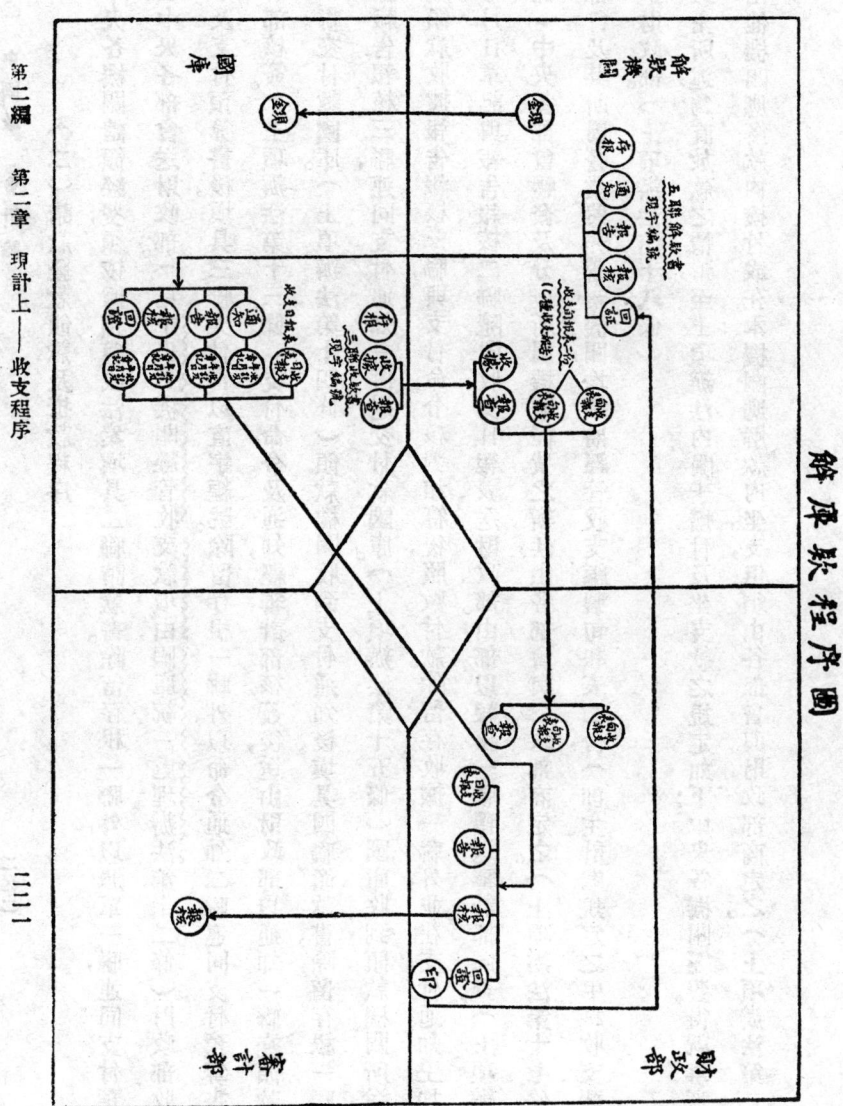

第二編　第二章　現計上——收支程序

(二) 請款發款領款及抵款程序

中央各機關請領經費須依據預算或法案填具二聯請款書除留存根一聯外以憑單一聯連同支付預算書二份由中央各部會送財政部。(見《中央各機關經管收支款項由國庫統一處理辦法第十二條》)財政部收到請款憑單及支付預算書後填具三聯支付書以直字編號。除留存根一聯外以命令通知二聯連同支付預算書一份送審計部核簽。(上項辦法第十三條)支付命令及通知經審計部核簽後,送由財政部以通知二聯連同一聯交付款國庫。(上項辦法第十四條)領款機關收到支付通知後,填具四聯領款書。除留存根一聯外其餘收據報告報核三聯連同支付通知一併送交付款國庫。(上項辦法第十五條)國庫收到領款機關所送支付通知及領款收據報告報核二聯與支付命令核對相符後照數付款。除留存收據一聯外並在支付通知上加蓋付訖及年月日章記與報告報核二聯隨同收支日報表送財政部由部以報核一聯轉送審計部審查。(上項辦法第十六條)中央各部會轉發及分發所屬機關經費之辦法由各部會與財政部商定之。(上項辦法第十七條)中央各部會及其所屬營業與非營業機關均須將經管收支編製旬報表二份(即主計處規定之甲種收支報告)按旬送財政部。(上項辦法第十八條)

以上所述為直放款之情形,至上項辦法內關于撥付及坐支款之規定如下:中央各機關經費,得就事實上之便利,由他機關應解款內撥付或在本機關應解款內坐支,但須由各部會與財政部商定之。(上項辦法第二十二

條）請款機關對于撥付或坐支經費之請款手續，仍依直放款方面之規定辦理。（上項辦法第二十三條）財政部對於撥付經費之支付書仍用直放之格式，惟以撥字編號，其命令一聯交撥款機關，其餘手續仍照直放款之規定辦理。（上項辦法第二十四條）領款機關對於撥付經費之領款手續仍照直放款之規定辦理，惟領款書之收據報告報核三聯及支付書之通知一聯送交撥款機關。（上項辦法第二十五條）撥款機關收到領款機關所送支付通知及領款書之收據報告報核三聯對相符後，照數支付。（上項辦法第二十六條）撥款機關收付款後，以領款書一併送交國庫抵解款機關于收到收款收據報查兩聯後除留收據一聯存查外以報查一聯隨同收支旬報表二份一併送財政部備查（上項辦法第二十七條）國庫及財政部對於抵解款項，仍依解款之規定辦法第二十九條）又領款機關對于坐支經費，亦須依直放款方面規定塡具領款書，在本機關應解款內坐支後，再行抵解至抵解方法與撥付款之規定相同。（上項辦法第二十八條）至上項規定中所塡之請款書支付書，及領款書格式如下：

1. 請款書格式

2. 支付簿格式：

請款書　第二聯——憑單					請款書　第一聯——存根				
中華民國　年　月　日	領款機關	字第			中華民國　年　月　日	領款機關	字第		
		年月份用					年月份用		
		途					途		
		金　額					金　額		
（請款機關長官）		備　考			（長官）（主管會計人員）		備　考		

字第　　　號

此聯由請款機關送財政部
（或由請款機關轉送財政部）

此聯留存請款機關

支付書
第一聯——存根

字第 號（由某機關撥付）				
付款國庫	領款機關	年月份	用送金額	備考

中華民國　年　月　目

部長
次長
國庫司長
科長

字第　　號

此聯存留財政部

支付書

第二聯——命令

字第　　　　　　　號（由某機關撥付）	付款國庫	領款機關	年月份	用途	金額	備攷
（一）由坐支或撥付者坐支或撥付機關向該國庫抵解時將此庫名稱填入欄						

審計部長

財政部長

中華民國　年　月　日

字第　　　號

此聯由財政部送付款國庫
（或送由付款機關送國庫抵解）

3. 領款書格式：

支 付 書
第三聯——通知

字第　　　號（由某機關撥付）	付款國庫	領款機關	年月份	用途	金額	備攷
	（一）由坐支或撥付機關向該國庫解時將抵款者坐支或撥付國庫名稱填入此欄					

中華民國　年　月　日

審計部長

財政部長

此聯由財政部送交付款機關領款（或由交付款機關經送國庫抵解）轉送財政部

領款書

第一聯——存根

付款國庫	支付書字號	年月份	用途	金額	備考

字第　　　　號（由某機關撥付）

中華民國　年　月　日

（長官）　（主管會計人員）　（主管出納人員）

字第　　　號

此聯留存領款機關

領款書

第二聯——收據

字第　　　號（由某機關撥付）

付款國庫	支付書字號	年月份	用途	金額	備考
（一）由坐支或撥付者款抵解機關向該國庫 （二）庫名稱填入此欄					

中華民國　年　月　日

（領款機關長官）

字第　　　號

此聯由領款機關送付國庫
（或交由付款機關送國庫抵解）

領款書

第三聯——報告

字第 號（由某機關撥付）	付款國庫	支付書字號	年月份	用途	金額	備考
（一）由坐支或撥付者抵款機關向該國庫解時將此欄庫名稱填入						

中華民國　年　月　日

（領款機關長官）

字第　　號

此聯由領款機關送國庫抵解（或由交付款機關送付國庫轉送財政部經）

領款書

第四聯——報核

字 第 號（由某機關撥付）	付款國庫	支付書字號	年月份	用途	金額	備考
	（一）坐支或撥付者由坐支或撥付機關向該國庫抵解時將該國庫名稱填入此欄					

中華民國　年　月　日

（領款機關長官）

此聯由領款機關送付款國庫（國庫抵解轉送財政部再轉審計部）或交由付款機關送經

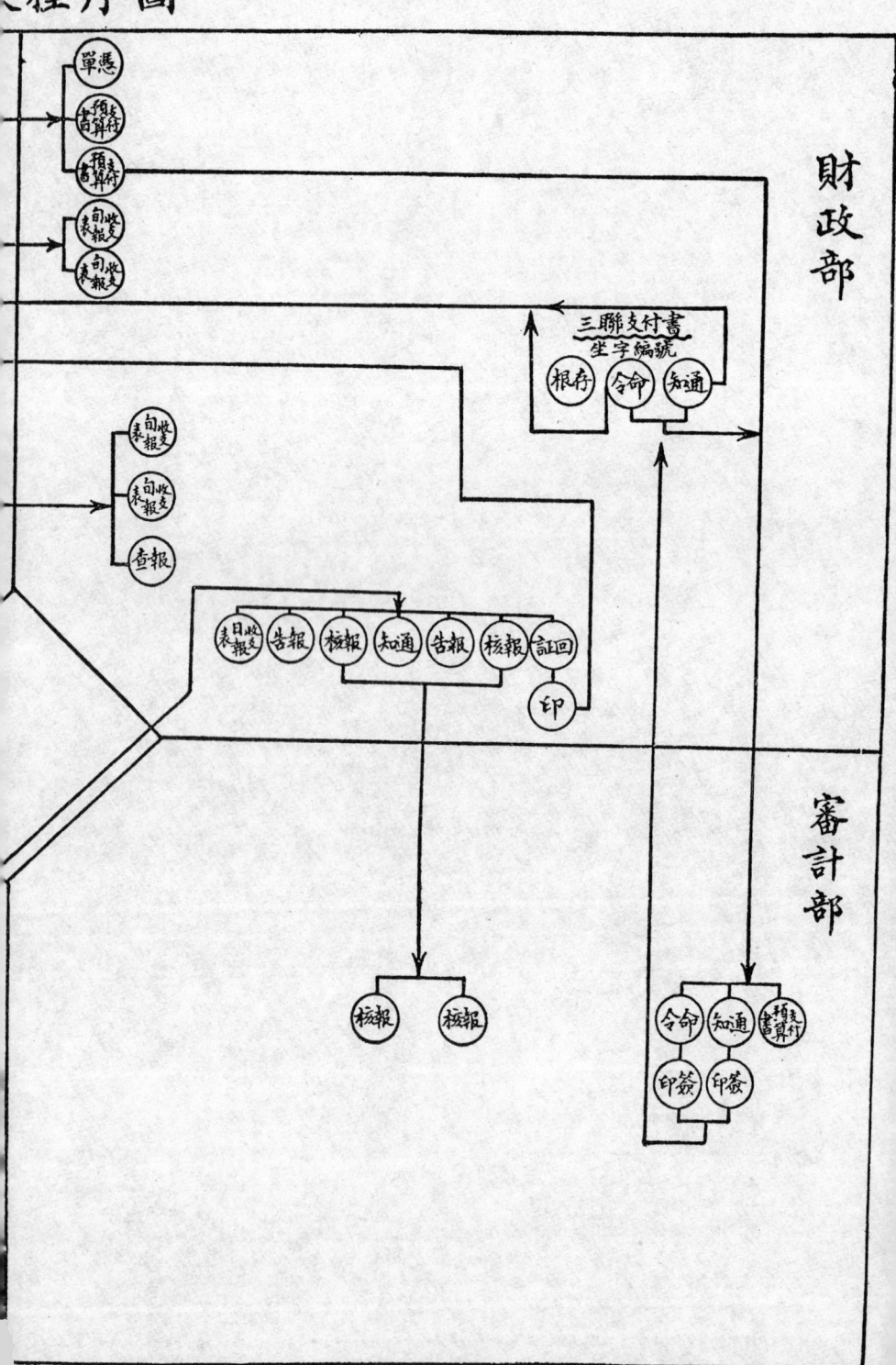

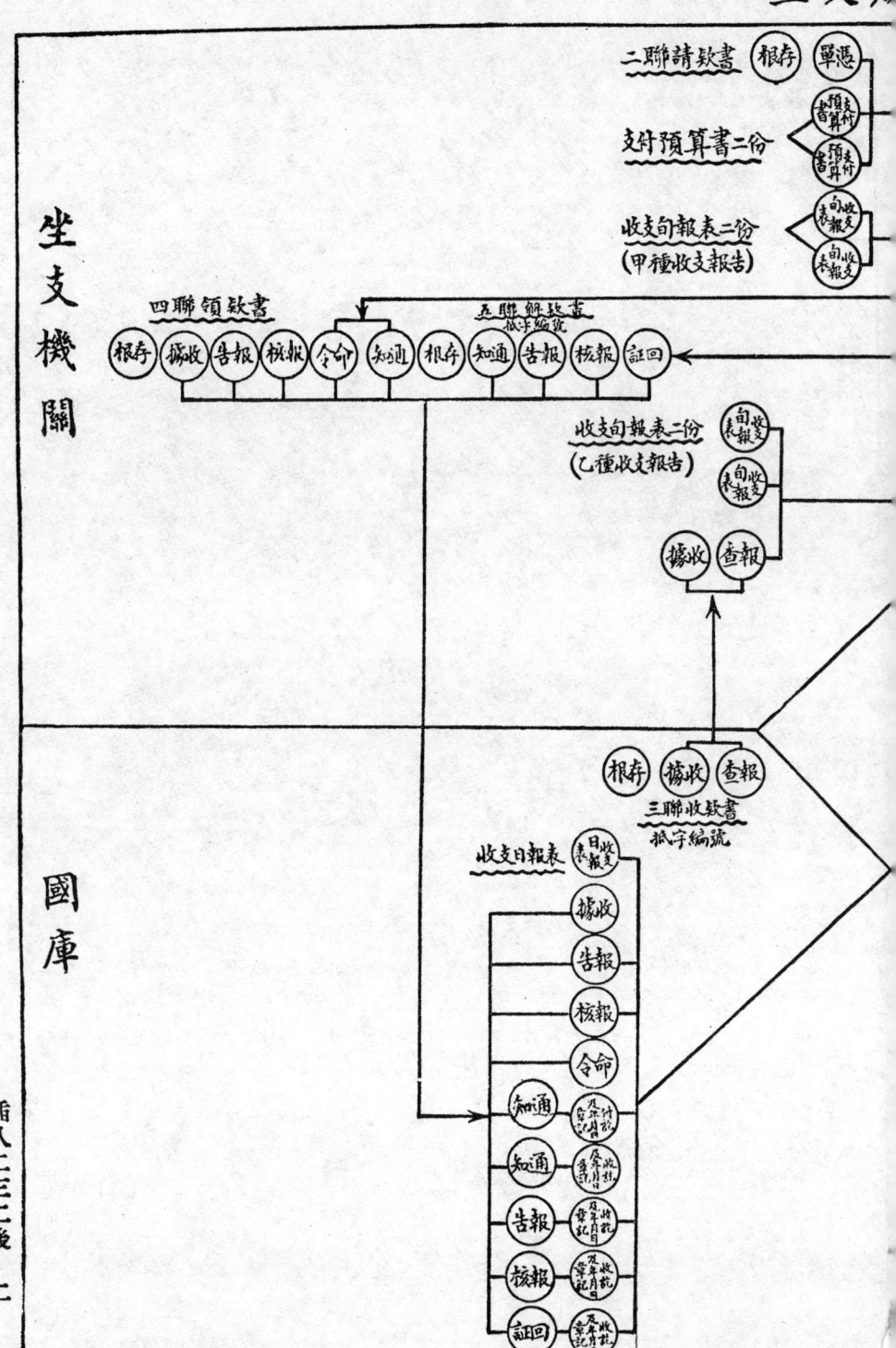

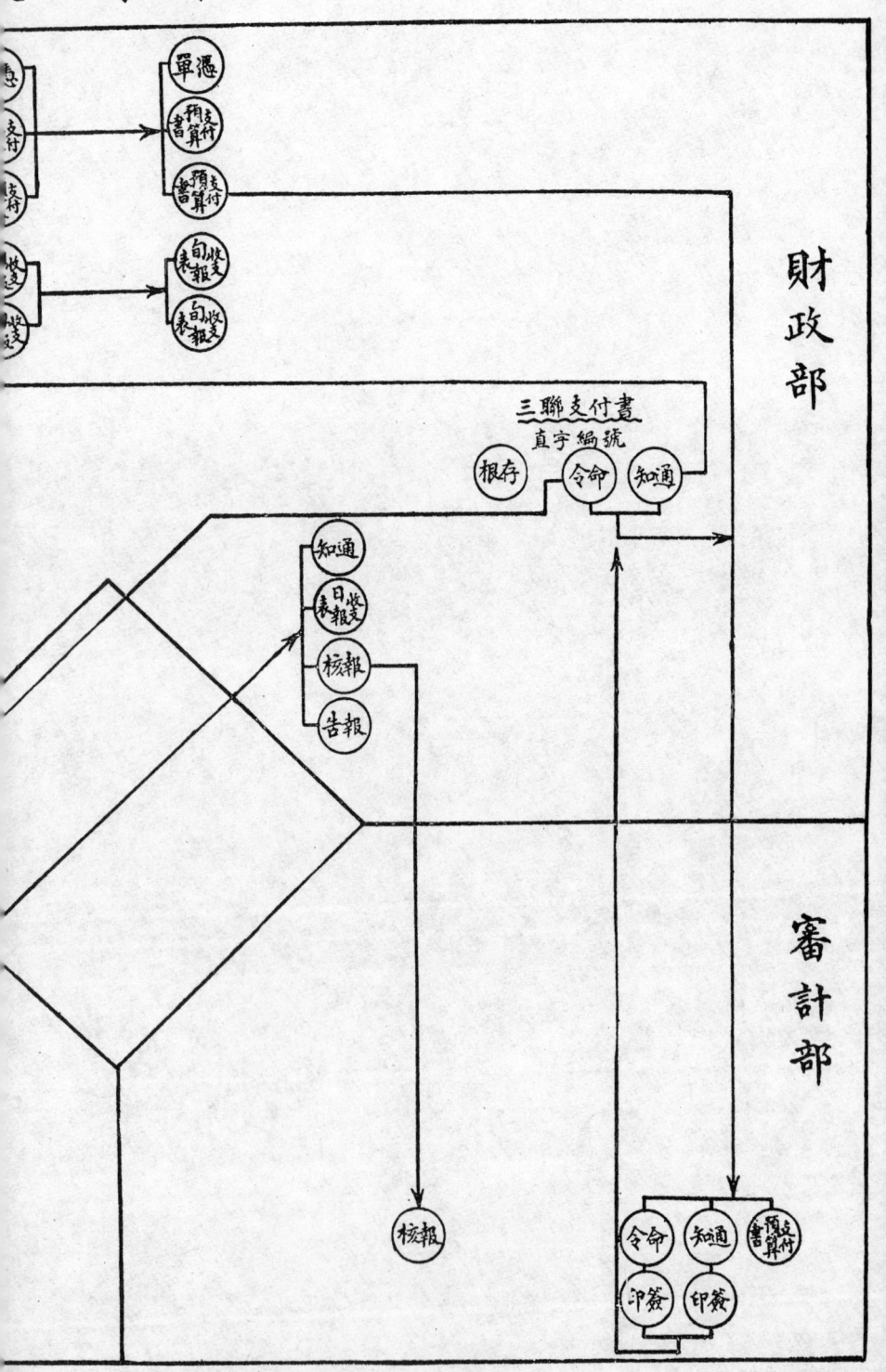

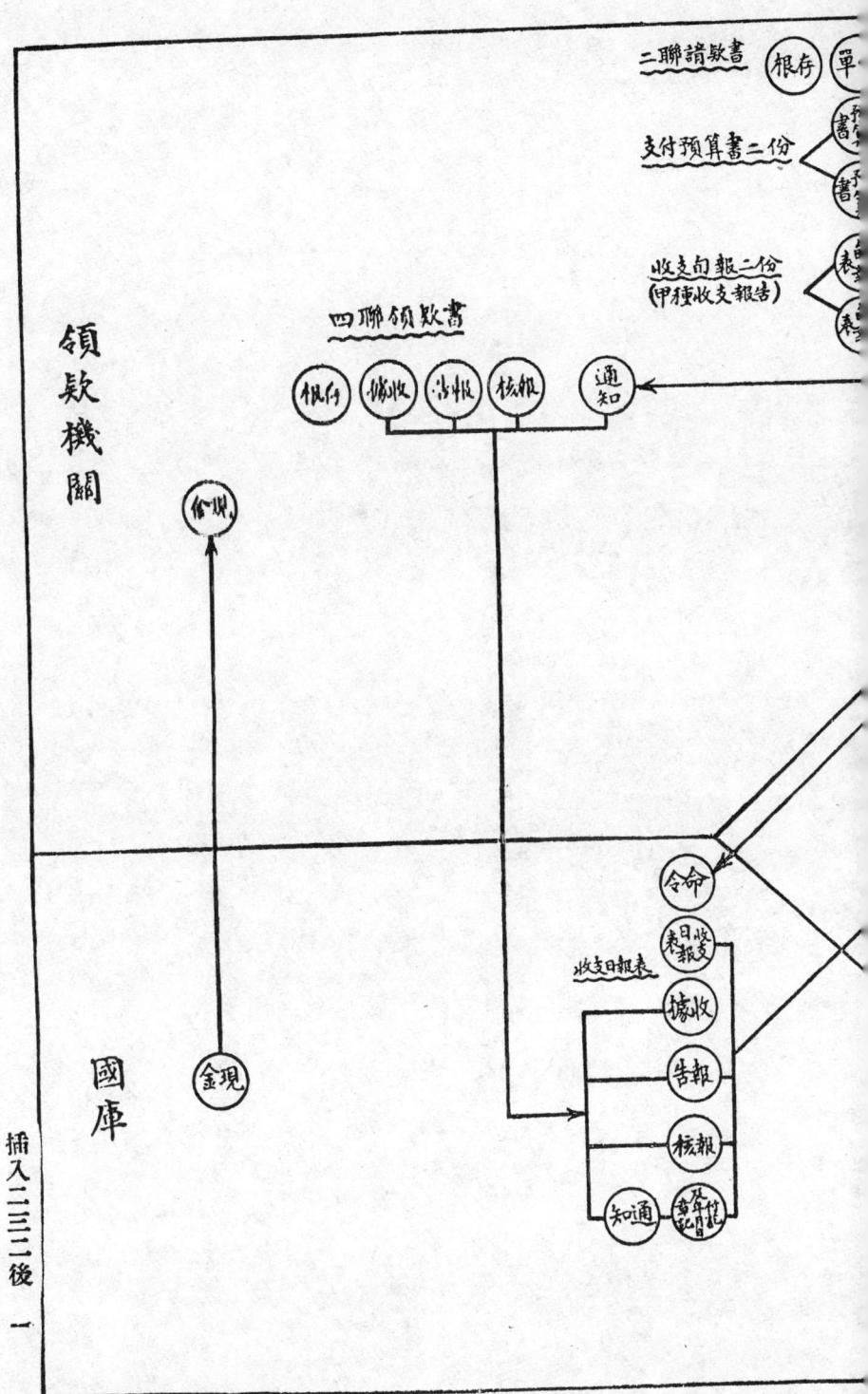

插入二三二後 一

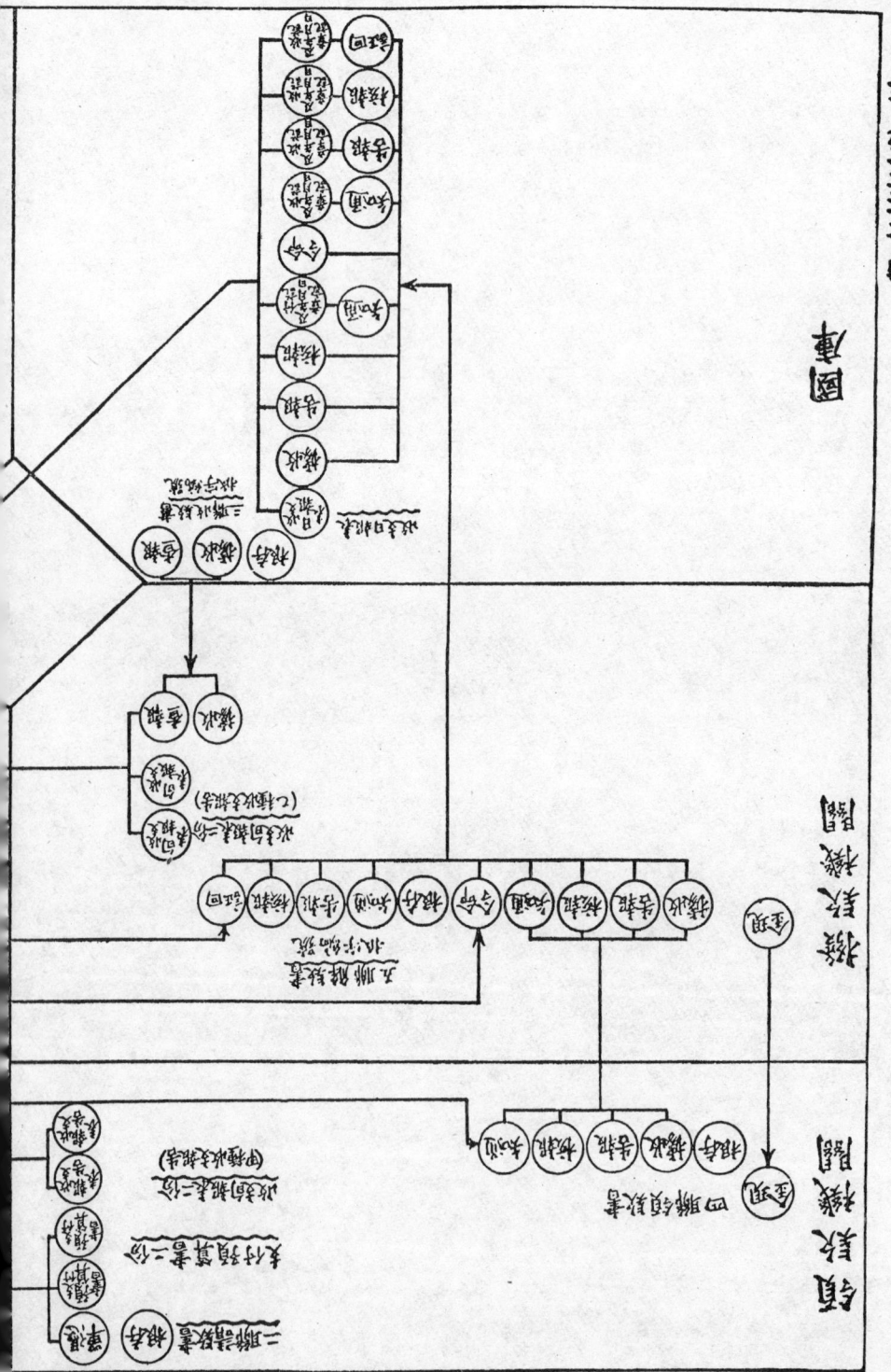

第三目　對於吾國現時通行程序之批評

以上所論各項程序,足以代表吾國現行一切關於收支程序之法令。此種程序範圍內之各種書據,皆採行分聯之格式,係向各機關分別作爲報告之用。但同時各機關關於收欵用欵方面,俱按期有收支報表之造送各主管機關,按後項報告即足以考覈其所屬機關收支之實況,是僅根據後者於各機關間現金之移轉亦可以盡悉矣。如此既有後項期報,則前項分聯式之書據,盡爲重複。旣屬重複便無存在之必要。此項問題實爲討論吾國政府會計學最重要問題之一。以著者之意見,現時此項書據,大都依上述理由無存在之必要亦有依其性質可以存在者。其詳細處置方法將於以下第四目中論之。茲先對於各機關解欵發欵及存留欵程序上之批評詮次於下。

1. 對於解欵及收欵程序之批評　吾國現時解欵收欵程序中所可批評者第一就解繳之目的物而論,如徵收機關已將結存挪作他用同時上級機關急於催解於是該管官吏於不得已時於市場以賤價收買公債與庫券等票以票面十足之數抵補所應解之金額其時債券之市價假定爲五折則應解一萬元者以半數現金即可解除其應之責任矣此種方法上級機關雖不之許有時亦不得不遷就事實是爲就所解繳之目的物批評者也。第二就所解繳之目的地而論徵收機關之解庫欵應直接解入代理國庫之銀行,是早有明白之規定但現時以代理國庫銀行不能全國遍設分支機關于是各機關有直接繳欵于特派員公署者,或當地財政廳者中央鞭長莫及地方政府得而截留之矣地方截留取之於公用之于公猶可說也尚有不肖徵收官吏勾結當地不肖軍人誘使出具印

收，而有朋分稅欸之舉可勝嘆哉。是爲就所解繳之目的地批評者也。第三就解欸與收欸之時期而論，則有時解欸機關早已報解，而收欸機關並不列收，或間隔若干時間以後始行報告解到者。此又顯有兩種情弊，一爲解欸機關報而未解，一爲收欸機關收而未報，無非挪用公欸以便私圖。吾人於鉤稽兩方之現金報表，除予以兩機關問應有交通期間以外遇有時日稽延過久者應即加以追究以明延滯責任此又就解欸與收欸期間上批評者也。以解欸手續之簡單至少尙有以上三種舞端之發生他若拐欸潛逃又無論矣。

2. 對於請欸發欸領欸及抵欸程序之批評 綜合以上直放坐支及撥付三種發欸之手續，無論其爲任何一種，必先由財政部愼列支付書并經審計部會簽以後，方爲正式之憑證而後各該金庫與徵收機關可以照此執行。是金庫與徵收機關，對于現金之處置，在未奉到支令以先完全無權可以移動但現時多有違背此項規定，而審計部事先監督之工作以有障礙發生幾於完全變爲事後補行之手續事先監督之不能推行弊端即可緣是而起。又支出機關依照預算法案按月領取現金。此項存留之現金明明指爲支付該月份各項經費之需。是于各該月份過去以後必可計算其有若干部份爲已經用去者又有若干部份爲節餘之經費，故于當月過去後即須繳還金庫或其他指定承受此項解欸之機關。但實際以限制絕對不能轉入下月，作爲開銷，故于當月過去後，即須繳還金庫或其他指定承受此項解欸之機關。但實際以各機關不能如期領到多有留斯項節餘經費，以應下月急須支付之費用者。以上各點爲發欸及已發之欸重經繳還時現時所易滋生之弊竇也。

3. 對於各機關維持長存之批評　支出機關結存有限留爲緩急之需已屬不合，徵收機關現金結存，計在循謹之長官不過希望長存孳生利息據爲己有，若在貪汚之長官勢必挪用斯項長存以爲投資及投機之用。其投資及投機幸博勝利則結存尙可如數歸原，不然則結存化爲烏有，國家每年由於斯項弊竇所受之損失，更僕難數矣。

至於吾國現時扣留長存之方法計有下列兩種，第一若將現金存留之金額列入收支報表，則主管機關可以依據列報之數，令其掃數解入。而利用長存之機會亦卽無緣達到矣。故在報表上所列入者，每爲上期收入之數凡於本期收入者，則留於下期之報表中列入之。次第推遷置其現金存留數，卽可隱藏一部份。第二造送報表遲延一定期間，亦可緣此而達到上述之目標，如七月份之報表於九月份送達主管機關，在九月份所解入者爲七月份之結數。至於八月份收入之部份，卽可以隱然不解矣。以上兩點皆爲施用一種景技巧之方法以達到維持長存之目的，是官吏舞弊機會之多，以及其作法之技巧，直非淺人意料所能及也。

第四目　對於吾國應有程序之擬議

總上所述，而論吾國應有程序第一在使各級機關如期造送報表，幷且須於一定期間送達主管機關，更有某期間之報表應代表某時期實際之事實，此點將於下章再爲詳細論及。第二關於上項程序所用之書據現時或有與報表作用相同，而形成重牀疊架之格式者有應備而未備者，此點增加與改良爲之逐一討論於下：

(一) 改進上項程序所用書據性質之擬議

關於上項程序所用書據性質之改進分爲以下五點述之：

1. 現字編號解欵書及收欵書 現字編號解欵書係爲解欵機關於解欵時備就之書據收欵書係各代理國庫銀行於收欵時備就之書據。按解欵書與收欵書係屬同一手續若收欵銀行於解欵書據上加蓋收訖戳記則其功效即可與收欵書據之功效相等故收欵書據實可謂毫無作用。解欵機關現時例有現金收支旬報表之造送則其逐旬解入國庫若干，可於此項報表中加以考核。一方各代理國庫銀行現時逐日亦有收支日報表之造送其按日收到各繳欵機關解入若干各主管部份已可鈎稽此種報表有無錯誤，似無須再覆按解欵收欵書據矣基于上述故著者意見主張解欵機關應填造一解欵憑單分爲三份，一爲存根，一爲通知收欵機關本身備查通知收據，兩份連同現金一併送交銀行銀行于收到現金後驗明與通知及收據上所填數目無訛卽于收據一份上加蓋收訖戳記塈還原繳欵機關備案通知一份卽存銀行留爲記賬之原始憑證或卽用以代替傳票亦無不可。如此則收欵書可以廢除不用矣。

2. 請欵書 請欵書係各支出機關向國庫請領欵項時所就備之書據。於理言之各機關于年度開始時應就預算之總額內爲月份分配預算之核定命令金庫付欵於各原請欵之機關關於理言之各機關於年度開始時應就預算之總額內爲月份分配預算之核定此項核定數當由各院部會送財政部備案財政部自可根據各機關月份分配表彙編一各機關本月應領經費表。

以上為關於普通經費方面。至於動支預備費,可由各主管機關於動支之前一月核准後通知財政部,後者於接到此項通知後,可將上數一併編入各機關本月應領經費表內,又財政部應根據斯項表册及依照成案或各機關存留現金之情形,分別填發各項支付書,然後由各代理國庫銀行直發各支出機關或由各機關自行扣撥,如此則請欸之手續自屬可省,而於辦事效率上亦無妨礙也。

3. 支付書 吾國現時之三種支付書通行尚屬便利,自無可議之處。又此種支付書為命令徵收機關或代理國庫銀行撥欸於支出機關之用。如命令各徵收機關間或銀行間現金之移轉,則此種書據似不適用,故吾人應于上述支付書名之曰發欸支付書,此外須更添一種移欸支付書,各徵收機關根據此種命令方得將現金移轉于其他經管收入欸收支機關,又各代理國庫銀行亦須以此種根據應流通金融與便利統轄起見得隨需要發一移欸書。又此種現金收支報告表得知各該部份存留現金之確數為應流通金融與便利統轄起見得隨需要發一移欸書又此種書據亦應分為三份與發欸支付書相同,一份存根截留於國庫備查,一份通知發交領欸機關,撥欸機關驗收與通知領欸,一份命令發交撥欸機關,使其持向撥欸機關領欸。

4. 領欸書 領欸書係支出機關於領到經臨各費時所備就之書據,此種書據即係通常所謂之收條,故於應當存在惟覺無須向各方面報告最好改為兩份,一份存根截留於支出機關備查,一份收據交與撥欸機關或銀行後者除留作備查外亦可用以代替傳票之用,其他各部份則可根據收支報告表以為考核付訖與尚未付訖情

形之根據，不必再爲書據之覆驗矣。以上兩份式之領欵書，於直放欵書手續上適用之，如爲坐支及劃發各欵則應改爲三份除存根一份外收據分爲正副兩份正收據存留於撥欵機關，副收據則隨抵解書送交各代理國庫銀行轉賬。又前述之移欵手續，領欵機關於收到所撥欵項時，亦須出具領欵書其內容及格式俱可採用發欵手續所規定者，無須另行規劃。

5. 抵字編號解欵書　抵字編號解欵書爲徵收機關于抵解坐支或劃撥經臨各費時所備就之一種書據。但既屬移欵，卽無所謂抵解，自無須將收據分爲正副兩份，此種書據連同領欵書據，一併送交各代理國庫銀行轉賬，卽可用爲解欵之代替，是以此種書據實不可廢弁可用現字編號解欵書之格式。

（二）改進上項程序所用書據內容之擬議

以下兩點爲現行書據內容中應加改進之點。茲爲之分別討論如下：

1. 解欵書及收欵書　現時解欵書與收欵書中必須塡明稅欵名稱，及所屬之月份，如缺少斯項記載當然視爲不合法定手續，其實各機關收入之欵項，有爲稅欵，稅欵中又有到期及預徵兩種，到期中又有年度與月份之區別，其他如稅外歲入欵及歲入外各欵等亦包括在內。如籠統作爲計算一機關解繳一萬元，其內實包括有十種八種不同來源之收入。若强制其塡寫解欵名稱，及其所屬月份實屬不易準確或竟無從塡寫。蓋解欵與抵解欵實爲各徵收機關與支出機關及金庫間現金移轉之一種手續，於此本不須深究其收入之來源。收入來源之劃分應另

在收支報表中以表明之。故以著者之意見，此項資料，可以不必填寫也。

2. 請欵書支付書及領欵書　現時請欵書支付書及領欵書必須填明所領欵項之名稱及其所屬之月份，如某機關某月份經費某項臨時費等項，就表面觀之，發欵於某某支出機關，其欵別與月份，必然在先早表明。但一究實際各支出機關領到欵項，不過政府各級機關現金間有一度之移轉支出機關之費用，另受預算數或月份分配數之限制，應無流用之機會。且現時各支出機關於領到某月份經費後除作該月份經費之外，餘欵仍不免挪作下月之費用，但以不超越預算數或月份分配數為度。此種情形現時除少數徵收機關有充分經費者外，其餘莫不依照此法辦理，法令雖有所領某月經費不得挪作下月經費之規定，但支出機關於欠領經費時，無不暫時挪用。此種挪用只要其不超過下月預算數或月份分配數，自有不無可原之處。故發欵時支付書與領欵書上所填之欵別與月份等項似無十分重要意義之存在，得於可能範圍內，廢去不填爲佳也。

（三）改進上項程序所用書據格式之擬議

現時各項書據，一律採用分聯之格式，此種格式須每聯逐一填註，而不應用複寫紙，故極費時間。以現時各國通行之書據，多半分爲各份，劃作各種顏色，一方可以應用複寫紙以求繕寫方面速率之增加，一方有顏色紙之區別，則分別致送各部份當亦不致有錯誤之事實發生，是一舉而兩得其利矣。故著者之意見，卽主張廢置分聯格式，而採用分份格式也。

第三章 現計中——收支報表

在前第一編第二章中，已申述決算係一年度辦理一次，計算係一月份辦理一次，如斯行政主管長官對於所屬機關之收支實況，須分別遲至一年或一月以後始接到報表然後再加考覈。若報表去事實發生日期過遠則其作用，似失去時間性上之重要，故各行政主管長官應令所屬機關分別視其工作之繁簡，於每日或每旬編製報告以替代之。或須遞送迅速，則每日可用電報密碼報告庶使施政者可隨時取得有時間性之資料。又此種表冊須按日或按旬編製一次以實際上無按日或按旬預算數目之根據，故此種表冊自毋須將預算數目相互比較排列而求其增加或減少之數目。更有進者各級機關所有經借代收及墊付各欵，即現金往來科目，本與預算無關，自無從包括在決算與計算表冊範圍以內，正可以籍用此種表冊以向上級機關呈報也。本章所論係完全包括斯項表冊之性質幷及其格式內容等項。更有若干現行報表，如國庫收支月計表及中央收支年度報告表等其實際上與決算計算之性質不同故亦歸納在本章中討論之。茲先將關於收支報表方面之原則各點述之於下以為本章之緒論焉。

第一節　編製收支報表應注意點

編製現金收支報表應注意點有六茲列舉於下：

1. 各級機關收支報表間應取得相互之聯絡　吾國現時不但金庫有現金收支及存留之權其他徵收及支出各機關例皆有權過問現金，故造送現金收支報表之機關又不僅金庫而已。現時既經規定各級機關皆須造送斯項表冊，則其間相互聯絡關係又不得不加以注意。如徵收機關報表中所列之解欵勢必與金庫報表中所報告之解到欵相鉤稽。支出機關報表中所列之領到經臨各費欵又勢必與金庫報表中所報告之發放欵相鉤稽又因報表造送先後時期之不同於是又有甲先乙後，或乙先甲後之不同。職是之故主管機關鉤稽考核之方法又可因之而互異是在吾國因有複雜金庫制度存在之陋習，故除因重收重支發生賬簿外於接收報表先後次序之不一定亦常有處置上困難情形之發生也。

2. 收支報表應與計算及決算書類間取得相互之聯絡　報表與決算及計算書類各有其特殊之性質，已見前述。是以其編製之根據，亦復各有不同惟在主管會計事務之機關對於所屬機關各種報表負有鉤稽考覈之責任，其間相互連絡之方法，不得不於規定各種報表內容之頃，事先從事準備。不然各種報表各具一式將來查對工作上，必感繁複甚至因不能取得相互間之連絡，致使無法鉤稽，亦所在而有也。

3. 收支報表幷應著重財政現狀 所謂會計上之報表不但應表示財政經過之情形,其於現在之狀況亦應予以論及。如現時吾國各機關所造送有關現計方面之報表大都係用以表示財政經過之情形,而於財政之現狀則多忽略。如各徵收機關所造送收支旬報表,收方稅款收入項下,係列本旬現收之數目,至以前各旬迄至本旬止所有已徵收而未納入之款項,則不復爲之記載,前者爲收支經過之情形,後者爲現在之狀況,前者詳而後者略,此其一也。支出機關甲種收支報告付方各項經費支出項下,係列本旬現付之數目,至以前各旬迄至本旬止所有已發生而未付現之款項又不會逐一爲之記載,前者爲收支經過之情形,後者爲現在之狀況,亦復前者詳而後者略,此其二也。諸如此類問題幷應於收支報表上規劃一連帶表現之方法如變更科目排列之方法或將詳情註於備考欄內等皆是也。

4. 收支報表應以應收應付爲計算之基礎 會計學上有現收現付,與應收應付之基礎兩種,著書會於前章爲之論及幷有如以計算精確論當推後法爲佳之決定。吾國收支報表,現時於應收應付之基礎多延未採行,斯爲吾國辦理計政上最大缺點之一日後應由現行基礎改進爲應收應付之基礎當屬毫無疑義如稅款收入,不但指現收之一部份,應幷及本旬所徵收而未納入之數目如各項經費支出,不但指現付一部份應幷及本旬所發生而未付現之數目等是也。

5. 收支報表應以一全機關單位爲編製之單位 所謂一機關單位,係指明一主管機關本身,及其所屬機關

全部而言故關於一機關單位所造送收支報表自應將該期間全部收支數目包括在內,亦屬毫無疑義惟吾國現時交通不便故關於區域一主管機關與附屬機關之距離有相隔數日或數十日路程者如強使此類機關單位報表,包括全部所屬機關勢必使造送之期限稽延甚久故通常規定以所屬機關收支數目之達到主管機關為編造標準之一種基礎此種基礎現時亦為一般交通便利之區域所施行關於此種基礎詳細情形下節中將論及之。

6 收支報表應以一全基金單位為編製之單位 上段所述為各個依機關分單位之情形至於依基金分單位所造送之收支報表亦應將全部收支數目包括在內其原理適與上段所述者相同也。

第二節 理論上各種計算收支之基礎

第一目 現收現付之基礎

現收現付與應收應付兩種會計基礎之異點,已見前述惟現收現付與應收應付兩種基礎各個之間,又有若干不同類之區分吾人於研究以下各項收支報表之先應將以上各項基礎之區別加以研究以資識焉。

吾人若將現收現付之基礎再為詳細之劃分應有以下兩種之界限:

1. 時間上界限 關於現收現付如以時間為界限,可有下列兩種之分類:

i. 依收支所屬期間分別計算 以收支所屬期間分別計算之現收現付基礎,即係先將某期間之收支,按所

屬月份劃分清楚，然後根據此項劃分，再行計算其現收現付之數目適合於此項基礎者爲吾國現時規定月份支出計算書所附收支對照表等是也。

ii. 不依收支所屬期間分別計算　不以收支所屬期間分別計算之現收現付基礎，即係在先未將各個期間之收支劃分各該經管機關之收支無論其屬於任何期間之內，可以一齊計算在內用爲編製報表之根據適合於此項基礎者如吾國現時規定之甲乙種收支報告等皆是也。

2. 空間上界限　關於現收現付方面如以空間爲界限，又可有下列兩種之分類：

i. 依主管機關所經管之收支數目計算　以主管機關所經管之收支數目計算之現收現付之報表，例皆採取斯種基礎，如國債基金保管委員會及經理借款之銀行皆屬之。其有附屬機關者卽如財政部本部經費，亦須有甲種收支報告之編送，其附屬機關則另行處理，不必包括在財政部報表範圍以內是也。

ii. 依主管機關本身及附屬機關之收支數目計算　以主管機關本身及附屬機關之收支數目計算，則收支報表上之數字不但包括主管機關本身之收支其附屬機關之收支數目亦將臚列在內，此卽以一個機關單位爲編製報表之個體是也。關於此點又有兩層試分述於下：（一）依附屬機關所報告之收支數目達到主管機關者爲計算，卽主管機關所彙編以機關單立爲編製根據之報表，僅以附屬機關所報告之收支數目達到主管機關者爲限。

良以博得斯項報表編送之敏捷故容許每一主管機關於彙編報表時只將某期間本機關之收支及附屬機關所報告收支數目之已達到主管機關者編製入內此因交通不便之故有不得不與以相當猶豫之期限與變通之辦法也。如為計算精確及便於審核工作計則斯項辦法實可謂有弊而無利。現時主計處規定之甲乙種收支報告法即採上項之辦法。（二）依主管及附屬機關某期間全部收支計算之基礎。斯項基礎固較前為進步但欲使其推行盡利必以發展交通為唯一之條件否則只有使報表造送之時期延長致使時間上之重要性失去效力耳現時各財務機關收入計算書所附收支對照表即係採取上項之辦法。

第二目 應收應付之基礎

關於應收應付基礎方面之各種界限在時間方面自以應屬之期間為基礎在空間方面亦以主管及附屬機關某期間全部收支之計算為宜也。

第三目 應收應付與現收現付聯合之基礎

關於某年度中收入支出各方面有時可不僅依應收應付基礎為推算之根據，即某項期間內應收應付方面之數目亦以達到現收現付程度為止籠統計算在內此之謂應收應付與現收現付聯合之基礎現時支出計算書之規定即屬之是在此項計算書內之支出數不僅以應屬月份為編製之範圍併規定於該項支出數達到現欠支

付程度之時始行包括入內也。

第三節　吾國現行之收支報表——收支日報表

第一目　各金庫收支日報表

（一）性質

現時各代理國庫銀行關於當日列收及列付各款無論現金與抵解，須編製一種報告表冊，送達財政部。如中央銀行因收支款項較爲浩繁，故每日例有表冊之造送。其他如中國交通及江蘇等銀行，則於當日有收支者始造送報表。斯項表冊，在收方列各徵收機關所解繳各款及直接由金庫所收之稅雜及借款債券等項收入。其科目分類方法，如關務機關所解者名之曰關稅，鹽務機關所解者名之曰鹽稅，又有數種不同來源收入之機關則依解欵通知所填列之款別爲分類之標準，其他有關收款之各項書據名稱及號數，亦需臚列在內。在付方列各支出機關所領經臨費各款及直接由金庫所支付之黨務政務軍務及其他各項費用，其科目分類方法，如黨務機關所領者卽名之曰黨務費，政務機關所領者卽名之曰政務費，軍務機關所領者卽名之曰軍務費，一機關承領款項有數種不同之性質或用途者，又依領款書總收據所填列之用途爲分類之標準，其他關於先開直字支付書然後付款者，須將支付書號數填列在內；至先行付欵隨後補開直字支付書者，自屬無從填寫，故留一空白而已。

(二) 內容

關於各代理國庫銀行收支報告上科目之分類方法，係完全依照財政部國庫司所用收支分類科目為標準，茲先將斯項分類科目討論於下以供參考。收方所用各科目完全與預算章程上所用之收支分類標準相類似，惟有數科目包括之範圍，與預算章程規定不同。如其他收入科目在金庫方面另行包括繳回經費餘款等項此其異點之一。更有金庫現時另添之科目如保管金科目代管各款如繳回欠款科目，如未售債劵本息收回存放金及其他繳回欠等項，如暫時代存科目記收欠科目記來源不明或手續不完或暫時代存先行入賬，以備隨後冲正或發還之欠項，如冲收以前年度支出各表此其異點之二。付方所用科目亦完全與預算章程上所用之收支分類標準相類似，至其內容亦有相互差異之處。第一如債務費科目內金庫方面又有若干另行添置之科目，如發還各款科目記發還保管金退稅款及其他發還款之支出如存放金科目記準備金存貸金及投資金等項之支出，如暫時記付欠科目記性質不明手續不完或暫時代付先行入賬以備隨後冲正或收回之欠項，如冲付以前年度收欠科目記冲正以前年度收入各欠又專就金庫新添科目而言者也。總之國庫司關於收支科目之釐訂實以預算章程所規定為張本其餘僅就實際之情形略加變動而已。

(三) 格式

各代理國庫銀行所造送之收支日報表形式大致相似，茲舉中央銀行所造送者於下以為例證。

國庫收支日報表

財政部＿＿＿＿＿司　民國＿＿＿年＿＿＿月＿＿＿日　總字第＿＿＿號第＿＿＿頁

合照　國庫總庫具

科目	單據種類	繳款機關	摘要	收入金額	支出金額		備考
	種號頁數	領款		現金	抵解	現金撥支	

中央銀行業務局總經理＿＿＿＿＿　國庫主任＿＿＿＿＿　領租＿＿＿＿＿　製表員＿＿＿＿＿
（副）

第二目 財政部國庫司收支報告

(下列各欄報告機關毋庸填寫)

民國　年　月

傳票簿　　　數

國庫司傳票號數	覆		記入登記簿		機關	過 現金分戶賬	過 入分戶賬	過其他分戶賬
	傳票或登記號數	日期記號	符欄	列符號		收方 付方記號	收方 付方記號	收方 付方過記

科長　　　　覆核員　　　　登記員
　　　　　　標註員　　　　過賬員

第二編　第三章　現計中——收支報表

一四九

(一) 性質

現時國庫收支報告，係由財政部國庫司依各代理國庫銀行所造送之收支日報表，合併編製而成也。

(二) 內容

國庫收支報告之編製方法及其中科目之分類完全與各金庫收支日報表相同。

(三) 格式

財政部國庫司所用收支報告之格式如下：

財政部國庫司收支報告

民國＿＿年＿＿月＿＿日（星期＿＿）　　第＿＿號第＿＿頁

科目摘要	現金 類別 千百十萬千百十元角分	抵換 千百十萬千百十元角分	合計 千百十萬千百十元角分	備註

第三目　財政部國庫司收支報告分表

（一）性質

財政部國庫司收支報告分表爲國庫司按財政部所屬各署主管之收支而作，且須按日依所定科目逐欵細列，以供各主管署查考之用也。

（二）內容

本分表之編製方法及其中科目之分類完全與前目收支報告相同。

（三）格式

司長⋯⋯　科長⋯⋯　覆核員⋯⋯　製表員⋯⋯

財政部國庫司所用收支報告分表之格式如下：

國庫司收支報告分表

第（ ）號　　　　　　　民國　　年　　月　　日　　　　　查照

科目	摘要	收入 現抵 百十萬千百十元角分	支出 百十萬千百十元角分
	合計		

司長　　　　　科長　　　　　覆核員　　　　　製表員

第四節 吾國現行之收支報表——收支旬報表

第一目 財政部國庫司收支旬計表

(一)性質

財政部國庫司旬計表係為表示本旬國庫現金及抵撥收支各款之用。直用收支日報之旬結總計耳。故其編製方法係由彙合收支日報而成也。

(二)內容

斯項旬計表上科目分類方法完全與日報表相同。

(三)格式

財政部國庫司旬計表之空白格式如下：

國民政府財政部國庫司旬計表

中華民國＿＿＿年＿＿＿月份＿＿＿旬　　第＿＿＿號

收入門			支出門	
科　目	金　　額 萬千百十萬千百十元角分		科　目	金　　額 萬千百十萬千百十元角分

司長＿＿＿　　科長＿＿＿　　覆核員＿＿＿　　製表員＿＿＿

第二目 甲乙種收支報告

（一）性質

主計處所規定之甲乙種收支報告，係以現金收支為編製之根據，其所應編製之單位機關以在民國二十年度編製第一級歲入歲出概算之機關為限，其開始編製時期，自民國二十年七月一日起（見中央各機關及所屬編製收支報告暫行辦法第一條）上項報告其種類以機關分為下列各種：（一）各機關關於經臨各費之收支應按旬編製甲種收支報告。（上項暫行辦法第二條）（二）各機關之有收入者，除編製甲種收支報告外關於收入欵之收支應按旬編製乙種收支報告（上項暫行辦法第三條）（三）各機關之經理收支欵項或經理領轉經費者，除編製甲種收支報告外關於經理欵之收支應按旬編製乙種收支報告前項各機關之兼有收入者其經理欵之報告得與收入欵之報告合編之。（上項暫行辦法第四條）（四）各機關之辦理國有營業者除編製甲種收支報告外應編製關於營業之收支報告，其辦法另有規定。（上項辦法第五條）上項報告其種類以期間分又為下列各種：（一）各普通機關按旬編製報告一次。（二）其他收支繁多之機關其乙種收支報告應報改為日報。（上項暫行辦法第七條）

（二）內容

茲將主計處規定甲乙種收支報告所用科目臚列於下：

1. 甲種收支報告：（一）領經常費　凡領到本機關之經常費，或就本機關收入欵或收受欵或領轉經費項下提充之經常費均屬之（本機關所屬分支機關之經常費包括在內）（二）領臨時費　凡領到本機關之臨時費或就本機關收入欵或收受欵或領轉經費項下提充之臨時費均屬之（本機關所屬分支機關之臨時費包括在內）（三）借墊經費　凡向他處借入充作經費之欵及歸還所借之欵，均屬之。（四）俸給費支出　凡長官員司之俸薪，工匠夫役兵警之工餉均屬之。（五）辦公費支出　凡辦公所用之各種費用，如文具郵電消耗及雜支均屬之。（六）設備費支出　凡設備購置營繕等費均屬之。（七）特別費支出　凡特別費用不能歸入俸給辦公設備各科目者，如特別辦公費旅費匯兌等均屬之。（八）臨時費支出　凡各種臨時費支出均屬之。（有分細目必要時依其預算各項分列）（九）附屬分支機關經費　凡發給附屬分支機關經費，其所屬科目尚未確定者及此機關各項俸給辦公設備特別各費支出者均屬之。（十）暫記付欵　凡付出欵項其所屬科目尚未確定者及此等付欵之冲正及收回均屬之。（十一）上旬現金結存（十二）本旬現金結存

以上第（一）（二）兩項以及第（十一）項爲收方科目其餘皆屬付方科目。

2. 乙種收支報告：（一）鹽稅收入　凡鹽類正附稅捐等之各項收入均屬之。（二）關稅收入　凡海關正附雜稅等之各項收入均屬之。（三）菸酒稅收入　凡菸酒產銷公賣費稅洋酒類稅及牌照稅等之各項收入均屬之。（四）印花稅收入　凡普通印花特種印花稅等之各項收入均屬之。（五）統稅收入　凡捲菸統稅麥粉

統稅，棉紗統稅，火柴統稅，水泥統稅等之各項收入均屬之。（六）鑛稅收入　凡鑛區稅鑛產稅之收入均屬之。

（七）國家行政收入　凡內政部所管之著作權註冊費國籍證書費歸化費回復國籍費警官執照費喪失國籍費，編入國籍費醫師證書費藥師證書費助產士證書費化驗費違警罰金等；外交部所管之護照費簽證費僑民註冊費等；司法機關所管之律師證書費狀紙費印紙費抄錄送達費聲請抗告費審判費訴訟費等；財政部所管之罰金沒收物變價沒收保證金等實業部所管之公司註冊費商業註冊費經紀人執照費會計師證書費會計師查驗費國貨證明書費褒章費技師登記費各種手續費執照查驗費換照費專利費鈴記費註冊用紙費度量衡器價商執照費鑛商呈文費鹽種製造許可證費森林執照查驗費漁業登記費鑛砂捐等軍政部所管之護照費等交通部所管之航政註冊費銓敍部所管之銓敍證書費等及其他各項行政收入均屬之。（八）國有財產收入　凡沙田官產屯衛田地營產房租及其他國有財產之收益均屬之。（九）國有事業收入　凡國家經營不含營業性質之各事業之各項收益如出品售價及學校之學宿費醫院之醫藥費等均屬之。（十）雜項收入　凡不屬於上列各項之收入如利息匯兌餘利刊物售價廣告費等均屬之。（十一）經募債券欸　凡經募各種公債庫券收入之欸，及解繳經募之欸均屬之。（十二）代收欸　凡代他機關經收各欸如所得捐慈善費公路費教育附捐等解繳代收之欸均屬之。（十三）保證金　凡本機關及附屬機關管理出納及經徵稅欸人員繳納之各保證金及其發還均屬之。（十四）借墊欸　凡向銀行錢莊或其他機關借入之欸及歸還所借之欸均屬之。（十五）暫記

第二編　第三章　現計中——收支報表　　　二五七

收欵　凡收到欵項其所屬科目尙未確定者，及此等欵之冲正及付還均屬之。（十六）收受欵　凡收他機關解撥欵項並非指定作經費之用者均屬之。（十七）領轉經費　凡向國庫或其他機關領到臨各費用以轉發本機關或其他機關者均屬之。（十八）解撥欵　凡解繳金庫或代理金庫及撥交其他機關之欵均屬之。（十九）發放經費　凡發放本機關之經費及其他機關之經費均屬之。（二十）收入欵退還　凡各種收入之退還均屬之。（廿一）雜項付欵　凡不屬於解撥及發放經費等項之付欵，如補助費獎勵金卹金外銷費還借欵利息等均屬之。（廿二）暫記付欵　凡付出欵項其所屬科目尙未確定者及此等欵之冲正及收回均屬之。（廿三）上期現金結存（廿四）本期現金結存

以上第（一）至（十七）項以及第（廿三）項爲收方科目，其餘皆屬付方科目。

（三）格式

茲將主計處所規定之甲乙種收支報告空白格式臚列於下：

1. 甲種收支報告

甲種收支報告

（機關名稱）　　　　　　　　　　　　　　國民政府主計處會計局
　　　　　　　　　　　　　　　　　　　　　　　傳票甲字第　　　號
中華民國　　年　　月　　日至　　月　　日　　　機關符號（　　）　年　月　日

收方名稱	摘要	付方金額 十萬千百十元角分	備考	經費支出總登記 分月簿	各機關存留款項 法定支用及分配分月簿
				經費支出分月簿 欄數	各機關存留款項分月簿 分月 付款
				種類 收 項 過訖	收 項 過訖
				項 付 項 過訖	

收方 十萬千百十元角分		
總計		

存欠地點　　　份　　　金額
中央銀行
本　機　關
各　銀　錢　莊
合　計

機關長官　　　　　會計長或主任　　　　　科長　　　登記員
（簽名蓋章）　　　（簽名蓋章）　　　　　標計員　　過眼員

第二篇　第三章　現計中——收支報表　　　　　　　　　　　　　二五九

2. 乙種收支報告

（機關名稱）　　　　乙　種　收　支　報　告　　　　第　　　頁

中華民國　　　年　　　月　　　日至　　　月　　　日

科目	摘要			收方金額	付方金額
	月份	名稱	領，交，解，發，機關付款號數	百十萬千百十元角分	百十萬千百十元角分
		存款地點 中央銀行 銀行匯欵 本機關			
總計		合計		金　　　額	

備考

機關長官　　　　　　　　　　　　　　會計長或主任

（署名蓋章）　　　　　　　　　　　　（署名蓋章）

第三目 財務機關收支旬報表

（一）性質

前目已將甲乙種收支報告之辦法加以闡明。惟乙種收支報告所適用之範圍，現時只限於非財務機關財務機關則另有收支旬報表辦法之規定，斯項報表現得主計處之認可，已用以代替乙種收支報告。上項報表其所應編製之單位機關，以財政部直轄機關為限。（見財政部改訂會計表式辦法第一號關於收支旬報表事項第一條總則）至關本表所列本旬收支各欸須與賬冊所記之現金收支相合。分支機關之現金收支在本旬內報到者亦應列入賬冊編入表中。即本表係以本機關之現金收支數目以及分支機關之現金收支數目在內也。（上項辦法第二條報表之編製）又斯項報表與乙種收支報告不同之處除科目與格式兩項外更有一主要之異點，即前者規定凡領到經費及經費之節餘剔除等屬於經費範圍者應於支出計算書所附收支對照表內報，毋庸將其列入而後者規定領轉經費與發給經費等屬於經費範圍以內之收支亦可以列入計算也。（上項辦法第四條收支各欸之分類）

（二）內容

收支旬報表所列收支各欸分類科目名稱及說明如下：

1. 收項各欸科目：「收獲各欸」本欸係指各該機關及其所屬直接收入之現金數，以別於由其他機關撥

入之歉計算時由合計欄內黑字各欵之總數減去紅字各欵之總數其差額為「收獲各欵」之總數列於合計欄內。「到期稅欵」　本欵係指到期或逾期之稅欵而在本旬內徵獲及報到者及預徵稅欵在本旬內到期沖轉者應依照稅欵之種類分別列於小計欄內其總數列於合計欄內。「預徵稅欵」　本欵係指預徵稅欵中於本旬到期而轉入到期稅欵賬徵稅欵應將總數列於合計欄內。「已沖轉預徵稅欵」　本欵包括手續費牌照費罰欵沒收品變價沒收保證金利息匯兌餘利等項各項應依照種類分別列於小計欄內其總數列於合計欄內應將全內之部份其總數以紅字列於合計欄內。「稅外歲入欵」數列入不得僅列解庫之部份其照章提成充獎部份應列付項賞金項下「財產變價」　本欵係指各該機關及其所屬出售財產之收入應依照種類分別列於小計欄內其總數列於合計欄內。「墊付欵收回」　本欵係指墊付欵支出後之收回數登記時應依照墊付事實逐欵列於小計欄內其總數列於合計欄內。「經售債券欵」　本欵係指銷售本部發行之公債庫券收入應依照債權分戶分案列於小計欄內其總數列於合計欄內。「核准借欵」　本欵係指本部核准籌借之債欵收入應依照債券種類分別列於小計欄內其總數列於合計欄內。「經徵機關墊欵」　本欵係指由經徵機關籌墊之欵應將總數列於合計欄內。「保證金」　本欵係指官吏人民或團體繳存於各該機關之現金以為實踐某種責任或履行某種行為之保證者應依照種類分別列於小計欄內其總數列於合計欄內。「已冲轉保證金」　本欵係指保證金之已經沒收而轉入稅外歲入欵或抵繳所欠稅欵而轉入到

期稅欵賬內之部份應依照種類以紅字分別列於小計欄內其總數列合計欄內其以現金發還之部份應列於付項所列發還保證金欵內。「代收欵」本欵係指代地方政府及其他公共機關團體所收仍須撥繳之欵應依照種類分別列於小計欄內其總數列於合計欄內，「暫記收欵」本欵係指編製旬報時欵項類別未名之明項收入，其總數列於合計欄內。「已冲轉暫記收欵」本欵係指暫記收欵中於本旬內已轉入相當賬戶之部份其總數以紅字列於合計欄內。「領撥各欵」本欵係指部發及由其他機關撥入之欵而仍須解繳轉撥或坐支者應分別註明撥付機關名稱繳欵書及所發收欵據之號數如係部發欵項應註明支令通知及領據號數本旬內領撥欵不祇一批者應逐欵列於小計欄內其總數列於合計欄內。「收項總計」本款係指上旬現金結存收獲各欵及領撥各欵之總數應列於合計欄內。

2. 付項各欵科目：「解庫欵」本欵係指解繳金庫之現金應列明繳欵日期金庫名稱及地點，並註明繳欵書及金庫收據之號數逐欵列於小計欄內其總數列於合計欄內其解繳財政特派員及其他經管國稅收支機關者不屬本欵。「坐支經費欵」本款係指奉有支令由現金收欵中扣支一部份作為經費之欵各項坐支應坐字支令通知所列月份用途數目號數逐欵列於小計欄內其總數列於合計欄內，如非全數坐支者，應註明某月份一部份字樣。「借支經費欵」本欵係指未奉有支令通知暫由現金收欵內先行挪借作為經費之用俟接得支令再行冲轉之欵應將一旬內借支總數列於合計欄內。「已冲轉借支經費欵」本欵係指借支經費中於本

旬內奉有支令轉入坐支經費欵賬內者其總數以紅字列於合計欄內，「撥付經費欵」本欵係指奉有支令撥付其他機關經費之欵應列明受欵機關並註明撥字支令所列月份用途數目號數及受欵機關收據之號數逐欵列於小計欄內其總數列於合計欄內。「已冲轉暫撥經費欵」本款係指暫撥經費欵中於本旬內奉有支令轉入撥付經費欵賬內者，以紅字逐欵列於小計欄內其總數列於合計欄內。「解繳財政特派員及其他經管國稅收支機關欵」本欵係指解繳財政特派員或其他經管國稅收支機關之現金數應列明受欵機關並註明繳欵書號數，及受欵機關收據之號數逐欵列於小計欄內其總數列於合計欄內。「其他撥付款」本款係指撥付經費欵及暫撥經費欵以外之撥付欵（例如各該機關撥付其他機關之欵項其應解繳轉撥或坐支者及依案撥付公債基金保管委員會或經理短期借欵銀行之欵皆是）應列明受欵機關並註明繳欵項性質及受欵機關收據之號數逐欵列於小計欄內其總數列於合計欄內。「退還歲入欵」本欵係指退還收項所列到期稅欵預徵稅欵及稅外歲入欵之數，可參閱收項之說明，依照種類逐欵列於小計欄內其總數列於合計欄內。「墊付欵」本欵係指暫時墊付而將來應行收回之欵，應依照債權分戶分案列於小計欄內其總數列於合計欄內。「償還核准借欵」本欵係指償還收項所列核准借欵之數，應列於小計欄內其總數列於合計欄內。「償還經徵機關墊欵」本欵係指償還收項所列「經徵機關墊欵」之數應將總數列於合計欄內。「發還保證金」本欵係指退還收項所列保證金之數，可參閱收項之說明，依照種類分別列數。「付代收欵」本欵係指收項所列代收欵之支付可參閱收項之說明。

係照種類分別列數。「賞金」本欵係指依照成案由罰欵提成充賞之部份及其他性質類似之支付應逐欵列於小計欄內,其總數列於合計欄內。「恤金」本款係指部令核發之恤金不在各該機關經費預算範圍內者其總數列於合計欄內。「補助金」本款係指補助地方政府或鼓勵公私企業之支付應列明受款者及用途逐款列於小計欄內,其總數列於合計欄內。「外銷費」本款係指依照成案於預算外所扣之費用,應依照種類列於小計欄內,其總數列於合計欄內。「利息」本款係指核准款款利息及其他不在各該機關經費預算範圍內之利息應依照借款種類逐款列於小計欄內,其總數列於合計欄內。「匯費及兌虧耗」本款係指解庫撥付各款之匯費及匯兌虧耗,而不在各機關經費預算範圍內者應依照匯款種類逐款列於小計欄內,其總數列於合計欄內。「本旬現金結存」本款係指收項總計減去前列付項各欵所得之餘額須與各該機關之現金結存加所屬機關報到現金結存之數相符其金額列於合計欄內。「付項總計」本欵係指付項各欵之總數計算時由合計欄黑字各欵之總數減去紅字各款之總數其差額為付項總計列於合計欄內其數須與收項總計之數相同。

（三）格式

財務機關收支旬報表之空白格式如下。

中國政府會計制度

（一） （報告機關名稱）

收支旬報表

民國　年　月　日至　月　日

第　頁　（下列各欄除備考欄外報告機關毋庸填寫）

報告機關符號　　傳票第　號

摘要	金額		複記證號			備考
	小計	合計	日傳票號數或符號	過機關現金分月賬收方/付方過符號	過入賬其他分月賬收方/付方過符號	
	十萬千百十元角分	百十萬千百十元角分	複核登記號數			

現金存數之分析：

總機關

　存銀行數

　庫存

各分機關

　合計

本機關現負債務：

　借款

　保管款

簽名蓋章：

機關長官　　常派會計主任　　科長　　核對員　　登記員

　　　　　　　　　　　　　　　　總註員　　過賬員

第五節　吾國現行之收支報表——收支月報表

第一目　財政部國庫司收支月計表

財政部國庫司收支月計表為表示本月國庫現金及抵撥收支各款之用，直為收支日報之月結總計及收支旬計表之三旬合計表耳故其內容及格式全與日報及旬計表相雷同也。

第二目　其他以月份為編製單位之收支報表

於上目所述之國庫司收支月計表外其他以月份為編製單位之收支報表，第一如國債基金保管委員會之收支月報因關於債款之收支係一月經撥一次，故應以月份為編製之單位，斯項表冊之上收方應記上月結存由海關每月撥入之八百六十萬元由稅務署每月撥入愛國庫券基金五十萬元及其他零金收入等項付方應記所支付各項債券到期本息基金及本月結存等項。第二如海關經撥賠款外債等款月報表因關於上項之收支亦係一月經撥一次故仍應以月份為編製之單位。斯項表冊之上應臚列領欵者之國別及機關別用途別各種名稱原幣數目折合率本位幣金額及必須之說明等項。賸於以上各種報表以其種類繁多有時亦無固定之格式故討論從略。

第六節　吾國現行之收支報表——收支年報表

第一目　中央收支報告表

（一）性質

中央收支報告表係由財政部會計司逐年編製,其性質仍屬於現金或經國庫抵解之收支欵項之一部份,至其編製方法係合併國庫之收付及總稅務司與鹽務稽核總所等大宗收入機關所報告之收付數目而成故斯項報表並不以預算數目相互比較排列,而求其增減之數目其內容又不能包括政府各級機關收支在內,而且其中年度間之關係,並未經劃分清楚其他現金往來科目亦復錯雜在內,故不能視為年度決算書類不過財政部執行財務行政,於年度終了之後所編造與財政部有直接或間接經收經撥欵項關係之收支報表而已。

（二）內容

本表計分收支兩部收入之部科目大致由其處置部份推求而得知如關務機關之解欵,即可推求其為關稅收入,鹽務機關之解欵,即可推求其為鹽稅收入支出之部科目大致由其領欵機關所經辦之事務為分類之標準,如黨政軍務各機關所領之經費分別名之曰黨務政務軍務各費此種科目分類方法實與國庫收支日報採取同一之步驟。不過將全年度國庫收支數目為綜合之計算並加以整理另外添引一部份新資料在內初無極端之變

動也。

(三) 格式

中央收支報告表已公布者有民國十七年度至二十年度四次,茲將二十年度斯項報表中所列科目與金額列舉于下以覘全豹。

二十年度中央收支報告表

收 入 之 部

1. 稅項收入

 1. 關　稅 …………………… $369,742,637.30

 2. 鹽　稅 …………………… 144,222,716.24

 3. 統　稅

  a. 捲菸統稅 …………… $62,076,153.76

  b. 麥粉統稅 …………… 5,606,122.46

  c. 棉紗統稅 …………… 17,072,786.38

  d. 火柴統稅 …………… 3,348,657.34

e. 水 泥 統 稅	578,080.44
合　計	88,681,798.38
4. 菸 酒 稅	7,625,785.51
5. 印 花 稅	4,738,950.84
6. 特派員徵收稅款	174,571.00
7. 銀行官股利息	1,610,600.00
8. 國有鐵路收入	516,953.45
9. 其 他	15,270,892.84
總　計	632,644,905.56
減坐撥徵收費及退稅	
a. 坐撥徵收費	65,988,777.97*
b. 退　稅	13,679,733.13
合　計	79,668,511.10
淨　計	$552,976,394.46

二十年度中央收支報告表

II. 債券借款收入

1. 公債及庫券 125,455,691.39
2. 借　款

　　借入總額 108,111,322.52
　　減歸還額 104,984,887.66
　　　尚未還額 3,126,434.86

3. 銀行透支

　　本年度終結欠 1,341,652.04
　　加上年度終結存 90,691.40
　　　透支總額 1,432,343.44

　　　　總　計 130,014,469.69

收入總計 $682,990,8 4.15

*坐攤徵收費內計關務類$36,215,813.64；鹽務類$24,987,863.27；及其他各項$4,785,101.06

第二編　第三章　現計中——收支報表

〔十二〕

二、支出之部

I. 黨務費		
II. 政務費		$3,922,894.75
1. 國民政府	$1,573,000.00	
2. 行政院及所屬	22,870,950.97	
3. 立法院及所屬	611,000.00	
4. 司法院及所屬	16,789.99	
5. 考試院及所屬	605,450.00	
6. 監察院及所屬	7,6,800.00	
7. 其他各機關	2,256,703.18	
8. 賑災費	3,390,000.00	
9. 補助費		
a. 補助各省	$22,983,973.51	
b. 其他	369,715.30	

10. 其他各費 23,353,688.81
　　總　　計 985,572.28
　　減繳回經費餘欵 56,439,935.23
　　淨　　計 33,564,935.85

III. 軍　務　費 56,406,370.38
IV. 稽核所撥當地差官欵 303,777,062.78*
V. 稽核所撥各項基金欵 47,794,626.14
VI. 債務費淨額 787,517.03
VII. 賠款淨額 238,754,171.73
VIII. 暫記各欵淨額 31,089,750.07
　　　　　　　　　　　　　　　　　　　　　　　　　　　　　　　　　　458,471.27
支出總計 $682,990,864.15

*軍務費內有 $48,604,073.26 係補付以前各年度欵

第七節 吾國現行之收支報表——無規定期限之收支報表

以上所論為完全有規定期限之收支報表,至于無規定期限者,則以事實之發生而為編製之根據。第一如稅欵之損失,以其突然發生故以電報或公文報告上級機關。第二如解繳經費節餘及剔除數,則應于解繳之日隨時彙報上級機關。第三如代辦債劵結價之機關,則應于結價之日期報告于委託之機關。第四如以未售債劵為抵押所產生之債劵本息各欵,應由代收斯項本息欵之機關,隨時報告于抵借之機關。第五經付債劵本息之銀行,應隨時將其收支情形報告于管理債劵之機關。以上報表種類綦夥不遑為之一一列舉,以一例十其在讀者矣。

第八節 對于現行收支報表之批評

綜論之,統觀以上吾國現行之各種收支報表,其性質內容及格式是否即與本章第一節所舉之各項原則相符,實為吾人應加考慮之問題,茲先將對于斯項報表之批評摘錄于下:

I. 對于徵收機關及經管收入欵收支機關報表之批評　徵收機關與經管收入欵收支機關之收支報表,現時最通行者為主計處規定之乙種收支報告,此類報告大致與財政部所規定之收支旬報表辦法相同,惟在乙種報告中有以下兩點差異之處,卽此兩異點,似又與原理及實施上未合也。第一乙種收支報告所用科目規定有領

轉經費一類，即將經費欵與收入欵合併列入乙種收支報告之內，如是有領轉經費而未經發放者，必在其結存數之內。故若分析該機關之結存數定包括有兩種不同性質之存留數，一爲收入欵，二爲經費欵設遇有領轉經費賬項繁複之機關，其結存數之分析又恐非易易也。第二在乙種收支報告內領受解發機關名稱及付欵號數欄內應有付欵號之機關於每年度開始時應依付款順序編列號數，凡解撥欵項，或發放經費時將付欵號數同時通知受欵或領欵機關，以便雙方列入收支報告付欵號數欄內按各級機關間現金之移轉，現時本有以前第二章各項收支程序書類之填送，已足爲鈎稽考覈之用，如再照上項添設一種付欵符號，實覺重複故依以上兩點所述，即不照本章第一節之理想爲判斷，僅求適合普通情形項斯報表亦有未能耳。

2. 對於支出機關及經管經費欵收支機關報表之批評　支出機關之收支報表現時最通行者爲主計處規定之甲種收支報告。（經營經費欵收支機關採用乙種收支報告已見前述）以著者之意見斯項報表規定有兩點亟須修正者其情形如下第一，按甲種收支報告借墊經費科目之說明爲「向他處借入充作經費之款，及歸還所借之欵皆屬之」是凡有借墊經費收入之機關只須有甲種收支報告可不須有乙種收支報告於借入時列收借墊經費于歸還時記沖付借墊經費而已關于是點又與斯項報表暫行辦法第四條第一項自身之規定，即有抵觸此項條文如下「各機關之經理收支欵項，或經理領轉經費者除編製甲種收支報告外關於經理款之收支應按旬編製乙種收支報告」第二，甲種收支報告規定本機關之經費支出完全依支出之性質與對象分類而附屬

分支機關之經費即可不依支出之性質與對象分類,將所有之支出,用一附屬分支機關經費總科目以表明之。是就支出分類標準方面言同一報表而採用以下兩種不同分類之方法:1.依機關分類——附屬機關之支出,不再依性質與對象分類——只限于本機關依上法爲支出分類之標準似欠一律,在著者意見與其用附屬分支機關經費之科目毋寧更改爲未分類經費支出與其他經費支出等名稱以替代之實較前法爲確當也。

3.對于金庫收支報表之批評 吾人觀察現行金庫收支報表似有以下兩種缺憾第一,現時各代理國庫銀行所造送之收支報表例多著重收支科目之分類,而于收支程序種類上之表現方法多不加以研求。第二,前在收支程序一章中會論就解繳各款而斷定收入來源,其錯誤不容掩飾又就發放各款而斷定支出性質,亦覺不合邏輯。是故除直接由金庫收入或支付各款外,凡間接由徵收機關經收或支出機關經付之款項,即不宜强行以機關之分別,視同收支科目分類之根據,依以上兩點所述,即不照本章第一節之理想爲判斷其去普通原理更不啻霄壤之間矣。

4.對於會計主管機關收支報表之批評 主計處會計局職掌內,有編製中央收支總報告一項之規定,但迄今尚無斯項報表之公布,現時所可資爲參考者只有財政部會計司每年所編造之中央收支報告表而已。至斯項

二七六

依以上兩點所述,即不照本章第一節之理想爲判斷,斯項報表亦不能適合於普通情形與原理。

報表之缺點,大致如下:第一、僅將財務機關及一部向財部領款及抵款之機關包括入內,他如行政院所屬交通鐵道及司法行政等部以其為有收入之機關而從前未曾遵辦抵解之手續,故于斯項報表之內所列之數甚屬徵末,當然不能賅括完全也。第二、斯項報表大部係根據國庫及關鹽最大宗稅款徵收機關所編造,而于其他徵收機關之收支即有不無遺漏之處也。第三更有關于金庫收支報表上科目分類法之缺點,斯項報表亦同時有之。

第九節 對于吾國應有收支報表之擬議

對於改進現行收支報表之擬議,依照上節機關分類法,逐一討論之。

第一目 改進各項收支報表性質之擬議

編製收支報表機關以編製第一級歲入歲出概算機關為單位,現時尚屬通行順利,可以無須更改。每一下級機關單位應彙編報表一份向上級機關報告之原則,亦屬不容更易,此於規定報表性質時應注意者一也。編製收支報表之期間應依每一機關單位之重要性為編製期間決定之標準。例如集全國礦稅徵收處全年度之收入或尚不逮江海關稅務司公署一日間之進款,故兩機關收支對於國庫影響之大小可以立辨。是決定編製期間不能為一籠統規定,此乃於規定報表性質時應注意者二也。收支報表所包括之範圍,應以某期間一機關單位所有收支數目悉數包括入內為原則,而以包括主管機關及附屬機關收支報表之達到主管機關者為例外,此應注意

者三也。收支之計算基礎以採行應收應付制爲原則,而以採行現收現付制並補記應收應付情形於備考欄者爲例外。此又應注意者四也。以上四點爲規定性質時應行注意者,至其各項內容將於以下第二目中詳之。

第二目　改進各項收支報表內容之擬議

（一）改進徵收機關收支報表內容

徵收機關以現收爲計算基礎之收支報表內容如下：

1. 以現收爲計算基礎之收支報表內容

　i. 收方科目　收方科目應有下列各種

　　 I. 上期現金結存

　　II. 收獲各款

　　1. 歲入各款（以本期現金收入爲限,並依歲入科目經徵分支機關及月份分類）

　　2. 歲入外各款

　　　a. 預徵稅欵

　　　b. 墊款收回

　　　c. 借款收入

　　　d. 保管款收入

e. 暫記收欵
f. 其他
III. 收方合計
ii. 付方科目　付方科目應有下列各種：
I. 解款
II. 移款
III. 坐撥各款
　1. 撥解經管國稅收支機關款
　2. 撥解其他機關款
　1. 坐支欵
　2. 撥付款
　3. 其他支付欵
　　a. 墊款支出
　　b. 償還借款

第二編　第三章　現計中——收支報表

c. 發還保管欵
d. 暫記付欵
e. 其他
IV. 本期現金結存
V. 付方合計

依照以上科目分類法所填列者為依現收之財政經過情形他若應收情形及財政現狀推求之方法，可依下法計算之：

1. 歲入應收數之情形──上期結數＋本期徵收數－本期納入數＝本期結數
2. 預徵稅欵之情形──上期結數＋本期預徵數－到期轉入數或沖付數＝本期結數
3. 應收墊付欵之情形──上期結數＋墊欵支出－墊欵收回＝本期結數
4. 應付借欵之情形──上期結數＋借欵收入－償還借欵＝本期結數
5. 應付保管欵之情形──上期結數＋保管欵收入－發還保管欵或沖轉數＝本期結數
6. 暫記收欵之情形──上期結數±本期淨計數＝本期結數
7. 暫記付欵之情形──上期結數±本期淨計數＝本期結數

依以上方法計算所得，有關財政現狀之結數可於原列報表備考欄內照以下格式加以註明，然後此種報表不但可以表示財政經過情形而財政現狀若何，亦可籍以闡明焉。

2.以應收為計算基礎之收支報表內容　徵收機關以應收為計算基礎之收支報表內容如下：

機關應收應付款餘額表

I. 應收各欵		
1. 歲入各欵	00000	
2. 墊付各欵	00000	
應收各欵合計		00000
II. 應付各欵		
1. 預徵稅欵	00000	
2. 借入欵	00000	
3. 保管欵	00000	
4. 暫收各欵	00000	
應付各款合計		00000

收方科目 收方科目應有下列各種：

I. 上期結存
　1. 現金
II. 收獲各欵
　1. 歲入應收數
　2. 歲入各欵（以本期應收入者為限并依歲入科目經徵分支機關及月份分類）
　3. 歲入外各欵
　　a. 預徵稅欵
　　b. 墊欵收回
　　c. 借款收入
　　d. 保管款收入
　　e. 暫記收款
　　f. 其他
III. 收方合計

ii. 付方科目　付方科目應有下列各種

I. 解款

II. 移款

1. 撥解經管國稅收支機關欵

2. 撥解其他機關欵

III. 坐撥各欵

1. 坐支欵

2. 撥付款

3. 其他支付款

a. 墊款支出

b. 償還借款

c. 發還保管欵

d. 暫記付欵

e. 其他

（二）改進支出機關收支報表內容之擬議 支出機關以現付為計算基礎之收支報表內容如下：

1. 以現付為計算基礎之收支報表內容

V. 付方合計

　2. 歲入應收數

　1. 現金

IV. 本期結存

　i. 上期現金結存

　　收方科目　收方科目應有下列各種：

　ii. 領到各款（依撥款機關款項名稱及書據號數分類）

　III. 收方合計

　ii. 付方科目　付方科目應有下列各種：

　　I. 支付各款

　　　1. 歲出各款（以本期現金支出為限并依歲出科目經付分支機關及月份分類）

　　　2. 歲出外各款

a. 暫記付款
b. 其他
II. 本期現金結存
III. 付方合計

依照以上科目分類所填列者為現付之財政經過情形，至關應付情形及財政現狀推求之方法，可依下法計算之。

1. 歲出之情形——上期結數＋本期發生數－本期支付數＝本期結數
2. 暫記付款之情形——上期結數±本期淨計數＝本期結數

依以上兩方法計算所得之結果，亦可用一餘額表在上述報告表內附註之，其內容如下：

2. 以應付為計算基礎之收支報表內容 支出機關以應付為計算基礎之收支報表內容如下：

  I. 收方科目 收方科目應有下列各種：

   1. 上期結存淨計

    i. 收方科目

     1. 現金

```
_____ 機關應收應付款餘額表

  I. 應收各款
    1. 暫記付款        00000
       應收各款合計    00000
  II. 應付各款
    1. 歲出各款       00000
       應付各款合計   00000
```

2. 歲出應付數
II. 領到各款（依撥款機關款項名稱及書據號數分類）
III. 收方合計
ii. 付方科目　付方科目應有下列各種
I. 支付各款
1. 歲出各款（以本期應付數爲限幷依歲出科目經付分支機關及月份分類）
2. 歲出外各款
　a. 暫記付款
　b. 其他
II. 本期結存淨計
　1. 現金
　2. 歲出應付數
III. 付方合計

（三）改進經管收入款收支機關收支報表內容之擬議

關於經管收入款收支報表其付方處置一部份科目排列方法,可完全與徵收機關相同,惟收方稍有差異如一經管機關同時為徵收機關仍可將兩次收支數目合併編製在一張報表之上至上述差異之處應為之闡明於後

I. 收方科目　收方科目應有下列各種:

I. 上期現金結存,

II. 領撥各款(依經撥款機關款項名稱或書據號數分類)

III. 收方合計,

i. 付方科目　付方科目應有下列各種:

I. 轉發各款(依領款機關款項名稱及書據號數分類)

II. 本期現金結存

III. 付方合計

(四)改進經管經費款收支機關收支報表內容之擬議

經管經費款收支機關與支出機關收支報表所不同之點厥惟付方此點正與上段所述者不同。此種不同之點,為之闡明於後。

(五) 改進金庫收支報表內容之擬議

各代理國庫銀行所應編製之報表以著者理想并就吾國今日收支程序之情形而言其科目分類要如下述：

i. 收方科目　收方科目應有以下各種：

I. 上期現金結存
II. 各徵收機關或經管收入款機關解繳或抵解各款
III. 金庫直接收入各款
　1. 歲入各款
　2. 歲入外各款
　　a. 預徵稅款
　　b. 墊款收回
　　c. 借款收入
　　d. 保管款收入
　　e. 暫記各款
　　f. 其他

第二編　第三章　現計中——收支報表

IV. 收方合計

ii. 付方科目　付方科目應有以下各種

I. 支付各支出機關或經管經費款機關款

1. 在先已發支付書者
2. 在先未發支付書者

II. 其他支付款

1. 在先已發支付書者
   a. 歲出各款
   b. 歲出外各款
      一、墊款支出
      二、償還借款
      三、發還保管款支出
      四、暫記付款
      五、其他

2. 在先未發支付書者

細目同（1）

III. 本期現金結存

IV. 付方合計

以上為現收現付為計算基礎之大概。至若金庫直接收支各款，如須以應收應付為計算之基礎，則應做照上述徵收與支出兩類報表所列舉方法為之更改融會貫通其在讀者。

（六）改進會計主管機關收支報表內容之擬議

會計主管機關所應編製之報表，為彙合以上各項報表而成。如上項報表，係俱以應收應付為計算基礎者，則後者即可彙編以上基礎之總表。或上項報表係以現收現付為計算基礎者，則後者又可彙編以上基礎之總表。要之，斯項科目分類之報表當不出下列規定之外焉。

i. 收方科目　收方科目有下列各種：

I. 已分類之收入

1. 各項歲入款
2. 歲入外各款

第二編　第三章　現計中——收支報表

二九一

中國政府會計臨

a. 預徵稅款
b. 墊款收回
c. 借款收入
d. 保管款收入
e. 暫記收款
f. 其他
II. 未分類之收入
III. 收入合計
11. 付方科目 付方科目有下列各種：
I. 已分類之支出
1. 各項歲出款
2. 歲出外各款
a. 墊款支出
b. 償還借款

c. 發還保管款
d. 暫記付款
e. 其他
II. 未分類之支出
III. 收支差額
IV. 付方合計

以上中央收支科目分類一表，用以表示財政經過情形，在採行合一金庫制國家其效用為已足。但如現時吾國國庫制度尚未統一，各徵收機關可徵稅并可收稅以致現款收支手續有日臻繁頊之現象。惟國庫與各徵收機關款項之收撥尚屬有例可循，如由甲撥乙，乙收後甲之責任始解除，乙收甲報告後款之來源始明，故其中程序井然未可或亂也。若為明瞭是項詳情故亦應有收支報表之編製，此種報表，可以收支程序分類表之名稱呼之。此亦為政府會計報表上之特點且為吾國政府各級機關所特有之情形。其內容若何將於以下第三編簿記組織系統論中詳細討論之也。

第三目 改進各項收支報表格式之擬議

凡屬財政數字上之報表應不僅求其內容完全正確以及排列方法之合理關於簡馭繁之方法亦必加以講

求,所謂以簡馭繁者係先有總表總表上之一項有一受其統馭之一分表,分表上之一項亦有一受其統馭之明細表此項方法之目的在使讀者觀總表可知約數按分表明細表可得詳情此種原理於規定格式時應行注意者一也。現時商業銀行多用原始單據方面之支票匯票存單提單等件,視為傳票或憑單之用此法極為簡便故於公務機關收支報表規劃上,亦可做傚此方法行之此應行注意者二也。如每一機關有編澁數份分別向有關係部份作為報告時則此數份可用複寫紙塡寫為佳尤以金額欄橫格之尺度可計算與打字機每格之尺度相合,將來即可應用打字機此其一簿記機之發明,與其登錄計算手續之精妙,尤為科學上最大之貢獻如欲利用斯項機器,應更須注意報表排列方法能與簿記機之應用相適合此其二,是皆於規定格式時應行注意者三也。報表格式應注重明淨不可加蓋龐大之關防印信此不但於明淨一點有礙且登過人員,常以印泥關係,致使數字易於觀察不清發生錯誤故規定格式時最好應留蓋印之地位或卽規定毋須加蓋印章,此須注意者四也。以上四點為規定報表格式時應行注意之點他如遞送報表可毋須備文以增進辦事效率此尤為吾人應加思考者也。

第四章　現計下——月份收支計算書類

月份收支計算概言之,乃為月份分配預算相對稱之名詞。但一究實際,其包括之範圍極廣,如預備費與臨時

第一節 月份收支計算書類之特點

第一目 月份收支計算書類與收支報表性質上相異之點

月份收支計算書類應着重月份分配預算之數字與月份分配預算比較而已。以下將先就計算之特點闡明之。

費之支出，而無一定隸屬之月份者，則於收支事實之發生，或過去以後，即須有計算書類之編製，故不僅屬於月份分配預算範圍內之收支為限制，此其一。此項書類所包括之表冊又不僅為一張預算與計算比較之表式，他如稅款之處置與用款之來源等項，均須逐一列報，故收支對照表，及收入支出明細表等項，亦必隨之編訂，此其二。更有經管現金收支及存留事務之機關，如國庫及各代理國庫之銀行，關於所收徵收機關之解款，與所付支出機關之用款等項，雖無預算上之歲入歲出款之關係，但亦應有出納計算書之編製，故計算之範圍又可達於金庫國庫及其他機關此其三。更有各機關所經管之物品及財產收支及增加減損之情形，亦應按期造成物品出納計算書及財產目錄等項作為報銷，故計算之範圍更可推及於物品財產之管理矣，此其四。依上四點所述，是月份收支計算書類所包括之範圍極廣，不僅與月份分配預算比較而已。以下將先就計算之特點闡明之。

1. 月份收支計算書類應着重月份分配預算之數字　月份分配或行政預算之數字，為行政主管長官鈎稽考覈其所屬機關收支之工具，在先已經迭次為敍述，故所屬機關於一月份或其他行政預算所包括之期間過

去以後有將其收支細數向主管機關呈報之必要惟以便於主管長官鉤稽考覈之故須將預算數字列於斯項書類之上以與實際收支相互比較而求其增減數目但在收支報表之上視此為不甚重要之事項此為第一之異點。

2.月份收支計算書類應着重憑證單據 月份收支計算書類所有之收支必須附有憑證單據以為根據如收入計算書內之各項歲入款必附有稅票存根之證明支出計算書內各項歲出款又必附有收據及發貨單等之證明而收支報表有時並不必具有此項附件此為第二之異點。

3.月份收支計算書類為行政官吏解除責任之書據 月份收支計算書類呈經核銷以後則所屬機關行政官吏對主管機關即行解除責任而收支報表不過一種與行政預算無相互關鍵之報告故無所謂對於行政預算已經解除責任也此其第三之異點。

4.月份收支計算書類為不包括現金往來科目之書據 月份收支計算書類之編造係完全根據行政科目而來故此種書類所包括者應完全以預算科目為其範圍他如墊付款借款保管款暫收及暫付等現金收支科目與預算科目無關者則不應列入而此項收支於收支報表之內則須逐一臚列此其第四之異點。

以上四點為月份收支計算書類與現金收支報表主要之分別然其有相當關係之處亦不可忽略視之第一在收入計算書中本月徵收數目正可與收支報表內歲入款納入數及應收數相鉤稽第二在支出計算書中本月發生數目又可與收支報表內歲出款支付數及應付數相鉤稽此又亟應加以注意者也。

第二目　月份收支計算書類與決算書性質上相異之點

月份收支計算書類與決算書性質上相異之處有下列四點：

1. 月份收支計算書類不以年度預算數字為根據　月份收支計算書類為行政機關收支之藍本故本月分配預算為編造計算之根據，而年度預算又為編造決算之根據此其第一之異點。至於決算則不然決算書乃為立法機關考核行政機關已見前述。

2. 月份收支計算書類不得視為對人民解除責任之根據　月份收支預算本為主管機關所核定故有關斯方面之報銷僅可視為向斯項主管機關之報告斯項報銷之核銷亦僅可視為對主管機關已經解除責任但於決算則不然編製決算之根據為年度預算數字斯項數字則為代表民意之立法機關所決定是以斯項依年度預算數字為編製根據之報銷乃能視為整個政府機關向人民業已解除責任此其第二之異點。

3. 月份收支計算書類所含之期間與決算不同　計算與決算最淺顯之區別卽為所合時間性之不同普通稱每月執行行政預算之結束日計算而名一年度執行預算之結束日決算者，是決算者一年中每月計算之總和。而計算者殆以月份為單位之決算故在計算與決算性質不同諸點之中，以時間區別為最顯著者也茲將兩者之時間區別約述於次：（一）凡經核定行政預算之機關如無臨時費之支出則積十二月之計算等於決算。（二）凡經核定行政預算之機關如有臨時費之支出則積十二月之計算幷加入臨時費之計算亦等於決算。（三）凡

未經核定行政預算之機關即無須有計算書類之編造，其實際收支數與預算數之比較於決算書中詳之。觀於以上三點足覘計算與預算區別點之所在斯之謂第三之異點。

4. 月份收支計算書類所列之數字與決算書上所列之數字，決算書等於十二個月份收支計算書類所列數字相加之和，已見前述但更就精密方面論之計算書上所列數字一度經過審核當有若干已被剔除之款項此種剔除款項，既已不予核銷則在決算書上即無由為之列入。故云計算書上所列入者為總額而決算書上所列入者係由總額內減去已經剔除之數換言之即為淨額故兩者所列數字縱然以十二個月數字相加亦不能即行脗合此其第四之異點。

以上四點為月份收支計算書類與決算書主要之分別，而就其相異之點所討論者亦可以推求其相互鉤稽之處神而明之其在讀者。

第二節　理論上月份收支計算書類之會計基礎

關於月份收支書類所採取之會計基礎實為討論斯項書類之先決問題其重要性與論現金收支報表時相同。斯項書據上會計基礎問題有下列兩點應加注意：

第一目　收支一致之會計基礎

月份計算書類係屬收付兩方，如收入計算書採行甲種之會計基礎，則在支出計算書，亦須仿傚前項之辦法，庶幾收付有同一之辦法，而予主管長官鈎稽考核以便利。現時吾國月份收入計算書係採取應收應付之基礎，而月份支出計算書乃係採取應收應付聯合之基礎，兩者根據不同故於編製及審核上均感有不相一致之苦衷也。

第二目　應收應付之會計基礎

應收應付之優點在先亦已述為敍明現再就月份收支計算書立場論現收現付及應收應付與現收現付聯合基礎之錯誤各點於下讀者更可將對應收應付優點之信心於以堅定焉。

1. 現收現付基礎之錯誤　計算既以行政預算為編造之根據則在執行收支之際當以行政預算為唯一之條件，是為最重要之一點。如以收方言稅票之發出係依照預算為根據，故在編造計算時，即可以稅票發出數列入之，不必待發出稅票於收現時始稱收款之爲已執行也再以付方言費用之發生亦係依照預算爲根據在用人方面固不得多設一員官吏，在購置營造方面又不得多爲一項之開銷故在編造計算時，亦可依此項已發生費用數目列入之。因此項發生之費用既已根據於預算又不必待現之時始稱付款之爲已執行也。更有如不以發生制為根據，而以現付為根據，則如一職員上月因事未領薪俸於下月同時支付該月及上月兩個整月薪俸又以法令規定月份流用限制之關係，則此兩個月薪俸數目如何能在一月之內報銷，故現收現付為基礎之會計在編造月

份收支計算書類上完全不能適用也

2.應收應付與現收現付聯合基礎之錯誤　凡彌某期間應收應付之收支，均以達到現收現付期間以後始用為計算收支之會計基礎，固不失為計算上之精密，然因此稽延造送報銷之時日，自在吾人意料之中。如現時各機關按月經臨各項費用以國庫之空絀，多不能按期領到或按期只可領取一部份款項，致其收支有迄至當月過去一二個月以後始能完全整理結束者，若採用斯項會計基礎，勢必待一二個月後方能編造報銷，是必於規定日有所稽延，而此稽延又為可以原諒之事實也。如欲報告迅速，非採取應收應付制不為功，蓋以稅票之發出與費用之發生可隨時隨地計算及之，初不待收現與付現也難者或曰月份收支計算書類本著重於憑證單據如無憑證則在付方單據之取得實為困難，以著者之意見此亦不足為非議之根據，凡採行應收應付與現收現付聯合之基礎則在付方單據之取得實為困難，以著者之意見此亦不足為非議之根據，凡購置營造上所需要之發貨單現時以一般商用習慣言，不待付現即可取得至於薪俸或工餉收據，亦可於已發生未付現以前可發出一種到期應付薪俸或工餉表一紙，由各職員工役簽名蓋章於上，即可充當憑證，其正式收據，則於付現時再行簽蓋於公於私俱無不便實兩利之道也。

第三節　預備之設定與動用

第一目　預備金之設定與動用及月份間流用之限制

政府各級機關之歲出於支用發生之事前及事後，俱應有關於預備金設定問題之商榷，茲將吾國預算章程及預算法兩方面關於斯項問題之規定，臚陳於下：

（一）預算章程中關於設定及動用預備費之規定

在預算章程中規定，凡第二級歲出概算內應酌設預備費，此之謂第一預備費係按照歲出概算總額百分之一至百分之二所編列，乃為編製時之一種準備各機關如遇有意外事故或擴充設施，該類預算內某科目所經費發生不足時將由主管機關核准勳支前項預備費，並行通知主計處備案，是為關於第一預備費之規定。（預算章程第二十七條）又在全國總概算內，應酌設預備費，此之謂第二預備費，係按照概算總額百分之一至百分之二所編列，但主計處彙編總概算時收支比較如有餘額可儘數列為設置時之情形，各機關如遇有意外事故或新增設施其經費為原預算所未列者得由主管機關擬具計劃及概算，送由主計處簽註意見呈請國府轉送中央政治會議核准勳支斯項預備費，是為關於第二預備費方面之規定。（預算章程第二十八條）觀於以上各點，則關於現行法令中之規定可以思過半矣。

（二）預算法中關於設定及動用準備金之規定

在預算法中規定總預算及分預算皆得按其需要設準備金但其名稱則不一試為之分述於下：（預算法第十八條）

1. 常備金——於行政預算中設定之。
2. 預備金——於法定分預算中設定之。
3. 後備金——於法定總預算中設定之。

凡第一至第三級機關單位編造行政預算，除按照科目分別機關定其經常支出數額外，應劃出經費全額百分之五，或其他相當之數額為其機關單位之常備金，以供行政預算各科目不敷之支出或行政預算所無而臨時發生之支出。（預算法第五十一條）又各機關執行行政預算遇有各科目之經費有賸餘時，應按月撥入常備金遇不足時除第一第二級主管機關，由其主管長官決定外，餘經上級機關之核准，得支用常備金（預算法第五十二條）以上兩點為關於常備金方面之規定。至於各機關單位之常備金不敷支出，或依法增設新機關時經中央政治會議之決議得動用法定分預算中設定之預備金但應經合法追加預算之程序（預算法第五十六條）以上為關於預備金方面之規定。又國家總預算中所設定之國庫後備金係專供國家非常之支出其動用又應經合法非常預算之程序（預算法第五十七條）綜上觀之，關於各項準備金之設定與動用，在預算法中，已分別規定並各有其特徵也。

第二目　月份間流用之限制

政府各級機關之歲出每月份每科目應支若干，皆有一定之限制，甲月份子科目之剩餘金額，可否流用於丑

科目及甲月份子科目之剩餘金額,可否流用於乙月份,在立法方面俱應有明文之規定,俾各級機關足資遵守,茲將吾國預算章程及預算法兩方面關於斯項問題之規定臚陳於下。

(一)預算章程中關於月份流用限制之規定

預算章程中關於月份流用限制一點,初無極精細之規定,其條文只有如下一概括之辭句:

「歲出預算公布後各級機關應各照案執行核實支用不得超越」(預算章程第三十一條)

而財政部於民國十九年六月十三日公布之財政部所屬財務機關編製支出計算書章程中則關於流用限制上會有一度之規定其內容甚為完善足資參考為之錄述於下:(見上項章程第十二條至第十七條)

1. 上月結餘除第一款(本機關經費)第四項(特別費內分四目第一目特別辦公費第二目旅費第三目、匯兌第四目其他)外非經事前呈准不得流用於本月。

2. 項與項不得流用。

3. 第一款第四項之各目不得互相流用。

4. 第二款(附屬機關經費)各項各目節均不得流用。

5. 在預算案內為特准動支者不論項目節均不得流用。

6. 在核定預算範圍內因組織或事實之變更有一部份金額無須支出時不得以之改充他用。

（二）預算法中關於月份流用限制之規定，已較預算章程爲縝密，其內容已於前第二章收支程序中論之矣。

第四節　前審計院關於月份收支計算書類之規定

第一目　關於性質之規定

依審計法施行細則之規定，送審計院（現改稱審計部）備核之月份收支計算書類，依造送機關所辦事務性質爲分類之標準，應有以下之五種：（一）普通機關於每月經過後十五日以內編成上月份收入計算書、支出計算書、收支對照表、貸借對照表、財產目錄，連同收支憑證單據及其他表册送審計院審查各機關之有上級機關者應依照上項規定編成以上之各項表册先送由該管上級機關查閱加具按語轉送審計院審查又同一機關所管事務有涉及數上級機關者其收入支出等報告應按照性質分別編送同時幷抄送其他有關係之上級機關各一份。（審計法施行細則第三條）（二）營業機關或其他特別性質機關之收入計算書支出計算書損益表貸借對照表財產目錄收支憑證單據及其他表册得依審計院規定特別期限編送上級機關核閱加具按語轉送審計院審查。（審計法施行細則第四條）（三）經管物品官吏應於每月經過後十五日以內編成物品出納計算書送由上級機關核定後轉送審計院審查。（審計法施行細則第十條）（四）國庫或代理國庫應於每月經過

後十五日以內編成國庫收支月計表及歲入金歲出金分類明細表，連同單據，送由財政部轉送審計院審查。（審計法施行細則第五條）（五）財政部應於年度經過後六個月以內編造國庫全年度收支出納計算書送審計院審查（審計法施行細則第六條）觀於以上五種機關以其所經管之事務各有不同故其所造送之表冊亦卽有異至其內容格式各點述之於下：

第二目　關於內容之規定

依審計法第十五條之規定審計院得編定關於審計上之各種規則及書式各機關現用簿記審計院亦得派員檢查其有認爲不合者應通知該機關分別爲之更正是以前審計院卽根據斯項條文爲各項計算書式之規定，斯項規定亦依機關所辦事務性質及其形式分爲下列三種

1. 甲種書表——斯項書表爲普通公務機關所採用幷係採取一種橫寫格式，其內容包括支出計算書收入計算書對照表，財產目錄貸借對照表物品出納計算書及單據粘存簿各種。

2. 乙種書表——斯項書表爲公有營業機關所採用，僅有橫寫格式一種其內容計包括收入計算書，支出計算書財產目錄貸借對照表損益表物品出納計算書及單據粘存簿各種。

3. 丙種書表——此種書表亦爲普通公務機關所採用，乃係直寫格式卽可用中國數字塡寫之格式也，其內容計分支出計算書收入計算書及收支對照表各種。

第三目　關於格式之規定

以上甲乙丙三種書表格式雖各種之間似有若干異點之存在，但其中頗有完全近似之格式，現時已經容許各機關可以免送如財產目錄貸借對照表及物品出納計算書等是也其實各主管機關對於其附屬機關所造送之書類亦有其他詳細之規定但不得與斯項規定發生抵觸而已如軍政部對軍務機關支出計算書辦法會經另有規定財政部對於財務機關收入支出計算亦另有規定公營事業之計算書類則與斯項規定相互差異之點更多故著者將關於斯項規定之格式暫行略去而將較完全與精細之財務機關計算書類辦法臚陳於後以備讀者多得一部份之參考資料焉。

第五節　主計處公布統一會計制度中關於月份收支計算書類之規定

第一目　關於收入計算書類之規定

主計處所規定之收入計算書類包括收入計算書徵納對照表收入明細表及支出明細表等項其格式內容完全與財政部公布之辦法相同斯項辦法將於下節逐一爲之敍明故此處無庸贅述。

第二目　關於支出計算書類之規定

主計處所規定之支出計算書類計包括支出計算書財產增加表及財產減損表等項，後二者表式，亦完全與

財政部公布之辦法相同惟支出計算書之格式業已更改在「統一會計制度」書內規定斯項格式與支出計算賬相同故吾人若研究支出計算賬，即連帶將支出計算書加以闡明。此點俟於以下第三編第五章統一會計制度中詳之。

第六節 財政部公布編製收支計算書章程中關於月份收支計算書類之規定

第一目 收入計算書類

財政部所屬財務機關編製收入計算書章程，係於民國十九年六月十三日部令公布，其內容計分收入計算書，徵納對照表，收支對照表（第一號）收入明細表及票照及收據存根清單各項試分別為之解釋於下

（一）收入計算書

1. 性質 收入計算書為依照已核定月份分配預算所編製之計算報表。故斯項表冊應先列預算科目及其金額，然後為實際徵收金額，此處所謂徵收係指徵獲數目并非指納入數目而言也，最後應將兩者相互比較而求得其增減之數目。財政部各主管稅收之署考核斯項報表基於其金額或增或減之理由，即足以判別所屬徵收官吏工作之勤惰，同時幷對照稅票存根上所填列之金額更可藉以決斷其有無情弊。故斯項書類可謂財務行政主管長官用以鈎稽考核所屬機關惟一之利器也。

2. 內容 斯項書表上科目惟一之依據為預算分配表。應按照原列科目分別節目項逐一填列之。且須與分配表完全相符，不得稍有更動，卽某科目為預算所有而徵收所無者，於預算數欄內，仍填應填之數而於計算數欄內可任其為空格。又關於徵收各款所附之票照及收據存根號數俱應逐一為之填列於備註欄內。其填註方法如下：（一）用票照或收據者逐一填某字某號至某號。（二）用印花稅票者填某種印花若干張某種印花若干張。（三）定期徵收者填規定徵收之年月日。

3. 格式

收入經常門

某　某　機　關

中華民國　　　年　　　月份　收入計算書

科	目	本月收入預算數		本月份收入計算數		比　　較	備 考
		節	目 項	節	目 項	增　　減	

某官　　　某名　　　會計(主任)某名　　　出納(主任)某名

(二) 徵納對照表

1. 性質　收入計算書上計算欄內所列金額，爲徵獲數，而非納入數，已見前述。至現時納入者，共爲若干，不可即時求得矣，故現時訂有徵納對照表之編製，而在斯項報表之上，已徵未納之情形，皆可完全表明。又斯項納入金額，係指本機關及附屬機關，該期間所有一切現金納入之數，而與現行收支旬報表收穫各款內所列之數，僅爲某期間本機關收支及附屬機關收支報告之達到本機關者有異，此不可不知也。

2. 內容　徵納對照表上之科目，計分徵收與納入兩欄，茲爲之分別列舉於下：（一）徵收欄所應列之各項

如下：1.「本月份徵收數」係指本月份徵收稅款雜項之總數，即本月份收入計算書上之計算數。2.「以前各月份滯納數」係指以前各月份徵收稅款雜項中截至上月底止尚未納入者之總數，即上月徵納對照表內之滾結滯納數。（二）納入欄所應列之各項如下：1.「當月納入數」係指本月份徵收稅款雜項中，在本月內業經納入者之總數。2.「扣抵預納數」係指本月份徵收稅款雜項中，在以前各月內業經預納者之總數。3.「補納數」係指以前各月份滯納之稅雜各項在本月內補納之總數。4.「滾結滯納數」係指本月份及以前各月份徵收稅款雜項截至本月底止仍未納入者之總數。

3. 格式

某某機關

徵納對照表

中華民國＿＿年＿＿月份

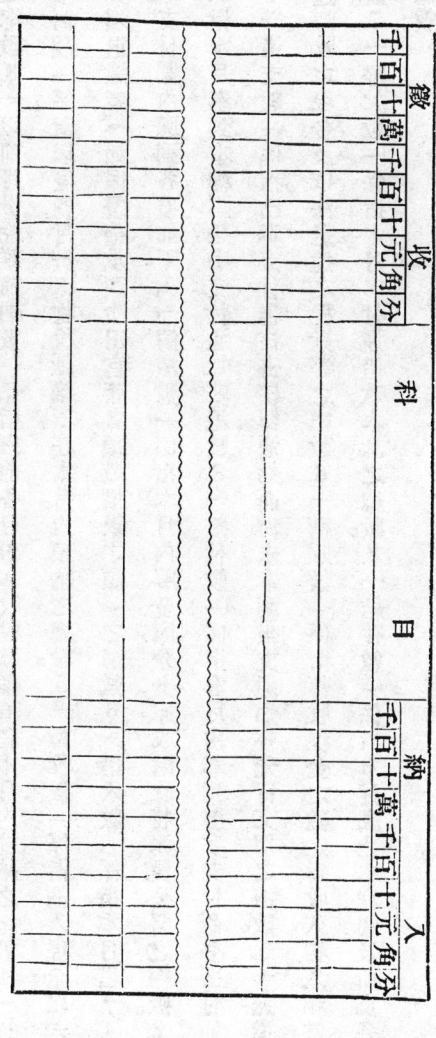

(三)收支對照表(第一號)

1. 性質　收支對照表(第一號)為表示被計算期間，本機關及附屬機關全部現金納入數目及處置上詳細情形之用。其以現金為計算之基礎及包括預算外之一切現金往來數目則與收支旬報表相同，而其不同之處，亦有以下三點：(一)收支旬報表以一旬為經製之單位，而收支對照表(第一號)則以被計算期間為單位。

(二)收支旬報表以某期間本機關收支及附屬機關收支報告之達到本機關者，為計算之基礎，而收支對照表（第一號）乃包括某期間全部之收支（三）收支旬報表與收支對照表（第一號）上所規定之科目各不相侔，以上三點為收支對照表（第一號）之特點，至其內容格式分別於下段中詳之：

2. 內容　收支對照表（第一號）上之科目計分收入與支付兩欄茲為之分別列舉於下：（一）收入欄應列各項如下：1.「上月轉入數」係指上月之結存數。2.「本月份稅雜納入數」係指本月份徵收稅款雜項當月納入之總數。3.「以前月份稅雜補納數」係指以前月份徵收稅款雜項在本月內補納之總數。4.「以後月份稅款預納數」係指以後各月份徵收稅款雜項，在本月內預納之總數。5.「暫收數」係指納入現金之未確定為收入，或須退還者（如保證金承領沙田官產者預繳價銀之類）之總數。6.「借入數」係指本月借入之總數。

(二)支付欄內應列各項如下：1.「解繳數」係指本月內解金庫分金庫或財政特派員公署之總數。2.「坐支數」係指本月奉到本機關坐字支付通知之總數。3.「撥付數」係指本月內奉到撥字支付命令撥付他機關之總數。4.「借支數」係指已奉支付審核書核轉通知，而尚未奉到坐支通知書先行支用之總數。5.「退還數」係指暫收現金之確定為收入轉入相當科目者指退還暫收之現金，及依法退還之稅款等之總數。6.「轉賬數」係指本月內付還借款本息之總數。8.「結存數」係指本月底止本機關及所屬各機關所存之總數。7.「歸欠數」係指本月內付還借款本息之總數。

3. 格式

某某機關
收支對照表（第一號）

中華民國＿＿＿＿年＿＿＿＿月份

收　入							摘　要	支　出						
千	百	十	萬	千	百	十	元	角	分					
								千	百	十	萬	千	百	十	元	角	分

某　官　某名　　會計（主任）某名　　出納（主任）某名

（四）收支明細表

第二編　第四章　現計下——月份收支計算書類

1. 性質　收支明細表計分收入支付兩表其作用僅為說明收支對照表（第一號）之內容而設故其中所載之事項一律以詳備為主不可僅以條文所規定者為限制如遇有規定外之事項亦得酌量增列也。

2. 內容　收支明細表內容之規定如下：（一）「納入當月份稅課各項」應分別本機關及各分機關將納入數逐一記載。（二）「補納以前各月份稅課各項」應分別本機關及各分機關將補納數逐一記載（三）「預納以後月份稅課各項」應分別本機關及各分機關將預納數逐一記載。（四）「暫收各項」應分別繳戶及性質將繳數逐一記載並在備考欄內註明將來處理方法（五）「借入各項」應分別貸戶將所借數逐一記載並在備考欄內註明月日條件及核准公文號數（六）「解繳各項」應分別受欵機關將所繳數逐一記載並在備考欄內註明月日及批迴號數未接批迴者註繳欵書號數（七）「坐支各項」應分別受欵機關將所支數逐一記載並在備考欄內註明支付命令號數及受欵機關收據號數。（八）「撥付各項」應分別受欵機關將所撥數逐一記載並在備考欄內註明所奉到公文號數（九）「借支各項」應分別款目將支數逐一記載並在備考欄內註明支付通知號數（十）「退還各項」應分別受戶性質及納入年月將退還數逐一記載並在備考欄內註明退還之原因（十一）「轉賬各項」應分別戶名性質及納入年月將轉賬數逐一記載並在備考欄內註明所轉科目。（十二）「歸欠各項」應分別原貸戶及所歸本息逐一記載並在備考欄內註明原借月日原借已歸餘欠各數。（十三）「結存各項」應分別本機關某分機關某銀行等將所存數逐一記載其存欵生息者並在備考欄內註明存入月日及條件。

3. 格式

i. 收入明細表

收入明細表

中華民國 　　　 年 　　　 月份

摘要	收入數							備考
	千	百	十	萬	千	百	十	元	角	分	

某官 某名　　會計(主任)某名　　出納(主任)某名

ii. 支付明細表

支付明細表

中華民國　　　年　　　月份

摘要	支出數							備考
	千百十萬千百十元角分							

某官　某名　　　會計(主任)某名　　　出納(主任)某名

（五）票照及收據存根清單

1. 性質　徵收稅欵對納稅人發出稅票作為已經納稅之憑證，其存根一聯，更含有向上級機關報告所發稅票實數並有證明之作用在焉，故於收入計算書附件中應有將票照及收據名稱字號、銀數及經徵機關名稱等事

項，固具清單呈報之必要也。

2. 內容　票照及收據存根清單上至少應包括以下各項：（一）「機關名稱」凡徵收機關之全名列入之。（二）「存根種類」凡不同類之各個名稱，分別以全名列入之，個別填入之。（三）「字號」凡每類存根之起訖字號，俱應個別填入之。（四）「銀數」凡每類存根合計之總銀數應行填入之。（五）「備考」凡必要之解釋，如因誤填作廢之字號等皆可填入斯欄之內。

3. 格式

票照及收據存根清單

中華民國　　　年　　　月份

機關名稱	存根種類	字　號	銀　數 千百十萬千百十元角分	備　考

某官　某名　　　會計（主任）某名　　　票照（主任）某名

第二目 支出計算書類

財政部所屬財務機關編製支出計算書章程，亦係於民國十九年六月十三日部令公布。其內容計分支出計算書，附屬表收支對照表（第二號）財產增加表財政減損表及單據粘存簿各項試分別為之解釋於下：

（一）支出計算書

1. 性質　支出計算書為按月份支付預算書所編製之計算報表。先列預算科目及其金額，次之以計算數，最後為增減數其程序亦完全與收入計算書相同。惟其間有一最大之異點，以前者所列計算金額係完全為已發生及經付訖後之金額，而後者則為已徵獲而不問其已納入與否之金額也。其他如斯項書表為主管長官考覈附屬機關支出有無超越預算之利器，亦與收入計算書之功效相同也。

2. 內容　斯項書表科目之名稱及其排列方法亦完全與支付預算書相同，故可從略不必贅述。至其所附單據，應分別為之編號，而逐一填列於備註欄內。

3. 格式

某某機關

支出經常門

支出計算書

中華民國_____年_____月份

科目		本月份支付預算數		本月份支出計算數		比 較		備考
節	目	項	節目	項	節目	增	減	

某官 某名　　　會計(主任)某名　　　出納(主任)某名

（二）附屬表

1. 性質 附屬表為說明各項支出詳情之用，故其所列各項應一律以詳細為主。

2. 內容　附屬表又可分為左列各項，其名稱及內容如下：（一）俸給表之姓名欄應填領欵人之姓名職別欄應填所任職務之名稱月額欄應填本月規定俸額實支欄應填本月實支之數單據欄應填黏存簿所編號數備考欄應填本月內任免遷調升降之日期。（二）工餉表仿前條辦理。（三）文具表之商號欄應填出售之商號品名欄應填物品之正名，不得填商舖習用之簡稱價值欄應填票據原列之貨幣數實支欄應填折合本位幣之數至於輔幣或外幣之折合率及物價之折扣等均應記於備考欄用途之不易推定者亦記於備考欄。（四）郵電表之局名欄應填電局或郵局之名稱數量欄郵票應填張數電報應填字數電話應填期間單價欄郵票應填每枚幾分電報應填每字幾角電話應填每月幾元幾角備考欄電報應詳記受報者及發電之事由。（五）消耗購置修造等表均仿第四條辦理。（六）租賦表之摘要欄應填房租田賦等字樣數量欄應填時間（如某月份某年份之類）實支數欄應填實支數。（七）特別費表酌量事實參照上列各條填列以詳細為主。

3. 格式　以上七種附屬表所包括欄數之名稱已完全在第二段中敍明茲舉俸給表之格式於下以為例證，餘槪從略。

年　月份支出計算書附屬俸給表					
姓名	職別	月額	實支	單據備	考

（三）收支對照表（第二號）

1. 性質　收支對照表（第二號）乃將被計算期間所應屬之收支，以及現金之收支各項詳情表而出之之報表。其與甲種收支報告性質不同之處，亦有以下之四點：（一）甲種收支報告，概以一旬為編製之單位而收支對照表（第二號）前以被計算期間為單位。（二）甲種收支報告不以應屬期間之支出為編製根據，而收支對照表（第二號）乃以應屬期間之支出為編製根據。（三）甲種收支報告以某期間本機關收支報告之達到本機關為計算之基礎，而收支對照表（第二號，）乃包括某應屬期間全部之收支。（四）甲種收支旬報與收支對照表（第二號）所規定之科目各不相侔。以上四點亦即為收支對照表（第二號）之特點，容於下段中詳之。

2. 內容 收支對照表（第二號）上之科目計分收入與支出兩部茲爲之分別列舉於下：(一) 收入之部各數應列於收入欄內其摘要如下：1.「上月轉入數」即上月結存之數。2.「本月實領各數」應分別支付命令通知數逐一填列。3.「借墊數」指已奉支付審核書核轉通知尚未奉到在稅款內先行借用或向撥欵機關預借等事應逐一填列。(二) 支出之部各數應列於支出欄內其摘要如下：1.「各項支出數」照計算書所列之項逐一填列本月內實支之數在本月內未經支出者不列。2.「各項歸欠數」應將歸還以前各月借墊之數逐一填列。3.「結存數」即結至本月底止該機關實存數應以紅筆填寫。

3. 格式

某　某　機　關

收支對照表（第二號）

中華民國　　　　年　　　　月份

收								科	目	支							
入										出							
千	百	十	萬	千	百	十	元	角	分		千	百	十	萬	千	百	十	元	角	分

（四）財產增加表及財產減損表

1. 性質　財產增加及財產減損等表之編製係為表明財產變動狀況而設凡一切固定性質之資產，如土地，場圃，池塘，房屋一切建築物及其他傢具物品等項之新建或購置或撥入，應有增加表之編製。如斯各機關物品之出入及變動狀況皆可按表上之物品如有損壞或撥交或售出等事時又應有減損表之編製。冊而稽矣。

2. 內容

i. 財產增加表　財產增加表之內容分為下列各欄：1.「種類名種」應記載各項物品之正名不得用簡稱或別名 2.「編號」應將各項物品逐件編列號數，就每一類起訖號數分別填入斯欄之內他如地產房屋及

某官		某名	會計(主任)某名		出納(主任)某名

常須洗滌之物件不能編號者得從略。3.「動產」應將地產之畝數房屋之間數及其他傢具物品之件數均列入之。4.「單價」應填入每件物品之單價，如係撥入之件不知原價者得從略。5.「價值」應填入每類物品之總價，如係撥入之件不知原價者得從略。6.「單據簿」應填入原購置時單據所編入單據粘存簿中之號數，屬於何年月份之單據粘存簿如為撥入之件或原無單據者得從略。7.「備考」應分別填註其他應行填註之事項。

ii. 財產減損表　財產減損表之內容分爲下列各欄：1.「種類名稱」同財產增加表。2.「減損事由」應分別減損性質爲損壞、撥交及售出三項列入之並應註明損壞之程度、撥交之機關及售出之價值。3.「單價」應填入前項物品本件之單價。4.「原編號數」應填入曾經編列之號數。5.「備考」應分別填註其他應行填註之事項。

3. 格式

i. 財產增加表

某某機關財產增加表

中華民國＿＿＿＿年＿＿＿月份

種類名稱	編號	數量	單價	價值	單據年	單據月	單據號數	備考

某官 某名　　會計（主任）某名　　庶務（主任）某名

第二編　第四章　現計下——月份收支計算書書類

三二五

ii. 財產減損表

某　某　機　關
財產減損表
中華民國　　　年　　　月份

種類名稱	減損事由	單價	原編號數	備考

某官　某名　　　會計主任某名　　　庶務(主任)某名

（五）單據粘存簿

單據粘存簿，係為粘貼支出憑證單據之用。每篇可黏收據一號，至其編號方法應當順次排列，不得重複顛倒，

或有跳越，其屬該號之附件，無論貨物清單修繕估單工程估計書各種圖說證明書合同，投標文件等項，均應隨本號依次附黏標明為某某號附件其他又有騎縫處蓋印經管人員蓋章等手續之規定此處不遑一一為之討論矣。

第七節　對於吾國現時月份收支計算書類之批評

月份收支計算書類係對於執行月份收支行政預算結果之報告，故此種報告須以月份為單位，此一極淺顯之問題也。現時吾國關於月份收支計算書類省係依照此種標準所編製，自無任何可議之處。此其一。又月份收支計算書類最重要之分類，一為月份收入計算書，一為月份支出計算書，二者均應以一致之會計基礎為計算根據，此又一極淺顯之問題也。現時吾國關於月份收入計算書係採取應收及現收之會計基礎即以某期間之徵獲數，而不以納入數為計算之根據。而月份支出計算書乃係採取應付及現付聯合之基礎即以某期間所發生並付現之費用記載于內。故此兩方面之根據，各不相侔似與以上所論一致之會計基礎有妨，而亟應加以更正者也，此其二。更有所謂計算者以某期間應收應付數計算之，卽足用以與預算數相比較而求得其準確數固不必待應收應付者訖至現收現付時始行計算及之，此又一極淺顯之問題也。現時吾國關於月份支出計算書規定以應付及現付聯合之會計基礎為編製之根據，此點固於上述會計原理為未合且以各機關之按月不能請領經費其現付可延至當月過去數月以後始行整理結束者，則計算之滯送有由來矣，此點亦應顧慮及之，此其三計算書類之範圍包

括某期間本機關單位一切收支在內。而甲乙種收支報告之範圍，乃以某期間本機關收支及附屬機關收支報告之達到本機關者為限以兩者範圍之不同故又須在計算書中附有若干現計報表以作詳明解釋之用似此重複又似不重複之報表如將甲乙種收支報告範圍略加更改即可省至其更改之方法已於前章詳之矣此其四計算書中之附屬表又有一種關於財政現狀之報表，是現時如照著者之擬議，將應收應付之情形在甲乙種收支報告上連帶表示，則此種附屬表又可因之略去此種表示之方法亦已在前章中詳之矣此其五。以上五端為關於吾國月份歲支計算書類性質之總批評，至其收入及支出計算書上個別之論點，請於以下兩段中論之。

1. 對于收入計算書類之批評　收入計算書，現時所附屬之表冊太多，在前已為之逐一批評矣。若依著者意見更改現時書表中所應存在者只收入計算書及票照及收據存根清單各件其理至淺讀者可融會貫通之也。

2. 對於支出計算書類之批評　若論支出計算書類，則較收入計算書類所論者為繁矣。前審計院根據審計法所規定之甲乙丙三種格式現時已成通行之格式軍政部軍需署會計司所規定軍務機關編製報銷之辦法與財政部會計司所規定財務機關之辦法亦不過就甲種格式略加更換但無關於大體之變更也殆二十一年七月主計處會計局統一會計制度內所規定支出計算書與支出計算賬相同之辦法以後早將前審計院之辦法改絃更張是因各機關會有一度之非議故現時仍有擬請修正及維持原有辦法者斯項理由試為之解釋於下蓋支出

計算書係屬報表之一種報表應自賬簿產生但斷無以賬簿代替報表之理此其一泰西各國有為審核精細計者，可規定所屬機關賬簿用複寫紙塡寫二份一份自留一份呈報但亦無重行抄寫賬簿以代報表之理以其不但增加繁重之工作且與審核之原意相反此其二但現時主計處所規定之支出計算書格式及說明均與支出計算賬相同似此即以賬簿代替報表於上述第一點之會計原理未合更有此種報表係抄寫賬簿而未用複寫紙塡寫此又於上述第二點之會計原理未合故可云此項更改實有修正之必要也。

綜而論之吾人對於現行支出計算書類之批評如下：第一編送機關之範圍，如支出機關固須為此項書式之編製，但國庫收入各機關解繳款項及發放各支出機關經臨各費因已有日報之編製自可不再編製計算書更有經管物品之機關以物品之原無預算數字故亦可以免予編造也第二計算支出之基礎，可依支出之發生為基礎，不必依應付與現付聯合之基礎計算之。第三支出計算書所附之附屬表完全重複無用收支對照表以其有甲種收支報告為之代替（改為包括本機關某期間全數支出以後）亦可去財產增加表以於購置營造等科目下，已可觀察其情形故亦無庸編造財產減損表以每月之減損物件，必不多觀且不重要故可在編造決算時始詳之。依著者意見將來支出計算書類只包括支出計算書，及支出憑證單據粘存簿兩件已足矣。

第八節　對於吾國應有月份收入計算書類之擬議

第一目 改進月份收支計算書類性質之擬議

對於應有月份收支計算書類性質之擬議第一在用收支一致之基礎第二在用應收應付之會計基礎。關於此種理論已在以前各節中討論矣茲不復贅又著者主張在每月計算書上除將當月預計算金額加以聲敘外於預算與計算數之實際增減金額。5.「備考」應記票照及收據種類及起訖字號及其他必要等項年度開始時起迄至當月止之情形亦當為之臚列其原因為主管機關有時于所屬機關長官之考成係以當年年初迄至當月止為一種根據也。

第二目 改進月份收支計算書類內容之擬議

（一）收入計算書類

收入計算書類只應包括收入計算書及票照及收據存根清單二種已如前段所述茲將各項報表應列欄數及名稱開列於下。

1. 收入計算書 收入計算書應列下列各欄：1.「科目」應記預算上原列科目之名稱。2.「預算數」應記預算上原列各科目所核定之數目。3.「計算數」應記本期間實際徵獲之數目。4.「比較增減數」應記各相當科目預算與計算數之實際增減金額。5.「備考」應記票照及收據種類及起訖字號及其他必要等項

2. 票照及收據存根清單 票照及收據存根清單應列下列各欄：1.「機關種類」應記徵收分支機關之全名。2.「存根種類」應記存根種類之全名。3.「字號」應記存根起訖字號。4.「金額」應記各相當欄全數存根

之總銀數。5.「備考」應記有無作廢等字樣及其他必要之事項。

(二) 支出計算書類

支出計算書類只應包括支出計算書及支出憑證單據粘存簿兩種,亦如前段所述,茲將此兩項書冊應列之內容開列如下:

1. 支出計算書 支出計算書應列下列各欄:1.「科目」應記預算上原列科目之名稱。2.「預算數」應記各預算上原列各科目所核定之數目。3.「計算數」應記本期間實際發生之數目。4.「比較增減數」應記各相當科目預算與計算數之實際增減金額。5.「備考」應記支出憑證單據粘存簿上之頁數及其他必要之事實。

2. 支出憑證單據粘存簿 支出憑證單據粘存簿應倣傚財政部所規定之辦法行之。

第三目 改進月份收支計算書類格式之擬議

現時收入與支出兩種計算書上預算及計算兩欄之內各包括有三欄之多,其最左之一欄列節之金額,次列目之金額,再次列項之金額,在此三欄之內其計算之程序第一由節之總數過入目之欄內第二由目之總數過入項之欄內獨款之總數不與焉,職是之故此種格式於款項目節辦法間有不同之處置方法似為其缺點之一更就比較一點而言因預算數與計算數各須用以增減而求得其差數,故節與節之比較目與目之比較項與項之比較,

各須間隔兩行極其不易觀察明晰，此又似為其缺點之二。故以著者意見以上所謂之三欄辦法，應完全歸納在一欄之內而同時用一劃線方法以區劃之，斯項劃線方法如下

1. 「款」之總數下劃一紅色雙線。
2. 「項」之總數下劃一紅色單線。
3. 「目」之總數下劃一紅色虛線。
4. 「節」之金額下無須劃線。

更有現時比較增減數一欄內亦可分為兩欄以著者之意見亦可歸納在一欄之內以與上述方法相一致。在收入計算書上凡「增」之數可以藍筆書以收入之增加為常態也。在支出計算書上凡「增」之數可以紅筆書而「減」之數反以藍筆書亦以支出之減少為常態也。抑尤有進者月份收支計算應將本年度開始迄至當月為止之情形加以聲叙故上項計算書表尤應分為兩部：其一記當月收支情形其一記當年年初迄至當月為止之收支情形也。

第五章　決算

凡屬於月份分配上之收支，於該月份過去以後應即有月份收支計算書類之編造，此項書類之作用，在闡明執行行政預算所得之結果為一般行政主管長官鈎稽考覈所屬機關之工具，其內容已詳前章所論。茲更進言，年度收支之總結換言之，即決算制度之謂也。決算與計算之不同，在表面上觀之似為所屬期間上之區分，但一究實際則其中差別之點甚多，茲舉其四種主要觀點於下：

第一節　決算之特點

第一目　決算有依預算為根據之性質

預算本為一年度收支之預測，既謂之預測，自不必與實際之收支全然相符，故須另就實際收支數額之多寡而察其結果，然後設立預算之目的始能盡達。是以預算為事實之預測，而決算為預測之結果，若祇有預算而無決算，則無以查核執行預算方案之財務行政官吏有無違背或超過原預算上所列之預計收支，而使已決定之預算終成具文而已。總之所謂預算制度者，必須在後有一決算制度用為對襯，前者可謂一出發點，而後者乃其終點，故兩者為一相互對待之名詞，若缺其一便為跛行而失其平衡。是論財政公開張本者，預算與決算允宜並立不可偏廢也。基於上述決算既為預算之終點是關決算之內容亦以預算範圍所及者為限。吾人在先於討論預算之性質時，會謂標準性質乃為預算制度中之所重，而所謂標準性質其中復有兩種涵義，第一，行政機關必依預算為收入

支出之標準第二，監察機關亦依預算為考覈行政官吏工作之根據茲就第一點討論預算既為行政機關實行收支之標準依實行結果所編造之書類當然亦依斯項標準為編造之根據故論決算之特質第一為依預算編造之性質。

第二目　決算有須經各方審核之性質

決算對於預算上收支之預定含有使其確定之意是以各級機關編製之決算，必須經過一番審核手續。核銷之後該管行政官吏方能解除其個人之責任茲將各項審核之手續臚列於下：

1. 本機關之審核　普通一機關之主管長官對于所屬經辦會計人員之賬冊有鈎稽考核之權力故平時一機關于會計科外多有稽核科之設置者此也又有時由長官指定固定人員或聘請會計師審查者其作用與上述稽核科之設置相同以上審查手續可謂初步核算然後將所得結果呈請行政主管機關鑒核。

2. 行政主管機關之審核　行政監督者主管機關在年度過去一定期間內核定所屬機關實際收支之謂也。此項核定亦可謂之初步核算不得視為已經審定而解除其責任。

3. 超然審核機關之審核　所謂超然審核機關者如吾國監察院所屬之審計部是。在一般審核技術方面言，此項審核極為重要，蓋在先行政機關之核算以其本無斯項專門之技術故所得之結果未必有理想中之完善又在後立法或民意機關之核定亦大致不能超越超然審核機關所得結果範圍以外則此種審核之重要性可知矣。

4. 立法或民意機關之審核　預算之最後核定者，應爲立法或民意機關，在先已經屢言及之。依執行預算上收支所編製之決算其核定權亦屬於立法或民意機關殆無疑義此項審核在程序上言屬於最後一種，是其重要性比較以前兩項審核爲尤甚且此種步驟只限制於決算一種他如月份收支計算即可不經此項手續，此種爲決算上之特點是以審核決算最後一步驟，乃爲決定政策之機關故立法或民意機關有事前決定及事後審核之兩種權力於決定政策即通過預算案只行其一仍待事後審核決算以終了其義務所以將此種事務賦予一個機關辦理者蓋有下列兩種理由：（一）使行政官吏得隨時受立法或民意機關之指揮監督（二）使立法或民意機關於考覈過去情形以後幷可藉以爲決定將來政策之參考基於上述各級機關行政官吏尤其負有徵收支出及現款出納之官吏對於其所執行之事務皆須有精確及詳細之記載然後將斯項記載呈報立法或民意機關俟其決定方能解除其責任。如使此種立法或民意機關忽視此項最後審核之權則每一機關財務行政效率之減少自在意料中也。

第三目　決算有公開之性質

吾人於前討論預算時曾謂預算有必經公布，使人民盡知之性質，於論決算亦然。論者謂前一二世紀革命之原因有人民以無決算之公布者。故辦理決算審核決算，與公布決算等手續在民主國實有與預算同時著重之必要也。

第四目 決算有定期之性質

決算所包括之內容應與預算相同，已見前述。同時其所合之期間，亦應視各該被預算年度之期間及其起訖日期為標準，自無疑義也。

第二節 暫行決算章程中關於決算之規定

吾國最近辦理決算之手續，應依照暫行決算章程之規定辦理。斯項章程係二十一年十月十二日中央政治會議第三百二十七次會議所通過。茲將其所規定之各點臚列于下：

第一目 關于國家決算部份之規定

（一）決算編製及決定之程序

按暫行決算章程中規定各機關所編本機關（包括附屬機關）之歲入歲出決算，為第一級決算。中央各主管機關彙合第一級決算編成之國家各分類決算，為第二級決算。國民政府主計處彙合國家之第二級決算編成之國家總決算，為第三級決算。（見暫行決算章程第四條）至中央各機關編造各該機關上年度歲入歲出決算之國家總決算，為第三級決算。（見暫行決算章程第四條）至中央各機關編造各該機關上年度歲入歲出決算書（第一級決算）應各繕具三份，限十月三十一日以前送達各該主管機關。各主管機關審核第一級決算書，應分別加具審核意見，彙編國家各分類歲入歲出決算書（第二級決算），各繕具三份，連同第一級決算書各二份限

十二月三十一日以前送達國民政府主計處。國民政府主計處彙核國家各分類決算簽註意見編成國家歲入歲出總決算案連同第二級決算各一份第一級決算各一份限二月二十八日以前呈國民政府令交監察院審計部審核審計部審定國家歲入歲出總決算書附入審查報告限四月三十日以前呈監察院轉呈國民政府發交主計處。

國民政府主計處按照審計部已審定之國家總決算并依照暫行決算章程第五條之規定開具以下各事項之計算：

歲入部

歲入預算額

歲入追加預算額

已收訖歲入額

歲入減免額

未收訖歲入額

上年度剩餘額

歲出部

歲出預算額

歲出追加預算額

歲出預算實支額

歲出剩餘額

以上各事項限五月三十一日以前一併繕明呈請國民政府公布之并繕具一份呈轉中央政治會議備查。

（見暫行決算章程第十條至第十四條）

以上為關於辦理決算通常之規定至於在年度間各級機關有裁撤或改組情事者，則依照下列各種規定辦理之。（見暫行決算章程第九條）

1. 機關之裁撤者應由主管機關代為編製。
2. 機關之改組者應由改組後之機關合併編製。
3. 機關之名義變更者應由變更後之機關按名義變更之前後分別編製。
4. 數機關合併為一機關者，在未合併以前各該分設機關之決算，應由併存機關代編。
5. 數機關之預算先合併而後分立者在合併期內，由原機關合併編製分立以後由分立機關各自編製。

（二）決算之內容

年度決算應分國家與地方兩部已見前述至國家部份之決算書無論何級，其主要報告表為決算書一種，其

附件為收支對照表貸借對照表及財產目錄三種。（暫行決算章程第八條）

（三）決算科目

決算上所塡列之科目應與同年度預算書所塡列者完全相同。如有新增收入未列預算及新增支出因情形緊急常時不及辦理追加預算程序事後補請追認有案者均得列入決算。（見暫行決算章程第七條）又第一級決算書科目欄之科目祇塡欵項目三級第二級及第三級決算書科目欄內之科目均塡欵項目節四級，更有第二級決算書內科目之列法依同年度施行之科目細則內預算書塡法說明辦理而第三級決算書內科目之列法依同年度預算案之列法辦理。

（四）決算書表之格式及說明

1. 決算書之格式及說明

  i. 格式

決算書

編製機關＿＿＿＿　　第＿＿＿號

中華民國＿＿年度　自＿＿月＿＿日起　至＿＿月＿＿日止

科 目	本年度決算數	本年度預算數	比較增減數		說 明
			增	減	

編製日期中華民國＿＿年＿＿月＿＿日　　編製機關長官＿＿＿＿　會計主任＿＿＿＿

ii. 說明

決算書上分為下列四欄，每欄之填法如下

（一）「科目」欄——本欄應記原列預算科目之名稱。

（二）「本年度決算數」欄——本欄所記金額在第一級決算內，即將同年度計算書所列各計算數，分別欵項目併計算塡列。

（三）「本年度預算數」欄——本欄所記金額，均照同年度預算書所列之數塡列，其曾追加追減者，須一併計算塡列。又預算書所計之時間，不足十二個月及預算實行期間不足預算書內所計之月份者，均應照預算總額塡列，但須於說明欄內詳細註明之。

（四）「說明」欄——本欄記前條所規定記載，及其他必要之事項。

2. 收支對照表之格式及說明

i. 格式

收 支 對 照 表

編製機關＿＿＿＿＿　中華民國＿＿＿＿＿年度

收					入	科	目	支					出
千百十萬千百十元角分								千百十萬千百十元角分					

機關長官　　　　　　　　　　　會計(主任)

ii. 說明

收支對照表分為收入與支出兩欄，每欄之填法如下：

（一）「收入」欄應填列下列各項：

1. 上年度結存數——在會計年度終結後應將所存餘欵悉數繳庫以期年度分劃清楚，但事實上或有上年度終結未經將餘欵繳庫者即應為之列入本欄之內。

2. 本年度收入各項——凡正雜欵項在本年度收入者分別為之列入本欄之內。

（二）「支出」欄，應填列下列各項：

1. 本年度支出各項——凡坐支撥抵，解繳欵項，在本年度支出者分別爲之列入本欄之內。
2. 本年度本機關節餘經費——本機關節餘經費除填列歲出決算書外又同時列入本表支出欄內。
3. 本年度結存數——本表收支兩抵後所餘存之數列入本表支出欄內。

3. 貸借對照表之格式及說明

i. 格式

編製機關_____　　貸借對照表

中華民國　　年　　月　　日

資產（借方）			負債（貸方）		
號	本屆數（年月日）	上屆數（年月日）	科目	上屆數（年月日）	本屆數（年月日）
增			資產負債		增
減					減
	總		計		

機關長官_____　　　　　　　　　　會計主任_____

第二編　第五章　決算　　　　　　　　　　　三四三

ii.說明

貸借對照表係採取賬戶式,左為借方列資產類科目之金額,凡土地房屋器具機械圖書儀器車輛雜件裝置,積存消耗品現金存欠證劵應收欠項等科目皆屬之。又凡土地房屋係舊有官產未有定價者得酌量佔價記入其他一切資產悉應記購買時之原價焉右為貸方列負債類科目之金額凡欠薪欠銀行欠商號暫存欠項欠出納員保證金欠房租等科目皆屬之。故所有本年度以內應支未支之數悉應列入本表貸方欄內而其未經列入之欠不得在翌年度內動支矣。如本年度資產數大於負債數應用紅筆紀純餘額科目於負債欄其小於負債數者應用紅筆記純短額科目於資產欄庶使資產之總計與負債之總計得以軋平焉本表各欄塡法如下:

(一)「科目」欄——本欄記各項科目之名稱。

(二)「上屆數」欄——本欄內年月日應塡註上屆結算日期,其下分塡各相當科目之金額(借貸兩方塡法相同)

(三)「本屆數」欄——本欄內年月日應塡註本屆結算日期,其下分塡各相當科目之金額(借貸兩方塡法相同)

(四)「增」欄——本欄塡本屆較上屆增加之金額。

(五)「減」欄——本欄塡本屆較上屆減少之金額。

4. 財產目錄之格式及說明
  1. 格式

財 產 目 錄

編製機關＿＿＿＿＿　中華民國＿＿＿＿＿年度

種類名稱	編字號	號數	數量	單價	價值	購置年月	備考
總計							

機關長官＿＿＿＿　會計(主任)＿＿＿＿　庶務(主任)＿＿＿＿

  ii. 說明

第二編　第五章　決算

三四五

財產目錄上分為七欄每欄之填列如下：

（一）「種類名稱」欄——本欄記各項財產之種類及其名稱凡土地場圃池塘房屋一切建築物之新建或購置或撥入以及屬于支出計算書購置品除消耗品及價值不滿一角之物品外皆屬之。

（二）「編號」欄——本欄記各項財產所編列之號數而以一欄之記訖號數列入之，凡不能編號如地產房屋及零星小件等自可除外。

（三）「數量」欄——本欄記各項財產之數量，如地產之畝數房屋之間數其他物品傢具之件數皆屬之。

（四）「單價」欄——本欄記各項財產每件之單價。

（五）「價值」欄——本欄記第「三」欄乘第「四」欄之積數。

（六）「購置年月」欄——本欄記各項財產購置之年月日。

（七）「備考」欄——本欄記其他必須記載之事項。

第二目　關于地方決算部份之規定

（一）決算編製及決定之程序

按暫行決算章程中，規定省市各機關編造各該機關上年度歲入歲出決算書為第一級決算各繕具三份，限十月三十一日以前送達各該省財政廳或市財政局各省財政廳或市財政局彙核第一級決算應分別加具審核

意見，彙編各該省市歲入歲出總決算書，并連同第一級決算各二份，限十二月三十一日以前送達各該省市政府。

各該省市政府限二月二十八日以前將各該省市總決算審核完竣發還財政廳或財政局繕具三份，是為第二級決算并連同第一級決算各一份限四月三十日以前呈由省市政府送達國民政府主計處審核。

各該省歲入歲出總決算書簽注意見附具前述章程第五條規定事項之計算限五月三十一日以前，呈請國民政府公布之，并各檢具一份呈轉中央政治會議并逕送審計部備查又國民政府主計處應將前項已公布之各該省市之總決算，彙編全國地方總決算繕具三份呈報國民政府，并呈轉中央政治會議暨逕送審計部備查至于省市審計處成立後各省市政府應將各該省市歲入歲出決算書送已成立之審計處核定，然後再行送達國民主計處轉呈公布之。（見暫行決算章程第十五條至第十九條）

（二）決算之內容

完全與國家決算之內容相同。

（三）決算科目

地方決算科目，依照地方預算科目辦理。

（四）決算書表之格式及說明

完全與國家決算所用之書表格式相同。

第二編　第五章　決算

三四七

第三節　對于吾國現時決算制度之批評

1. 政府于辦理決算無決心　以上關于吾國最近決算方面之法令，已為之詳盡臚列。斯項法令名雖公布，但各級機關辦理決算程序與時期，實未能一一遵行。總之政府對于辦理預算以與決算並言尚屬比較認真，即以二十年度歲入歲出總預算而論固不計其編製決定及公布之日期如何遲延，以及財務行政長官是否遵行，然其具文固在亦足供吾人研究財政之參考也。而政府辦理決算則又視為一種事後之工作以其無有直接之影響例多不能按照規定手續及期限辦理完竣統觀民國二十餘年來何年政府有總決算向人民公布乎貪污案件層出不窮著者嘗一究其主要原因其中以無善良制度之採行而予貪墨者乘隙以施其技倆之機會為最積二十年來被蝕之公帑何可勝計嘅夫吾人日後補救之策固不僅在辦理預算之一端，而屬行決算制度以與預算制度成為一整個之工作是為唯一之補救方法故吾人于批評吾國決算制度之際希冀政府辦理決算具與預算同樣著重之決心也。

2. 機關于辦理決算太運滯　決算必經各機關審核之特點，已見前述。但吾國現時各機關所辦決算除主管機關加以稽查外審計部并不實行超然審核之工作。立法院并未予以最後之決定故一方面於前述理論為未合。更就另一方面觀之則現時主管機關對于決算之稽查類多視同事後無關重要之工作，故其進行極為運滯，如過

期旣久卽擱置不辦又比比皆是也。

3.人員于辦理決算無訓練 凡一善良制度之設立，必先有善于推行之人。故論辦理決算，必先爲國儲才以利進行也此點亦與著者批評預算制度相同蓋預算與決算直爲一整個會計監督財政之步驟惟一在事前一在事後，不過時間上之一種區別而已。

4.現行法規于辦理決算之規定與會計原理有未合處 著者按主計處組織法所載會計局辦理之事務中第四項爲「關於各機關會計報告之綜核記載及總報告之編製事項」是會計總報告之編製爲中央會計機關之重要職務又按同組織法所載歲計局辦理之事務中第八項爲「關於各機關歲入歲出決算書之核算及總決算書之編造事項」是決算總報告之編製爲中央歲計機關之重要職務所謂會計總報告與決算總報告，內容究屬如何不同是爲吾人所應加以孳討者也會計局旣先根據各機關收支報表及月份收支計算書類之報告，分別爲綜核記載于該局賬冊上如能于斯項報告之間取得相互之聯絡則積各日各旬各月之報告自成爲某一年度收支之總結是以根據會計局賬冊所彙編之總報告，將其各預算科目所得結數綜合計算之又何嘗不能等於決算書中之數字乎職是之故所關會計總報告所包括之範圍可以將決算總報告概括入內而決算總報告，乃總報告範圍內之一部份而已且收支報表多由主管機關所轉遞，故早經該主管機關核算月份收支計算書類不但已經主管機關核算且經審計部審核故就斯項報告所得之財政經過情形及現狀，俱已經過前節所述主管機關

與超然審核機關各種審核之步驟，待會計總報告編竣後，再送交立法或民意機關爲前後一貫之審核，而後所有之審核步驟，皆可緣是以達到目的，并不須有另行編造決算之一種手續始如願以償也。

基於上述決算既可以包括在會計範圍之內，而後者有按日按旬時間上之分別，故以編造所規定期間之不同，卽不能混爲一譚。而會計總報告以一年度爲大結束，與決算總報告以被預算年度爲範圍之性質恰同，故雖用爲庖代，至爲淺顯，因前者係以月份爲編造之單位，而後者有按日按旬時間上之分別，故以編造所規定期間之不同，卽不能混爲一譚。而會計總報告以一年度爲大結束，與決算總報告以被預算年度爲範圍之性質恰同，故雖用爲庖代，而與編造之期間絕無妨礙也。抑尤有進者現時所謂決算非但應着重於預算與決算數字之比較，更當於各級機關資產負債之情形現金收支之實況加以注意。故于規定辦理決算時多于決算書以外附有收支對照表資產負債表財產目錄之類，其作用卽係用以表示上述之情形與實況。同時吾人對于一中央政府會計制度之設計於此種情形與實況，亦屬不容忽略，故常于預算科目之外設有記載現金收支之賬戶并應有資產與負債賬戶之設置，關于斯方面之討論可於第三編簿記組織系統論中詳之。總之所謂廣義上決算書所應包括之範圍，在會計總報告中亦屬包羅無遺用已編之會計總報告以代替須各級機關逐步編製之決算書實有節省手續與時間而得同樣結果之功效。惟關於斯項意義之討論現時尚無人提及，故特表而出之。至就現行法規而論暫行決算章程規定所應編造之報表種類甚多，固其中頗有與計算書類相重複及相乘異者，而尤以收支對照表一種所規定之內容，爲最欠妥當在計算書附屬表中本有收支對照表第一號與第二號兩種之規定第一號爲表明稅款收入及處置

情形之用,而第二號則為表明經費款收入支出情形而設但於決算書附屬表中,又強將此兩種性質不同之報表,合而為一致付發生兩種性質不同之結數,一為經費款內之經費結餘,一為收入欠內之現金結存如此處置收付兩方如何使之軋平實一問題也。

第四節　對于吾國應有決算制度之擬議

1. 對于以會計總報告代替決算之擬議　關於決算總報告可以會計總報告為代替,而不必另行編造一層,已見前述。故日後會計總局如能產生一種吾人理想中之會計總報告時,則編造決算之步驟即可藉以省略也。
2. 對于決算應用立法或民意機關為最後決定之擬議　關于立法或民意機關應審核決算之原理,已見前述故日後會計局編就之會計總報告應送立法或民意機關為最後之審核及決定,然後呈請政府公布而成為全國決算總報告也。

第六章　審核

計算與決算須經過特設機關之審核,已在前兩章中為之發明。本章則分別將此種特設機關審核上之程序,

第一節　審核之意義及種類

第一目　審計之意義

（一）審計之意義

審計（Audit）者乃就會計上之報表賬簿及原始單據加以稽查幷予以證明之謂。第一應明瞭以上各項事實之發生及其內容若何。第二每一賬項之發生及其處置其間經辦之人員是否賦有一種合法之權限。第三設有賬簿上之誤記事實上之誤收誤支等情其經辦人員之責任若何。諸如此種問題凡爲斯項審核者皆須予以稽查及證明者也。總之關於審計方面之工作約有下列六端：（一）以第三者之地位審查會計上之報表賬簿及原始單據考察其有無錯記錯結或漏記漏結之處若有斯項錯誤則分別爲之改正同時對於分錄時原理上之錯誤登過及結轉時手續上之錯誤亦可加以糾正。（二）以第三者之地位審查各種賬項確定經辦人員是否賦有斯項

權力與否，如考察傳票或憑單上有無負責人員之簽名蓋章等是。（三）審查現金結存是否確實物品材料之現存數是否與賬簿上所列之結餘數相等又須審查屬於資力負擔及資產負債各方面科目所表示之結餘數，是否與實際情形相符。（四）審查或諮詢所徵獲之稅雜各款所購置之物品材料，或以數量言或以質量言有無偽造報銷之情形。（五）用種種可能及有效之方法以審查經辦人員有無不忠實及不經濟之事端發生換言之，即發見記賬與計算上有無欺詐與舞弊。（六）將以上五端所得審查之結果彙編一份報告以表明審查者之地位權限所經審查之事實及實獻之意見若何根據以上六點關於審計工作之內容可以思過半矣茲再將審計之種類加以詮次於下：

（二）審計之種類

若論審計之分類，必先就其分類之標準點，從事研究。一般審計學上將審查分類為三種：一依審查之次數為標準一依審查之範圍為標準一依審查手續之精粗為標準。但在政府各級機關之審查手續除於以上三種標準外更可依審查機關之權限及其對於行政部份執行之程序試為之詳細論究於下：

1.以審查之次數為標準 以審查之次數為標準可分審查為下列兩種：（一）繼續審查，（二）期末審查。

繼續審查者分一會計年度為若干短期間于各該短期間內分別舉行審查之謂也通常所謂繼續審查，大抵每月

舉行一次，而在月末行之。惟欲其效果之大，以不先預定審查日期，而使執行部份人員無從防範爲宜。期末審查即一年度完了之後開始審查之意，年度進行之中，對其會計一切不加審查，俟至期末該年度收支完全清結之後然後舉行一次總審查。其弊固使執行部份人員易於防範，而生弊竇，然以手續簡單，于小規模之事業似亦可適用也。

2. 以審查之範圍爲標準　以審查之範圍爲標準可分審查爲下列三種：（一）現金審查（二）資產負債表及資力負擔表審查（三）精密審查。現金審查者，審查舉行之範圍只限於現金資產負債及資力負擔表審查之範圍較前爲廣，而以該表所載各項目之當否爲限。精密審查之範圍則視資產負債表及資力負擔表之審查範圍爲更廣，舉凡有關財政經過情形，及財政現狀之賬項，及隸屬于此種賬項之單據賬簿，皆須加以審核而確定之。依上所論三種審查方法，自以第三方法爲最完善也。

3. 以審查手續之精粗爲標準　以審查手續之精粗爲標準可分審查爲下列兩種：（一）全部審查，（二）一部審查。全部審查者，謂一期間中所發生之賬項須完全加以檢閱之意。爲精確計自以此法爲宜，而有時以一期間所發生賬項次數太多故不易爲之全部整理，因有所謂一部審查之一部審查者，非若前者審查全部之賬項，乃就同種類之賬冊中，以一部份對照原始單據而考覈之，其他部份卽依此已考覈部份所得之結果爲之推敲，以確定其當否。一部審查當然不能博得極端準確程度，然于賬項十分繁複時，勢亦不得不採用之也。

4. 以審查機關之權限爲標準　以審查機關之權限爲標準，可分審查爲下列四種：（一）本機關審查（二）

行政主管機關審查，（三）超然審查機關審查，（四）立法或民意機關審查關于各機關之決算書表，須經過以上四種機關審核在前章中已爲之叙明，無庸贅述茲于超然審查機關一點更爲之詳細論究于下所謂超然審查機關審查者，乃一種不受行政長官所節制之機關實行之審查在此種機關工作之人員可用其自由意志居第三者之地位以發表其意見如現時吾國國民政府監察院之審計部即爲實行斯項工作之機關也。

5. 以被審查行政事務之種類爲標準 以被審查行政事務之種類爲標準可分審查爲三種：（一）歲入事務審查（二）歲出事務審查（三）金庫事務審查以上爲依被審查行政事務爲分類標準，理至淺顯也。

6. 以審查對於行政執行之影響爲標準 以審查對於行政執行之影響爲標準可分審查爲下列兩種：（一）事前審計（二）事後審計斯項審計方法于政府各機關尤爲適用其理由如下：事前審計者乃就事實未經成立以前加以審查之謂此種審查可使政府一般行政官吏於執行收支事務以已經一度審查而可藉此以減輕其責任就消極方面言對于一般行政官吏欺詐舞弊之技倆行爲於事前可以加以限制在斯方面之工作如審查徵收機關之徵收命令及支出機關之支付命令皆屬之事後審計者乃就事實既經成立以後對於各機關所造送之報表重行加以復核之謂以有斯項工作之存在凡各級政府機關對於已經事前審計各賬項之執行是否忠實又可復按焉。

第二目　稽核之意義及種類

（一）稽核之意義

稽核（Inspection）之解釋，可就行政與審計兩方面言之。就前者言爲行政主管機關向附屬機關考查實際情形之一種調查斯項考查之結果，可以用爲附屬機關對主管機關命令是否遵辦之重要證明。就後者言由斯項考查所得之口頭或書面報告復可用爲審計上所需要之重要佐證是以稽核一項工作，無論在行政或監察機關，皆極重要也。又普通所稱審計大都包括實際考查與審核賬簿表單書册兩種而前者又類似後者工作之手段後者則爲前者工作之目標。故實際相互爲用以形成整個之審核工作也但在吾國現時所稱審計工作係完全指該名詞之狹義解釋而言即就書面報告加以審查之謂而稽核工作則指實際調查一方面而言觀於前段所叙明者亦可知其大概矣茲再將稽核之種類述之於下：

（二）稽核之種類

若論稽核之分類亦應先就其分類之標準點從事研究此種標準約有如下之六種

1. 以稽核之起因爲標準 以稽核之起因爲標準可分稽核爲下列二種：（一）一般稽核，（二）被檢舉稽核。

   1. 一般稽核者，乃係超然稽核機關日常之工作而被檢舉稽核者，乃係因有人檢舉而發生稽核之工作也。

   2. 以稽核手續之精粗爲標準 以稽核手續之精粗可分稽核爲下列兩種：（一）全部稽核，（二）一部稽核全部稽核者謂一期間中所發生之賬項，須完全加以稽核之意。一部稽核者乃將同種類之賬，抽出一部

加以稽核之謂也,其利弊與前目審計中所論者相同。

3. 以稽核舉行之期間為標準,以稽核舉行之期間為標準,可分稽核為下列三種:(一)設立稽核,(二)平時稽核,(三)交代稽核設立稽核為每一機關於設立時所施行之稽核,如檢查其會計制度簿記組織系統等項皆屬之。平時稽核乃指通常之稽核而言交代稽核為在長官交替時所施行之稽核即通常所謂之監盤是也。

4. 以稽核機關之權限為標準,以稽核機關之權限為標準可分稽核為下列四種(一)本機關稽核,(二)行政主管機關稽核,(三)超然稽核機關稽核(四)立法或民意機關稽核以上四種稽核工作之解釋與審計方面之解釋相同。

5. 以被稽核行政事務之種類為標準,以被稽核行政事務之種類為標準可分稽核為下列兩種:(一)歲入事務稽核,(二)歲出事務稽核(三)金庫事務稽核以上三種稽核工作之解釋與審計方面之解釋相同。

6. 以稽核對於行政執行之影響為標準,以稽核對於行政執行之影響為標準可分稽核為下列兩種(一)事前稽核,(二)事後稽核事前稽核者即係一機關之內部牽制組織此點已在本編第二章收支程序中討論之矣至事後稽核一層則係補救事前稽核力量不足之用通常斯項職務應由居于超然地位之稽核機關執行也。

第二節　吾國現時通行之審核程序

審計部組織法上有關各廳處設置之重要條文，已在前第一編第二章中敍明。但現時該部只成立一二兩廳。第一廳掌理關於監督預算執行事項，第二廳掌理關於審核計算及決算事項。是第一廳主管人員執行事前監督，僅知事實之因，不明事實之果，而第二廳主管人員執行事後監督，亦只知事實之果而忽略於事實之因，就表面觀之，二者尚未能相輔而行，以完成其大任也。茲將二廳所經管之事項臚列於次：

第一目　審計部第一廳事前審計之工作

（一）關於支付預算書之審核

審計部辦理審計之程序採取嚴密三審制。科員任初審，科長復審，審計三審。如關于支付預算書之審核，凡中央各機關關於預算年度內各月份所編送之支付預算書於送達該廳後，卽由該廳交科，由科內主管核算員負初審之全責。此種審核應注意下列各項之規定：

1. 送核日期與手續是否與法令規定相符。
2. 預算數是否經法定機關核定。
3. 預算數是否以預算案爲範圍。
4. 預算科目之流用及改正是否正當。
5. 預算科目與法令有無抵觸。

6. 備考之說明與科目之編製是否相符。

7. 預算書之格式是否合宜。

8. 預算書有無加蓋本機關與其長官及會計主任之印信。

以上八點經過一度審核如確有錯誤之處應由核算員粘註簽條，以便復核。但無論有無錯誤，核算員當具審查報告於主管審計與協審審計與協審復核時，如仍認有困難問題則可提出於審查會議解決之。如在該會議仍不得解決則由全部審計會議決定之，是為審計部第一廳審查支付預算書之程序，其所用預算審核報告書之格式如下：

預算審核報告書

機關名稱	年度	預算類別	備查
	年／月份		預算報告／審查報告

民國　　年　　月　　日　第　　科　科長（簽名蓋章）核算員（簽名蓋章）

(二) 關於財政部國庫司簽發支付書之審核

國庫簽發款項按照審計法之規定,須經審計院簽字通知核准後金庫始得付款。當財政部將支付書送到審計部第一廳應先由廳長批交主管科應由科內主管核算員隨到隨辦。除有不得已之事由外自收受之日起不得超越三日,即須送還財政部。故該主管核算員於接到斯項通知及其附件後須為之詳細查對考核以視有無查詢之事項,然後將准駁理由填具一理由書經科長簽名蓋章後送由主管審計協審覆核,批示核駁。斯項書據之格式如下。

支付書准駁理由書

准駁理由		領款機關	支付預算數	已支數	現支數	未支數	年度
初審	復審						年月份
		第　　科科長（簽名蓋章） 　　核算員（簽名蓋章） 　　　年　月　日					用途

上項准駁理由書業經復核准予簽發，即乃交科由原辦核算員填具四聯審查支付命令核准通知書，其第一聯為存根由主管科截留備查，第二聯通知財政部，第三聯通知領款機關，第四聯為核准報告書為報告該部長官之用，其格式如下：

四聯審查支付命令核准通知書

審計部審查支付命令核准通知書
　　　存根

領款機關或人	金額洋	支付命令	已于　月　日核准并將支付命令送交	中華民國
主管機關		字第　　　　　號係　年度　　費	年　月份	字第　　年　月　日

審計部審查支付命令核准通知書

領款機關或人		主管機關
金額洋		
支付命令 年 月份 字第 號係 年度 費		
經本部核准簽字送交		
查照此致		
財政部		
	特此通知即請	
	審計部部長（簽名 章）	
	副部長（簽名蓋章）	
中華民國 年 月 日		

審計部審查支付命令核准通知書

領款機關或人		字第		號
金額洋				
支付命令 字第 號 係 主管機關				
年 月份 年度 費				

已於 月 日 將支付命令核准簽字茲特函達請

查收此致

　　　　　　　　　　　審計部部長（簽名蓋章）

　　　　　　　　　　　副部長（簽名蓋章）

附 字第 號支付命令 紙

中華民國 年 月 日

```
┌─────────────────────────────────────────────────┐
│ 審計部支付命令核准報告書                         │
│                                    字第      號 │
│                                                 │
│ 茲准財政部送到                字第              │
│                               號支付命令        │
│ 所列金額業經審查與            相符應即核准理合報告│
│                                                 │
│ 副部長                                          │
│ 部　長                                          │
│                        第一應審計兼廳長（簽名蓋章）│
│                                    審　計（仝    │
│                                              右） │
│                                    協　審（仝    │
│                                              右） │
│                               第　科科長（仝    │
│                                              右） │
│                                    核算員（仝    │
│                                              右） │
│                                    科　員（仝    │
│                                              右） │
│ 中華民國　年　月　日                            │
└─────────────────────────────────────────────────┘

又如上項手續復核時予以拒絕會簽，則另用公文敍述核駁之理由送還財政部，是爲審計部第一廳應審核支付命令之程序。又核算時該部所規定應行注意之事項約如下列所述各點：
```

1. 有無預算案或法案作爲根據。
2. 支付款額是否與預算案或法案相符。
3. 每月是否依法定期限及手續編送以預算案爲根據之月份支付預算書。
4. 有證明效力之文件是否與支付書內容相符。
5. 支付書內之支付金額機關名稱年度月份用途款項等是否完全幷無錯誤。
6. 財政部負責諸長官是否在支付書內簽字或蓋章。
7. 是否填有代理金庫之銀行（指坐字撥字支令而言）
8. 是否附有抵解書及收據（指坐字支令言）
9. 支付書係何日收到。
10. 填寫核准通知書時四聯字體均須一致，金額須用大寫。

第二目　審計部第二廳事後審核之工作

（一）關於月份收支計算書之審核

凡中央各機關於每一月份過去後應有月份收支計算書類之編製。（無月份限制之支出，亦應按照規定編送計算書又各徵收機關所造送之月份收入計算書現時該廳幷不加以審核。）第二廳審核各機關支出計算書

類之程序亦由科員作初步之審核，擬就審核報告書送科長復核。科長認爲無問題，卽由科員繕具審核證明書，由科長送請廳長核閱後轉審計復核，經審計會議之通過由主管之審計簽字決定。設科長認爲有問題者，卽由科員擬就審核通知書稿由科長送請廳長核閱後轉審計復核予以修正，提出審計會議通過之。上項審核之標準爲下列各項：

1. 核對預算　將計算册與預算册參照逐款核對審查其有無超過預算或預算外之支出。
2. 審查數目　審查原列各項收支數目核算是否正確。
3. 審查單據　審查各項單據與單據證明規則之規定是否符合。
4. 審查用途　審查各種用途是否合法及正確。
5. 審查方式　審查書表及簿記方式是否與該部所定之方式相合。

以上五種手續，得由一人兼任或數人分任之。惟經過後須加蓋印章於該項表册上，作爲業經審查之證據。又各員辦理審計事項手續完竣，卽須互調復審，以昭愼密。茲將關於審核計算書之各種書表臚列於下：

1. 審核報告書

2. 審核證明書

審計部第二廳審核報告書

某機關　　年　月份　　書類

察核

經職等互調復審完竣茲將審核結果報告於左敬祈

指示祇遵謹呈

廳長

計開　　　　　　　　科　月　日

（一）關於收支及存欠數目之報告
（二）關於浮濫支出事項
（三）關於收支單據之不當事項
（四）關於書表方式之不合事項
（五）關於應行剔除追繳或償還事項
（六）關於計算上之錯誤事項
（七）關於繕錄之疏忽事項
（八）批評

審核證明書存根

機關名稱		
審核書類		
書類月份		經常門 臨時門
預算數	支出計算書　份	經常門 臨時門
計算數	收支對照表　份	經常門 臨時門
實領雜項收入數	單據粘存簿　本	經常門 臨時門
上月結存欠數	附屬表　本	經常門 臨時門
本月結存欠數		經常門 臨時門
剔除數		經常門 臨時門
更正數		經常門 臨時門
核銷數		經常門 臨時門
副部長 部長		

右列書類業經審核完竣尙屬符合應即核准發給證明書理合報告

審計兼廳長
協審兼科長
科員　填發

中華民國　　年　　月　　日　填發

審計部審核證明書

證字第　　號

機關名稱

審核書類　支出計算書　　份　收支對照表　　份　附屬表　本　單據粘存簿　本

書類月份　民國　　年　　月份

預算數　經常門
　　　　臨時門

計算數　經常門
　　　　臨時門

核銷數　經常門
　　　　臨時門

右列書類業經審核完竣尙屬符合此證

中華民國　年　月　日

審計部部長

3. 審核通知書 審核通知書者爲審核上認爲有不確當之處發給各機關通知其主管長官提出聲辯或執行處分等該書卷端與證明書相仿惟無核銷數一欄後列各種事項應分別述之於下：(一) 處分事項凡僞造塗改作弊之單據意圖侵蝕公款經審核確實除悉數剔除外應呈報監察院轉呈國民政府予以處分懲戒者則列此項。(二) 剔除事項凡超出估定預算額外溢支及一切不合法令之支報欠項應予剔除繳還者列入此項。(三) 補送事項凡計算書類及單據不全或所報之單據不能認爲支出之有力憑證須待補送其他單據或清單樣張合同等再行辦理者；有收入之機關未附送收入計算書年度終了機關裁撤或新舊任交替時未送財產目錄應提出補送者均列入此項。(四) 查詢事項凡審核中發生疑義無從確定應予提出查詢待其申復再行核辦者均列入此項。(五) 發還事項凡計算書因其編製不合須發還重編報支之單據有不合程序者如提前列報等之單據及重要單據如合同契約證明文件等各機關須自行保存備考申請發還者均列入此項。(六) 更正事項凡因繕寫疏忽抄錄筆誤等之錯誤均列入此項。(七) 注意事項凡不合會計原理上程序上格式之一切謬誤情節輕微者則列此項提出注意。

(二) 關於決算書之審核

上述第二廳審核計算書之工作現時僅限於支出計算之部份至於收入部份則暫未實行又關於審核年度決算部份則空有規定，向未實行。依據斯項規定審計部於每會計年度之支出決算書審查完結後應發一核准狀

於原送之機關以證明之惟此種核准狀迄未用過故祇有前審計院所規定之一種空白格式存焉其格式如下：

核准狀

國民政府審計院核准狀　　　　　第　　號

（一）所審核機關
（二）會計年度　民國　　年
（三）預算數　經常費　臨時費
（四）計算數　經常費　臨時費
（五）備考

茲查（某機關）民國　　年度計算書除上列第五項外尙無不合應予核准此狀

左狀發給

　　　　　收執

院長

中華民國　　年　　月　　日

第三節　對于吾國現時通行程序之批評

上節已將吾國審核情形為之詳盡臚列，至關辦理上項事務實際困難之點，約有以下六點：

1. 預算不完全　目前審計部第一廳審核支付書之最大困難莫如預算不完全，預算不完全，則全國收支狀況無從為之綜核比較，故欲於此時執行完密之事前監督尤感無窮困難也。

2. 國庫不統一　現因尚無統一之國庫為政府專司款出納故財政部所簽發之支付書分為三種其中直字編號一種係先送審計部會簽然後發款其餘坐字與撥字編號支付書類皆先行用欵事後補行抵解手續填發支付書而已衡以事前監督之本旨已不相符然現時國庫未能統一確係事實故在審計部又不能不舉行上項支令之補簽手續更有賠欠債務等用款現時幷此支付書而不備者又無論矣

3. 未施行實際稽核工作　官吏舞弊事件之發生即審核報表以及單據等項，仍有時不能發現其弊竇之所在此非實際檢查不為功審計部原須設置第三廳實施稽核冒濫及不法之事件惟蹉跎至今仍未成立誠一大憾事也。

4. 未設置審計處及審計辦事處　事前審計首貴迅速。我國幅員遼闊交通不便公文遞送動須時日現在各省均未設有審計處故所施行之審計之效力只限於中央一部份。然同屬國家之收支事務嚴於此而寬於彼殊失政治之平故各省市之審計處或其他審計辦事處，頗望其能及早設立也

5. 審核計算書祇限於歲出一方面，舞弊事件於歲入及歲出兩方面各有其發生之機會如審核工作，只限

制於歲出一方面則同時執行歲入與歲出事務之官吏可以藉此機會用避難就易之方法於歲入方面多多舞弊，而於歲出則極力彌縫使無一失司審核之責者亦終無緣為之發覺豈非設法以啟人之作弊乎故歲入計算書之審核應與歲出計算書之審核同時注重。

6. 事後審計祇限於計算一方面　現行審計法中雖有對於決算書類由審計部加以審核之規定，惟以各級機關每年辦理決算例多因循故事無有成效故審計部於此斷續之決算書類，亦感有無法處理之困難於是不能不暫且放棄原賦審核之權力矣計算與決算之分別在前章已經分別為之敘明。故吾人認支出機關之月份支出計算書雖經審核，不可視為完全解除責任年終決算書經過審核領得核准狀，始可視為最後手續之完全但現時審計部對於審核決算所應頒發之核准狀竟始終未曾一用可勝嘅夫!

以上六點為吾國現行審核制度上之缺點易言之卽為辦理斯項工作所感受之困難。至吾人由於斯項困難而聯想補救之方法則於下節中詳之。

第四節　對於吾國應有審核制度之擬議

1. 最近應有之改進　由於前節所申述之批評而聯想審核機關自身現時應有之改革為下列五點：

    i. 審計部現有第一二兩廳似可合併。

三七三

ii. 成立審計部第三廳施行稽核之工作。
iii. 成立審計處與審計辦事處施行各級機關之審核工作。
iv. 應於收入計算書加以審核。
v. 應於決算報告書加以審核。

以上五點乃為吾人今日極小之願望。至於理想之審核工作，應以下圖為依據焉。

2. 理想應有之制度

理想中之審核工作構成圖

依據上圖，吾人可知在審計方面完全著重事前監督一層，又審計係與稽核雙方相輔而行，以完成其重大之任務譬如歲入欵之徵收由該原徵收機關發出收入命令經過稽核長實際之檢查并將檢查結果通知審計長審計長再將上項檢查結果與預算金額相比較就原開之命令爲之會簽納稅人再根據已會簽之命令繳納現金於金庫又此類賬項之發生可由會計長逐一爲之登過并以登過結果編成報表再供歲計長用爲研究改進行政效率及編製下年度概算及預算之根據又如歲出欵之發生由該原支出機關發出支付命令亦經過稽核長實際之檢查并通知審計長使與預算金額相比較而後就原開之命令爲之會簽債權人再根據於已會簽之支令向金庫領取現金其餘手續亦與歲入欵相同總之一國財務行政居一切庶政之首要地位而貪汚事件可爲不完善財務行政制度所易致故吾人對於斯項制度之規定尤其會計監督之一點自應不厭求詳爲之釐定。庶使貪汚得以剷除，政治得以清明，斯爲極致也。

第三編　簿記組織系統論

第一章　本編總論

前編所論完全為政府各級機關財務行政上之秩序,而由於執行斯項事務所編製報表,乃為表現上項秩序之結果。惟就吾國情形而論各機關編製之報表頗有不由於賬簿,或由於一部份不合近世簿記技術之簡單紀錄所產生。此類機關於編製報表之時大致恣意而為之,此種程序通常謂為造報銷是也。故欲糾正斯項積弊,而用適合科學之方法以編製報表,則惟有規劃新式之簿記組織系統是賴。而且各級機關之性質相類似者,則應由其主管機關為之規劃一種統一之制度以資推行,是又惟有規劃統一之簿記組織系統是賴。本編所論,則將於上述兩端分別為之闡明又有簿記組織系統應以各相類似之機關先行歸類而後敍述之。故吾人除先敍述普通原理外,於討論現行制度及其改革時,仍照以前兩編所論徵收與支出機關及國庫三部份個別為之論究焉。

第一節　設計簿記組織系統之程序

在前第一編中於討論會計學定義時曾謂會計學，係研究用敏捷之過程及明晰之方法以產生關於財政數字報表之科學。依據上述定義故近世研究會計學者對於一簿記組織之設計皆有一致之步驟，即以規定所需要財政數字報表為起點斯項報表之上先決定其應有之科目然後搜集材料即可循此道路以行亦猶航行中之指南針操舟者莫不由是而為之決定方向者也又在報表格式內容決定之後所謂總賬科目亦因而定次須決定記錄並過入此種科目之登記簿格式，如特種簿冊上特種欄之擬訂無非以極經濟之方法使原始憑證上之資料容易過入相當賬戶之中再次為原始憑證格式之規定將應用何種格式方能使報表內容充實編製廣博與填送迅速總之報表為整理及記錄原始憑證最後之目的物原始憑證為供給編製報表之權與總清賬戶登錄簿冊特為其過程而已。故任何簿記組織之設計應視此為至高無上之金科玉律焉

以上為設計一種單一組織簿記系統之步驟。在現時機關組織逐漸演進期中竟有若干組織在橫的方面其內容可包括製造存儲運輸及銷售各個部份者在縱的方面可以由總機關而分機關由分機關而支機關者故以如今機關組織之龐雜而影響於簿記組織者為尤大現就內容一點而論於是由一機關之會計部份可以分為總管理處會計分機以分為成本堆棧及營業各個部份。至就範圍一點而論於是由一整個普通會計部份可

關會計及支機關會計各個部份緣此又可以知總管理處所造具之報表，應包括所有各部份及附屬分支機關在內分機關所呈送主管機關者又應包括所屬支機關在內。如支機關仍有附屬機關者其於支機關亦然總之，一機關組織之範圍愈大，則其會計制度之設計愈難，而其間之程序實屬顯有軌路可循而不容有毫髮之淆亂也是以主管人員之所欲參閱報表之原始資料，在橫的部份由工廠堆棧交通及營業機關所自來，在縱的部份爲各分支機關所造送職是之故總管理處之總報表應在最先爲之決定，決定之後則其應得之材料亦即工廠堆棧交通與營業等機關以及附屬分支機關之報表，可以緣此得有規定。是以主管機關簿記組織系統之設計取決於總報表而各部份及各分支機關簿記組織系統之設計乃取決於向主管部份報告之報表此又爲設計上一定不易之步驟。設若先後之次序有顛倒，則將來處理上之困難必將隨踵而至也。

又所謂普通會計原理不過就各種機關中研究一種普通相同之程序。至在實施方面，則以不同機關之故常應於某一機關，劃定其特設之賬戶與簿冊。依據上述現今各種機關本身皆有其特異之點吾人僅可就其近似者分爲各組分組之中，或再分爲若干小組，然後將某組或某小組相同之程序加以研究，再爲之規定辦法故無有甲機關之辦法而能完全適用於乙機關者也。

綜上所論在普通會計之中，每一私人或團體企業，對於提出財政數字報表，只限於該項營業之所有者而已。

惟在政府各機關對於財政數字報表之有關係者及有讀該報表之興趣者，則可分爲下列三種：（一）備本機關

第三編　第一章　本編總論

三七九

主管長官閱覽之報表(二)備其他行政及立法或民意機關閱覽之報表,(三)備民衆閱覽之報表屬於以上第一種者,即以一支出機關爲例,該機關主管人員所欲參閱者,輒以有關該機關本身未開支歲出預算數之情形爲最重要,故向該長官提出報表,亦以有關歲出預算數字情形之報表爲首要也,又以上所申述歲出中之開支數係指明實際上已經支付之金額,其他未經以現金支付而在準備支付中者,亦須包括在內,蓋以準備支付者將來即可變爲債務,而減低未開支之金額也。總之,就支出機關言,其主要報表在告知主管人員以未開支之預計歲出總額也。屬於以上第二種者,則以編製報表之對象爲政府各機關。換言之,亦即指財務行政上有關係之各方面而言也。編造會計報表之主要目的,即爲供給以上各方面在設計會計制度者,應首就政治方面攷察財務行政,然後就技術方面研究,如此方能切合實用也。美國會計專家穆銳(Morey)氏嘗論有關斯方面之報表,計有下列七種,此處只分別言其大概:

1. 收支科目分類表　用以表明本期間內收入支出之情形。
2. 歲入總表　用以表明歲入應課數,已徵數,未徵數等情形。
3. 歲出總表　用以表明歲出預算數分配數,保留數,應付數及已付數等情形。
4. 普通資金外之各種專款收支科目分類表　可參閱以上第1.項之說明。
5. 長期負債明細表　用以表明政府所發行之各項公債庫券所欠本息之情形。

6.各項基金之資力負擔表　用以表明各種專款上之流動資產，及歲入預算上所預計征課之資力與短期負債，及歲出預算上所預計支付之負擔等情形。

7.管理會計事務機關與管理現金事務機關賬簿餘額互證表 (Statement of the Treasury with a Reconciliation between the Treasury balances and the accounting office balances) 用以證實兩方面賬簿上現金賬戶之餘額是否相符。

屬以上第三種者，則以國家官吏係受人民之委託以完成其責任，對於其職務故有向委託者報告之義務。其中尤以負有公款收入存留支出責任者，平時應有一詳細精確之記載，然後將此種記載向民衆公布。一方面使民衆信任政府，他方面政府亦可藉此解除其責任。但現時各國通行之簿記組織系統所編製之報表冊多不能收上述之功效。一因報表中之所列入者不盡為民衆所欲明瞭之事實，一因所編製之報表固不易使一般民衆讀之瞭然此種缺憾至須改良，故新式簿記組織系統之設計更感重要也。茲更將穆銳氏所論有關斯方面之十種報表，臚列於后此處亦分別言其大概：

1.弁言　用以申述本機關之權限宗旨及經辦會計事務之程序等情形。

2.比較資產負債表　用以表明本年度年終資產負債及淨值之情形同時可將前上兩年度之金額相加入內，以資比較。

3. 合併資力負擔表　用以表明各種專款上資力以及負擔情形。
4. 收入明細表　用以表明普通基金上各項收入來源之詳細情形。
5. 支出明細表　用以表明普通基金上各項支出性質之詳細情形。
6. 普通基金外之各種專款收支科目分類表　用以表明普通基金外之各種專欵上收入支出之情形。
7. 國債總表　用以表明國家長期負債之情形。
8. 國產總表　用以表明國家固定資產之情形。
9. 其他會計及統計報表　各視其需要與否而定。
10. 結語　用以申述財政經過情形之要點，現在狀況之大致，及將來施政應有之步驟等。如一切賬務會經審核機關或私聘會計顧問審核者其所出具之證明文件亦當附列於后焉。

綜上所論可見政府各級機關所編製報表之對象有三，故會計報表之編製，亦應互異。而吾人當以一種會計制度，編製各套之報告表冊，此論政府會計之設計，而有異於其他普通會計之要點也。其他關於報表種類上科目名稱上收支計算上程序分類上各種個別重要問題，則將於以後數段中分別詳論之。

第二節　處理簿記組織系統之程序

若論處理簿記組織系統之程序又恰與設計上項程序之次序相反,茲先以簡單之圖表闡明之。

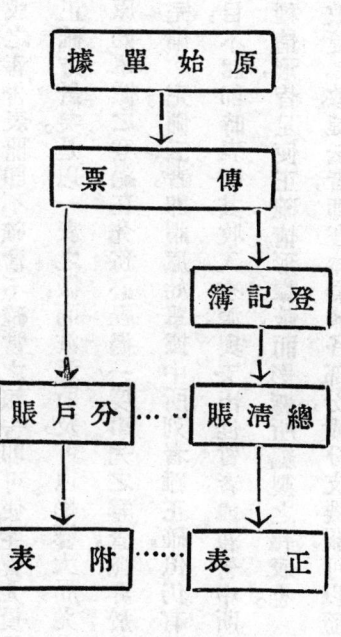

試觀上圖程序,先就原始憑證製為傳票分別登載登記簿與過入分戶賬。此項總清賬分戶賬則依各個機關或個別性質分類登記簿中之日結或月結總數應用分錄法分別過入總清賬上各賬戶之金額應與其所隸屬分戶賬上相當賬戶結數相加之和相等總清賬係用為編製各種正表之用。分戶賬為編造附屬表之用是以登記簿與分戶賬上兩者所列之金額不但可以互相鈎稽以審查其有無登過錯誤之發生,且為編造報表便利起見正需此種會計程序以處理之也。

三八三

第三節 簿記組織系統應有之內容

第一目 正表及附表

（一）報表上材料之所得

通常報表上材料之所得例應注意於以下之三點：

1. 正確 報告表冊所表示之情形其確當程度繫於原始單據之正確與否原始單據之數字，如係虛擬，則緣此而構成之報告表冊即不確當不確當之報告即可使主管人員得一不確當之觀念其將來決定政策又可從此而失其正確方針矣。是以一表之微，而波連所及，可以影響大局尤其在現今商業競爭尖銳化之時期中為然也。故論一項原始單據之登過在先務必經過一度事先之審查無非於此而博得一比較正確程度而已。

2. 完備 完備云者卽謂原始單據中所列者雖正確但仍有其他賬項不能完全記載入內如多用暫收與暫付等科目不能卽時表明其收入來源與支出性質者或報告中所列實為所有賬項中之少數所未列者反為多數諸如此種情形皆不足使正確情形矇蔽而影響所編製之報表也。

3. 敏捷 敏捷云者卽在本機關各部份或分支機關可以隨時供給總管理處以材料。如用年報者則總管理處於一年過去以後始得悉其經過情形如以年報為遲緩可用月報代之月報者總管理處於一月過去以後始得

悉其過去情形如以月報為遲緩，則可以旬報代之。旬報者總管理處於一旬過去以後始得悉其經過情形若再嫌其遲緩又可以日報代之。如以日報仍為遲緩則每日可用電報報告是故會計報表之取得不但期望其內容正確與完備更當著重送達敏捷庶使主管人員可隨時得知有時間性之資料也。

（二）報表上材料之編製

報表之格式通常分為兩類第一，為賬戶式，即分報表為收付兩方，而后列舉科目之名稱及金額此種格式之優點，在於合乎基本之會計原理然以所佔地位太大故就節省紙張起見則視以下第二種格式為劣第二為報告式，即報表依豎行逐漸排列在資產負債表中先資產後負債以訖淨值為止在損益計算書中則先收益而後為損失其優劣點亦適與前述第一類為相反此外尚有英國式之報表其習慣在資產負債賬戶式之報表中收方列負債，而付方列資產其意見只偏側於持重之方面而昧於普通會計原理可以一望而得知也其他報表上材料之編製通應應注意者又有以下三點：

1. 明晰　明晰者何卽卽各種同類性質之資料用一簡單賅括科目名詞表明之。各種科目具有相同之性質更應為之合併故一報告表冊必如此剖分明晰庶讀此報表者可以按表而知財務行政上癥結之所在，對症發藥方收功效是報告表冊不注意明晰，不足以克奏膚功也。

2. 賅括　賅括者何，卽所有表冊必由簡馭詳各種正表中所列各項，皆應有受其統馭之一分表。分表中所列

各項，亦應有受其統馭之明細表，由總表知其大概，由分表得其詳情，此編製報表之要訣也。

3. 完全　完全者何，即謂所得之材料皆須列入相當期間報表之中，雖有因科目之劃分而餘剩無從歸納之賬項，但仍須設法處理之。庶使報表中關於各種財政上之數字皆可羅列無遺也。

總之關於會計報表之編製須以最明晰之方法最賅括之格式將所有一切材料包括完全，方稱蕆事。

（三）報表之種類

財政報表之種類不外分作兩種：其一，用以表示財政現狀，其名曰資產負債表。其二，用以表示財政經過情形，其名曰損益計算書。後者有如影片，影片中之過程，爲事實經過情形其最後之一幕，則爲以上過程之結果。表示結果所用之資產負債表其中所列者爲資產負債科目（Real accounts）表示經過情形所用之損益計算書其中所列者爲損益科目（Nominal accounts）。徵諸私營事業之會計報表，無不皆然也以上二表斯爲正表。而爲說明上項表冊相互之關係，則應有分析表之編製爲資金來源處置表等是也。又爲說明上項表冊個別詳細之情形，則應有附表之編製如財產目錄等是也。

綜上所論，在商業會計及公有營業機關會計之中採用上述各表，其功效爲已足。但是此種報表上之科目一方於政府普通公務機關，不能盡情採用，一方於政府普通公務機關之財政情況，又不能盡情爲之披露，故其中必有若干之特點，足資吾人所討論。但所有之特點，又要以不能超越表示財政經過情形及現狀範圍以外，此又不可

不知也。抑尤有進者本章第一節中所論編製報表之對象有三一爲主管機關一爲其他政府各級機關一爲民衆團體各方面所欲參閱之報表各有數種但合而言之亦只分爲兩類：表示財政經過情形者爲收支科目分類各表，其餘各表則皆表示財政現狀者也。故以下討論各項正表及附表內容亦分財政現狀及經過情形兩面言之茲先將各項正表之名稱述之於後：

I 表示財政現狀之報表

 1. 資產負債表

 2. 資力負擔表

II 表示財政經過情形之報表

 1. 收支科目分類表

 2. 收支程序分類表

（四）報表之內容

 1. 資產負債表

  i. 普通資產負債表

資產負債表係用以表示本機關某期間資產負債及淨值之情形，又資產大於負債，方爲所有者之淨值，否則

為其虧損,亦已詳敍於前矣表示淨值數者在普通私人或團體企業平時多以資本主或盈餘公積等科目以名之。在公有營業機關平時多以政府長期資金盈餘公積等科目以名之。但在政府普通分務機關,一方無有私人投資之事實,一為有若干與營業機關共同之性質,故此項報表仍然可以存在惟「資本主」與「股本」等名詞,應行更換而另以「盈」與「絀」等字樣以替代之。茲將政府各級機關所有之資產負債表製式如下:

資 產 負 債 表

某年某月某日

科 目	金	額
	某年度	某年度 增或減
I. 現金		
II. 其他流動資產:		
1. 應收票據		
2. 應收賬項		
3. 所收欠款		
4. 其他		
5. 物品材料		
其他流動資產總額		

III. 遞延資產項
  1. 遞延資產總額
IV. 固定投資:
  1. 固定資產:
  2. 土地
  3. 房屋
  4. 器具
  5. 未完工程
  6. 其他
V. 固定資產總額

資產總額

負債類:
I. 須支付款項
  1. 應付支付命令
  2. 應付票據
  3. 應付賬項
  4. 過期欠息
  5. 其他
II. 原須支付款項總額
  1. 其他短期負債
  2. 短期借款
  3. 對於其他專款之負債
  4. 對於私人信託款之負債
  5. 簽訂合同或定單上未到期之付款

III. 遞延負債：
　1. 預收款項
　2. 遞延負債總計
IV. 長期負債：
　1. 公債
　2. 庫券
　3. 其他
　　長期負債總計
V. 其他負債
　　負債總計

淨值類：
　流動方面：
　1. 現金比預須支付款項超越數
　2. 其他流動資產比其他短期負債超越數
　遞延方面：
　1. 預付款項比預收款項超越數
　固定方面：
　1. 固定資產比長期負債超越數
　其他方面：
　1. 其他資產比其他負債超越數
　　　淨值總計
　　　負債及淨值總計

上述資產負債表上之各科目皆應有受其統馭之附表，以輔助之。而附表之總數，則應與資產負債表上相當

科目所表示金額完全相等。關於上述資產負債表之附表，尤以國產與國債兩表爲最重要茲舉此種表式內容於下：

1. 國產總表　國產總表，亦即吾國各機關辦理決算事務時所編製之財產目錄是也。惟就一表之中將各種不同種類之資產盡行包括入內，勢必又所不能。故須依正表上之原科目劃分而爲之編製也。此種表式又有下列四類：

i. 固定投資明細表

固定投資明細表

某年某月某日

名　稱	摘　要	金　額	附　註
〰〰	〰〰	〰〰	〰〰

ii. 國有房屋土地明細表

國有房屋土地明細表

某年某月某日

名稱及地位	房屋			房屋價格	土地每方尺土地房	土地方尺價格價格總價	附註
	屋	倉店	涼棚				

iii. 器具明細表

器具明細表

某年某月某日

種類及名稱	摘要	購置月日	賣主姓名	件數	單價	總價	附註

iv. 未完工程明細表

未完工程明細表

某年某月某日

名稱	摘要	總價	每期應付數	已付數	未付數	附註

2. 國債總表 國債總表，係用以表明國家長期負債之情形已見前述茲再將其格式列舉於下

國 債 總 表
某年某月某日

名稱	摘要	截至上期止出賣或收到數	截至本期止出賣或收到數	本期償付數	尚未償付數	附註
			本欠利息合計	本銀利息合計		

ii. 國庫資產負債表

上述之普通資產負債正附各表乃在營業上最為合用，以其足以表示淨值之情形也但在政府普通公務機關長官對於執行財務行政與固定資產情形之關係無有多大影響如華洛伯（Willoughby）及呵寇（Oakey）

諸氏，則主張編製一種專屬於流動資產方面之一種資產負債表以替代之。此項報負之名稱通常謂之國庫資產負債表(Treasury Balance Sheet)係用以表明某時期國庫方面現有之資產負債之情形。而現金與亟須支付款項總額相互之比較，則更切實用也。本表之編製方法如下：（一）資產方面以可以變成現金者為編製標準應收稅款是否可於約定時期之內收現殊難預料故可不列入計算此其一物品材料器具房屋及土地等資產政府各級機關不能輕易變賣故亦不為列入此其二預付款項以其不能重行歸還化為現金故亦不可為之列入此其三固定投資之中祇應將長期貸出欵項及購買股票債票等項之支出列入其他如投資在公營事業上之資本則不應加入計算此其四（二）負債方面以需要按期償還者為編製標準，如預收欵項可在日後征數內扣除而無須償還者即可無須列入也茲再將斯項資產負債表之格式述之於儀讀者得窺全豹焉。

國庫資產負債表

某年某月某日

科 目	金 額
資產額：	
I. 現金	
II. 其他流動資產：	

第三編　第一章　本編總論

1. 應收票據
2. 應收賬項
3. 其他

其他流動資產總額

III. 固定資產：
1. 國際投資
   （如國際放款及員外國政府及公司股票債票及應收利息等）
2. 國內投資
   （如國內放款及員政府及國內公司股票債票及應收利息等）
3. 其他

固定資產總額

資產總額

負債類：

I. 應須支付款項：
1. 應付支付命令
2. 應付票據
3. 應付賬項
4. 過期欠息
5. 其他

應須支付款項總額

II. 應結期負債：
1. 短期借款
2. 對於其他專款之負債
3. 對於私人信託款之負債
4. 簽訂合同或定單上未到期之付款
5. 其他

III. 長期負債：—
　1. 公債
　2. 庫券
　3. 其他
　長期負債總額

總結：
　I. 現金比原消支付款項超越數或不足數
　II. 其他流動資產比其他短期負債超越數或不足數
　III. 固定資產比長期負債超越數或不足數
　IV. 資產總額超越數或不足數

iii. 固定資產負債表

美國會計專家中更有穆銳氏之學說，則與上述華氏呵氏之學說恰相反。穆氏主張流動資產與負債之情形，已能於資力負擔表上有一部份之表示惟固定資產與負債情形未曾得有表明之機會故須採取普通資產負債表中關於固定情形者另編一種報表以替代之此種報表名之曰固定資產負債表其格式內容如下：

固定資產負債表

某年某月某日

科　目	金　額
固定資產：	
I. 固定投資	
II. 土地	
III. 房屋	
IV. 器具	
V. 未完工程	
VI. 其他	
固定資產總額	
因購置固定資產所舉行之長期負債：—	
I. 公債	
II. 庫券	
III. 其他	
因購置固定資產所舉行之長期負債總額	
淨值：	
I. 政府投資在固定資產之盈餘	
淨值總額	
負債及淨值總額	

2.資力負擔表 以上所述三種表式，俱不以國家歲入與歲出預算爲編製之標準，而公共團體之執行財政也又完全依預算數字爲圭臬故如就斯方面情形爲之盡情表現，則似於上述報表以外更應另行編製一種資力負擔表以補充之又資力負擔表之編製應以每種專款爲之單位即在同一專款之中各機關以其執行收支性質之不同即可依其原有性質分成各種以下所論斯項報表之內容只就普通基金一端爲立脚點其他專款尚未羼雜入內而本款範圍之內只又應劃分爲徵收機關支出機關與會計主管機關三種足覘以各種專欵事實上之特殊情形而影響於報表有如此者。

i. 徵收機關之資力負擔表 徵收機關資力負擔表之收方第一，應表現歲入之預計數目及已爲月份分配之金額第二，應表現應收稅雜各款之金額第三應表現存留於各該機關之現金結存數第四如有墊付金之支出及短期投資金之支出者，亦仍可視爲資力之一部，而列入該表之收方也其付方亦可分爲數部第一，應表現預計解繳數第二於歲入款徵獲之時應由前預計解繳數之科目中轉入應解繳數之科目第三其他現金科目如收借入金收保證金等類亦可視爲負擔之一部而列入斯表之付方也總上所述吾人可列徵收機關之資力負擔表如下：

徵收機關之資力負擔表

某年某月某日

資力類：	負擔類：
I. 歲入預算數	I. 預計解繳數
II. 歲入分配數	II. 應解保管數
III. 歲入應收數	III. 應付保管款
IV. 應收墊付款	IV. 應付短期借款
V. 應收找資款	負擔總額
VI. 現金	
資力總額	

徵收機關經管現金收入存留及支出等事務，為吾國特有之情形。故此種資力負擔表，亦為應付此種特有情形而設置此不可不知也。

ii. 支出機關之資力負擔表　支出機關資力負擔表之收方，第一，應表現應向金庫領取之現金數。第二，應表現存留於各該機關之現金結存數，其付方又應分為數部：第一，應表現歲出之預計數目及已為月份分配之金額；第二於歲出款為保留或發生之時應由月份分配數之科目轉入歲出保留數準備及歲出應付數準備等科目之中；第三某時間之經費結餘金額，以其受有月份流用之限制，故仍須由月份分配數之科目轉入經費結餘科目之中；第四如將經費結餘重行繳還於金庫，則又應將現金及經費結餘兩科目相互冲轉。總上所述吾人

可列支出機關之資力負擔表如下

支出機關之資力負擔表

某年某月某日

資力類：
  I. 應領經臨各費
  II. 現金
      資力總額

負擔類：
  I. 歲出預算數
  II. 歲出分配數
  III. 歲出保留數準備
  IV. 歲出應付數
      負擔總額

收支盈絀
  I. 經費結餘
      負擔及收支盈絀總額
      收支盈絀總額

iii. 會計主管機關之資力負擔表 會計主管機關所管理者為普通基金中之整個情形，故其所應編製之資力負擔表，即當包括法定預算上整個之數字也。此表所應列者在年度開始之時應記國家預計稅款之來源及其估計數國家負擔給與各支出機關費用之種類及其核定數兩數相差之金額則為預計之收支盈絀數今舉此表之內容如下：

資 力 負 擔 表

某 年 某 月 某 日

資力類：—
歲入預算總額
資力總額

負擔類：—
歲出預算總額
預計收支盈絀
負擔及盈絀總額

但在年度開始之時，在實際上收方必有上年度賬簿上之已徵獲而未收現之金額，及存留而未支用之現金結存之金額付方又有上年度歲出保留數與歲出應付數等金額之存在。此項收方結餘，可以合併而列入本年度資力之中，此項付方結餘又可以合併而列入本年度負擔之中，故應將上列表冊更改而爲下列之形式焉：

資 力 負 擔 表

某 年 某 月 某 日

資力類：
I. 上年度之歲入應收數
II. 上年度總結存之現金
III. 本年度歲入預算總額

　　　　資力總額

負擔類：
I. 上年度歲出應付數
II. 上年度歲出留存數
III. 本年度歲出預算總數

　　　　負擔總額

盈絀類：
I. 本年度預計收支盈絀
II. 以前各年度盈絀總額

　　　　負擔及盈絀總額

上表既完全根據法定預算方案所編製，在歲入一方面於年度開始前行政預算方案一經通過以後，歲入預算科目須轉入歲入分配科目之中。又在年度之中，歲入分配科目上金額於稅票發出之時又應轉入歲入應收數科目之中。於發出稅票收現之時又應轉入現金科目之中。歲出預算科目亦須轉入歲出分配科目之中。歲出分配科目上金額於簽定合同或發出定單之時應轉入歲出保留數科目之中。於債務發生之時又應將歲入分配科目之金額轉入歲出應付數科目之中。又於支付現金之時則須於各相當科目並就現金科目為之冲轉。更有若干現金移轉及現金出納之科目上應分別為之記入該表相當

第三編　第一章　本編總論

四〇三

科目之上故平時之資力負擔之格式又應更改如下：

資 力 負 擔 表

某年某月某日

資力類：	負擔類：
I. 歲入預算數	I. 歲出預算數
II. 歲入之分配數	II. 歲出預算分配數
III. 歲收應收數	III. 歲出保留數準備
IV. 應收墊付款	IV. 應付保管款
V. 應收投資款	V. 應付短期借款
VI. 現金	VI. 應付短期借款
1. 據報告各之金庫結數	盈絀類：
2. 存報告各之金庫結數	1. 本年度預計收支盈絀
3. 存留徵收機關之現金	2. 以前各年度收支盈絀
4. 存留支出機關之現金	盈絀總額
現金總額	負擔及盈絀總額
資力總額	
減不可動用之資力：	
1. 預收款項	
2. 未分類之收入	
資力淨額	

又上述之資力負擔表，只就普通基金而論前第一編第一章中，已述劃分專款為政府會計學上之特點，故各

專款各有其自身之資力負擔表。然後將此表歸併而為一合併資力負擔表,則全國之財政現狀胥可由此表表現之。惟因各種專款資力來源之不同,與負擔用途之各異,故其處理方法互有差池,此處將不復贅述焉。

關於上表之歲入歲出兩方面仍應有受其統馭之明細表以補助之。尤其在年度之中財政長官之欲明瞭財務之實際情形者不可不參閱也。

1. 歲入總表　關於國家預算上之預計歲入其表式如下:

歲　入　總　表

某年某月某日

歲入來源別	1.應課數	2.已徵數	3.未徵數	4.已納數	5.未納數

中國政府會計論

上表中之應課數為法定歲入及行政預算上所列之金額已徵數，為到期已發出之稅票未徵數，為表中第一行列減第二行列後之餘額。已納數為發出稅票已經收現之金額未納數，為表中第二行列減第四行列之餘額未徵數之總額，應與年度中資力負擔表中之歲入預算數及歲入分配數兩科目金額之和鈎稽。未納數之金額又應與資力負擔表中歲入應收數科目之金額相鈎稽。

2. 歲出總表　關於國家預算上之預計歲出，其表式如下：

歲　出　總　表

某 年 某 月 某 日

歲出性質別	1.歲出預算數	2.歲出分配數	3.未分配之歲出預算數	4.保留數應付數	5.未保留應付數之歲出分配數	6.保留及發生支付數	7.未支付之保留數	8.保留及應付數未支付數

上表中之歲出預算數，為歲出預算上所列之金額，未分配之歲出預算數為表中第一行列減第二行列後之餘額。保留數為行政預算上所列之金額。實際應付之金額以上兩部份皆應在分配數中保留此部份款項以備償付之需，至於未保留及發生之分配數，即為表中第二行列減第四五行列後之餘額指已簽發之支付命令應付現之數。未支付之保留及應付數即為表中第四五兩行列減第七行列後之餘額表中第三、五、八各行列之總額又應與資力負擔表上各相當科目之金額相鈎稽（第八行列可等於歲出保留數及應付數兩科目金額相加之和。）

3. 收支科目分類表　普通會計上用損益計算書以表明其營業經過之情形已見前述。但在政府普通公務機關以其目的不在牟利故無須有損益科目之規定，但於歲入與歲出各欵之收支亦有類於上述之經過情形故吾人當另行規定一種收支分類科目以替代之。而用以表示此類科目之報表通常謂之收支科目分類表。其性質又恰與私營企業之損益計算書相似也。

現金收支報表造送時期有先後之可能，如各代理國庫銀行收支日報表，與各徵收機關收支旬報表等是。又其中常有兩機關相互收撥之款項，如由甲撥乙乙報告可以在甲之先若由此而推求甲之收入此種辦法其結果必致引起錯誤因此僅係現金之移轉本無關乎收入也故在會計上處理應列爲未分類之收入爲宜又金庫發給各機關或由各機關自行扣撥之經臨各費論其性質在各該支出機關未經用作開支以前斷不能就各機關之

四〇七

種類，卽強視為政府之歲出因此亦僅係現金之移轉，而無關乎支出也。故在會計上之處理亦應列為未分類之支出為宜。此論收支科目分類表者首應注意者也。

所謂收支科目分類表，卽同時將收支兩類金額，對照排列之。其超越或不足之數，則為支收之差額。已分類收入及支出首須用一適當名詞以明其各別之性質同來源之收入同為一科目所統馭同性質之支出，亦同為一科目所統馭。此種表冊格式內容如下：

收 支 科 目 分 類 表

某 年 某 月 某 日

收入類：
 I. 已分類之收入
  1. 歲入各款
  2. 歲入外各款
   已分類之收入總額
 II. 未分類之收入
   未分類之收入總額

支出類：
 I. 已分類之支出
  1. 歲出各款
  2. 歲出外各款
   已分類之支出總額
 II. 未分類之支出
   未分類之支出總額

收支差額
 I. 歲入各款此歲出各款超越或不足數
 II. 歲入外各款比歲出外各款超越或不足數
 III. 未分類之收入比未分類之支出超越或不足數
 IV. 收入總額比支出總額超越或不足數

上表收入類中，列歲入各款與歲入外各款之兩類其分別如賦稅，雜項收入，與保證金，借入金收入，其來源迥不相侔也，此其一支出類中，列歲出各款與歲出外各款之兩類其分別如支付職員薪俸辦公費用，與償還保證金，及借入金之支出其性質亦迥不相侔也，又上表所列收支之金額，可用現收現付與應收應付，或現收現付與應付聯合之基礎但總以應收應付之基礎始可求得其時期收支差額之確數。關於此點前已屢經討論及之矣。上表為一正表各科目各有應受其統馭之附表以輔助之，屬於收入類者謂之收入明細表屬於支出類者謂之支出明細表以下將分別論之。

1. 收入明細表　若編製收入明細表，非先致力於收入之分類不可。此次分類方法業已於前第二編第一章論歲入歲出科目之分類時為之論及此處祇將斯表格式內容述之於下：

收入明細表

某　時　期

科　目	金　額
1.已分類之收入 　1.歲入存款 　　1.租項收入 　　　關稅收入	

第三編　第一章　本編總論

四〇九

鹽稅收入
統稅收入
印花菸酒稅收入
礦稅收入
銀行兌換券發行稅收入
其他
II. 稅外歲入款
國有財產收入
國營事業收入
國家行政收入
其他
2. 歲入外存款
I. 預收款項
II. 墊款收入
III. 信託款收入
IV. 保管款收入
V. 暫記收款
VI. 其他
已分類之收入總額
II. 未分類之收入總額
收入總額

上表爲依收入來源分類法編製而成，如依各徵收機關分類，則可將各項收入來源，依豎行排列，而橫格則列各機關之名稱，此類機關或用同性質及同主管機關者爲分類之標準，或用同地域者爲分類之標準，至依專款分類則每一專款各應有其自身之收入明細表，其應如何排列可用上述方法處理之，又上述之用應收應付爲記賬

基礎者,則凡補繳預繳未繳各欵皆應詳為記載,其格式如下:

稅項收入

本期徵獲數

應加 1. 上期預徵數
　　 2. 到期未納數

應減 1. 補納上期數
　　 2. 下期預徵數

稅欵收入淨額

2. 支出明細表　若論編製支出明細表,非先致力於支出之分類不可。再此項分類之方法,亦已於前第二編第一章論及之矣。茲先將斯項附表之格式內容述之於下:

支　出　明　細　表

科　　目	實　期	金　額
I. 已分類之支出		

中國政府會計體

I. 歲出各款
  1. 歲定經費
    i 政務費
      國民政府及所屬
      行政院及所屬
      立法院及所屬
      司法院及所屬
      考試院及所屬
      監察院及所屬
      其他各機關
    ii 軍務費
    iii 債務費
    iv 補助費
    v 其他
  2. 歲出外各款
    i 繼續費
    ii 購置營造
    iii 償還保管款
    iv 暫記付款
    v 其他

II. 未分類之支出總額
    已分類之支出總額
    支出總額

上表為依支出性質及對象劃分之明細表,至依各機關及事務分類,可將支出性質及對象依豎行排列,而橫格則記各機關及事務之名稱如是,一表可以包括四種分類方法。更有依專款分類則各款應有一明細表焉又凡右表之用應收應付為記賬基礎者,則所有不屬於本年度之費用,皆應剔除計算上年度預付各款又應加入計算。

譬如歲定經費內各機關經費中有關於購置物品材料之一科目此項科目又應有下列詳細之記載:

購置物品材料之費用

　本期購置數

　應加　上期未經消耗數

　應減　本期未經消耗數

購置物品材料費用淨額

又如債務費上之支付利息費用,則其情形更複雜又應有下列詳細之記載:

支付利息之費用

　應加1.上期預付數

　　　2.本期未付數

　應減1.本期補付數

第三編　第一章　本編總論

2. 本期預付數

支付利息之費用淨額

4. 收支程序分類表　關於斯項報表之作用已在前第二編第三章收支報表中詳細表明。至斯項報表之格式內容將於此處闡明之又其附表則可將各項程序之名稱依橫行排列，各代理國庫銀行及各徵收機關名稱依豎行排列。如此可於一表之內橫行見程序上之情形豎行見機關間之情形誠一舉而兩得其利也。

i. 徵收機關或經管收入款收支程序分類表

各徵收機關或經管收入款收支程序分類表

處置類：	某 時 期
1. 解繳各款	收入類：
a. 解款機關報告者	I. 收樓各款
b. 經收款機關報告者	II. 領撥各款
c. 俱經發方報告者	收入總額
2. 移款	
a. 撥解經管國稅收支機關款	
細目同1.	

ii. 代理國庫銀行收支程序分類表

各代理國庫銀行收支程序分類表

某　時　期

收入類：
1. 各機關解庫款
2. 已經金庫報告列收者
   a. 未經各機關自身報告者
   b. 在先已經各機關自身報告者

處置類：
1. 支付各機關款
   a. 未經金庫簽發值字編號支付書者
   b. 在先已經簽發值字編號支付書者
2. 在先未經簽發值字編號支付書者

　　b. 撥解其他機關款
II. 坐撥各款
   1. 坐撥本款
      a. 經本機關收支報表列者
      b. 經本機關收支報表及抵解者
      C. 俱經報表列載及抵解者
   2. 撥付款
      細目同1.
   3. 其他支付款
      細目同1.
III. 收支差額處置總額

II. 金庫頂接收入各欸
  1. 借款收入
  2. 債券收入
  3. 其他收入

  a. 未經補簽蓋字編號支付書者
  b. 已經補簽蓋字編號支付書者

II. 金庫頂接支付各款
  細目同1. 收入總額

III. 收支差額
  處匯總額

第二目 總清賬戶

（一）借貸之原理

凡正表上每科目各應專有一賬戶之設置，是以此項賬戶之名稱又應與正表上相當科目名稱完全雷同為宜。又如資產類之科目及損失類之科目通常應列於報表之左方或曰收方，或曰借方故代表此類科目之賬戶通常所表示者，例為左方結餘，或曰收方結餘，其他負債與淨值科目以及收益類之科目通常應列於報表之右方，或曰付方，或曰貸方故代表此類科目之賬戶通常所表示者，例為右方結餘，或曰付方結餘以上所論為賬戶名稱及其通常表示結餘之一點，更有所有之正表係用總清賬戶決算後之結餘所作成故在正表借方所記者自為資產及損失之科目貸方所記者自為負債資本及收益之科目準此形式以論資產負債一表，即總清賬屬於資產負債各科目結餘之拔萃表示，而損益計算表又為總清賬屬於損益各科目結餘之拔萃表示職是之故所有正表不但可以闡明財政之情況，而對於總清賬戶內收付兩方所記入賬項之原理，亦已連帶表示。

說明矣。故知通常表示收方結餘之賬戶，其收方所記入之賬項，爲增加結餘金額而付方所記入者，又爲減低結餘之金額。緣此又可推定通常表示付方結餘之賬戶爲何如矣。

雙式簿記 (Double entry Bookkeeping) 之原理係表示每一賬項，至少可以影響於資產負債及淨值中之任何兩部，譬如資本主之投資在分錄上一方面爲資產之增加而同時又爲淨值之增加。又如借入金之收入在分錄上一方面爲資產之增加同時又爲負債之增加。依上所述普通會計上對於分錄之基本原理，可以例舉於下：

記入各種賬戶之收方者

1. 資產之增加
2. 負債之減少
3. 淨值之減少

記入各種賬戶之付方者

1. 資產之減少
2. 負債之增加
3. 淨值之增加

以上所論爲有一賬項之發生只影響於上述資產負債與淨值之任何兩部者。又有時影響以上三個部份者，譬如售貨則一方面爲甲種資產之增加另一方面爲乙種資產之減少與淨值之增加（如售貨價格高於成本）或減少（如售貨價格低於成本。）又如以現金償還借入金及其利息則一方面爲資產之減少另一方面爲負債及淨值之減少，總之，普通會計學上之所論分錄，不外就以上所舉之方式爲增減變化而已又淨值賬戶爲資產負債表上之科目。但在實際計算損益上其變化常較其他資產與負債之科目爲繁複故吾人又常將此類賬戶分裂

為若干個別之賬戶其表示淨值賬戶之收方賬項者名之曰損失科目付方賬項者名之曰收益科目平時記載，可將所有應行歸納之賬項悉行過入斯項科目之中又於年度終了時乃將此項科目所表示之結餘彙編為一種損益計算書并於同時用一損益賬戶（Profit and Loss account）以為結轉斯項賬戶結餘之用并將淨額過入資產負債表上某種淨值賬戶之內故在會計學上又有謂損益賬戶為經過賬戶（Transit Account）者也。

（二）賬項性質之區別

資本支出（Capital Expenditure）與費用支出（Revenue Expenditure）兩名詞，為會計學上所習用之術語前者乃意為獲得固定資產之支出，後者乃意為關於獲得收益所需要之費用支出如欲為淨利正確之計算則應將資本之支出與費用之支出加以適當之區別為蓋資本支出一項則應記入甲種資產科目之收方并同時記入其他資產科目之付方而其表現者僅為資產負債一表也若作為費用之支出則其支出為對於收入之費用并應記入損益科目之借方而該營業期中之純收益亦即為之減少也

是故一種支出究為資本支出抑為費用支出區別上極為困難譬如購置房屋，乃為現金科目變為房屋科目，房屋失愼則房屋科目轉為損失科目矣此例乃係一種極端顯見之事實但在事實上并不如此簡單如所購進之消耗品一時并未用盡，卽不能列入損失科目之內。固定資產之隨時折舊開辦費之隨時攤除一時又未能盡行列入資產科目之內也誠以上述兩類科目所表示金額之計算如一遇有錯置則將完全影響於各項正表之實況然

以一大種企業範圍之廣袤，對於上述多項支出之處置，自然不易取得極端完密之結果故在資產負債一表之上，資產科目之估價常不能絕對正確蓋表中所列各種資產中除現金外其餘莫不有價格之變動而時價之變動又無一定準繩之原則關於此種計算故僅能認為作表者之估計而非絕對確定之價格故意中雖欲斷其正確又勢之所不能也。

至論各賬戶所記入賬項之正確吾人至少可分為下列之三種步驟以求得之也。（一）賬項性質之區分，即每一賬項應首先斷定其為資本之支出抑為費用之支出（二）盈虧之斷定，即為斷定營業期中所生盈餘及虧損之情形此中以決定各項財產之淨值及折舊為最要。（三）應收與應付賬項之預計即因賬項所屬之年度不同，故本年度賬項，須於下年度始完成者應加入計算之。如為計算精審起見此第三點亦與前第一與第二兩點同時着重故在近世會計學上多採用應收與應付為記賬之基礎也。

（三）總清賬戶之格式

若論總清賬戶之格式，通常大致採行下列兩種辦法一為將一總清賬戶平分為二，左部為收右部為付此種格式之優點在與借貸之原理相符合而其劣點則以收付兩相軋平之結餘無從用一單行為之表明也。二為未將總清賬戶平分為二而將過賬月日摘要及原始簿頁數等欄列於左方再依次序列收方金額付方金額及結餘額三欄此種格式之優劣點又適與上述第一種格式所舉述者為相反舉一反三毋庸再述矣。

第三編　第一章　本編總論

四一九

（四）政府會計學中之各種總清賬戶

前段論政府機關之報表計共分為四種本節所論總清賬戶，亦可按照前段之報表，分為四種，而後闡明為通常之論政府會計學者輒對於賬戶之分立皆視為最當着重之一點又通常所謂賬戶之分立大致分作兩類：一為依資力與負擔為記賬根據之賬戶，

1. 表示資產負債情形之賬戶

所討論者一為依資力與負擔為記賬根據之賬戶（Fund account）亦即下段中所將討論者。一為依資產負債為記賬根據之賬戶（Proprietary account）亦即本段之所討論者。此種記載只能表明公款收入存留及支出之情形，并及其為盈餘抑為虧損之實況。總之國家各種機關為而言此種記載只能表明公款收入存留及支出之情形，并及其為盈餘抑為虧損之實況。總之國家各種機關為政府所設立其所有權自屬於政府。其資產超過負債之餘額，即為所有者之淨值。每每不易處理言官廳機關之成立歷史悠餘額即為某期間中所有權之增益。不然即生虧折。惟以官廳機關對於上述賬戶每每不易處理言官廳機關之成立歷史悠理言一國之資產自為必然之事實，因資產種類既多，金額自鉅故也，以事實言官廳機關之成立歷史悠久，資產與負債之情形，在先未曾有正確之記錄，是以不易調查清楚，此與吾國情形為尤合。故關於資產負債部份之賬戶中，一般會計學者多主張不應完全設置，或以無從設置，而根本不應設置者但仍有多數學者主張保留此類賬戶而處理之。如須參閱固定方面情形之報告可依上述穆氏之方法而處理之。如須參閱流動方面情形者可依上述華氏阿氏之方法而處理之。如須參閱固定流動兩方面俱應參考者則必照編製普通資產負債表之方法以處理之。見仁見智須依主觀之目光以評判之初無絲毫之分別於中

也。

i. 普通資產負債表上各賬戶之分錄方法　斯項報表上各賬戶之分錄方法如下：

a. 歲入應收數之發生時應為如下之分錄：

收項應收稅款

付項歲入數（本科目於結賬時應轉入淨值賬戶之中。）

b. 上項應收數之收到現金時應為如下之分錄：

收項現金

付項應收稅款

c. 歲入款之收入於發生時以現金隨時繳進者應為如下之分錄：

收項現金

付項歲入數（本科目於結賬時應轉入淨值賬戶之中。）

d. 歲出應付數之發生時應為如下之分錄：

收項歲出數（本科目於結賬時應轉入淨值賬戶之中）

付項亟須支付款項

e. 上項應付數之支付現金時應為如下之分錄：

收項：亟須支付款項
付項：現金

f. 債務發生隨時支付現金時應為如下之分錄：

收項：歲出數（本科目於結賬時應轉入淨值賬戶之中）
付項：現金

g. 有借入金收入時，應為如下之分錄：

收項：現金
付項：短期借款

h. 償還上述借款時應將上述之分錄法倒置之。

ii. 國庫資產負債表上各賬戶之分錄方法　斯項賬戶係依國庫資產負債表上之科目而設置之，至其分錄原理，則大致與普通表示資產負債情形之分錄方法相類似，後者之方法既已列舉於前，此處自可不復贅述焉。

iii. 固定資產負債表上各賬戶之分錄方法　斯項報表上各賬戶之分錄方法如下：

a. 由歲出預算內支付現金購進固定資產時應為如下之分錄：

收項固定資產

付項政府投資在固定資產之盈餘

b. 由舉行長期負債購進固定資產時應為如下之分錄：

收項固定資產

付項長期負債

c. 由普通公債或其他專款之歲出預算內支付現金，以償還上項長期負債時應為如下之分錄：

收項長期負債

付項政府投資在固定資產之盈餘

觀於上述之表現固定方面淨值情形之科目吾人即可連想於斯項科目估價上之問題。普通會計對於固定資產之估價，例多着重於折舊之一點。折舊者即因原購置之資產或因損耗，或不合施用，遂使其原因之價值逐漸降低以訖於出賣賸餘物件之價值為止。惟在政府各級機關，似無須為如斯精密之計算以下仍將穆銳氏所論政府各級機關固定資產不應折舊之學說介紹於讀者之前。政府各級機關固定資產不應計算折舊費之原因有下列四種（一）政府各級機關所得信用之原因多半不以享有固定資產之多寡為重，因此對於各種固定資產之

現值問題殆無精密計算之必要。（二）政府各級機關主管長官，所須參閱之資料，又恰為固定資產原購置價值之多寡。（三）政府各級機關只有計算收支差額之賬戶，而無有計算營業上盈虧之賬戶，故亦無從將折舊費加入損失一方面而計算之。（四）折舊準備一賬戶之設置，在備各該項已提折舊準備之資產，於減損而重行購置時，作為冲轉之用。但在政府各級機關此項準備似覺無有需要其原因有二：第一因備付歲定經費所籌劃之歲入，多半用作本年度內之費用，而無須留待數年度之用，第二政府各級機關固定資產之購進，多半由出售公債庫券所自來，故在庫券發行以後每年須照還本付息表以歸還其本息，即是一方須籌劃歲入以償付此項本息，如再同時籌劃歲入以提折舊之準備，此非予人民以兩重之負擔乎。故在政府各級機關之提取折舊費為萬不可能也。基於上述政府各級機關用折舊之字樣，在賬簿上表明之。

2. 表示資力負擔情形之賬戶 表示資力負擔情形之賬戶其分錄之基本原理，可以做傚表示資產負債情形賬戶之分錄原理而為下列之圖解焉。

記入各種賬戶之收方者
 1. 資力之增加
 2. 負擔之減少
 3. 收支盈絀之減少（即係短絀）

記入各種賬戶之付方者
 1. 資力之減少
 2. 負擔之增加
 3. 收支盈絀之增加（即係盈餘）

吾人對於斯項賬戶之分錄基本原理既明，然後將研究資力與負擔兩項所包括之範圍，究應如何，關於斯方面問題阿寇氏所列舉之十一條基本定理闡發最精茲即按照其原文為之迻譯於下：（一）政府會計學中凡在報表上所應表示之資力與負擔兩項以包括在各種專款範圍以內所謂專款範圍以內並直接有權處置之資力與負擔係為歲出所應籌副之財源即係流動資產之部份如現金歲入應收數等科目皆屬之。（二）所謂專款範圍以內並直接有權處置之資力尚有兩項例外：一為留本基金內之資產一係公債基金內之資金前者僅可用以孳息，動用其息而存留其本。後者則現時祗可暫時保管而不能處置以備日後償債之需故不足視為各該專款自身之資力也。（三）但於上述範圍以內並直接有權處置之負擔係由已籌劃財源之中支付如歲出應付數應付短期借欵等科目皆屬之。（四）所謂專款範圍又有一例外即係長期公債庫券之負債以其償還係另由公債基金項所撥付故不足視為各該專款自身之負擔也而其收入即可充作一部份歲入之原由籍此可以彰明之矣。（五）但於上述是關長期負債之情形得另由公債基本中詳細表明之。（六）亦須單獨表明而不與其他專款相涸雜。（七）又有留本基金之財政現狀及經過情形亦須會計大致分為兩部：一係政府為人民謀利益所設置之專款其所有權則屬之於政府一係政府受人民或人民團體所委托保管之款項其所有權仍屬之於行委託者（十）政府所有支出，概分兩類：一為歲定與繼續經費一為購置與營造經實後者雖有財產之購進但減少資力則一故於會計上之處理，殆完全與前者之方法相同。

（十一）政府所有收入概分兩類：一為稅雜各項收入，一為公債庫券收入後者雖屬債務之一，但其為增加財源則一，故於會計上之處理，亦完全與前者之方法相同又若一專款之收過於支即為該專欵所有之贏餘設若入不敷出便成虧損之情形矣以上十一點已將表示資力負擔賬戶之性質完全表現無遺以後則將斯項賬戶所自組成之內容再逐一為之詮次為第一預算科目近世論官廳簿記組織系統者當首就預算數字為之分錄分別過入歲計賬戶之中所謂依歲入及歲出為記賬根據之賬戶也依據此種辦法於奉到預算方案（無論法定或行政預算）業經核准通知之後卽應記歲入及歲出為預算或分配之總額至在年度之中視執行預算之程度若何分別記應收應付或現收現付金額并就原有預算科目分別結轉良以歲入歲出兩項預算一經核准通過之後卽指明管理歲入與歲出之權若欲表明此種權限在會計上不能不有特設之賬戶。此在行政主管人員為考察奉行預算起見當視此種賬戶之設立尤為切要故任何政府機關關於預算科目莫不首先採用也第二應收應付科目會計學上應收應付基礎之優點早見前述故在任何官廳簿記組織系統中亦莫不應有上項科目之設置。卽在歲出方面關於工程上契約之簽訂及設備上定單之發出此項估計之債務金額亦應在歲出預算數目上分別為之結轉其作用在使未開支之歲出預算數有所限制而使各該支出機關知經費之所擔節也第三現金科目分別為之結轉又有若干只與現金發生關鏈之賬戶如保管欵投資欵及借入欵等項其收付一方只限制於本科目金額應收欵之收現，與應付欵之付現等賬項之發生吾人又須另行設置一現金科目以便與各應收應付之相當科目為結轉

之增減，一方又影響於現金之移動，故吾人常名代表此項情形之賬戶為現金科目也。以上三類，為本類科目所據成之根據，至於在各個機關，如何分錄之處，則於以下詳論之。

i. 徵收機關處置資力負擔賬戶之方法 徵收機關處置資力負擔賬戶之方法如下：

a. 接到本機關歲入預算數，已經核准之通知應為如下之分錄：

　付項　歲入預算數
　收項　歲入分配數

b. 接到本機關歲入方面月份分配數，已經核准之通知，應為如下之分錄：

　付項　預計解繳數
　收項　歲入預算數

c. 歲入應收數之發生應為如下之分錄：

　付項　歲入應收數
　收項　預計解繳數
　付項　歲入分配數
　收項　歲入應收數
　付項　應解繳數
　收項　歲入應收數

第三編　第一章　本編總論

d. 上列應收數之收到現金時應為如下之分錄：

收項　現金
付項　歲入應收數

e. 歲入款之收入於發生時以現金隨時繳進者應為如下之分錄：

收項　現金
付項　歲入分配數
收項　預計解繳數
付項　應解繳數

f. 以現金為解繳或抵解時應為如下之分錄：

收項　應解繳數
付項　現金

g. 有保管款收入時應為如下之分錄：

收項　現金
付項　應付保管款

發還上述保管款時應將上述之分錄法倒置之。

h 有借入款收入時應爲如下之分錄：

　收項　現金

　付項　應付短期借款

償還上述借款時應將上述之分錄法倒置之。

i 有應付款支出時應爲如下之分錄：

　收項　應收墊付欵

　付項　現金

收回墊款支出時應將上述之分錄法倒置之：

j 有投資款支出時應爲如下分錄

　收項　應收投資款

　付項　現金

收回上述投資款支出時應將上述之分錄法倒置之。

ii. 支出機關處理資力負擔賬戶之方法　支出機關處理資力負擔賬戶之方法如下：

a. 接到本機關歲出預算數已經核准之通知,應為如下之分錄:
   收項　應領經臨各費
   付項　歲出預算數

b. 接到本機關歲出方面月份分配數已經核准之通知,應為如下之分錄:
   收項　歲出預算數
   付項　歲出分配數

c. 關於應領經臨各費之款於向金庫兌得現金時,應為如下之分錄:
   收項　現金
   付項　應領經臨各費

d. 工程上合同之簽訂購置上定單之發出,應照估計金額為如下之分錄:
   收項　歲出保留數(歲出分配數科目之評價賬戶)
   付項　歲出保留數準備

e. 債務之發生同時已經記入歲出保留數準備賬戶之付方,應為如下之分錄:
   收項　歲出保留數準備(估計金額)

付項　歲出保留數（估計金額）

收項　歲出分配數（實際金額）

付項　歲出應付數（實際金額）

f. 債務之發生同時未經記入歲出保留數準備賬戶之付方者應為如下之分錄：

收項　歲出分配數

付項　歲出應付數

g. 上列兩項已發生之債務於支付現金時，應為如下之分錄：

收項　歲出應付數

付項　現金

h. 債務發生隨時支付現金時，應為如下之分錄：

收項　歲出分配數

付項　現金

i. 歲出分配數之賸餘，以受流用限制之關係，應於各該期間過去以後為之結轉。

第三編　第一章　本編總論

四三一

j. 將上項經費結餘，重行繳還金庫時應為如下分錄：

付項　經費結餘

收項　現金

iii. 會計主管機關處理資力負擔賬戶之方法　會計主管機關處理資力負擔賬戶之方法如下：

a. 歲出與歲入預算核准通過時應為如下之分錄：

收項　歲入預算數

付項　本年度預計收支盈絀

收項　本年度預計收支盈絀

付項　歲出預算數

b. 行政預算核准通過時應為如下之分錄：

收項　歲入分配數

付項　歲入預算數

收項　歲出預算數

付項　歲出分配數

c. 據各徵收機關或金庫報告歲入應收數之發生應爲如下之分錄：

　收項　歲入應收數

　付項　歲入分配數

d. 據各徵收機關或金庫報告,上列應收數之收到現金時應爲如下之分錄：

　收項　存留徵收機關或金庫之現金或據報告之金庫結數

　付項　歲入應收數

e. 據各徵收機關或金庫報告歲入款之收入於發生時以現金隨時繳進者,應爲如下之分錄：

　收項　存留徵收機關或金庫之現金或據報告之金庫結數

　付項　歲入分配數

f. 據各徵收機關或金庫報告,列收預收款項時應爲如下之分錄：

　收項　存留徵收機關或金庫之現金或據報告之金庫結數

　付項　預收款項

g. 各徵收機關或金庫報告有現金變動時應分下列四式爲之分錄：

第三編　第一章　本編總論

四三三

1. 有保管款收入時,應為如下之分錄:
 收項 存留徵收機關之現金,或據報告之金庫結數
 付項 應付保管款
 發還上述之保管款收入時應將上述之分錄倒置之。
2. 有借入金收入時應為如下之分錄:
 收項 存留徵收機關之現金或據報告金庫結數
 付項 應付短期借款
 償還上述借欵收入時,應將上述之分錄法倒置之。
3. 有墊付款支出時應為如下之分錄:
 付項 應收墊付款
 收項 存留徵收機關之現金,或據報告之金庫結數
 收回墊欵支出時,應將上述之分錄法倒置之。
4. 有投資款支出時應為如下之分錄:
 付項 應收投資款

h. 各機關間為現金之移轉時應分下列九式為之分錄：

1. 各徵收機關報告以現金解金庫時應為如下之分錄：

收項　待報告之金庫結數
付項　存留徵收機關之現金

2. 金庫報告列收上述之解款應為如下之分錄：

收項　據報告之金庫結數
付項　待報告之金庫結數

3. 金庫報告列收各徵收機關之解款，在先未據徵收機關報告解入者應為如下之分錄：

收項　據報告之金庫結數
付項　未分類之收入

4. 簽發直字編號支付書發放經臨各費與支出機關應為如下之分錄：

收項　存留支出機關之現金
付項　存留徵收機關之現金或據報告之金庫結數

收回上述之投資款支出時應將上述之分錄法倒置之。

第三編　第一章　本編總論

付項　待報告之金庫結數

5.金庫報告付訖上列之支付書時,應為如下之分錄:

收項　待報告之金庫結數
付項　據報告之金庫結數

6.金庫報告直接支付現金與支出機關時,應為如下之分錄:

收項　存留各支出機關之現金
付項　據報告之金庫結數

7.各徵收機關間為現金之移轉時又有下列三式:

　i.撥款機關先行報告者:

　　總清賬戶無變動（在分戶賬內應記付撥款機關而收收款機關一賬項。）

　ii.收款機關報告列收在先已據撥款機關報告之移款

　　總清賬戶與分戶賬俱無變動

　iii.收款機關報告列收在先未據撥款機關報告之移欠:

收項　存留徵收機關之現金

付項　未分類之收入

至撥款機關報告時應將上述之分錄法倒置之。

8.各支出機關間為現金之移轉時亦有諸式與以上第7.項分錄法相同。

9.各徵收機關自行扣除或劃撥經臨各費與支出機關又有下列三式：

　i. 撥款機關先行報告者

　　收項　存留支出機關之現金

　　付項　存留徵收機關之現金

　ii. 收款機關報告列收在先已據撥款機關報告之發款：

　　總清賑戶與分戶賬俱無變化

　iii. 收款機關報告列收在先未據撥款機關報告之發款：

　　收項　存留支出機關之現金

　　付項　未分類之收入

至撥欵機關報告時應為如下之分錄：

　收項　未分類之收入

第三編　第一章　本編總論

四三七

i. 各支出機關或金庫報告工程上合同之簽訂購置上定單之發出應將估計金額為如下之分錄：

付項　存留徵收機關之現金
收項　歲出保留數（歲出分配數科目之評價賬戶）
付項　歲出保留數準備

j. 各支出機關或金庫報告債務之發生，在先已經記入歲出保留數準備賬戶之付方者應為如下之分錄：

收項　歲出保留數準備（估計金額）
付項　歲出保留數（估計金額）
收項　歲出分配數（實際金額）
付項　歲出應付數（實際金額）

k. 各支出機關或金庫報告債務之發生，在先未經記入歲出保留數準備賬戶之付方者，應為如下之分錄：

收項　歲出分配數
付項　歲出應付數

l. 各支出機關報告依上述所發生之債務支付現金時應為如下之分錄：

收項　歲出應付數

付項　存留支出機關之現金

m. 由金庫直接支付之款於簽發直字編號支付書備付上述所發生之債務時應為如下之分錄：

收項　歲出應付數

付項　待報告之金庫結數

n. 上列直字編號支付書由金庫支付現金時應為如下之分錄：

收項　待報告之金庫結數

付項　據報告之金庫結數

o. 各支出機關支付所發生之債務在先未經記入歲出應付賬戶之付方者應為如下之分錄：

收項　歲出分配數

付項　存留支出機關之現金

p. 由金庫直接支付之款於簽發直字編號支付書備付所發生之債務時係在先未經記入歲出應付數準備賬戶之付方者應為如下之分錄：

第三編　第一章　本編總論

四三九

q. 上列直字編號支付書由金庫支付現金時,仍應為如下之分錄:

付項　待報告之金庫結數
收項　待報告之金庫結數

r. 金庫直接支付現金以償已發生之債務,在先已經記入歲出應付數賬戶之付方者,應為如下之分錄:

付項　據報告之金庫結數
收項　歲出應付數

s. 金庫直接支付現金以償已發生之債務,在先未經記入歲出應付數備賬戶之付方者應為如下之分錄:

付項　據報告之金庫結數
收項　歲出分配數

付項　待報告之金庫結數
收項　未保留及開支之歲出分配數

t. 各支出機關之經費結餘,以現金退還金庫時應為如下之分錄.

收項　據報告金庫之結數

付項　存留支出機關之現金

u. 各徵收機關或金庫報告列收屬於以前各年度之歲入時，應為如下之分錄：

　收項　存留徵收機關或金庫報告之金庫結數

　付項　以前各年度收支盈紬

v. 各支出機關或金庫報告列付屬於以前各年度之歲出時，應為如下之分錄：

　收項　以前各年度收支盈紬

　付項　存留徵收機關或金庫報告之金庫結數

w. 各徵收機關或金庫報告列收本年度歲入預算外之收入時應為如下之分錄：

　收項　存留徵收機關之現金或據報告之金庫結數

　付項　本年度預計收支盈紬

x. 各支出機關或金庫報告列付本年度歲出預算外之支出時，應為如下之分錄：

　收項　本年度預計收支盈紬

　付項　存留支出機關之現金或據報告之金庫結數

3. 表示收支科目分類情形之賬戶　表示收支科目分類情形之賬戶，須另闢一套總賬以表明之，於理亦

第三編　第一章　本編總論

四一

無不合。此類賬戶大致依斯項報告表上之科目爲定,其分錄之情形大致如下:

a. 接到關於各項收入之報告,而在先未經記入未分類之收入賬戶付方者,應爲如下之分錄:

 收項 各項收入科目

 付項 收支差額

b. 接到關於各項收入之報告,而其來源未經本機關表明者,應爲如下之分錄:

 收項 未分類之收入

 付項 收支差額

c. 接到關於各項收入之報告,而在先已經記入未分類之收入賬戶付方者,應爲如下之分錄:

 收項 未分類之收入

 付項 各項收入科目

d. 接到關於各項支出之報告,而在先未經記入未分類之支出賬戶收方者應爲如下之分錄:

 收項 各項支出科目

 付項 收支差額

e. 接到關於各項支付之報告,而其性質未經本機關表明者應爲如下之分錄:

收項　未分類之支出

付項　收支差額

f. 接到關于各項支出之報告而在先已經記入未分類之支出賬戶收方者,應爲如下之分錄:

收項　各項支出科目

付項　未分類之支出

4. 表示收支程序分類情形之賬戶　表示收支程序分類情形賬戶之處置方法,與上述表示收支程序分類情形之賬戶相同,亦須另關一套總賬,以表明之此類賬戶,亦可依斯項報表上之科目爲定。而其分類大致如下:

 a. 關於徵收機關報告其有直接收入若干,應爲如下之分錄:

收項　收獲各款總額

付項　本機關現金結存

 b. 關於經管收入款收支機關報告其有領撥收入若干,應爲如下之分錄:

收項　領撥各款

付項　本機關現金結存

第三編　第一章　本編總論

c. 上述各機關爲現金之各項處置時應爲如下之分錄：

　　收項　本機關現金結存

　　付項　解繳各款或坐撥各款

其他類似上述之賬項甚多舉一反三讀者可以推求而得知之也。

第三目　分錄簿與登記簿

分錄簿之性質係從原始單據之材料過入總清賬之過程故在簿記程序上而言前者爲初級之簿記記錄，(Book of original entry) 而後者爲次級之簿記記錄也(Book of secondary entry)。

在昔每一材料之發生必須在分錄簿上分錄之但現時以簿記技術之進步故由雙欄式之分錄簿一進而爲多欄式者即以某種賬項發生之次數太多如逐筆爲之分錄勢必不勝繁忙故可彙齊記在一欄之內殆一日一旬或一月之末將此欄之所結總數再行過入各相當賬戶之收付方又補多欄式之不足現時又有採行單行簿册以記載初級簿記記錄者通常即以特種登記簿之名稱呼之如普通進貨簿售貨簿現金出納簿等皆屬之又有會計上經手事務極端繁重者可於一簿之中分裂而爲各欄以記載不相類似之材料。此種登記簿之每期間結數亦可用分錄法直接過入總清賬戶內之相當戶中惟在最近期中會計學者例多主張由登記簿之結數仍用分錄法記入普通分錄簿中然後再行過入總清賬戶者至特種登記簿與特種欄格式之規定完全視事實需要爲轉

移，初無一定之例規，可以籠罩一切也。

在上已述凡政府所有各級機關，如欲充分表現其財政狀況，必預有四套總清賬戶之設置。故每一賬項之發生，至少須影響一套總賬，甚至可以影響於完全四套總賬者。至關整理及分析所有賬項使其容易過入相當賬戶之內，則不能不有特種登記簿與各登記簿上特種行列之設置。又關上項簿冊與行列之規定完全視實際上需要為轉移。不可固定一種格式而使不同性質之各級機關同時採用也。

第四目　分戶賬

前目所述之分錄簿與登記簿，為依時序登入之記載。此外對於依各種賬項所發生之機關，或依其性質為分類標準之記載，一時尚付闕如。蓋總清賬戶內金額之表示，乃為各相當科目之大致情狀。至其詳情，或以機關為區分，或以性質為剖解，亦應有專門附屬賬戶之設置也。故在近世之論簿記技術者於各項簿目除依時序登載外，應再按其報告上之性質過入相當之分戶賬內。此項之分戶賬，即可以表現某種詳細財政之經過情形及現狀。之故，乃有統馭賬及分戶賬之設立。此兩種均應同時採行同樣雙式簿記之原理。蓋所以免除登賬與過賬之錯誤發生也。復就此兩種賬冊每期可以同時製就試算表，以證明記賬上之確當與否。如總清賬上某一科目所表示結餘，必與一受其統轄之分戶賬內各相當戶該期間結數相加之和相等。又統馭賬者，不但為總攬各分戶之用，并且

第一於設置時統馭賬上科目一定，則分戶賬之種類亦即隨之而定。如統馭賬內有應收賬項一賬而分戶賬中則

第三編　第一章　本編總論

四四五

每一債務人亦有此同一性質之賬戶。前者乃代表本機關應收賬項總額之用。而分戶賬各戶之數額為代表每一債務人處應收賬項之用。是以兩者之結餘勢必互相鈎稽庶不失為相等之作用也。第二於編製報表時凡正表上之所列入者完全自總清賬戶所產生附表上之所列入者又完全自分清賬戶所產生兩者之目的，又正在供給正表與附表以相同之材料也。

第五目　傳票

普通論傳票之性質可以分為下列兩種：（一）用為收支手續根據之傳票。（二）用為記賬根據之傳票。以上第一種之傳票乃為收付事實之原始根據，故名之曰現金傳票（Cash Voucher）。如收款，則先由簿記員製就傳票經由主管人員核簽以後方由納款之人為現金之繳進。又如付款，亦先由簿記員製就傳票同時經過核簽之後，方始為現金之支付。又有轉賬之賬項，乃實際上并無真正現金收付之事實不過沖銷劃撥等事項為記賬整理計不得不分記收支以明其性質耳。又屬於以上第一類者其名曰收入傳票第二類者其名曰支付傳票第三類者其名曰轉賬傳票以上第二種之傳票乃係一種記賬之指導，故名之曰分錄傳票（Journal Voucher）。蓋以現時簿記組織系統之繁複，每一賬項之發生，可以影響數種登記簿及數種分戶賬者，而且常須經過數個簿記員之手。若無一種統一之標註方法，而任各個簿記員隨便登過，雖謹慎將事，亦難保無訛，否則必致繁如亂絲，無從整理矣。故在現時之繁重簿記組織系統之中，必以分錄傳票是尚。現金傳票與分錄傳票，又有時可以合併而為一種更

有時原始憑證亦可與分錄傳票合併而爲一種總之其間各項利用之方法格式之種類實隨時隨地而有不同也。

第六目　原始憑證

原始憑證爲處理簿記事務之權輿，已見前述吾人對於原始憑證之處理，亦有下列三點須資注意：（一）斷定原始憑證之種類關於斯方面問題，卽先將應行用爲記賬憑證之文件加以選擇。而此種選擇之目標，乃以間接影響於財政報表之程度爲標準也。（二）審核原始憑證之內容關於斯方面問題，卽先將某種應採爲記賬根據之原始憑證事前加以審核。一方視其有無冒濫或不法之行爲。一方視其有無科目之排列及數字之計算有無錯誤之發生若此，則以極正確之原始憑證爲記賬根據則日後緣此而搆成之報表可以減少若干之錯誤也。（三）促進原始憑證造具時間上之敏捷關於斯方面問題第一應將某期接到之各項原始憑證逐日爲之處置完畢以使影響於財政報表者愈速愈妙此專就機關本身處理原始憑證而言也第二應着重本機關之所屬各部份或分支機關得隨時以發生之賬項造具報表以送達於機關之本身而供其本身編製報表時間上之敏捷此又專使附屬機關造具足供原始憑證用之報表而言也總之關於原始憑證之處理除前段第一與第二兩點外並須着重在敏捷之一點也。更有已接到之原始憑證應分別爲之製就分錄傳票（能以原始憑證代分錄傳票者爲尤佳）並逐項爲之標註以爲登過之指導然後再交由簿記員分別爲之記入相當登記簿與過入相當分戶賬以上所論俱爲關於處理原始憑證單據之情形也。

第七目 簿記通則

關於簿記之登記手續在財政部會計則例及上海特別市政府會計規程俱略有規定。惟詳於賬簿啓用更換及保管之手續而略於平時登過之手續茲依通行辦法懸擬其應注意之點如下：

1. 凡一切收支概以國幣為本位以一元為記賬單位間有以別種貨幣出納者應按規定價或市價合成銀元，以歸劃一記賬時記至分位為止分以下四捨五入。

2. 賬簿表單書冊內之字跡應繕寫清楚，數字位置應排列整齊字體大小以占格內三分之二為率。

3. 賬簿表單書冊內所記載事由及數字如遇繕寫錯誤不得隨意冲改應於誤寫之處劃紅線兩道註銷更正。

4. 賬簿表單書冊內之數字無論錯寫幾位不得僅將誤劃之位數劃線更正，必須將全數劃線注銷重行繕寫並由該經管人簽字或蓋章證明。

5. 賬簿表單書冊內不應劃線處誤劃者應於線之兩端作紅色「×」之記號以銷之並應於「×」之中心，由各該經管人簽字或蓋章證明。

6. 賬簿書冊內如有重揭兩頁致有空白時，應於空白頁上作紅色「×」之記號兩道以銷之並應於「×」之中心由各該經管人簽字或蓋章證明。

7. 賬簿表單書冊內如有誤空一列或兩列者應於空列上作紅色「×」之記號以銷之,并應於「×」之中心,由各該經管人簽字或蓋章證明。

8. 凡每日應記之傳票賬簿須於當日記載完畢不得拖延。

9. 凡按期應造送之表單書冊須按照規定期限編製完竣不得拖延。

10. 凡用為登記過賬根據之傳票應逐月另加紙面訂成一冊註明年月日張數,并由各該經管人簽字或蓋章於其上以昭慎重。

11. 凡活頁式之賬簿應於結算後另加殼面訂成一冊註明年月日頁數,并由各該經管人簽字或蓋章於其上,以昭慎重。

12. 凡用完之各式賬簿及已訂成之傳票均須分年編號照規定期限慎重保管。(依審計法第十八條之規定,審計部對於審查完竣事項自決定之日起五年內發現其中有錯誤遺漏重複等情得為再審查故在五年內須為之慎重保管也。)

13. 各式賬簿均須順序編列頁次,活頁式應於裝訂成冊後補行編列之。

14. 各式賬簿之脊均應標明各該賬簿之名稱及冊數之次第。

15. 各式賬簿應於會計年度開始時啟用年度終了時結束。每一賬簿除活頁式外非經登記過完畢不得更換新

16 更換新簿時，如舊簿中有空白頁者應於空白頁上蓋本頁作廢字樣之戳記。

17. 凡啓用新簿無論開始或更換均應於啓用時粘貼下列表式於簿內之首頁上：

機關名稱

賬簿啓用日期表

賬簿名稱及編號	內含頁數（如為活頁式于裝訂時填入）	啓用日期	裝訂日期（非活頁式無庸填寫）
經管人			
職　名			
姓　名			
接管日期			
交出日期			

18. 凡啓用新簿，無論開始或更換，均應於啓用時粘貼下列表式於簿內之次頁上：

第四節 吾國政府各級機關簿記組織系統過去現在及將來

吾國在北京政府時代曾於民國三年由國務院頒行一種普通歲出與歲入機關之簿記組織而後即無由改進及至國民政府奠都以還於民國二十一年七月間始有國民政府主計處所規定統一會計制度之頒行但就目下情形而論前者已屬過去後者尚在設法推行中實際上各級機關所採行者例無任何之劃一辦法耳茲分別為之闡明於後：

第一目 過去之不統一情形

過去各級政府機關對於簿記組織之處理什九各自為政以致其間辦法不能一致錯雜與紊亂之結果適足

機關名稱	
賬簿內容一覽表	
名　稱	頁數

以使其主管機關在鈎稽考覈上失去其管理之能力以善意推測之則主管機關將無由用以監督所屬機關之行政其辦事效率可以因之降低反是兩機關俱可利用缺少劃一辦法之一點而造成舞弊之機會故簿記組織系統不統一致其結果窳敗而影響於行政者若是

第二目　現時改革中之假統一情形

不統一之弊吾人必思有以矯正之故於以上不統一辦法以外應規劃一種劃一辦法以替代之此其一。不合現行法令者以合於法令者替代之此其二不合會計原理者以合於原理者替代之此其三。但於此種改革時其著手應自主管機關始訖至附屬分支機關止又有所謂統一不過就其普通程序加以規定。如僅設計某一種登記簿冊而謂兩個性質不同之機關可以共同施行則不可譬如不中直之木一旦使之直亦必有致直之方若用力過猛而木可因致直而反折也此論由於不平等而造成假平等處可以適用於論會計之不統一而一蹴爲假統一處亦然。

第三目　著者理想中之眞統一情形

由以上兩段所言吾國現時有此兩種不統一與假統一情形之存在吾人因思有一種眞統一之辦法以謀救濟。此種辦法之內容約有下列八點．

1. 財政報表之統一　設計會計制度應自決定報表格式內容始已見前述又政府各級機關應有四種正表

之編製，亦已在上為之詳細討論矣。故吾人日後應對於以上四種報表之格式內容首先致力此其一也。

2. 財政報表所包括範圍之統一　現時各機關單位之主管機關所造送報表之範圍有僅包括本機關與全體機關之別。其詳細分別與其優劣各點，已在前第二編第三章中為之詳細論及矣。總之日後無論採取任何一種方法，政府各級機關省須適用統一之辦法而不可各機關各自為政，庶使容易比較與稽核。此誠司設計之責者當事先加以考慮者也。

3. 編造報表期間之統一　關於各級機關編造報表之期間，現時有年月旬日各項之分別。若詳按其性質，則凡與法定或行政預算為比較而編造之報表，自當依原列之期間，為編造之根據。其他部份，似不應有籠統之規定。譬如徵收機關之中積某礦稅徵收處一年所收入之總數，或尚不能抵海關稅務司一日收入數目之鉅大。故吾人不能對於斯項報表籠統規定為年為月為旬為日，而已應分別視其數量與其對於中央財政影響然後斟酌而規定也。

4. 會計基礎之統一　會計基礎之分類，在先已經迭次為之敍述。而其中以應收應付之會計基礎為最精確，亦會迭次為之表明。故現時在商業機關莫不適用斯項基礎。是以吾人日後亦希望政府各級機關得同時應用之也。

5. 資產估價方法之統一　資產負債表上之各項資產科目之估價問題，實為現時會計學者重要之爭點。如

第三編　第一章　本編總論

四五三

商品之價值抑係依原購置之價格計算而後列入乎抑係依原購置之價格與市價兩者較低之價格計算而後列入乎？又如固定資產之中土地一項如有增值究竟可否用以列入房屋器具等項之修繕與增加改良等費用其中之區別究竟如何可以斷定。又如資產之中開辦費一項應由若干年以內照若何比例分別為之攤除商譽一項究竟否列入。諸如此類問題實不容易驟加解答必須仔細研究使其完全與學理及事實無違背之後方始得有決定也。但在政府各級機關，亦有資產負債項之編製故同時發生斯項估價之問題。但以科目無有如斯之繁複及有其他關係，可以得有比較容易解決之途徑。又普通公務機關之固定資產，照穆銳氏學說即可無須為之提取折舊之費用。又如開辦費之支出，不必列入資產類科目逐年為之攤除。諸如此類問題現時各會計學者已有一致之主張並供吾人參考之用。又以上各問題政府各級普通機關，省應受劃一辦法所支配此亦擬訂統一簿記組織時事先應加決定者也。

6.報表上科目名稱及歸類與排列方法之統一　上述編製報表時應對於明晰方法，大概可分為下列三種：　上述編製報表時應對於明晰方法加以注意。所謂明晰方法者，大概可分為下列三種：

之上又平時即可用為各相當總清賬戶之名稱總之此種名詞之選擇亟應十分妥慎幷且各機關省能一律遵行為佳此其一在報表之上上述各項科目又應依其性質分別併成各項總科目其作用在使讀斯項報表者一覽之餘即可得悉收付兩項相互間之關係。如以現金支付亟應支付款項是否有餘或不敷，如以流動資產抵補短期

負債是否相稱等等，故在報表之上，不但使科目名詞選定得當，而使讀者不生誤解爲止境，以上所述之歸類方法，亦爲現今會計上之重要問題也，此其二。若論各科目排列之次序，如以資產負債一表而論，則在收項應以距交換現金時間上之長短爲標準。是以現金固當首列其端，而後爲應收票據、應收賬項、應收稅款等，其餘不能交換現金者，則用以殿末焉。又如付項排列之次序，應以最先償還者列於首端，然後依其期限之次序而排列之。總之報表科目排列之方法，必有其固定之位置，不容絲毫紊亂者也。又如報表之格式，則在一表之中小計之數相加之和是爲合計之數，合計之數相加之和，是爲總計之數。總計次之總計必居右其間亦有一定次序焉。又如一表之某科目本有其附表相隸屬者，則在總表上所列者爲總計之數，而在附表中爲合計之數，又在明細表中爲小計之數，亦即通常所謂以簡馭繁之報表格式也，總之以上報表排列之方法與報表之格式亦爲討論明晰方法者之所應注意者也，此其三。以上三點以著者之意見當亦可視爲討論明晰方法之所重故特次第爲之闡明焉。

7. 各報表上科目相互關係之統一 以上所述四類正表中各科目相互關鍵之處應事先爲之規劃庶幾上級機關可藉此以審核其所屬機關造具之報表也，譬如應付短期借款一項，在資產負債與資力負擔兩表上之各該項目所表示之金額應完全相等，又其增減之金額應與收支科目分類表上短期借款收入減償還短期借款支出後之餘額相鈎稽總之此種報表上各科目關鍵之詳細情形至須爲合理化之分析應使上級機關對於斯項報表一覽之餘，不難即時明瞭於明悉及考核財政經過情形及現狀以後更可據此而爲編製及決定將來財政

策之參證此即簿記組織之最大功效也。

8. 編製報表過程之統一 以上所述編製報表過程第一，在報表上科目名詞決定以後即可依照其所定之名詞分別為之設立總清賬戶，第二，在總清賬戶決定以後即須擬定登記簿冊及分錄簿冊等項第三，在規劃分戶賬以表明與總清賬戶相互間之關係。總之以上第一至第三各點皆為設計編製報表過程之基本原理故任何機關皆須採此統一之步驟。而各機關須以其性質根據其所造具之報表擬定系統固不可籠統規劃一種格式使各機關俱能適用。否則惟有削足適履終不能達到真正統一之目標也。

總上所論，共計八點，為設計真正統一制度之要件今後吾國各級機關若能全依科學方法以為設計之根據，則計政之前途定能放一異彩焉。

第二章 現行制度——徵收機關

第一節 構成圖

關於徵收機關之現行制度茲舉某印花菸酒稅局實際簿記組織系統述之于下：

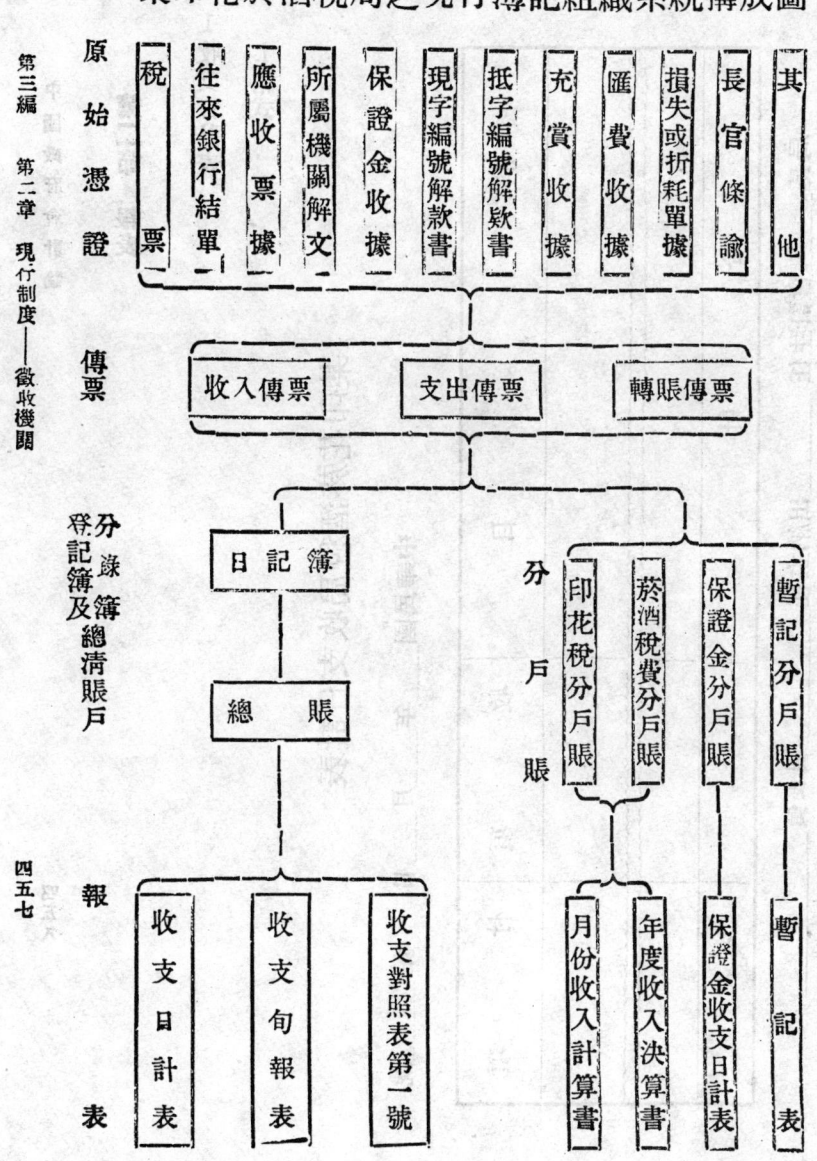

第二節 報表

1. 收支日計表

i. 格式

某印花菸酒稅局收支日計表

中華民國　　年　　月　　日　　第　　號

科	目	收 項	付 項
合	計		

局長　　　　會計主任　　　　出納主任　　　　製表員

ii. 說明　本表係用以表示各日現金及轉賬收支情形而設。每日由經管人員根據于總清賬所造具至本表中所列科目之名稱如下：收方科目1.普通印花稅凡普通印花稅之收入，列入本科目。2.特種印花稅凡特種印花稅之收入，列入本科目。3.菸公賣費凡菸類公賣費之收入，列入本科目。4.酒公賣費凡酒類公賣費之收入，列入本科目。5.菸牌照稅凡菸類牌照稅之收入，列入本科目。6.酒牌照稅凡酒類牌照稅之收入，列入本科目。7.菸稅凡菸類通過稅之收入，列入本科目。8.酒稅凡酒類通過稅之收入，列入本科目。9.洋酒稅凡洋酒類稅之收入，列入本科目。10.雜項收入，凡罰款及沒收物變價等之收入，列入本科目。11.印花保證金凡印花稅分局保證金之繳納及付還，均列入本科目。12.菸酒保證金凡菸酒類各稽徵所保證金之繳納及付還，均列入本科目。13.暫記收款凡未經確定性質或手續未完備之收款，列入本科目付方科目：1.解款凡解繳部署之欵，列入本科目。2.抵解款凡奉令准予抵解之欵，列入本科目。3.雜項支出，凡按照成案扣支各費，列入本科目。4.暫記付款凡未經確定性質或手續未完備之付款，列入本科目。

4.月份收入計算書（仝上）

3.收支對照表第一號（詳第二編第四章月份收支計算書類中）

2.收支旬報表（詳第二編第三章收支報表中）

5.年度收入決算書（詳第二編第五章決算中）

6. 保證金收支月計表

i. 格式

印花菸酒稅局

_____年_____月份保證金收支報告表

中華民國_____年_____月份

摘要	收入	支出	結存	附註
合計				

局長_____ 會計主任_____ 製表員_____

ii. 說明 本表為按月報告保證金狀況之用,凡所屬機關保證金之繳納付還及結存各數均應列入之。其編製方法如下:(一)本表係根據保證金分戶賬每月編製一次,應將某月份之名稱首先填入之。(二)摘要欄應填保證金繳納或付還之分機關名稱。(三)收入欄應填繳納金額。(四)支出欄應填付還金額。(五)結存欄應填結存金額。(六)附註欄應填保證金收據之號數等

7. 暫記表

i. 格式

印花菸酒税局

暫記表

中華民國　年　月份

暫記收款之部		暫記付款之部	
解款者名稱	金額	受款者名稱	金額
合計		合計	

局長　　　會計主任　　　填表員

ii. 說明　本表為按月報告暫記狀況之用。凡暫記收款與暫記付款均應列入之其編製方法如下：（一）暫記收款之部，將解款者名稱照暫記分戶賬各戶順次填寫並將各該賬戶之餘額填入金額欄。（二）暫記付款之部將受款者名稱照暫記分戶賬各戶順次填寫亦將各該賬戶之餘額填入金額欄。

本表係根據暫記分戶賬每月編製一次應將每月份之名稱首先填入之。

第三節　總清賬戶

某印花菸酒稅局總清賬上各賬戶之設置，完全依照收支日計表上所有科目為根據。惟須另添一現金科目以登記現金結存數又報表上原為收方科目則在總清賬戶應改為通常表示付方結餘之賬戶原為付方科目則依同理改為通常表示收方結餘之賬戶。茲將以上賬戶上各賬項之分錄方法列舉于下：

a. 本機關列收各項現金收入若干。

　　收項　現金
　　付項　普通印花稅……暫記收款

b. 本機關列付各項現金支出若干。

　　收項　解款……暫記付款

c. 根據其他報告列收并列付抵撥各款若干。

付項　現金
收項　解欵……暫記付款
付項　普通印花稅……暫記收欵

d. 由暫記收款轉入各正科目其數額若干。

收項　暫記收欵
付項　普通印花稅……菸酒保證金

e. 由暫記付欵轉入各正科目其數額若干。

收項　解款……雜項支出
付項　暫記付款

第四節　登記簿與分錄簿

1. 日記簿

i. 格式

第三編　第二章　現行制度——徵收機關

四六三

第＿＿＿頁

收　方

年月日	傳票號數	摘要	總賬頁數	現金	轉賬	合計

日　記　簿

第＿＿＿頁

付　方

年月日	傳票號數	摘要	總賬頁數	現金	轉賬	合計

ii. 說明　本簿之記入均根據收入支出及轉賬傳票當傳票製具完畢後，卽按科目歸類。記入本簿時傳票所編號數記於傳票號數欄，其說明依次記於科目下收入傳票之金額記入收方各欄支出傳票之金額記入付方各欄現金收付記入現金欄轉賬收付則記於轉賬欄內。每一科目作一總計記於合計欄內將來卽以此數反其收付過入總賬次將各欄作一總計於摘要欄註明本日共收或共付。

字樣,再將上日結存數及本日結存數分別記於收付兩方合計欄內,而總結之收付兩方之總合計應卽相等。至若總清賬之格式係採用前章所述收付餘三項分列之格式故不另行分節說明之。

第五節 分戶賬

1 印花稅分戶賬

i. 格式

印花稅分戶賬

機關名稱_____ 第_____頁

年月日	摘要	應解數	解入數	未解數

ii. 說明 本賬為考核各分局關於印花稅款之徵收及便利于編造報銷而設其解入數一欄之總數應與總賬內普通印花稅及特種印花稅兩賬戶付項之總數相等本賬應解數一欄內之數目由收入月份分配表而來於每月開始將本月比額記入本欄內解入數欄內之數目根據傳票中普通印花稅及特種印花稅款所列分局戶名之數記入未解數欄為由應解數減去解入數後之餘額如遇超過則用紅字書寫。

2. 菸酒費稅分戶賬

i. 格式

菸酒費稅分戶賬

機關名稱⋯⋯⋯⋯⋯ 第⋯⋯頁

年月日	摘要	應解數	解入數	未解數

ii. 說明 本賬為考核各分局菸酒稅費之徵收及便利于編造報銷而設其解入數一欄之總數,應與總賬內各表示菸酒稅收賬戶付項餘額之總數相等其他登記方法與印花稅分戶賬相同。

3. 保證金分戶賬

i. 格式

保證金分戶賬

戶名＿＿＿＿＿　　　　　　　　　　第＿＿＿＿＿頁

年月日	收據號數	摘　　要	保證金定額	繳納金額	發還金額

ii. 說明 本賬為查核保證金收付之情形而設,其印花稅分局長所列保證金各戶之繳納額應與總賬內印花保證金賬戶付項之總數相等其承辦菸酒各分機關所列保證金各戶之繳納額應與總賬內菸酒保證金賬戶付項之總數相等又本賬保證金定額欄所列保證金之數目係按照定章所定比額成數記入繳納金額欄之數目係根據收入或轉賬傳票中印花保證金與菸酒保證金各戶繳納之數記入發還金額之數目係由支出或轉賬傳票中印花保證金與菸酒保證金各戶發還或撥抵比額記入。

4. 暫記分戶賬

i. 格式

分類名稱

暫 記 分 戶 賬

第_____頁

年 月 日	傳票號數	摘要	暫收額或暫付額	付還額或收回額	餘額

ii. 說明　本賬爲整理暫收暫付各類之收支而設,每一分類分立一戶,暫收各類之分戶,列在本賬之前半冊,暫付各類之分戶,列在本賬之後半冊。暫收各戶暫收額一欄之總數,與總賬內暫記收款賬戶付項之總數相等;其付還額一欄之總數應與該賬戶收項之總數相等。暫付各戶暫付額一欄之總數,與總賬內暫記付款賬戶收項之總數相等;又本賬暫收各戶暫收額欄內之數,係根據收入或轉賬傳票中暫記收款所列分類記入其付還額欄內之數,係根據支出或轉賬傳票中暫記付款所列分類記入。暫付各戶暫付額欄內之數,係根據支出或轉賬傳票中暫記付款所列分類記入;餘額欄所記之數,爲前兩欄相減後所得之差數。

第六節　傳票

1. 收入傳票及支出傳票

i. 格式

某印花菸酒稅局

收入傳票（支出傳票格式同）

中華民國　　年　　月　　日　　附單據　　張公文第　　號　　　第　　號

科　目	摘　　要	金　額 十萬千百十元角分
	合　計	

局長　　　　會計主任　　　　出納主任　　　　登記員

ii. 說明　收支傳票須根據公文及其他原始憑證製具，并依照收支各科目為之分類。由傳票所記入者為日記簿及各種分戶賬。日記簿上各科目之日結總數，逐日再行為之過入總清賬戶。故傳票并未直接過入總賬也至收支兩種傳票之各項標題及編製方法則完全相類似。惟前者通常用紅色墨印刷而後者以綠色墨印耳。

2. 轉賬傳票

i. 格式

某印花菸酒稅局轉賬傳票

中華民國　　年　　月　　日　　第　　　　號
附單據　　　　　張公文　　　　　號

收　方			付　方		
科目	摘要	金額 十萬千百十元角分	科目	摘要	金額 十萬千百十元角分
	合計			合計	

局長　　　　　會計主任　　　　　出納主任　　　　　登記員

ii. 說明　轉賬傳票計分收付兩方通常用藍色墨印刷其標題及編製方法則與收支傳票相類似。

第七節　原始憑證

某印花菸酒稅局記入以上傳票所根據之原始憑證，大致有下列十二種：1.稅票，2.往來銀行結單，3.應收票據，4.所屬機關解文5.保證金收據6.現字編號解欠書7.抵守編號解款書8.充賞收據：匯費收據10.損失或折耗單據，11.長官條諭12.其他。

第三章　現行制度——支出機關

關於支出機關之現行制度，茲舉某師實際簿記組織系統述之于下：

第一節　搆成圖

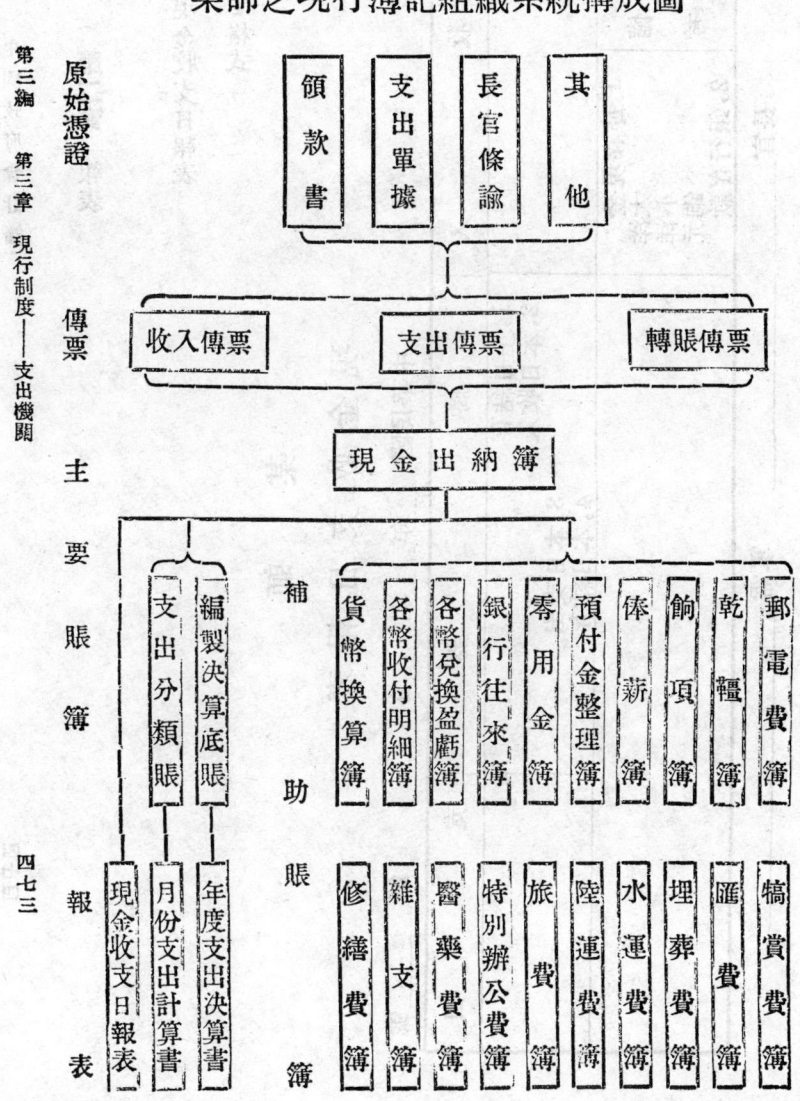

第二節 報表

1. 現金收支日報表

i. 格式

某師現金收支日報表

中華民國　　年　　月　　日　　　　第　　號

收　入	摘　要	支　出
	1, 上日結存 2, 本日收入 3, 本日支出 4, 本日結存	

備考
1, 庫存現金：大洋　小洋　銅元
2, 銀行存款

長官　　　　　　　　軍需

ii. 說明　本表係用以表示各日現金收支及結存情形而設，每日由經管軍需之人根據于出納簿所造具，并呈報主管長官核閱，亦即為整理現金之主要賬簿所得之結果也。至本表之編製方法如下：（一）先填明編製本表之日期（二）收入欄應填入上日結存及本日收入之總額（三）摘要欄應填入各項主要事由（四）支出欄應填入本日支出及結存之總額（五）備考欄應填入本日結存金額之種類及其存放之地點（六）本表編製完畢後應由軍需及主管長官簽字蓋章以明責任。

2. 月份支出計算書　月份支出計算書及其附表為報告一月間執行收支結果之報表，係依照中央所頒行格式及說明填製惟歲出各科目以軍事方面常有其特殊之性質為適應事實計故軍政部軍需署即擬有一特定之科目表為茲將斯項科目表之分類法臚述於次：

第一款　全師經費

全師經費合計總數列此。

第一款　師司令部經費凡本部支出各項經費列此款。第一項俸給費凡本部額設各官長士兵薪餉及馬乾均列此項。第一目俸薪凡關於額設官長員司之俸薪列此目第一節。

第二節校官俸薪凡校官俸薪列此節。第三節尉官俸薪凡尉官俸薪列此節。第二目軍士餉項凡上中下士餉項列此節。第二目兵伕餉項凡列兵勤務兵工匠兵伕役之餉項列此目第一節。第三目乾糧凡關於額設乘馬駄馬輓馬等正乾掌疆剔毛蹄鐵等費列此目第一節。

馬乾，凡馬乾列此節。第二節掌韁凡掌韁剔毛蹄鐵等費列此節。

第一目公費凡關於額定公費列此項第一節文具凡辦公應用之文具紙張，列此節。第二節郵電凡辦公應用之郵費電話電報等費列此節。第三節購置凡器具圖書雜誌等費列此節。第四節修繕凡修葺房屋及修理器具等費列此節。第五節消耗凡燈油薪炭茶水等費列此節。第六節雜支凡不屬於本目右列各節之其他費用，均列此節。第三項設備費列此項第一目教育費凡教育費按照規定數目列此節。第一節士兵教育費凡教育所需室內外操場講堂設備器具圖書消耗及教師薪水列此節。第二目醫藥費凡關於全師醫藥費及補充藥品器械防疫等費列此節。第一節補充藥品器械及防疫各費凡按照全師規定額支數凡按照官兵總數額支醫藥費數目列此節。第二節補充藥品器械及防疫各費凡按照全師規定額支數目列此節。第三目草鞋費凡本部士兵草鞋費列此目第一節士兵草鞋費凡士兵草鞋費列此節。第四目洗擦費凡本部槍枝洗擦費列此節第一節槍枝洗擦費凡槍枝洗擦費列此節。第四項特別費凡特別費用均列此項第一目特別辦公費凡各部隊長官規定給與特別辦公費者列此節第一節師長特別辦公費第二節副師長特別辦公費第五項預備費凡旅運埋葬匯兌及臨時各費應事先呈准後在此項開支。

第二款 砲兵營經費 凡砲兵營經費總數列此，

第三款 工兵第幾營經費 凡工兵營經費總數列此，

第四款　輜重兵第幾營經費　凡輜重兵營經費總數此列，

第五款　騎兵連經費　凡騎兵連經費總數列此

第六款　特務連經費　凡特務連經費總數列此，

第七款　師軍醫院經費　凡師軍醫院經費總數列此，

第八款　步兵第幾旅經費　凡全旅經費總數列此。

3. 年度支出決算書

年度支出決算書及其附表爲報告一年度執行收支結果之報表，係依照中央所頒行格式及說明塡製歲出科目之排列亦全與月份支出計算書上所塡列之科目相同。

第三節　主要賬簿

1. 現金出納簿

i. 格式

某師

現金出納簿

年月日	傳票		摘要	主要賬簿 (支出分類賬)		補助賬簿		收入	支出	餘額
	種類	號數		月份	頁數	種類	頁數			

ii. 說明　凡有現金或轉賬收支，均先登入此簿然後過入其他主要賬簿及補助賬簿之中。故此為整理原始憑證之初級簿記記錄，在軍需界中現時又稱之為整理現金之主要賬簿也。至本簿之登記方法如下：（一）先填明登記本簿之日期。（二）傳票種類號數欄記所根據登記之傳票種類及號數。（三）摘要欄記傳票所

分科目幷摘錄必要之說明。（四）主要賬簿之月份頁數欄記過入支出分類賬之月份及頁數。（五）補助賬簿之種類頁數欄記過入各項補助賬簿之種類及頁數。（六）收入欄記現金及轉賬收入之金額。（七）支出欄記現金及轉賬支出之金額。（八）餘額欄記以上收入欄減支出欄後之差額其他登記程序，與徵收機關之日記簿相類似。

2 支出分類賬

i. 格式

第_____項第_____目

某 師

支 出 分 類 賬

第_____頁

年月日	出簿數納頁	摘要	單號據數	科目名稱	支付預算數	實支數	未支數

ii. 說明　支出分類賬為某師編製月份支出計算書之底賬，在軍需界中現時稱之為整理科目之主要賬簿。

此項賬簿係依照支付預算書既定之科目為每目各立一戶在該月未屆之時即可先將已經核准之預算數列入相當戶之支付預算數欄內。俟至收支事實過去以後應再將現金出納簿上所記同月份同項之事實依次過入相當戶之實支數欄內庶使與預算數列為比較。在未編報銷以前可以按其情形得知預算範圍以內尚有若干未經支用在編製報銷之時又可用資根據以造具月份支出計算書，兩利也。基於上述，本分類賬既以預算上月份為單位故一月為一套一年為十二套凡屬某月之賬戶所記入之事項俱以隸屬於該月份為範圍其中實支數一欄即可不問現金為何時所支出凡應歸本月份內報銷者可以均移入本月份相當賬戶中故本分類賬惟一之目標又在使本月份實支數之餘額不能超越預算數範圍以外否則即可編成月份支出計算書亦必遭上級機關斥駁也。

至本賬之過入方法如下：（一）先為各目各立一賬戶，並註明其屬於預算書中之第幾項第幾目本戶之頁次，並須註明。（二）年月日欄應書明經費之實支月日並須與出納簿所記之月日完全相同（三）出納簿頁數欄應將原在出納簿所屬之頁數列入以資參考（四）摘要欄應將各項主要事由列入（五）單據號數欄應填入各單據號數。（六）支付預算數欄應填入本月份支付預算書上原列之金額（七）實支數欄應填入本月目之實支金額。（八）未支數欄應填入預算數減實支數後之差額而以實支數不超過預算數為主如有超過之時則

其超過之金額，應以紅筆書寫。

3. 編製決算底賬

i. 格式

某師編製決算底賬

第＿＿＿項第＿＿＿目　　　第＿＿＿頁

摘要	科目名稱	年度預算數	各月支出計算數	預算餘數

ii. 說明　本賬為某師編製年度支出決算書之底賬。凡一年度中無有臨時費之支出者,積十二個月之計算,便成各該年度之決算,是以本賬所包括之範圍,自以會計年度預算數列入相當戶之年度預算數欄對預算中之各目各設一戶,在著手編製之時,即可先將已經核准之年度預算數列入相當戶之年度預算數欄內。並將各月之實支數依次過入各該戶之各月支出計算數欄內,庶可與預算數列為比較,而使全年之實支數不能超過全年度預算數也。

至本賬過入方法如下:(一)先為各目各立一賬戶,並註明其屬於預算書中之第幾項第幾目本戶之頁次,並須註明。(二)摘要欄應將各項主要事由列入(三)年度預算數欄應填入本年度預算書上原列之金額(四)各月支出計算數欄應由支出分類賬移入各該月之支出計算數(五)預算餘數欄應填入預算數減計算數後之差額而以各月支出計算數不超過預算數為主體,如有超過之時,則其超過之金額應以紅筆書寫。

第四節　補助賬簿

1. 貨幣換算簿

i. 格式

貨幣換算簿

年月日	出納簿數	摘要	幣別	原幣	折合本位幣

ii. 說明 本簿係用以表示銅元以外之各種貨幣出納之情形。其登記方法如下：（一）年月日欄應書明現金出納所發生之月日并須與出納簿所記之月日完全相同。（二）出納簿頁數欄應將出納簿所屬之頁數列入以資參考。（三）摘要欄應將各項主要事由列入。（四）幣別欄應列各種原幣之名稱。（五）原幣欄應列各種原幣之金額。（六）折合率欄應列入原幣折合本位幣之定率（七）本位幣欄應列入已經折合之本位幣金額。（八）本表中本位幣一欄所記入之金額可再用爲轉記現金出納簿之根據。

2. 各幣收付明細簿

各幣收付明細簿

i. 格式

年月日	出 納 簿 頁 數	摘要	收入	付出	餘額

各幣名稱

ii. 說明 本簿係用以表明某種貨幣收入付出及存留之情形故須依各種貨幣名稱特設一戶其登記方法如下：(一)依各種原幣名稱特設一戶。(二)年月日出納簿頁數及摘要三欄之登記方法與貨幣換算簿同。(三)收入欄應記某項原幣實收數。(四)付出欄應記某項原幣實付數。(五)餘額欄應記收入欄減去付出欄後之差額。

3. 各幣兌換盈虧簿

i. 格式

各幣兌換盈虧簿

年月日	出納簿頁數	摘要	幣別	兌換數	收入		付出		兌換盈虧
					折合率	金額	折合率	金額	

ii. 說明 本簿係用以表明各項貨幣出納上所發生之盈餘與虧損之情形其登記方法如下：（一）年月日出納簿頁數及摘要三欄之登記方法與貨幣換算簿同。（二）幣別欄應列各種原幣之名稱。（三）兌換數欄應列各種原幣之金額。（四）收入欄應列收入時該項原幣之折合率以及折合本位幣金額。（五）付出欄應列付出時該項原幣之折合率以及折合本位幣金額。（六）兌換盈虧欄應列收入欄減付出欄後之差額。

4. 銀行往來簿

i. 格式

銀 行 往 來 簿

年月日	出納簿頁數	摘要	支票號數	存入	付出	存或餘額欠

ii. 說明

本簿係用以表明各銀行往來上存欠之情形。其登記之方法如下：（一）年月日出納簿頁數及摘要三欄之登記方法與貨幣換算簿同。（二）支票號數欄應填入付出時所用支票之號數。（三）存入欄應列入存入之金額（四）付出欄應列入付出之金額（五）存或欠欄應列入存或欠之情形。（六）餘額欄應列入存入欄減付出欄後之差額。

5. 零用金簿

i. 式格

零用金簿

年月日	摘　　要	預領數	付出數	餘　額

ii. 說明　本簿係為記載零用金而設其登記方法如下：（一）年月日及摘要兩欄之登記方法與貨幣換算簿同。（二）預領數欄應記入預領之金額。（三）付出數欄應記入支用之金額（四）餘額欄應記入預領數減付出數後之差額。

6. 預付金整理簿

第三編　第三章　現行制度——支出機關

四八七

預付金整理簿

i. 格式

預付之部			計算之部				
年月日	出納簿頁數	摘要	金額	年月日	出納簿頁數	摘要	實支數	繳還數	補支數

ii. 說明　本簿係爲整理預付金而設其登記方法如下預付之部記預付及估付方面之情形。（一）年月日出納簿頁數及摘要三欄之登記方法與貨幣換算簿同。（二）金額欄應列預付及估付之金額計算之部俟精算報告到後記入各項正確之情形。（一）年月日出納簿摘要三欄之登記方法與貨幣換算簿同。（二）實

支數欄應記入精算之確數。（三）繳還數欄應記入繳還之金額（計算數比估計數為小。）（四）補支數欄應記入補支之金額（計算數比估計數為大。）

7. 俸薪簿

i. 格式

俸薪簿

階級職別	姓名	月支定額	扣除數	實支數	發給月日	備考

ii. 說明 本簿用為表明發給員司俸薪之情形。須每月更換一次（通常用直寫式）其登記方法如下：（一）階級職別欄應記各員司之職別。（二）姓名欄應記各員司之姓名。（三）月支定額欄應記各員司之月支定額。（四）扣除欄應記就月支數內所應扣除之金額。（五）實支數欄所記為第三項減第四項後之差額。（六）發給月日欄應記發給現金之月日。（七）備考欄應記其他必要之事項。

8. 餉項簿

本簿係用以表明發給士兵月支餉項之情形其格式與說明全與俸薪簿相同。

9. 乾糧簿

i. 格式

馬匹號數	馬乾雜費	月支定額	實支數	月日	備考

乾糧簿

ii. 說明 本簿係用以表明各馬匹乾糧詳細之情形,每月更換新簿一次,(通常用直寫式)。其登記方法如下:(一)馬匹欄應記各馬匹之名稱。(二)號數欄應記各馬匹所編之號數。(三)月支定額欄應記各馬匹之月支定額,可分馬乾與雜費兩項列入。(四)實支數欄應記本日所實支之金額。(五)發給月日及備

10. 郵電費簿

i. 格式

郵電費簿

年月日	摘要	收發地點	字件數	實支數	備考

ii. 說明　本簿係用以表示郵電支出之情形，（通常用直寫式。）其登記方法如下：（一）年月日欄應書明現金出納所發生之月日并須與出納簿所記之月日完全相同（二）摘要欄應將各項主要事由列入。（三）收發地點欄應將所收發之詳細地點列入。（四）字數或件數欄應將字數或件數之情形列入。（五）實支數欄應記實際支付之金額。（六）備考欄之登記方法與俸薪簿同考兩欄之登記方法與俸薪簿同

11. 修繕費簿

i. 格式

修繕費簿

年月日	摘要	料價	工價	實支數	備考

ii. 說明

本簿係用以表示修繕費之情形，（通常用直寫式）。其登記方法如下：（一）年月日及摘要兩欄之登記方法與郵電費簿同。（二）料價欄應記入修繕上所用物品材料之價格。（三）工價欄應記入工人之薪金。（四）實支數欄為料價與工價之合計數。（五）備考欄之登記方法與俸薪簿同。

12. 雜支簿

i. 格式

ii. 說明 本簿係用以表示雜支之詳細情形，（通常用直寫式）其登記方法如下：（一）年月日及摘要兩欄之登記方法與郵電費簿同。（二）單價欄應記入普通用物品材料之單價。（三）數量欄應記入上項物品材料之數量。（四）實支數欄為單價乘數量之積數。（五）備考欄之登記方法與俸薪簿同。

13. 醫藥費簿

i. 格式

雜支簿

年月日	摘要	單價	數量	實支數	備考

第三編　第三章　現行制度——支出機關

四九三

醫藥費簿

年月日	階級職別	姓名	病名	起訖日期	實支數	備考

ii. 說明　本簿係以表明醫藥費之詳細情形，（通常用直寫式。）其登記方法如下：（一）年月日欄之登記方法與郵電費簿同。（二）階級職別欄應記各患病員司之職別。（三）姓名欄應記各患病員司之姓名。（四）病名欄應記各員司所患病名。（五）起訖日期欄應記患病起訖之日期。（六）實支數欄應記實際支付之金額。（七）備考欄之登記方法與俸薪簿同。

14. 特別辦公費簿

i. 格式

持別辦公費簿

年 階級	月 日 職別	姓　名	月支定額	實支數	備　考

ii. 說明　本簿係用以表明每月辦公費之詳細情形，須每月更換一次，（通常用直寫式。）其登記方法如下：（一）年月日欄之登記方法與郵電費簿同。（二）階級職別欄應記各領款員司之職別。（三）姓名欄應記各領欵員司之姓名。（四）月支定額欄應記各員司每月應領之金額。（五）實支數欄應記實際支付之金額。（六）備考欄之登記方法與薪俸簿同。

15. 旅費簿

i. 格式

第三編　第三章　現行制度──支出機關

四九五

旅費簿

階級職別	姓名	出差事由	預付之部		計算之部			備考
			月日	金額	月日	實支數	繳還數	補支數	

ii. 說明　本簿係用以表明旅費方面之詳細情形，（通常用直寫式。）其登記方法如下：（一）階級職別欄應記各出差員司之職別。（二）姓名欄應記各出差員司之姓名。（三）出差事由欄應記各出差之主要事由。（四）預付之部記預付及估付方面之情形。其中月日欄應記預付之月日金額欄應記預付之金額。（五）計算之部俟精算報告到後記入各項正確之情形。其中月日欄應記接到精算報告之月日實支數欄應記入精算之確數繳還數欄應記入繳還之金額（計算數比估記數為小）補支數欄應記入補支之金額（計算數比估計數為大）。（六）備考欄之登記方法與俸薪簿同。

16. 陸運費簿

i. 格式

陸運費簿

年 月 日	摘要	物品數量	路程里數	每夫車價目	僱用車夫數	實支數	備考

ii. 說明　本簿係用以表明陸運費方面之詳細情形,（通常用直寫式。）其登記方法如下：（一）年月日及摘要兩欄之登記方法與郵電費簿同。（二）物品數量欄應記所製運物品之數量。（三）路程里數欄應記程途之里數。（四）每車夫價目欄應記所僱用一夫或一車之價目。（五）僱用車夫數欄應記所僱用夫車之數目。（六）實支數欄記價目乘夫數或車數後之積數。（七）備考欄之登記方法與俸薪簿同。

第三編　第三章　現行制度——支出機關

四九七

17. 水運費簿

i. 格式

水運費簿

年 月 日	摘要	官兵人數	物品數量	水程里數	起訖日期	每船價目	僱用船數	實支數	備考

ii. 說明

本簿係用以表明水運費方面之詳細情形，（通常用直寫式。）其登記方法如下：（一）年月日及摘要兩欄之登記方法與郵電費簿同。（二）官兵人數欄應記所裝運官兵之人數。（三）物品數量及水程里數兩欄之登記方法與陸運費簿同。（四）起訖日期欄應記裝運上起訖之日期。（五）每船價目欄應記每一隻船之價目。（六）實支數欄記價目乘船數後之積數。（七）備考欄之登記方法與俸薪簿同。

18. 埋葬費簿

i. 格式

年月日	階級職別	姓名	摘要	實支數	備考

ii. 說明 本簿係用以表明埋葬費方面之詳細情形,（通常用直寫式。）其登記方法如下：（一）年月日欄之登記方法與郵電費簿同。（二）階級職別欄應記各死亡員司之職別。（三）姓名欄應記各死亡員司之姓名。（四）摘要欄之登記方法與郵電費簿同。（五）實支數欄應記實際支付之金額。（六）備考欄之登記方法與俸薪簿同。

19. 匯費簿

i. 格式

年月日	摘要	匯兌地點	匯出金額	匯水率	實支數	備考

匯費簿

ii. 說明

本簿係用以表明匯費方面之詳細情形，（通常用直寫式。）其登記方法如下：（一）年月日及摘要兩欄之登記方法與郵電費簿同。（二）匯兌地點欄應記匯出之地點。（三）匯出金額欄應記匯出之金額。（四）匯水率欄應記匯水之定率。（五）實支數欄記匯出金額乘匯水率後之積數。（六）備考欄之登記方法與俸薪簿同。

20. 犒賞費簿

i. 格式

犒賞費簿

年月日	階級職別	姓名	摘要	實支數	備考

ii. 說明 本簿係用以表明犒賞費方面詳細情形，（通常用直寫式）其登記方法如下：（一）年月日欄之登記方法與郵電費簿欄同。（二）階級職別欄應記各受犒賞員司之姓名。（三）摘要欄之登記方法與郵電費簿同。（四）實支數欄應記實際應付之金額。（五）備考欄之登記方法與俸薪簿同。

第三編　第三章　現行制度——支出機關

第五節　傳票

普通支出機關所用之傳票大致與徵收機關相類似而無庸贅述也。

第六節　原始憑證

某師記入以上傳票所根據之原始憑證有下列四種：1.本機關領款時所填具之領款書，2.支出單據，3.長官條諭，4.其他。

第四章　現行制度——金庫及國庫

第一節　構成圖

關於金庫及國庫之現行制度茲舉財政部國庫司實際簿記組織系統述之于下：

財政部國庫司之現行簿記組織系統構成圖

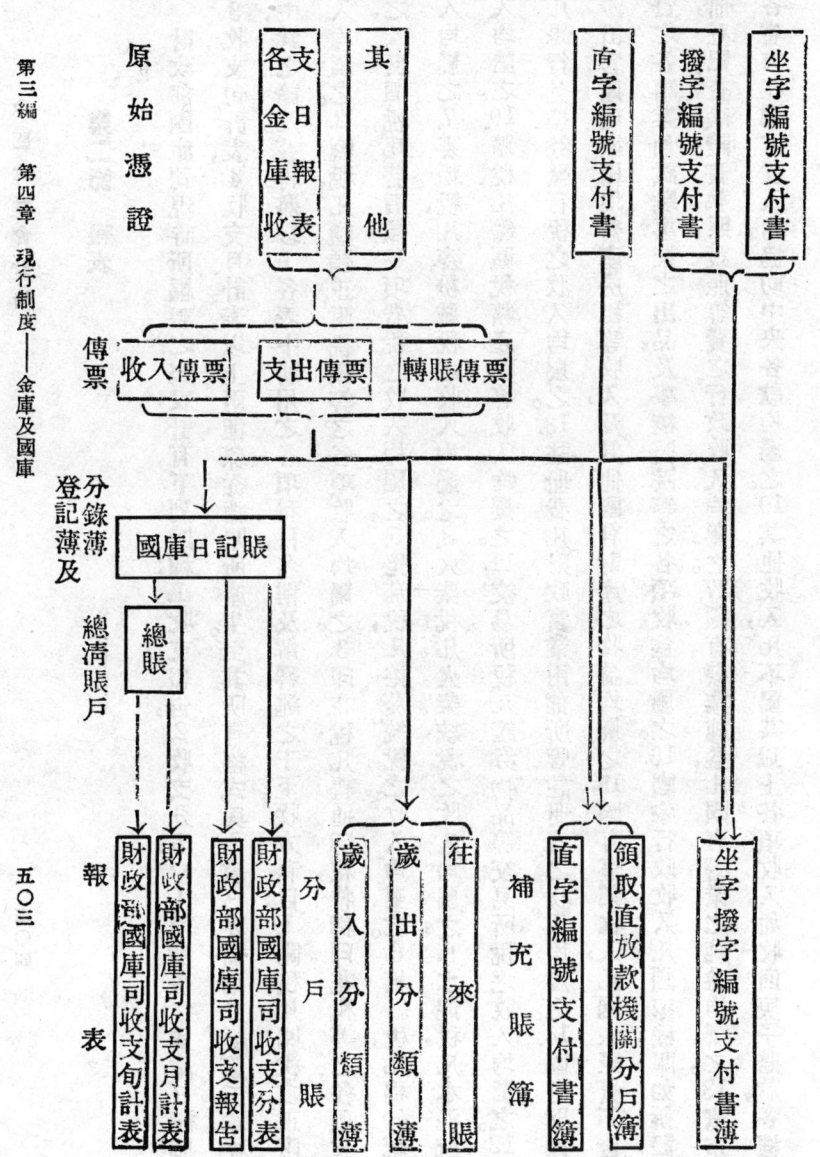

第二節　報表

財政部國庫司現時所編製之報表計有下列四種：1.收支報告 2.收支分表以上兩種係從國庫日記賬所產生。3.收支旬計表，4.收支月計表以上兩種係從總賬所產生。茲再將以上各表中所用之各項科目名稱及解釋述之于下收方科目：1.關稅凡關稅之正附各項收入均屬之。2.鹽稅凡鹽類正附稅捐等之各項收入均屬之。3.印花稅凡普通印花特種印花稅等之各項收入均屬之。4.菸酒稅凡菸酒類各項費稅之各項收入均屬之。5.捲菸稅凡捲菸統稅之收入均屬之。6.棉紗稅凡棉紗統稅之收入均屬之。7.麥粉稅凡麥粉統稅之收入均屬之。8.火柴稅凡火柴統稅之收入均屬之。9.水泥稅凡水泥統稅之收入均屬之。10.鑛稅凡鑛區稅鑛產稅等收入均屬之。11.交易所稅凡證券物品等交易所稅之收入均屬之。12.銀行稅銀行兌換劵發行稅之收入均屬之。13.註冊費凡財政實業兩部所管註冊費之收入均屬之。14.國有財產收入凡沙田官產屯衛田地營產房租等收入及其他國有財產之收益均屬之。15.國有事業收入凡國家經營不含營業性質之各事業，如試驗事業之出品及學校醫院等之各項收益均屬之。16.國家行政收入凡國家機關，如訴訟罰金註冊登記查驗證書執照護照等費之行政收入均屬之。17.國有營業純益凡國有營業之純益均屬之。18.省市解款，凡各省市在地方收入內協助中央各款均屬之。19.其他收入凡不屬其以上各項收入如收回庚子賠款各機關經

費解款，萬國儲蓄會會證稅，及其他雜收均屬之。20.國債收入凡公債庫券及短期借款等之各項收入均屬之。21.繳回各款凡收回存放金未售債券本息等之各項收入均屬之。22.保管金凡收菸酒稅保證金等之各項收入均屬之。23.暫記收款凡收款未表明精確來源者均屬之。24.沖收前年度付款凡收回以前各年度之付款均屬之付方科目：

1. 黨務費凡關於中央黨務機關黨務設施之各項經費均屬之。2.國務費凡關於國民政府行政院立法院司法院考試院監察院審計部銓敘部考選委員會總理陵園保管委員會僑務委員會等及其他關於國務設施之各項經費均屬之。3.軍務費凡軍事委員會軍事參議院參謀本部訓練總監部軍政部海軍部及其所屬機關部隊艦隊暨其他關於中央軍事機關軍務設施之各項經費均屬之。4.內務費凡內政部都衛生署禁煙委員會賑務委員會首都警察廳華北水利委員會太湖流域水利委員會湘鄂湖江水利委員會等及其所屬機關暨其他關於中央內務機關內政設施各項經費均屬之。5.外交費凡外交部駐外使領館等及其他關於外交設施之各項經費均屬之。6.財務費凡財政部與其所屬各財務機關各徵收機關等及其他關於不含營業性質之中央財務機關財政設施之各項經費均屬之。7.教育文化費凡教育部中央研究院國立學校圖書館博物院等及其他關於中央教育文化機關教育文化設施之各項經費均屬之。8.司法費凡司法行政部最高法院最高法院檢察署首都反省院法官懲戒委員會等及其他關於中央司法機關司法設施之各項經費均屬之。9.實業費凡實業部與其所屬及所營不含營業性質之各機關各事業暨其他關於不含營業性質之中央農鑛工商機關，農鑛工商設施之各項經費均屬之。

10.交通費凡交通部鐵道部與其所屬及所營不含營業性質之各機關各事業,暨其他關於不含營業性質之中央交通機關設施之各項經費均屬之。11.蒙藏費凡蒙藏委員會及其附屬機關所需之各項經費均屬之。12.建設費凡建設委員會導淮委員會與其所屬及所營不含營業性質之各機關各事業,暨其他關於不含營業性質之中央建設機關與建設事業之各項經費均屬之。13.國有營業資本支出凡由國庫撥付營業資本及增加營業資本均屬之。14.補助費凡由國庫補助各省市及公私團體之各項經費均屬之。15.撫卹賞凡由國家發給文武官吏兵警等之各項撫卹金均屬之。16.債務費凡中央所負不屬官營業之合法內外債之償還費均屬之。17.發還各欵凡退稅及其他關於發還保管金之支出均屬之。19.暫記付欵,凡付款未表明精確性質者均屬之。20.冲付前年度收款凡支付以前各年度收款均屬之。

第三節 總清賬戶

財政部國庫司總賬上各賬戶之設置,完全依照收支報表上所有科目爲根據。惟須另添一現金科目以登現金結存數又各賬戶所應表示結餘與原科目收付相反而與前第二章徵收機關現行制度中所論者相同茲再將以上賬戶上各賬項之分錄方法列舉于下:

a.各金庫收支日報表及其他報告列收各項現金收入若干。

收項　現金
付項　關稅……冲收前年付款

b. 各金庫收支日報表及其他報告列付各項現金支出若干。
收項　黨務費……冲付前年度收款
付項　現金

c. 各金庫收支日報表及其他報告列收幷列付抵撥各款若干。
收項　關稅……冲收前年度付款
付項　黨務費……冲付前年度收款

d. 各金庫收支日報表及其他報告列由暫記收款轉入各正科目其數額若干
收項　暫記收款
付項　關稅……保管金冲收前年度付款

e. 各金庫收支日報表及其他報告列由暫記付款轉入各正科目，其數額若干。
收項　黨務費……存放金冲付前年度收款
付項　暫記付款

第三編　第四章　現行制度——金庫及國庫

五〇七

第四節　登記簿與分錄簿

1. 國庫日記賬

i. 格式

國庫日記賬

中華民國　　年　　月　　日

傳票號數	摘要	總賬		現金收入	撥抵收入	合計	傳票號數	摘要	總賬		現金支出	撥抵支出	合計
		冊	頁						冊	頁			

收方　　　　　　　　　　　　　　　　　　付方

ii. 說明 本簿之記入均根據收入支出及轉賬三種傳票當登記時應先將傳票分別收付記入收付兩方，將傳票號數記入傳票號數欄科目名稱及說明記入摘要欄收入傳票上之金額記入現金收入欄轉賬傳票借方之金額記於撥抵收入欄支出傳票之金額記入現金支出欄轉賬傳票貸方之金額記入撥抵支出欄逐日登記完畢再行分別結各科目之合計額及當日收付兩方各欄之合計額然後由本簿過入總清賬戶但除現金一科目外均須反其收付也。

第五節 分戶賬

1. 歲入分類簿

i. 格式

歲 入 分 類 簿

戶名

年月日	收款書字數	傳票號數	摘要	現金	抵解	合計

ii. 說明 本簿為查核收入機關解到款項而設其現金一欄，為解到現款之數抵解一欄，為坐支或劃撥抵作解款之數每類收入各機關合計一欄之總數應與總賬中各相當名稱之賬戶總數相符。如關稅收入各機關合計一欄之總數應與總賬中關稅一賬戶之總數相符是也本簿均直接根據於傳票記入現金一欄根據收入傳票抵解一欄根據轉賬傳票合計一欄，則為現金與抵解兩欄之合計數也。

2. 歲出分類簿

i. 格式

歲出分類簿

戶名____

年月日	支付書號數	傳票號數	摘要	現金	撥支	合計

ii.說明　本簿為查核各機關支撥款項而設其現金一欄，為支出現款之數撥支一欄，為劃撥或坐支各款之數均以本機關所支用者為限每類各機關合計一欄之總數應與總賬中各相當名稱之賬戶總數相符如黨務費各機關合計一欄之總數應與總賬中黨務費一賬戶之總數相符是也本簿均直接根據於傳票記入現金一欄，根據支出傳票撥支一欄根據轉賬傳票合計一欄則為現金與撥支兩欄之合計數也。

3.往來賬

i. 格式

往來賬

名月 _____

年 月 日	摘要	收方	付方	餘額

ii. 說明

本簿為登記逐日由各銀行經收經支款項而設金額分收方付方及餘額三欄。收方欄記經收款項，付方欄記經付款項，餘額欄記收付之差額。並應在餘額欄註收或付等字樣。又本簿為直接根據於收入及支出傳票登記，因在收支兩傳票中固已註明經收與經支之銀行也。

第六節 傳票

1. 收入傳票及支出傳票

i. 格式

國民政府財政部國庫司
收入傳票

中華民國　　年　　月　　日　　　　國字第　　　　號

摘　　要	金　　額
	千百十萬千百十元角分
合　　計	

附件

科長

ii. 說明　收入傳票之根據，爲金庫收支日報表及其他。均按照收支科目分類逐一編入。而由收入傳票所記入者，爲國庫日記賬及各種分戶賬等支出傳票之格式及說明，大致與收入傳票相類似。惟其標題上稍有不同。茲將其異點述之於下：1.「收入傳票」改「支出傳票」2.「國字第…號」改「庫字第…號」

2. 轉賬傳票

i. 格式

國民政府財政部國庫司
轉賬傳票

中華民國　　年　　月　　日　　　司字第　　　號

摘要	借方									貸方								
	千	百	十	萬	千	百	十	元	角	分	千	百	十	萬	千	百	十	元	角	分
合計																				

附件　　　　　　　　　　　　　　　　　　　　　

科長　　　　　　　　　　　　　　　科員

ii. 說明 轉賬傳票之根據,亦為金庫收支日報表及其他。均照收支科目分類逐一編入。而由轉賬傳票所記入者亦為國庫日記賬及各種分戶賬。

第七節 原始憑證

財政部國庫司記入以上傳票所根據之原始憑證有下列二種:1.各金庫收支日報表,2.其他又記入以下所論補充賬簿所根據之原始憑證除以上1.2.兩種外有下列之根據:1.國庫司第二科所簽發之直字編號支付書,
2.國庫司第三科所簽發之撥字編號支付書及坐字編號支付書。

第八節 補充賬簿

1. 直字編號支付書簿

 i. 格式

直字編號支付書簿

支付書號數	摘要	金額	支付金庫		發付		訖	傳票號數	備考
			年	月	日	年	月	日	

ii. 說明　本簿為查核直字編號支付書情形而設。凡上項支付書之號數領款機關金額支付金庫填發日期款項付訖日期付款所記傳票之號數均各關一欄登記之。又本簿先於填發時根據該支付書登記號數摘要金額支付金庫及日期各欄。於款項付訖後根據支付傳票登記付訖日期及傳票號數各欄。

2. 領取直放款機關分戶簿

i. 格式

領取直放款機關分戶簿

戶名：

年月日	摘要	預算數	核發數	未發數	直字編號支付書號數	付訖年月日	傳票號數	備考

ii. 說明　本簿為查核領欵之機關核發款項情形而設，金額分預算數核發數及未發數三欄，以預算數一欄記核定預算數，以核發數一欄記實行發放數，再於未發數欄記未經發放數。又本簿根據月份支付預算書直字編號支付書及支付傳票三種憑證登記。根據月份支付預算書登記戶名年月日摘要及預算數各欄，根據直

第三編　第四章　現行制度——金庫及國庫

五一七

3. 坐字撥字編號支付書簿

字編號支付書登記核發數,及未發數各欄根據支付傳票登記付訖年月日及傳票號數各欄。

i. 格式

坐字撥字編號支付書

戶名..........

年 月 日	字 號	摘 要	金 額	出 眼		備 考
				年 月 日	傳票號數	

第五章 現時改革中之制度——中央各機關及所屬統一會計制度

中央各機關及所屬統一會計制度係主計處於二十一年七月所規定而呈經國府通飭遵行者茲將其全體內容述之于下：

第一節 構成圖

ii. 說明 本簿為查核所發各機關坐字撥字編號支付書而設。每機關分立一戶，將坐撥字支付書填發之日期，號數，欠項說明額數等各開一欄登記之。又本簿於填發坐字撥字編號支付書時根據於該項支付書登記日期字號摘要及金額各欄於辦理抵解時根據轉賬傳票登記出賬之日期及傳票號數各欄。

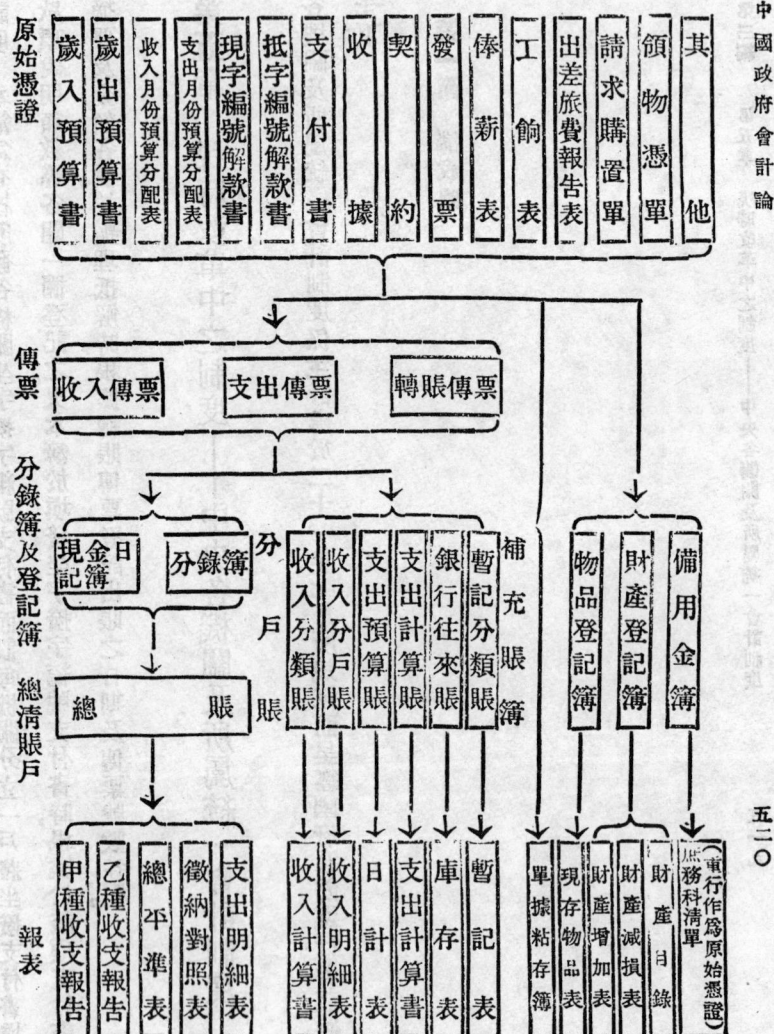

第二節 報表

1. 日計表

i. 格式

中華民國　　年　　月　　日　星期　　

（機　關　名　稱）

日　計　表

項　別	保留數	實支數	分配數餘額	暫付款
	千百十萬千百十元角分	千百十萬千百十元角分	千百十萬千百十元角分	千百十萬千百十元角分
給公費				
辦公費				
購置費				
營繕費				
特別辦公費				
1. 特別辦公費				
2. 匯兌				
3. 醫藥				
4. 其他				
附屬分支機關經費				
合　計				

覆核員　　　　　　　　　　　　製表員

ii. 說明 日計表之編製方法在統一會計制度中規定如下：（1）此表於每日記賬完畢根據支出預算賬（下簡稱預算賬）編製之。（2）製表時應將年月日星期幾及號數根據事實填明。（3）項別下之科目照預算賬賬戶依次排列各科目之各欄金額根據預算賬各相當賬戶之各欄金額填入。（4）預算賬保留數收方欄金額總數根據此表之保留數欄之預算帳收方欄金額之總數填入預算賬付方欄金額總數減付方欄金額總數填入分配數欄。預算賬餘額欄最後結由之餘額填入此表之餘額欄預算賬暫付款收方欄金額總數減付方欄金額總數所得之差數記入暫付款欄。（5）此表須編製二份製表員將表製就加蓋圖章交覆核員覆核蓋章後送呈科長（或主任）閱核一份留科存查一份轉呈主管長官查閱。

2. 庫存表

i. 格式

（機 關 名 稱）
庫　存　表

中華民國　　年　　月　　日　星期　　　第　　　號

ii. 說明　庫存表之編製方法在統一會計制度中規定如下：（一）此表於每日記賬完畢，根據現金日記簿、庫存現金及銀行往來賬編製之。（二）製表時應將年月日星期幾及號數根據事實填明。（三）現金日記簿昨日結存之各欄金額填入此表昨日結存之收方各相當欄金額填入此表本日收入之收方各相當欄。現金日記簿本日支出之各欄金額填入此表本日支出之付方各相當欄。銀行往來賬各類存款餘額之合計填入此表銀行存款之付方各相當欄。現金日記簿本日結存各欄金額各減去同類之銀

收　方			摘要	付　方	
經費類	收入類			經費類	收入類
千百十萬千百十元角分	千百十萬千百十元角分		昨日結存 本日收入 本日支出 庫存現金 銀行存款	千百十萬千百十元角分	千百十萬千百十元角分
			合　計		

覆核員　　　　　出納員

行存款總餘額所得之差數塡入此表庫存現金之付方各相當欄庫存現金兩欄金額之合計須與實存現金之數額相符合各項金額塡畢後將各欄金額各結一合計每類收方之合計須與同類付方之合計相等（四）日計表之第五項說明此表亦適用之。

3. 廐務科清單

i. 格式

（機關名稱）

廐務科清單

第＿＿＿號

科	目	金　　額	承　前	科	目	金　　額	單據號數
---	---	百十萬千百十元角分	---	---	---	百十萬千百十元角分	---
過	後	金　額　合　計					
備	考					廐務員	

ii. 說明　庶務科清單之編製方法,在統一會計制度中規定如下:(一)此單於每旬之末根據備用金簿編製之。(二)製表時庶務員應將年月日及單據張數按照事實填明。(三)庶務員將本旬之開支按科目各結一總數填入此表各相當科目之金額欄如有其他月份之開支則將各月份之開支細數在備考欄內詳細註明並於該科目之字角及備考欄內之備註前各作一同樣符號俾便參閱(四)暫付款之支出及冲轉須將其金額逐筆列出並將其事由說明。(五)同項各節之金額須結一總數填入相當項之金額欄並於該金額下劃一紅線以示區別(六)第一欄各節金額填畢卽將該欄金額結一總數填入該欄之末行及次欄之首行欄各節金額填畢則將次欄金額結一總數填入該欄之末行是為本旬庶務科支出之合計數與備用金簿本旬支出欄之總數相等。(七)此表須編製二份庶務員製就蓋章送呈科長或主任閱核蓋章後一份留科(或股)存查其他一份連同原始單據送會計科(或股)領款出納員憑此清單發款後交與製票員編製傳票記帳。

4. 總平準表

1. 格式

(機關各稱)
總平準表
中華民國　年　月　日

財　源	金　額		負　擔	金　額	
	小　計 十萬千百十元角分	合　計 十萬千百十元角分		小　計 十萬千百十元角分	合　計 十萬千百十元角分
經費類 現金－經費存留數 備用命金 墊付命金 押欠 應領經常費 曾付經費 預付附屬機關經費 經費類收方總額 現金－收入存留數 應付經費 墊付經費 歲入類計數 收入類分配數 收入類收方總額			經費類 借墊經費 歲出分配數 減：歲出分配數準備 保留數 經費類付方總額 歲入類 借入款 應撥款 代領款 應解庫款 預計庫數淨額 減：應解庫數淨額 曾收入款 預計撥入 收入類付方總額		

經　員　　　　　　　製　表　員

ii. 說明　總平準表之編製方法,在統一會計制度中規定如下:(一)此表於每月月底及年度終了總賬結賬後根據總賬編製之。(二)製表時機關名稱及年月日均應按照事實填明。(三)此表之科目依總賬科目之次序排列先經費類次收入類應表示收方餘額之科目(除保留數須列在歲出分配數之下並將其金額由歲出分配數金額減去外)概列入財源項下應表示付方餘額之科目概列入負擔項下各科目之金額記入小計欄之各相當列內每類財源之合計記入收方合計欄每類負擔之合計記入付方合計欄每類財源之合計須與同類負擔之合計相等兩方合計欄須各結一總數此兩總數須相等(四)此表每期須編製三份製表員將表製成加蓋圖章經過覆核送呈科長或主任閱核蓋章轉呈主管長官閱核蓋章後一份送回會計科(或股)存查其他二份送呈主管機關經查核後一份轉送審計部審核,一份轉送主計處會計局稽核。

5. 暫記表

i. 格式　格式甚簡單,只須分受款者名稱與金額兩欄。

ii. 說明　暫記表之編製方法在統一會計制度中規定如下:(一)此表為總平準表之附屬表惟暫付款甚多之機關用之。(二)此表於每月結賬後根據暫記賬編製之。(三)受款者名稱照暫記賬賬戶順次填寫,並將各該賬戶之餘額填入金額欄。(四)總平準表之第四項說明此表亦適用之。

6. 甲種收支報告(詳第二編第三章收支報表中)

第三編　第五章　現時改革中之制度──中央各機關及所屬統一會計制度

五二七

7. 乙種收支報告（仝上）
8. 收入計算書（與財政部所規定者相同詳第二編第四章月份收支計算書類中）
9. 徵納對照表（仝上）
10. 收入明細表（仝上）
11. 支出明細表（仝上）
12. 支出計算書（係借用支出計算賬之格式詳本章第五節分戶賬中）
13. 財產增加表

本表與財政部所規定者相類似，（詳第二編第四章）惟各項標題之排列及名詞上小有差異之處茲將斯項異點列舉於下：

財政部所規定者　　　　統一會計制度所規定者

1.「種類名稱」　　　　　「名稱」
2.少「增加事由」一欄　　添「增加事由」一欄
3.「編號」欄內未分小目　「編號」欄內又分「字」與「號」兩小目
4.「數量」欄在先「單價」欄在後　先「單位」欄後「數量」欄再後「單位價值」欄

5.「價值」「金額」

6.「單據簿」欄內分「年月日及單據號數」三小目 只有「」「單據號數」欄

14.財產減損表（與財政部所規定者相同詳第二編第四章月份收支計算書類乙）

15.現存物品表

i.格式

現存物品表
（機關名稱）

中華民國＿＿＿年＿＿＿月＿＿＿日

名稱	單位數量	現存單位價值 百十萬千百十元角分	現存金額 百十萬千百十元角分	名稱	單位數量	現存單位價值 百十萬千百十元角分	現存金額 百十萬千百十元角分
過後				承前			金額合計

事務員

ii. 說明　現存物品表之編製方法在統一會計制度中規定如下：（一）此表於每月月底根據物品登記簿編製之。（二）製表時庶務員先將年月日填明，然後經登記簿各賬戶之次序將物品類別及名稱填入科目欄（其無餘額者則不填入。）各賬戶首端載明之單位填入各相當科目之單位欄下之數量單位價值及金額填入此表之各相當科目之各相當欄。左方各欄填入各相當科目之單位金額及右方金額欄之首行各欄賬戶餘額填畢後復將金額欄之金額結一總數填入該欄之末行及右方金額欄之末行，是為現存物品之金欄（三）日計表之第五項說明此表亦適用之。

16. 財產目錄

本表與暫行決算章程中所規定者相類似（詳第二編第五章，）惟各項標題之排列及名詞上小有差異之處，茲將斯項異點列舉於下。

暫行決算章程所規定者　　統一會計制度所規定者

1.「種類名稱」　　　　　「名稱」

2.「編號」欄內之小目為「號數」　　「編號」欄內之小目為「號」

3.「數量」欄在先「單價」欄在後　　「單位」欄在先「數量」欄在後

4.「購置」欄內分為下列兩小目　　「購置」欄改為「單據粘存簿」欄內分為下列三小目

17. 單據粘存簿

i. 格式　在統一會計制度中註明仍用原有之格式。

ii. 說明　單據粘存簿之編製方法在統一會計制度中規定如下：（一）此簿為支出計算書之附件，於送出支出計算書時連同該書送審計部審核（二）每日支出傳票製畢記賬員將本日支出之原始單據彙齊先按所屬之月份區分再按支出計算書之款項目節分類依次編號，粘存於各相當月份之簿內。（三）每張單據前須註明號數及金額（四）凡供參考之憑證單據均應註明係某號單據之附件按號附列於後並於該號單據上註明附件總數（五）每日每節單據粘完須註明本節單據件數及金額如左：

共洋　　元　　角　　分

單據自第　　號計　　件

以上第　　款第　　項第　　目第　　節。

（六）支出預算賬支出計算賬（及計算書）及財產登記簿單據號數欄之號數均根據此簿編定之號

第三編　第五章　現時改革中之制度——中央各機關及所屬統一會計制度

五三一

a.「年」
b.「月」

a.「年度」
b.「月份」
c.「單據號數」

第三節　總清賬戶

第一目　總賬科目

i. 經費額

一　應表示收方餘額之科目

1. 現金—經費存留數　凡本機關經常費之庫存現金及與銀行往來之存款皆屬之。與經費有關之現金收支收入之款記入收方，支出之款記入付方，其收方餘額表示經費類之現金結存數額。

2. 備用金　凡交與庶務備充零星開支之現金皆屬之。上項備用金之付出及數額增加各款，記入收方。備用金之收回，記入付方，其收方餘額表示庶務科備用金之總額。

3. 支付命令　凡財政部簽發本機關持向指定機關取款之直撥等支付命令皆屬之。上項支付命令收到後記入收方兌到之款，記入付方其收方餘額表示財政部已簽發未兌現之支令總額。

4. 押金　凡存放其他機關充作保證品之現金皆屬之。上項現金之付出，記入付方其收方餘額表示存放未收回之押金總額。

5. 應領經常費　凡照預算之規定得向國庫按月領取以作本機關本年度經常開支之款項皆屬之上項歲出預算正式公布，或年度開始預算尚未

數填入。

核定奉令暫照上年度預算開支，及年度開始後公布之本年度預算較上年度預算增加，均記入收方。關於收到支付命令及年度開始後公布之本年度預算較上年度預算減少之數記入付方其收方餘額表示本年度內尚應向國庫領取之經費總額。

6. 俸給費支出　凡長官員司之俸薪及工匠夫役兵警之工餉皆屬之上項各費之支出記入收方收回之款，記入付方其收方餘額表示本月份此項支出之總額月結收方餘額轉入歲出分配數之收方。

7. 辦公費支出　凡辦公所用之各種費用，如文具郵電消耗及雜支等項皆屬之上項各費之支出記入收方收回之款，記入付方其收方餘額表示本月份此項支出之總額月結收方餘額轉入歲出分配數之收方。

8. 購置費支出　凡具有財產性質之購置所需費用皆屬之上項各費之支出記入收方收回之款，記入付方其收方餘額表示本月份此項支出之總額月結收方餘額轉入歲出分配數之收方。

9. 營造費支出　凡營造房屋場圃以及附屬物等所需費用皆屬之上項各費之支出記入收方收回之款，記入付方其收方餘額表示本月份此項支出之總額月結收方餘額轉入歲出分配數之收方。

10. 特別費支出　凡特別費用不能歸入右列四項者皆屬之上項支出之費，記入收方收回之款記入付方其收方餘額表示本月份此項支出之總額月結收方餘額轉入歲出分配數之收方。

11. 附屬分支機關支出　凡附屬分支機關經費，其不分析列入本機關俸給費辦公費購置費營造費及特別費等支出者皆屬之此項支出之費記入收方。收回之款記入付方其收方餘額表示本月份此項支出之總額月結收方餘額轉入歲出分配數之收方。

第三編　第五章　現時改革中之制度——中央各機關及所屬統一會計制度

五二三

12. 預付附屬機關經費　凡預付附屬機關（無獨立預算者）以備各該機關開支之經費款皆屬之領去經費記入收方報告開支記入付方其收方餘額表示業已領去尚未報告用途之經費款。

13. 保留數　凡減低歲出分配數可用餘額之未了契約定單等之保留數額皆屬之。關於訂約定貨之價值記入收方付款時以原估計之數記入付方其收方餘額表示未了契約定單等之保留數額其年結收方餘額轉入歲出分配數之收方

14. 暫付款　凡性質或實支數額尚未確定之付款皆屬之。關於上項付款發生時記入收方付款之性質或實支數額確定後記入付方以冲轉之其收方餘額表示尚未冲轉之懸記付款總額。

二　應表示付方餘額之科目

15. 借墊經費　凡借充經費之款皆屬之。上項借入之費記入付方借款歸還記入收方其付方餘額表示借入經費之總額。

16. 法定支用數　凡經核准本機關之開支定額皆屬之。核定歲出預算數及年度開始後增加數記入付方核定月份支出分配數，及年度開始後核定支用數核減數，記入收方其付方餘額表示本年度各項支用數。

17. 歲出分配數　凡由各項法定支用數中攤充各月份之開支定額之總額。年度結賬如有未分配之付方餘額，轉入經費剩餘之付方。造費支出特別費支出及附屬分支機關支出等賬之月結收方餘額記入收方。其付方餘額表示本年度各月份各項費用之可用總額。（若爲收方餘額，則表示實支數超過分配數之總額）其年結餘額轉入法定支用數。

18. 保留數準備　凡應從歲出分配數中撥出以備償付未了契約定單等之準備數額皆屬之。關於訂約及定貨之數，記入付方付款時以原估計之數，

19. 經費剩餘 凡經費之收入超過支出及與本年度預算無關而適在本年度發生之關於經費收支各款皆屬之上年度之支出並無保留數準備或保留數不敷者記入此方法定支用數年結付方餘額記入付方其付方餘額表示本機關經費之餘剩總額。

「附註」凡有臨時費預算之機關應採上列各科目分別登賬不得與經常費各科目混合

ii. 收入類

一 應表示收方餘額之科目

1. 現金 — 收入存留數 凡與經費無關之本機關庫存現金及與銀行往來之存款皆屬之與經費無關之現金收支收入之款記入收方支出之款記入付方其收方餘額表示收入類之現金結存數額

2. 應收款 凡應向其他機關收取之款皆屬之關於債權發生之款，記入收方收到之款，記入付方其收方餘額表示尚未收到款之總額。

3. 支付命令 凡財政部命令由機關收入項下撥付指定機關款項之坐撥等支付命令皆屬之接到支付命令記入收方劃撥抵解記入付方其收方餘額表示本機關收入項下並無存款可撥之支令總額。

4. 墊付經費 凡未接到財政部坐支命令以前，墊付本機關之經費款項皆屬之上項墊付之款，記入付方其收方餘額表示經費項下仍欠收入項下之總額。

5. 收入預計數 凡經核准本機關之徵收定額皆屬之核定歲入預算數，及年度開始後增加數記入收方核定月份收入分配數及年度開始後收入

預計數之減少數記入付方其收方餘額表示本年度各項收入尚未分配之總額。

6. 歲入分配數　凡由收入預計數中分攤各月份應徵之收入定額皆屬之各月份之分配數記入收方結轉稅項收入國有財產收入國有事業收入及其他收入等之月結付方餘額記入付方其收方餘額表示徵獲少數於分配數之總額。(若爲付方餘額，則表示徵獲數超過分配數之總額。) 其年結餘額，轉入收入預計數。

二　應表示付方餘額之科目

7. 借入款　凡借入之款皆屬之。此項借入之款記入付方償還之款記入收方其付方餘額表示尚未償還之借款總額。

8. 應撥款　凡已接財政部坐撥支令尙未撥付之款項皆屬之接到坐撥支令，記入收方其付方餘額表示未撥付之應撥款總額。

9. 領經費　凡代附屬機關有獨立預算者向財政部領到之經費皆屬之領到經費記入付方發放代領之費記入收方其付方餘額表示已領到費尙未發放之代領經費總額。

10. 保管款　凡經收各款及各種保證金皆屬之。關於經之款及保證金之收入，記入付方經收款及保證金之發還，記入收方其付方餘額表示尙未發還之保管款總額。

11. 應解庫數　凡收入項下應徵收之款，記入付方解庫及坐撥抵解等款記入收方其付方餘額表示已徵到未解庫之款項總額。

12. 預計解庫數　凡照預算之規定本年度應解國庫之定額皆屬之。核定歲入預算數，記入付方徵收之款記入收方其付方餘額表示本年度應行徵

收解庫款之總額，收方餘額表示徵收數超過預算之總額。

13. 稅款收入 凡依法徵收之稅款皆屬之，此項收入稅款記入付方，稅款之退還記入收方，其付方餘額表示本月份徵收稅款之總額，月結付方餘額，轉入歲入分配數之付方。

14. 國家行政收入 凡國家行政收入如註冊訴訟查驗等費及罰金等項皆屬之，此項收款記入付方，收入款之退還記入收方，其付方餘額表示本月份此項收入之總額，月結付方餘額，轉入歲入分配數之付方。

15. 國有財產收入 凡國有財產收入如沙田官產屯衛田地營產房租等收入皆屬之，此項收款記入付方，收入款之退還記入收方，其付方餘額表示本月份此項收入之總額，月結付方餘額，轉入歲入分配數之付方。

16. 國有事業收入 凡國家經營不含營業性質之各項事業，如試驗事業之出品及學校醫院等之各項收益皆屬之，上項收款，記入付方，收入款之退還記入收方，其付方餘額表示本月份雜項收入之總額月結付方餘額，轉入歲入分配數之付方。

17. 其他收入 凡不屬於右列四項之國家收入皆屬之上項收款記入付方，收入款之退還記入收方，其付方餘額表示本月份此項收入之總額，月結付方餘額，轉入歲入分配數之付方。

「附註」上列五項各機關就其所有之收入分別採用之。

18. 撥入款 凡收其他機關解撥款項，並非指定作經費之用者皆屬之收入款項，記入付方，轉解撥時記入收方，其付方餘額表示業已撥入尚未轉解撥之款項總額。

第三編　第五章　現時改革中之制度——中央各機關及所屬統一會計制度

五三七

9. 暫收款　凡來源未確定及預繳之各項收款皆屬之。上項收入之款記入付方關於沖轉之款，記入收方。其付方餘額表示應記收款之總額。

「附註」如有經募中央政府發行之債券領到債券時以票面數記入「債券」之收方及「經募債券」之付方售出時以實收數記入「現金」之收方及「經募債券」之付方同時以售出票面數記入「債券」之付方及「債券款」之收方及「債券」之付方解庫款時以解交數目記入「債券款」之收方及「現金」之付方。

i. 格式

第二目　總賬格式及說明

（機　關　名　稱）

中華民國　　年　　月（　　年度）　　總　　賬　　第　　　　頁　　科目　　　　

過賬原始簿		摘要	單據	收　　方　金　額							付　　方　金　額							結　　餘						
月日	編頁類數		種號類數	千百十萬千百十元角分							千百十萬千百十元角分							千百十萬千百十元角分						

說明　總賬之過入方法，在統一會計制度中規定如下：（一）總賬以科目為主。每一科目設立一戶。凡相同即先經費與收入分兩大類又依各賬戶表示之餘額分類表示付方餘額者之同類中之各賬戶又依各賬戶之流動性為序流動者列前表示付方餘額將日期填入月日欄根據過賬之原始簿如為分錄簿則於種類欄內填一「分」字，並將該簿之頁數填入頁數欄。原始單據之種類及號數填入種類及號數兩欄。（四）凡分錄簿所記賬目之金額應順其收付過入金額下各相當賬戶之金額均應過入各相當賬戶之付方所記賬目之金額順其收付過賬。（五）各賬戶於每旬之末將本旬收付金額小結一次並用鉛筆記其總數於最末登記之賬目下甲種收支旬報根據經費類各有關係之賬戶編製之乙種收支旬報根據收入類各有關係之賬戶編製之。每月月底將本月收支金額連同上月之餘額結算一次，藉以編製總平準表及徵納對照表。支出明細表亦根據總賬之收入類賬目編製之。（六）總賬於年度終了後結賬。（七）分錄簿之第五項說明此賬亦適用之。

第四節　登記簿及分錄簿

1. 現金日記簿

i. 格式

（機關名稱）

現 金 日 記 簿

中華民國　　年

第＿＿頁						收方		第＿＿頁						付方	
月日	記賬傳票編號	科目摘要	總賬頁數	眼賬類數	經要(10)類	收入(11)額 金額 千百十萬千百十元角分		月日	記賬傳票編號	科目摘要	總賬頁數	眼賬類數	經要(10)類	收入(11)額 金額 千百十萬千百十元角分	

ii. 說明　現金日記簿之登記方法在統一會計制度中規定如下：（一）此簿根據收入及支出傳票登記之。（二）此簿按照日期順序登記。如收支稀少得兩日合記一頁每日須結賬一次，如本日收支繁多，一頁不敷記載時，得接記次頁過頁之法與分錄簿相同。（三）此簿以現金為主收入現金事項記入收方付出現金事項記入付方間有冲賬記錄，則反其原記之收付方登記之。（四）登記時記賬日期填入原始單據之種類及號數填入種類及號數兩欄金額則依傳票上標明之欄數填入科目欄詳細事由填入摘要欄原始單據之種類及號數填票種類及號數兩欄金額則依傳票上標明之欄數填入科目欄經費款之收支金額填入經費類欄經費款以外之收支金額填入收入類欄（五）每一科目之金額應反其收付過入總賬惟本日收入之總數分別過入經費存留數及收入存留數之收方本日支出之總數過入各相當賬戶之付方各該科目在總賬內之頁數須記入總賬頁數欄內以資查對。（六）每日登記完畢先將收付兩方之經費收入兩類之總數結出分別填入頁末第三行內於付方之摘要欄內填「本日支出」四字次將昨日經費及收入兩類之結存分別記入收方金額之各相當欄內與本日收入相加即得經費及收入兩類之本日結出即為經費及收入兩類之本日結存將此結存數填於付方金額之各相當欄內與本日支出相加即得兩方之合計如本日收支各數中最後登記之賬目下之各相當欄內與本日賬目下連續登記則將本日結賬之收付兩方各行數額依次記入本日收支各數中最後登記之賬目下之各相當欄內。（七）此簿每日結賬完畢將簿上表示之本日結

存減去銀行往來賬中經費及收入兩類往來存款戶之結存數與庫存現金數核對無誤後即根據各項總數，編製庫存表。

2. 分錄簿

i. 格式

中華民國　　　年（年度）

（機關名稱）

分　錄　簿

第　　　頁

記賬		轉賬賬號得數	摘要	總賬頁數	單據種類號數	金　　　額	
月	日					收方 千百十萬千百十元角分	付方 千百十萬千百十元角分

ii. 說明　分錄簿之登記方法在統一會計制度中規定如下：（一）此簿根據轉賬傳票登記之。（二）凡與現金出納無關之劃撥轉賬及整理賬目等事項，均應根據傳票依次登入此簿（三）此簿登記時記賬員應將日期記入月日欄。根據記賬之傳票號數記入轉賬傳票科目及事由記入摘要欄。原始單據之種類及號數記入種類及號數欄。收方科目之金額記入收方欄。付方科目之金額記入付方欄。（四）每一科目之金額應順其收付過入總賬並將各該科目在總賬內之頁數記入總賬頁數欄內。以資查對。（五）此簿首行之摘要須接續登記時須於該頁末行將收付兩欄各結一總數。於摘要欄內書「過次頁」三字次頁之摘要欄內，書「承前頁」三字並將收付兩欄之總數填入次頁之各相當欄。（此項說明下列各賬簿除支出計算賬外均適用之。

第五節　分戶賬

1. 收入分類賬

i. 格式

（機關名稱）

收入分類賬

中華民國＿＿＿＿年度　　　月份＿＿＿＿　第＿＿＿＿項　第＿＿＿＿目　第＿＿＿＿節

記賬日期		傳票		摘要	預算數 (8)	收入數 (9)	每月比較增減額
月	日	種類	號數	字號	千百十萬千百十元角分	千百十萬千百十元角分	增減 (11) 百十萬千百十元角分

ii．說明　收入分類賬之登記方法，在統一會計制度中規定如下：（一）此賬以月份預算為主，依節及月份分戶。（二）此賬根據傳票中月份欄標明之月份記入各相當賬戶。凡屬於本月份之收入不問收欵時期是否在本月份以內，概應記入本月份之賬。惟其他收入中其所屬月份難以確定者得依收款之月份記賬。（三）每月開賬時過賬員須將年度月份項目節一一填明。（四）記賬日期填入月日欄根據記賬之傳票種類及號數記入種類及號數兩欄詳細事由記入摘要欄字及號數兩欄上端之空白處填單據之名稱如為菸酒稅則填

憑單二字牌照稅則填牌照二字各機關編定之字及號數填入字及號數兩欄。（五）金額依傳票中標明之收齊數記入各相當欄內。該節之本月份預算數填入第八欄，屬於本月份之收入金額記入第九欄。本月份收入數結一總數與預算數相比較，將比較之差數填入第十一欄收入總額超過預算數則於「增或減」欄內填一「增」字，少於預算數則填一「減」字。（六）此賬各賬戶第十一欄相加減後所得之合計數須與總賬中歲入分配數之收方餘額減去稅款國有事業國有財產及其他等收入付方餘額相加總數所得之差數相等。（七）收入預算書及乙種收支報告卽根據此賬編造之。

2. 收入分戶賬

 i. 格式（與收入分類賬同）

 ii. 說明 收入分賬戶之登記方法在統一會計度制中規定如下：（一）此賬依附屬分支機關及月份分戶。（二）收入明細表由此賬編造之。（三）其他說明請參看收入分類賬。

3. 支出預算賬

 i. 格式

（機關名稱）

支出預算賬

中華民國＿＿年度＿＿月份　第＿＿項

記賬傳票		摘要	經手人	單號	保留數 (8)(9)		數	收 (10) 方	付 (11) 方	餘額 (12)	實收 (13) 方	付 (14) 款
月日	編號				收方 萬千百十元角分	付方 萬千百十元角分		萬千百十元角分	萬千百十元角分	萬千百十元角分	萬千百十元角分	萬千百十元角分

ii. 說明　支出預算賬之登記方法在統一會計制度中規定如下：（一）此賬以月份預算為主依項別及月份分戶，其各目餘款不得互相流用者則依目別及月份分戶。（二）此賬根據傳票中月份欄標明之月份記入各相當賬戶凡屬於本月份之開支不問其付款時期是否在本月份以內概記入本月份。（三）開賬時過賬

員須將年度月份項目一一填明。（四）記賬日期填入月日欄。根據記賬之傳票種類及號數兩欄詳細事由填入摘要欄經手用款之人名填入經手人欄原始單據在單據粘存簿中之號數填入單據號數欄（五）金額依傳票標明之欄數記入各相當欄內關於訂約及定貨之估計價值記入第八欄履約付款時以原估計之數記入第九欄各賬中第八欄收方金額總數減第九欄付方金額總數之合計應與總賬內保留數之收方餘額相等本月份實支金額記入第十欄本月份預算數記入第十一欄付方金額減去保留數餘額及第十欄收方金額總數之餘額記入第十二欄各賬戶餘額欄之合計應與總賬內歲出分配數之付方餘額減去保留數俸給費辦公費購置費營造費特別費附屬分支機關等支出之收方餘額之差數相等暫付欵之付出金額記入第十三欄冲暫付欵之金額填入第十四欄第十三欄之收方金額總數減第十四欄之付方金額總數之餘額應與總賬內暫付款之收方餘額相等。（六）此賬每日小結一次並用鉛筆記其總數於各欄最末記入之賬目下以為編製日計表之根據。（七）此賬於本月份開支完畢後結賬（八）分錄簿之第五項說明此賬亦適用之。

4. 支出計算賬

i. 格式

（機關名稱）

中華民國＿＿＿年度＿＿＿月份

支出計算賬

本機關經費

款項目節	薪 俸					
	特任官俸	簡任官俸	薦任官俸	委任官俸	聘員薪	僱員薪
列 月 日 摘 要 借方金額 貸方金額	萬千百十元角分	萬千百十元角分	萬千百十元角分	萬千百十元角分	萬千百十元角分	萬千百十元角分
本月份實支數						
本月份增減數						

本目合計萬千百十元角分

以下照前列科目排列共八十七項

ii. 說明 支出計算賬之登記方法，在統一會計制度中規定如下：（一）此賬以月份預算為主每一月份設一賬戶。凡屬於本月份之開支不問其付款日期是否在本月份以內，概應記入本月份之賬。（二）各月份本機關經費按照主計處歲計局規定之預算科目依節分欄附屬分支機關經費（無獨立預算者）概依分機關分目支機關分節，每一月份每款每項及每目各設一合計欄以記其合計數。（三）開賬時記賬員須先將年度月份第二欵各附屬分支機關之名稱以及該月份之各節各欵之預算數及預算總數逐筆填明（四）每日各項賬簿記畢記賬員將本日之支出及收入傳票彙齊並按照月份分類後即將日期填入有關係賬戶之日欄單據粘存簿中該月份之本日原始單據之起訖號數填入單據號數欄本日支出傳票所載屬於該月份之支出金額各依其所屬之節分結一總數填入各相當欄內收入傳票中屬於該月份之收入欵收還金額填入收還欄內收還之科目及事由填入備考欄畢即將每目每款各結一合計填入各相當欄經費各項合計之總額，減去收還數所得之差額即為第一欵之合計該月份各欄金額該月份本日之原始單據各項目節之金額核對無誤後然後依次登記同日發生屬於其他各月份經費之賬目。（五）此賬每一月份之第一頁增設列數日及單據號數等欄每日只填一列各欄金額須與各相當日期及單據號數同列。（六）如本月份之開支尚未完畢，則此賬於本月月底不能結賬。須俟本月份開支完畢後然後將各欄金額各結一總數填入頁末之第三行各欄預算數與各相當欄實支數相減之餘額，填入第二

行（如實支數超過預算數則將其超越數用紅筆塡寫。）各欄之頁末第三第二兩行相加（紅字則相減）之總數塡入最末一行該行各欄之金額，須與各相當欄之預算數相等。（七）此賬頁末第三行各項（或目）實支總額須與支出預算賬中同月份各相當項（或目）之第十欄之收方總額相等支出預算賬同一月份各賬戶第十欄收方總額相加之數須與此賬中各相當月份合計欄之頁末實支數相等。（八）支出計算書之格式與此賬完全相同此賬結賬後卽照此賬重抄三份經過覆核及科長（或主任）與機關長官閱核後連同單據粘存簿送呈主管機關經查核後一分連同單據粘存簿轉送審計部審核一份送財政部備核一份送主計處稽核。

5. 銀行往來賬

i. 格式

（機　關　名　稱）

銀　行　往　來　賬

中華民國　　　年　　　月　　　　　行名

記賬日期	傳票種類號數	摘要	支票號數	金額		
月　日				收方	付方	結餘
				百十萬千百十元角分	百十萬千百十元角分	百十萬千百十元角分

ii. 說明　銀行往來賬之登記方法，在統一會計制度中規定如下：（一）此賬依往來銀行及經費款項與收入款分戶。（二）開賬時記賬員須將年月存款行名及經費款或收入款一一填明。（三）此賬根據傳票支票過入之記賬日記入月日欄，根據記賬之傳票種類及號數記入種類及號數兩欄，詳細事由記入摘要欄，取款支票號數填入支票號數欄，存入金額記入收方金額欄，取出金額記入付方金額欄，收方金額之總數減付方金額之總數所得之差數記入結餘欄。（四）此賬各賬戶之餘額相加之總數加實存現金須與總賬中收入存留數及經費存留數二賬戶之餘額相加之和相等。（五）庫存表及甲乙種收支報告均須參照此賬編製之。

6. 暫記分戶賬

i. 格式

（機關名稱）暫記分戶賬

中華民國　　　年　　　月　　　　受款者

記賬日期		傳票		摘要	金　　額		
月	日	種類	號數		收據號數	收　方 百十萬千百十元角分	付　方 百十萬千百十元角分	結餘 百十萬千百十元角分

ii. 說明　暫記分戶賬之登記方法，在統一會計制度中規定如下：(一) 此賬依受款之人或商店分戶。惟暫付款甚多之機關用之。(二) 開賬時記賬員須將年月及受款者之名稱一一填明。(三) 此賬根據傳票過入之記賬日期記入月日欄根據記賬之傳票種類及號數記入種類及號數兩欄詳細事由記入摘要欄受款者填寫之收據編定號數填入收據號數欄付出金額記入收方欄沖轉時記入付方欄收方金額總數減付方金額總數所得之餘額記入餘額欄各賬戶餘額欄相加之和須與總賬中暫付欵之收方餘額相等。

第六節　傳票

1. 收入傳票

i. 格式

中華民國　　年　　月　　日　收　字第　　號

（機關名稱）

收　入　傳　票

現金日記簿 輔助欄

據	單		金　額									欄	頁	輔　助	月份	過
摘　要	種類	號數	百萬	十萬	萬	千	百	十	元	角	分	數	數	種類	數	訖
合　計																

製票＿＿＿＿　覆核＿＿＿＿　出納＿＿＿＿　標註＿＿＿＿　記帳＿＿＿＿　過帳＿＿＿＿

ii. 說明　收入傳票之編製方法，在統一會計制度中規定如下：（一）收入現金時製票員應根據原始憑據編製此票。（二）每張傳票只能記載一事項設一事項而有數科目者得列於一傳票內設一事項不能以一

張傳票記完時可以另張接續之。但兩張傳票應編同一號數並將頁數在各傳票上分別塡明，在第一頁之合計行書「過次頁」三字，第二頁之首行書「承前頁」三字。（三）製票日期及附帶單據之張數均須塡明。（四）總賬科目塡於摘要欄首行中間詳細事由則自第二行之左端向右塡寫。塡畢後將有關係之補助賬科目依摘要欄之右端逐行塡寫。（五）原始單據之種類及號數塡入種類及號數欄。（六）金額塡入金額欄。遇有補助賬金額時，則總賬科目之金額須與總賬科目同列過入補助賬之金額與各相當科目同列下須劃一紅綫以示區別。合計行之金額記總賬科目金額相加之總數。（七）傳票製就後出納員加蓋圖章運同原始單據交與覆核員覆核蓋章後送交標註員標註。（八）標註員須將此項金額應記現金日記簿第幾欄之欄數塡入此票之現金日記簿欄數欄內。應過入補助賬之種類月份及金額記入該賬之欄數均一一標明並蓋章送與科長或主任核閱後編定號數，交與各簿記員記賬。

2. 支出傳票

i. 格式

（機關名稱）

支 出 傳 票

中華民國……年……月……日　　字第……號　第……頁　附單據……張

摘要	單據		金額	現金日記簿		補助欄	
	種類	號數	百十萬千百十元角分	欄數	頁數	種類	月份數
							過賬
合計							

製票　　　　覆核　　　　出納　　　　標註　　　　記賬　　　　過賬

ii. 說明　支出傳票之編製方法，在統一會計制度中規定如下：（一）付出現金時製票員應根據原始單據編製此票。（二）收入傳票之第二至第六五項說明此票亦適用之。（三）傳票製就後加蓋圖章連同原始

單據交與覆核員覆核,蓋章後轉呈科長或主任核閱後方能付訖。(四)出納員付訖後,即加蓋圖章,交與標註員標註。(五)標註員之標註方法與收入傳票第八項之說明同。

3. 轉賬傳票

i. 格式

中華民國　　年　　月　　日　　字第　　號第　　頁附單據　　張

（機關名稱）

轉賬傳票

摘要	單據		金額		標註		
	種類	號數	收方 百十萬千百十元角分	付方 百十萬千百十元角分	記賬	過賬	分錄簿頁數 細類月份欄號
各　計							

製票　　覆核　　標註　　記賬　　過賬

第三編　第五章　現時改革中之制度——中央各機關及所屬統一會計制度　　五五七

ii. 說明　轉賬傳票編製方法在統一會計制度中規定如下：（一）轉賬時製票員應根據原始單據編製此票。（二）製票日期及附帶單據之張數均須填明。（三）此票之填寫方法與分錄簿相同。原始單據之種類及號數，填入目依次填寫次將詳細事由說明然後將有關係之補助賬科目逐行記載。（四）原始單據之種類及總種類及號數欄內。（五）收方金額填入金額之收方欄付方金額填入付方欄總賬科目之金額須與總賬科目同列過入補助賬之金額須與各相當科目同列。遇有補助賬金額時，則總賬科目之金額下，須劃一紅線，以示區別。合計行之金額總賬科目金額相加之總數。（六）傳票製就後製票員加蓋圖章，連同原始單據交與覆核員覆核蓋章後送交標註員標註。（七）標註員須將應過入補助賬之種類月份及金額記入該賬之欄數一一標明並蓋章送交科長或主任核閱後編定號數交與簿記員記賬。

第七節　原始憑證

統一會計制度中用爲編製傳票根據之原始憑證約有下列三種：i. 採用各機關現行之書據部份，其中又有七類：a. 歲入預算書，b. 歲出預算書，c. 收入月份預算分配表，d. 支出月份預算分配表，e. 現字編號解欵書，f. 抵字編號解欵書，g. 支付書。2. 向政府以外之私人或團體掣取部份其中又有三類：a. 收據，b. 契約，c. 發票。3 統一會計制度中新自規定部份其中又有下列之五類茲爲之逐一闡明於下：

1. 俸薪表

i. 格式

中華民國　　　年　　　月　　　日

（機關名稱）俸薪表

（　　年度　　月份）

機別姓名	薪額 十萬千百十元角分	在職日數	應支金額 十萬千百十元角分	照扣金額 所得捐 十萬千百十元角分	加 … …	扣 … …	合計 十萬千百十元角分	實支金額 十萬千百十元角分	收據號數備考
合計									

製表員

ii. 說明　俸薪表之編製方法，在統一會計制度中規定如下：（一）發放俸薪時製表員應根據本機關現有官長職員之俸薪額先期填製此表。（二）官長職員之姓名職別薪額在職日數及本月（或本期）應支金額均應詳細填入各該欄內。（三）所得捐及其他之應扣金額須填入應扣項下之各欄金額，相加得一總數記於合計欄內。（四）應支金額減去應扣金額即得實支金額（五）領薪收據應按編定號數填入收據號數欄內。（六）此表製就即由製表員蓋章送呈科長或主任核閱蓋章轉呈主管長官批准照發（七）製票員根據此表及附屬之收據編製支出傳票。

2. 工餉表
　i. 格式

（機關名稱）

工餉表

中華民國　　　年　　　月　　　日（　　　年度　　　月份）

製表員 _____

職別	姓名	每月工餉						工作日數	應支工餉						扣除數						實支數						收據號數	備考
		萬	千	百	十	元	角	分		萬	千	百	十	元	角	分	萬	千	百	十	元	角	分	萬	千	百	十	元	角	分		
合計																																

ii. 說明 工餉表之編製方法，在統一會計制度中規定如下：（一）發放工資餉項時製表員應根據現有工役兵警之工餉額先期填就此表（二）工役兵警之職別姓名及本月（或本期）應支額均須填入各該欄內。（三）應扣工餉填入扣除數欄內。（四）應支金額減去扣除金額即為實支數。（五）工餉收據應按編定號數填入收據號數欄內。（六）此表製就，即由製表員蓋章送呈科長或主任核閱蓋章轉呈主管長官批准照發。（七）製表員根據此表及附屬之收據，編製支出傳票。

3. 出差旅費報告表

i. 格式

（機 關 名 稱）
出差旅費報告表

姓名＿＿＿＿ 職別＿＿＿＿

出差事由＿＿＿＿

中華民國　年　月　日起至　年　月　日止共計　日附單據＿＿＿張

日期	車　　　　費			膳費	宿費	雜費	特　別　費		總計
月　日	舟車費	輪船費	火車費				單據號數摘要	金額	
起訖地點	百十元角分	百十元角分	轎馬費 百十元角分	百十元角分	百十元角分	百十元角分		百十元角分 單據號數	百十元角分 備考

出差人員＿＿＿＿

ii. 說明　出差旅費報告表之編製方法，在統一會計制度中規定在下：(一)各機關官長職員因公出差時，應於公畢後三日內填具此表據實報銷。(二)出差人之姓名職別出差事由起訖日期及附屬單據張數均應明白填入相當欄內。(三)舟車費指一切行旅上必須之舟車轎馬等費每項開支額不得超過規定之數。(四)膳宿雜費指膳食住宿及雜用等費每日開支額不得超過規定之數證明單據之號數於編定後填入單據號數欄內。(五)特別費指出差期間內辦公必須之郵電及其他特別費用支出性質須逐筆記入摘要欄內支出金額逐筆記入金額欄內證明單據之號數於編定後填入單據號數欄內。(六)舟車費膳宿費及特別費三欄之合計數即為出差旅費之總數。(七)出差人員填製此表完畢應即簽名蓋章送呈科長或主任核閱蓋章轉呈主管長官批准核銷後製票員即根據此表編製支出傳票。

4. 請求購置單

i. 格式

第 _____ 號

（機　關　名　稱）

請　求　購　置　單

中華民國 _____ 年 _____ 月 _____ 日

請批准購置下列物品

物品名稱	數 目		估 價		實 價		用途及說明
		單位	單位價值	金 額 萬千百十元角分	單位價值	金 額 十萬千百十元角分	

請求購置人_____

ii. 說明　請求購置單之編製方法在統一會計制度中規定如下：（一）凡需要物品，非庶務處貯有或須臨時訂製者請求購置人應先期填製此單。（二）此單須填寫四張請求購置時請求人應將需要物品之名稱填入物品名稱欄需要之數量填入數目欄該物品計算之單位填入單位欄估計每一單位之價值填入單位價值欄數目乘單位價值所得之積數填入估價項下之金額欄用途及其他主要事項填入最後一欄。（三）此單填就後應由請求人簽名蓋章送呈科長或主任核閱蓋章轉呈主管長官核准後將一張送回存查一張交會計科編製轉賬傳票（將估計價值保留）一張交庶務科另一張送交商店。（四）庶務科購置完畢點交請求人查收後將實付價值填入送回存查之請求購置單實價下各相當欄內連同發票送交會計科編製轉賬傳票及支出傳票。

5. 領物憑單

i. 格式

中華民國　　　年　　月　　日　　　字第　　　號

（機　關　名　稱）

領　物　憑　單

名　　稱	請領數量	實發數量	用　　途

領物人_____

字第（機關名稱）號

領物證單

中華民國____年____月____日　字第____號

名　　稱	請領數量	實發數量	用　　途

領物人_____

ii. 說明　領物憑單之編製方法在統一會計制度中規定如下：（一）各科職員領用一切辦公用品時,應先填具此單。（二）此單分二聯,領物人應將日期物品名稱請領數量及物品用途詳細填入各聯並簽名蓋章呈送科長或主任核准後飭役赴庶務科領取。（三）庶務科應憑此單發給物品並將實發數量填入此單之實發數量欄然後將副聯退還領物人正聯留庶務科備查。（四）庶務科應憑正聯領物憑單將領用日期領物單號數實發數量該物品之單位價值及二者相乘所得之金額記入物品登記簿該物品戶之領用項下各相當欄內。如領用者為購置項下之物品則將領物單號數填入財產登記簿該財產戶之領物單號數欄內。

第八節　補充賬簿

1. 備用金簿

i 格式

（機關名稱）備用金簿

中華民國　　年　　月　　日　　（　　年度）　第　　　　號

ii. 說明　備用金簿之登記方法在統一會計制度中規定如下：（一）凡庶務科欵項之收支槪記入此簿。（二）記賬時庶務員應根據原始單據將日期塡入月日欄。如爲收欵，則將「現金」塡入科目欄。如爲支出，則將支出各相當節之科目暫付欵及其他科目塡入科目欄詳細事由塡入摘要欄原始單據編在單據粘存簿中

記賬			單據號數	金		額
月 日	科 目	摘　　要		收　入	支　出	結 存
				百十萬千百十元角分	百十萬千百十元角分	百十萬千百十元角分

之號數填入單據號數欄（此欄於號數編定後補填。）收入金額及支出金額之冲轉記入收入欄支出金額記入支出欄收入欄金額總數減支出欄金額總數所得之差額記入結餘欄結餘金額須與庶務科實存金額相等。
(三) 此簿於每旬之末結算一次按照規定格式編製庶務科清單連同原始單據送交會計科會計科照清單列報之支出金額發款使庶務科備用金恢復規定之數額（四）庶務科領款後卽將收入金額記入收入欄支兩欄總數記入最末登記賬目下一列之各相當欄，再填本期結存金額於支出欄然後將兩欄金額再結一合計並將本期結存轉入下期。

2. 財產登記簿

i. 格式

單　位	（機　關　名　稱） 財　產　登　記　簿	
	類　別	名　稱

購置或擴入					變賣或毀壞				餘額
編號	數量	金額 十萬千百十元角分			物品編號	收受或損壞事由	數量	金額 十萬千百十元角分	數量 金額 十萬千百十元角分
字號					單據號數				
					物主				

日期
單據號數
據原因
月出售者所在地份

ii. 說明　財產登記簿之登記方法，在統一會計制度中規定如下：（一）凡購置及營造兩項之財產，概應

3. 物品登記簿

i. 格式

登入此簿。（二）此簿依各財產所屬之節分類。每類再依財產之名稱分戶，依次排列，俾便查考。（三）開賬時庶務員應將該財產之計算單位所屬之類別及其名稱一一填明。（四）購置或撥入月日期欄根據登賬之原始單據之編定號數填入單據號數編定後補填（此欄於單據粘存簿之單據號數編定後補填）。詳細事由欄填入原因欄購置月份填入財產賣主之姓名或商店填入出售者欄財產所在地點填入所在地欄財產所值之金額產之字數填入字及號兩欄（此兩欄於字號編定後補填）。購置或撥入之數量填入數量欄財產之原價填入金額欄（五）凡小件財產可以領用者領物時將領物單之號數填入領物單號數欄。（六）變賣或毀壞月日填入日期欄變賣時收欸之收據號數填入收據號數欄財產減損之原因填入減損事由欄減損之數量填入減損數量欄購置或撥入數量總額減變賣或毀壞數量總額所得之差數填入餘額下之數量欄，購置或撥入金額總數減去變賣或毀壞金額總數所得之差數填入餘額下之金額欄。（七）財產目錄，財產增加表及財產減損表均根據此簿編製之。

（機關名稱）

物品登記簿

類別_____ 名稱_____

單位_____

購 置					領 用					餘 額			
日 單 數 單位 價值 金額					日 領物單 數 單位 價值 金額					數 單位 價值 餘額			
號 數量 十萬千百十元角分 十萬千百十元角分					號 數量 十萬千百十元角分 十萬千百十元角分					量 十萬千百十元角分 十萬千百十元角分			

ii. 說明　物品登記簿之登記方法，在統一會計制度中規定如下：（一）凡辦公費項下之物品概應登入此簿。（二）此簿依物品所屬之節分類每類再依物品之名稱分戶依次排列俾便查考。（三）開賬時庶務員

應將該物品計算之單位所屬之類別，及其名稱，一一填明。（四）購置日期填入月日欄根據登賬之原始單據編在單據粘存簿中之號數填入單據號數欄（此欄於號數編定後補填）購置之數量填入數量欄該物品每一單位之價值填入單位價值欄數量乘單位價值所得之積數填入金額欄（五）領用日期填入月日欄根據登賬之領物單之號數填入領物單號數欄實發之數量填入數量欄該物品每一單位之原價值填入單位價值欄數量乘單位價值所得之積數填入金額欄購置數量總額減領用數量總額所得之差數填入餘額下之數量欄該物品每一單位之原價值所得之積數填入餘額下之金額欄此項金額應等於購置金額總數減去領用金額總數所得之差數。（六）現存物品表根據此簿編製之。

第六章　對於以上各項制度之批評及擬議

任何機關關于收支之管理，自非先有完善之會計制度不足以盡綜覈之能事，而收綱舉目張之效果但在目下吾國政府各級機關之制度輒以人才及經費各種障礙實難一蹴而有成第以會計監督一國財務行政之重要，吾人于此何能忽視故著者于本章中將不殫煩瑣詳為批評并依據新近會計原理及吾國原有情形而為一種較完善制度之擬議云。

第一節　對於以上各項制度之批評

本編第二章中所申述之徵收機關現制係以某印花菸酒稅局實際簿記組織系統為例。此處即將就此而為批評焉。

第一目　對於徵收機關現制之批評

吾國歷來所沿用之官廳簿記格式，均係依據普通銀行簿記學之原理仿傚用之，已非純粹單式簿記。換言之，即所謂依現金為主體之雙式簿記也。現金乃銀行業主要之商品其一切交易皆不能脫離現金故設立現金日記簿，即可包括其所有之賬項。至于政府機關，于公款收入存留及支出等現金之賬項，當然為之逐項登記。或更為計算精確計，則應添設應收應付賬戶以求得某一年度中較準確之收支情形欲達到上述兩種目標仍不妨襲用銀行簿記格式。但有更進于此者，即為在稅款未經徵收之前，及其估計數又在款項未經動支之前，即應明悉所應負担給與各支出機關之費用及其種類與核定數職是之故于上述制度外須另立表明資力與負担情形之賬戶，於是銀行簿記格式不適於用矣。上述徵收機關之現制，亦即陷于此種錯誤，其所設置之總賬紙有一部表示現金收支科目分類之賬戶，而忽略於以下四種之情形焉。

1. 缺少預算科目　上述制度尚有總賬，惟其中缺少預算科目實為憾事。

五七四

2.缺少應收科目 上述總賬內，不計應收稅欠之收支，亦陷于以現收爲會計基礎之錯誤。

3.缺少表示資產負債之科目 表示資產負債情形亦可與表示資力負擔情形同見重要之原理，已見前述。上述制度以現收爲會計基礎，自然缺少斯項記錄。

3.缺少表示收支程序之科目 吾國收支程序之應注重，亦見前述。而上述制度內缺少斯項記錄，亦有未合。

第二目　對於支出機關現制之批評

本編第三章中所申述之支出機關現制係以某師實際簿記組織系統爲例，此處亦將就此而批評其不足概括所有支出機關之原理，亦與上目所申述者相同。茲舉上項現制四種缺點於下：

1.缺少總賬　主要報表應自總賬產生與各種賬項應歸納而記入總賬收付各方之原理，已見前述。而某師之現制中無有總賬之設置，自未合於新近之簿記技術也。

2.缺少現金會計與科目會計相互之聯絡　某師之現制，其主要簿中祇有表示現金收支及存留情形之現金出納簿與表示科目分類情形之支出分類賬及編製決算底賬三種，而其間現金與科目兩者相互之聯絡未有表明。故若遇登記錯誤發生時，其鈎稽考覈之手續恐非易易也。

3.缺少對於未開支各項歲出欠情形之記載　支出機關長官所欲參閱之主要報表，輒以有關該機關本身未開支歲出預算數之情形，爲最重要。在某師現制中，支出分類賬之實支數欄，祇記實支金額而未將保留及應付

金額加入計算故於未聞支歲出預算數之情形未能充分表明。

4. 缺少對於資產負債情形之記載 關於斯項缺點與對於徵收機關現制之批評相同。

第三目 對於金庫及國庫現制之批評

金庫之會計制度，係為現金收支及存留之會計而國庫之會計制度，則屬於會計主管機關範圍以內吾國財政部國庫司之會計現制，已在本編前第四章中為之敍述斯項制度之內容仍不超出銀行簿記之範圍其缺點正多，酌舉以下四點分述之。

1. 祇能表示收支科目分類情形 關於斯項缺點，與對於上述徵收機關之批評相同。

2. 祇能表示狹義之國庫情形 現時吾國國庫制度尚未完成各徵收機關可課稅幷可收稅以致收支手續，有日臻繁瑣之趨勢而此種徵收機關就大體言現時應仍視為國庫之一部惟在上項現制內只能包括金庫與徵收機關已向金庫解抵之收支至於未經解抵者，則多未能列入現制之内，故與上述廣義國庫情形為未合也。

3. 收支科目分類方法之錯誤 現制中關於斯項缺點之情形如下：第一就收入方面言解庫及抵解各欵在未接到各機關一種收支報告以前勢難斷定其為每機關收穫各欵抑為領撥各欵也即在收穫各欵之中又難斷定其為稅欵稅外歲入欵抑為歲入外各欵也故從解繳方面而決定每機關收入來源者極不易準確第二就支出方面言直放及坐撥各欵，係為發給各機關或由各機關自行扣除之經費直至各機關甲種收支報告造報之後方

為經費之支出，故從發放方面而決定各機關支出之性質者，亦不易準確也。

4. 收支應屬年度計算方法之錯誤　現制中以接到金庫及其他報告之期限爲年度間之區劃，自與每會計年度，應依應收應付爲區劃之原理不合。

第四目　對於中央各機關及所屬統一會計制度之批評

中央各機關及所屬統一會計制度之內容已在本編第五章中爲之敍明。斯項制度之特點，在統一會計制度實例內已論之綦詳計有四點：（一）採用複式簿記制度（二）設立會計科目（三）增設預算賬戶及（四）改革報告表册以上四者固極允當然其特點，猶未剴切闡明是以現時一般人於此輒有不甚確切之批評顧一種新制之創立百密一疎自屬難免而增進與改良正須依實施期間逐漸前進茲將著者對於斯項制度之批評述之於下：

1. 缺少表示正確資力負担情形賬戶之規定　統一會計制度內，關於徵收與支出機關資力負担賬戶之設置大體尙能適合吾國特有之情形此點確爲吾國政府會計上僅有之改革惟有此套總賬所產生之資力負担表（統一會計制度內稱總平準表）現時一般人對於其作用認識未清故亦頗有訾議蓋欲改革制度各機關之現制須先規定其應向本機關長官及其他各機關編送之報表一仍舊貫則卽從事於更改制度，必多有遷就事實之規定是之故在斯項制度內如收入類總賬中各項歲入欠賬戶與經費類各項歲出欠賬戶，必至月終始

就相當分配科目為之冲轉者乃為便利於編製甲乙種收支報告之故耳此種情形為吾國所特具，故總賬上各賬戶之設置亦殊特別諸如此類問題現時為一般人所不諒察而就此為批評者正多也。

就總賬內應列而未列之賬戶一方面言其最要者為收入經費兩類之中各項應收與應付之記載茲先舉收入類為例現主計處關於收入類科目之制定於收入預算數核定時應記收入預計數付收入預計數解庫數一賬於某月份歲入類為例現主計處關於收入類科目之制定於歲入預計數付收入預計數付納入現金時始為收現金付各相當歲入欵科目之分錄而於歲入欵之徵獲而未納入現金者無從為之記賬是謂祇有歲入欵賬戶以記載現金納入者為限否則將滯納數屢雜入內又將於乙種收支報告之編製不便矣故以著者意見須在收方添置一歲入應收數賬戶以補充之又以便利於編製乙種收支報告之故其付方不能直接記入各相當歲入欵之賬戶故須另添一滯納數賬戶以替代之滯納數賬戶通常應表示付方餘額而為歲入分配數賬戶之評價賬戶也茲再舉經費類為例現主計處關於經費類科目之制定於歲出預算數核定時應記收應領經常費付法定支出數一賬項於某月份歲出分配數核定時應記收支用數付歲出分配數一賬項於營造及購置上定單之發出或合同之簽訂時應將預計或議定之金額為收保留數付保留數準備之分錄保留數賬戶為歲出分配數賬戶之評價賬戶換言之在上述分錄中卽收歲出分配數也後於債務確定并支付現金時再記收保留數標準付保留數

及收各相當歲出欵科目及付現金兩賬項照以上假定爲債務確定幷隨時支付現金之情形若已發生而不能隨時支付現金者又將無從爲之記賬是謂祇有預計保留而無確定保留記錄之弊故以著者意見須在付方添置一歲出應付數準備賬戶以補充之又以便利於編製甲種收支報告之故其收方不能直接記入各相當歲出款之賬戶故須另添一歲出應付數賬戶以替代之歲出應付數賬戶通常應表示收方餘額而爲歲出分配數賬戶之評價賬戶也。

就總賬內不應列而列入之賬戶一方面言卽舉收入類之領用印花票及印花票兩賬戶爲例（見統一會計制度實例）蓋領到印花票本非徵收機關資力之一也更有此項稅票以其有票面金額可以計算爲之分錄他如菸酒公賣稅費牌照等證之領到又以其缺少票面金額而不爲之記賬一重一輕恐將無以自圓其說故將以上兩賬戶同時在總平準表上照數排列其結果必使收付雙方金額爲無意識之增加而復使正確之情形朦蔽是以此種賬戶卽應爲之刪除。

2. 缺少最明晰與敏捷簿記技術之規定　現主計處制定之支出計算書格式係全與支出計算賬相同以賬簿代替報表之弊在前第二編第四章中已經論及且此種格式現時規定有八十七豎行之多。無論古今中外有此先例與否吾人若就簿記技術之立場着想凡特種簿冊之擬定與特種簿冊上特種欄之規劃無非爲求編製報表之捷徑但所謂特種簿冊與欄之引用亦極有其限制如遇過多必致矯枉過正而使登賬易生錯誤更有現時規定

本賬每日過入當日支付現金數，如支用浩繁之機關以經費不能按期向國庫領取可使其現金收支迄至當月過去數月以後方能整理結束者。如斯則在本賬上豎行已有八十餘格橫行亦有三十格以外之可能合計至少在二千格以上縱橫交錯登記匪易若再抄寫數份以代報表當更繁忙至於本賬有「收還」一欄內記各項歲出欠之收還金額并不就原有科目冲轉則各科目最後之結數為一總計而非淨計矣若求與預算數相比較又須先將收還金額分析而後加入計算之此處似欠完善。

以登記簿代分錄簿之原理已見前述再按統一會計制度實例內分錄簿中關於收保留數付保留數準備及收預計解庫數付應解庫數等賬項之次數極多以著者意見此種賬項似有專設一登記簿登記之必要。

抑尤有進者登記簿上各特種欄之日計旬計或月計總額最好用一總分錄賬項分錄之登記簿記技術有設置以此主計處制定之現金日記簿上收付兩方之對方科目皆須逐一過入總賬似與以上敏捷之簿記技術有妨又每種賬簿之上必須將有相當關係之數字列入方為合理。乃主計處制定之支出預算賬上末附暫記欠收付兩欄之記載而與本賬之結數全無影響亦屬贅費

3. 缺少實施上一定空間之規定　普通會計原理僅為一種普通程序。而各機關個別問題仍屬不容忽視如統一會計制度之內容祇包括徵收與支出兩種機關之會計金庫及公有營業機關并未包括入內名為統一實有不符。更有其內容所包括者有若干點卽坐此統一兩字之失。第一如有若干支出機關絕少收入類之收支而現金

日記簿本設有經費類與收入類等兩欄，其收入類之一欄在該機關，將全歸於無用。第二又有若干支出機關，并無特任簡任官員之設置，其支出計算可無須設置以上各相當名稱之特種欄。第三以現時政府各機關實際情形而言管理本機關收入與經費款會計人員十九劃分若使強用一套賬冊又烏乎可。然則統一會計制度引用上之困難可知矣。

4. 缺少實施上一定時間之規定　一會計制度之實施，自必依會計年度為起止，現時任何會計制度中，只須以應收應付等科目結轉於下年度之內，而本年度賬簿，即行結束者以此。其優點不謹求得較精確之收支差額有以上項基礎之探行可博結賬上之便利。現統一會計制度內未有應收應付科目之設置，遂致影響於結賬以應收應付與現收現付完全終了之日為終止（參閱統一會計制度實例。）而在著者意見認在年度終了之日祇計算應收應付之金額即可結束。

綜上所論統一會計制度上之缺點正多，如能因有上項缺點而引起一般人詳加孳討之與趣，并藉此達到增進與改良最後之目的，中國政府會計制度前途何幸如之！

第二節　對於以上各項制度之擬議

本節所論祇是就統一會計制度，為增進與改良之擬議故仍為徵收與支出兩種機關處理表示資力負担情

形賬戶之方法其他關於金庫公有營業機關及會計主管機關之會計,則將另著專篇討論又於前述兩機關制度內所應用賬簿傳票之格式及說明,則讀者可參照現制并本書第三編第一章中所申述原理爲之推想或擬訂在本節範圍內自可無庸列舉也。

第一目　對於徵收機關制度之擬議

（一）總賬各賬戶名稱編號及說明

1. 通常表示收方餘額之賬戶

餘額表示收入類庫存數。

銀行往來（Ⅱ）凡本機關收入類項下之庫存現金皆屬之。與收入類有關之收納數記入收方。

銀行往來（Ⅱ）凡本機關收入類項下與銀行往來之存欵皆屬之收入類欵項存入銀行數記入收方向銀行提取數記入付方其餘額表示收入類銀行往來結存數。

應收票據（Ⅲ）凡本機關收入類項下所收票據之票額皆屬之收到該項票據數記入收方該項票據兌現或轉賬數記入付方其餘額表示收入類所收票據尚未兌現或轉賬數。

所屬機關應繳欵（Ⅳ）凡所屬機關收入類項下報告各項收納數皆屬之該項收納數記入收方及其解繳數或抵解數記入付方其餘額表示所屬機關收入類項下所報收納數內尚未繳抵數。

歲入應收數(V) 凡某種歲入欵之徵而未納數或已屆應收時期尚未收到數皆屬之該項應收數記入收方。

及其收到或註銷時轉賬數記入付方其餘額表示歲入應收數內尚未冲轉數。

解繳保證金(VI) 凡以保證金交于國庫主管機關或經管收支機關之解繳數皆屬之該項解繳數記入收方及其領回數記入付方其餘額表示解繳保證金內尚未領回數。

解繳欵(VII) 凡以保證金以外之收入欵交于國庫主管機關或經營收支機關之解繳數皆屬之該項解繳數記入收方其餘額表示解繳欵內尚未結轉數月結收方餘額應轉入應解繳數賬戶之收方。

坐支經費(VIII) 凡憑財政部簽發坐字支付書命令聯在本機關應解繳欵內支付本機關經費數皆屬之該項坐支數記入收方其餘額表示本月份坐支經費內尚未結轉數月結收方餘額應轉入應解繳數賬戶之收方。

撥付欵(IX) 凡憑財政部簽發撥字支付書命令聯在本機關應解繳欵內撥付他機關經費或某種用途或在應解繳欵內照案或奉令移付他機關欵項皆屬之該項撥付欵記入收方其餘額表示本月份撥付欵內尚未結轉數月結收方餘額應轉入應解繳數賬戶之收方。

賞金(X) 凡照案支付賞金數皆屬之該項支付數記入收方其餘額表示本月份賞金內尚未結轉數月結收方餘額應轉入應解繳數賬戶之收方。

匯費(XI) 凡支付本機關經費以外之匯費數皆屬之該項支付數記入收方其餘額表示本月份匯費內尚方餘額應轉入應解繳數賬戶之收方。

未結轉數月結收方餘額應轉入應解繳數賬戶之收方。

退還歲入欵（XII）凡支付各項歲入欵之退還數皆屬之該項支付欵記入收方其餘額表示本月份退還歲入欵內尚未結轉數月結收方餘額應轉入歲入分配數賬戶之收方。

損失或虧耗欵（XIII）凡因某種事變收入款之損失或兌換時之虧耗數皆屬之該項損失或虧耗數記入收方其餘額表示本月份損失或虧耗款內尚未結轉數月結收方餘額應轉入應解繳數賬戶之收方。

借支經費（XIV）凡某月經常費或某件臨時費已屆支用時期尚未奉到財政部簽發坐字支付書命令聯行沖轉者皆屬之該項借支數記入收方及其收回或沖轉數記入付方其餘額表示借支經費內尚未收回或沖轉數。

由長官負責依照預算分配範圍或核准原案暫在應解繳款內借支一部或全部，俟奉到坐字支付書命令聯後再行沖轉。

暫撥款（XV）凡照案或奉令撥付某項經費內尚未奉到財政部簽發撥字支付書命令聯先在應解繳款內暫行墊撥，俟到撥字支付書命令聯後再行沖轉者皆屬之該項暫撥數記入收方及其收回或沖轉數記入付方其餘額表示暫撥款內尚未收回或沖轉數。

歲入預算數（XVI）凡經核准本機關應徵收定額皆屬之奉令核准之全年度預算數記入收方與歲入分配數賬戶轉賬數記入付方其餘額表示歲入預算數內尚未分配數。

歲入分配數（XVII）凡由歲入預算數中分攤各月份或各期應徵收定額皆屬之。奉令核准之按月或按期歲入分配數記入收方。由各歲入款收納數與滯納數賬戶結轉數記入付方其餘額表示歲入分配數內尚未徵收數。

2.通常表示付方餘額之賬戶

稅項收納數（XVIII）凡依法徵收之各種稅款之納入數記入付方。其餘額表示本月份稅項收納數內尚未結轉數月結付方餘額應轉入歲入分配數賬戶之付方。

財產收納數（XIX）凡財產收入如各項租金利息等皆屬之該項納入數記入付方其餘額表示本月份財產收納數內尚未結轉數月結付方餘額應轉入歲入分配數賬戶之付方。

事業收納數（XX）凡事業收入如學費宿費等皆屬之該項納入數記入付方其餘額表示本月份事業收納數內尚未結轉數月結付方餘額應轉入歲入分配數賬戶之付方。

行政收納數（XXI）凡行政收入如手續費罰款等皆屬之該項納入數記入付方其餘額表示本月份行政收納數內尚未結轉數月結付方餘額應轉入歲入分配數賬戶之付方。

其他收納數（XXII）凡其他收入如刊物或廢棄物售價與雜項收入等皆屬之該項納入數記入付方。其餘額表示本月份其他收納數內尚未結轉數月結付方餘額應轉入歲入分配數賬戶之付方。

滯納數（XXIII）凡各種歲入款之滯納賬項皆屬之歲入應收數記入付方及其納入時轉賬數或註銷時冲轉數記入收方其餘額表示本月份滯納歲入款內尚未結轉數。

附註：滯納賬項即為歲入應收賬項所以別設本賬戶者為求各歲入款收納數賬戶，能表示純粹納入狀況并使歲入分配數賬戶，亦能依徵而未納數減低其餘額以表示純粹徵收狀況也。

預納款（XXIV）凡某種歲入款未屆應徵時期而預先納入者皆屬之該項預納數記入付方及屆應徵時期轉賬數記入收方其餘額表示預納款內尚未轉賬數。

借入款（XXV）凡經核准本機關借入款項皆屬之奉准借入款數記入付方及其歸還數記入收方其餘額表示借入款內尚未歸還數。

附註：本賬戶所記借入款以本機關經借經還者為限其留本機關經借而由他機關歸還者則應照代收欵處理他機關經借而由本機關歸還者則應照撥付欵處理。

撥入欵（XXVI）凡由他機關移來款項須經本機關辦理坐支轉撥或解繳之手續者皆屬之該項撥入數記入付方其餘額表示本月份撥入款內尚未結轉數月結付方餘額應轉入應解繳數賬戶以記載該款收付之金額。

附註：如各機關收他機關撥入保證金，則可另設一撥入保證金賬戶以記載該款收付之金額。

保證金（XXVII）凡收到保證金皆屬之該項保證金之收到數記入付方。及其發還數記入收方其餘額表示

保證金內尙未發還數。

代收款（XXVIII）凡收到某機關委託代收款省屬之該項代收款之收到數記入付方及其交付數記入收方。其餘額表示代收款內尙未交付數。

暫記收款（XXIX）凡收到所屬機關繳款或其他款項其來源未經判明者省屬之該項暫記收款之收到數記入付方及其來源判明時冲轉數記入收方其餘額表示暫記收款內尙未冲轉數。

應解繳收數（XXX）凡收入類項下應行解繳之款項省屬之。由預計解繳數（根據各歲入款收納數及滯納數等賬戶之合計數結轉）及撥入款兩賬戶之結轉數記入付方。由解繳款坐支經費撥付款賞金匯費退還歲入款，損失或虧耗款等賬戶餘額之結轉數記入收方。其餘額表示應解繳數內尙未解繳數。

預計解繳數（XXXI）凡照歲入預算之規定本年度預計解繳之定額省屬之奉令核准之全年度預算數記入付方及根據各歲入款收納數及滯納數等賬戶餘額之合計數由本賬戶轉入應解繳數賬戶之結轉數記入收方。

（二）各賬項分錄之例

1. 年度開始時應將上年度資力及負擔各賬戶之結數轉入本年度其分錄法如下

收項　現金（I）銀行往來（II）應收票據（III）所屬機關應繳款（IV）歲入應收數（V）解繳保證金

(VI)借支經費(XIV) 暫撥款(XV)

付項　預納款(XXIV) 借入款(XXV) 保證金(XXVII) 代收款(XXVIII) 暫託收款(XXIX) 應解繳數(XXX)

2. 奉令核准本年度歲入預算數若干。
　收項　歲入預算數(XVI)
　付項　預計解繳數(XXXI)

3. 奉令核准追加本年度歲入預算數若干。
　收項　歲入預算數(XVI)
　付項　預計解繳數(XXXI)

4. 奉令核准減本年度歲入預算數若干。
　付項　預計解繳數(XXXI)
　收項　歲入預算數(XVI)

5. 奉令核准某月份歲入分配數若干。
　收項　歲入分配數(XVII)

付項　歲入預算數(XVI)

6.奉令核准追加某月份歲入分配數若干。

收項　歲入分配數(XVII)

付項　歲入預算數(XVI)

7.奉令核減某月份歲入分配數若干。

收項　歲入預算數(XVI)

付項　歲入分配數(XVII)

8.徵收而未經納入之歲入款若干。

收項　歲入應收數(V)

付項　滯納數(XXIII)

9.納入本機關某某歲入數未經記入歲入應收數賬戶之收方者若干。

收項　現金(I) 應收票據(III) 稅項收納數(XVIII) 財產收納數(XIX) 事業收納數(XX) 行政收納數(XXI) 其他收納數(XXII)

第三編　第六章　對於以上各項制度之批評及擬議

附註
1. 如收到以前各年度滯納數而未經記入歲入應收數賬戶之收方者，須連帶為如下之分錄：

收項　歲入分配數(XVII)
付項　預計解繳數(XXXI)

10. 納入本機關某某歲入款曾經記入歲入應收數賬戶之收方者若干。

收項　現金(I) 應收票據(III)
付項　歲入應收數(V)

收項　滯納數(XXIII)
付項　稅項收納數(XVIII) 財產收納數(XIX) 事業收納數(XX) 行政收納數(XXI) 其他收納數(XXII)

11. 收到本機關預納款項若干。

收項　現金(I) 應收票據(III)
付項　預納款(XXIV)

12. 奉准借到款項若干。

收項　現金(I) 應收票據(III)

付項　借入款(XXV)

13. 收到其他機關撥入款項若干。

收項　現金(I)　應收票據(Ⅲ)

付項　撥入款(XXVI)

14. 收到保證金若干。

收項　現金(I)　應收票據(Ⅲ)

付項　保證金(XXVII)

15. 收到代收款項若干。

收項　現金(I)　應收票據(Ⅲ)

付項　代收款(XXVIII)

16. 收到所屬機關繳款未據報告其來源者及其他來源未明之款項若干。

收項　現金(I)　應收票據(Ⅲ)

付項　暫記收欵(XXIX)

17. 收到所屬機關繳欵已據報告其來源者若干。

第三編　第六章　對於以上各項制度之批評及擬議

收項　現金(I) 應收票據(III)
付項　所屬機關應繳欵(IV)
18. 收到國庫或其他機關發還保證金若干。
收項　現金(I) 應收票據(III)
付項　解繳保證金(VI)
19. 收回借支經費欵若干。
收項　現金(I) 應收票據(III)
付項　借支經費(XIV)
20. 收回暫撥欵若干。
收項　現金(I. 應收票據(III)
付項　暫撥欵(XV)
21. 據銀行報告經收9至20各欵若干。
收項　銀行往來(II)
付項　税項收納數(XVIII) 財產收納數(XIX) 事業收納數(XX) 行政收納數(XXI) 其他收納數

(XXII) 歲入應收數(XXIV) 預納數(XXV) 借入欵(XXVI) 保證金(XXVII)

代收款(XXVIII) 暫記收款(XXIX) 所屬機關應繳款(IV) 解繳保證金(VI) 借支經費

(XIV) 暫撥欵(XV)

附註1.此處亦適用之。

附註2.如納入者為歲入應收數須連帶為如下之分錄：

收項 滯納數(XXIII)

付項 稅項收納數(XVIII) 財產收納數(XIX) 事業收納數(XX) 行政收納數(XXI) 其他收納數(XXII)

22.據所屬機關報告經收9 1 16 18 1 20各欵若干。

收項 所屬機關應繳欵(IV)

付項 稅項收納數(XVIII) 財產收納數(XIX) 事業收納數(XX) 行政收納數(XXI) 其他收納數

(XXII) 歲入應收數(V) 預納欵(XXIV) 借入欵(XXV) 撥入欵(XXVI) 保證金(XXVII)

代收欵(XXVIII) 暫記收欵(XXIX) 解繳保證金(VI) 借支經費(XIV) 暫撥欵(XV)

附註1.及附註2.此處亦適用之。

23 暫記收欵之來源，於據所屬機關及其他報告判明時轉入各相當賬戶其轉入數若干。

收項　暫記收欵(XXIX)

付項　稅項收納數(XVIII)財產收納數(XIX)事業收納數(XX)行政收納數(XXI)其他收納數(XXII)歲入應收數(V)預納數(XXIV)借入款(XXV)撥入款(XXVI)保證金(XXVII)代收欵(XXVIII)解繳保證金(VI)借支經費(XIV)暫撥欵(XV)

附註1.及附註2.此處亦適用之。

24. 存入銀行現金若干。

收項　銀行往來(II)

付項　現金(I)

25. 以應收票據存入銀行，其票額若干。

收項　銀行往來(II)

付項　應收票據(III)

26. 向銀行提取存欵若干。

收項　現金(I)

27. 憑票撥兌得現金若干。

付項　銀行往來(II)

收項　現金(I)

付項　應收票據(III)

28. 預納欵到達應徵時期轉入各相當歲入欵賬戶，其轉入數若干。

付項　預納欵(XXIV)

收項　稅項收納數(XVIII) 財產收納數(XIX) 事業收納數(XX) 行政收納數(XXI) 其他收納數

29. 以保證金抵充各相當歲入欵其轉賬數若干。

付項　保證金(XXVII)

收項　稅項收納數(XVIII) 財產收納數(XIX) 事業收納數(XX) 行政收納數(XXI) 其他收納數(XXII)

30. 以前各年度歲入應收數奉准註銷時其註銷數若干。

收項　應解繳數(XXX)

31. 本年度以前各月份歲入應收數奉准註銷時,其註銷數若干。
　付項　歲入應收數(V)
　收項　歲入分配數(XVII)
　付項　歲入應收數(V)
　收項　應解繳數(XXX)
　付項　預計解繳數(XXXI)
32. 本月份歲入應收數奉准註銷時,其註銷數若干。
　收項　滯納數(XXIII)
　付項　歲入應收數(V)
33. 解繳保證金若干。
　收項　解繳保證金(VI)
　付項　現金(I) 應收票據(III)
34. 解繳保證金以外之款項若干。
　收項　解繳款(VII)

35. 坐支本機關及所屬機關經費未經記入借支經費賬戶之收方者若干。

付項　現金(I)　應收票據(III)

收項　坐支經費(VIII)

36. 撥付其他機關經費及某種用途款項未經記入暫撥款賬戶之收方者若干。

付項　現金(I)　應收票據(III)

收項　撥付款(IX)

37. 照案支付賞金若干。

付項　現金(I)　應收票據(III)

收項　賞金(X)

38. 支付匯費若干。

付項　現金(I)　應收票據(III)

收項　匯費(XI)

39. 支付退還某某歲入款若干。

付項　現金(I)　應收票據(III)

收項　退還歲入款（XII）
付項　現金（I）應收票據（II）

附註3. 如支付者為以前各年度歲入款，須連帶為如下之分錄：

收項　預計解繳數（XXX）
付項　歲入分配數（XVII）

40. 損失或虧耗款其數額若干。
收項　損失或虧耗款（XIII）
付項　現金（I）應收票據（II）

41. 借支經費若干。
收項　借支經費（XIV）
付項　現金（I）應收票據（II）

42. 暫撥其他機關經費及某種用途款項若干。
收項　暫撥款（XV）
付項　現金（I）應收票據（II）

43. 歸還借入款若干。

收項　借入款(XXV)

付項　現金(I) 應收票據(III)

44. 發還保證金若干。

收項　保證金(XXVII)

付項　現金(I) 應收票據(III)

45. 交付代收欵若干。

收項　代收欵(XXVIII)

付項　現金(I) 應收票據(III)

46. 據銀行報告經付33至45各欵若干。

收項　解繳保證金(VI) 解繳款(VII) 坐支經費(VIII) 撥付欵(IX) 賞金(X) 匯費(XI) 退還歲入欵(XII) 損失或虧耗欵(XIII) 借支經費(XIV) 暫撥欵(XV) 借入欵(XXV) 保證金(XXVII) 代收欵(XXVIII)

付項　銀行往來(II)

47. 據所屬機關報告經付33至45各欵若干。

　收項　解繳保證金(VI)解繳欵(VII)坐支經費(VIII)撥付欵(IX)賞金(X)匯費(XI)退還歲入欵(XII)損失或虧耗欵(XIII)借支經費(XIV)暫撥欵(XV)借入欵(XXXV)保證金(XXVII)代收欵(XXXVIII)

　付項　所屬機關應繳欵(IV)

　附註3.此處亦適用之。

48. 以解繳欵轉賬領回前解繳之保證金若干。

　收項　解繳欵(VII)

　付項　解繳保證金(VI)

49. 由借支經費轉入坐支經費若干。

　收項　坐支經費(VIII)

　付項　借支經費(XIV)

50. 由暫撥欵轉入撥付欵若干。

附註3.此處亦適用之。

51. 每月結賬之分錄法：

(a) 收項　稅項收納數(XVIII) 財產收納數(XIX) 事業收納數(XX) 行政收納數(XXI) 其他收納數(XXII) 滯納數(XXIII)

　　付項　歲入分配數(XVII) 預計解繳數(XXXI) 應解繳款(XXX)

(b) 收項　撥入款(XXXVI)

　　付項　應解繳款(XXX)

(c) 收項　應解繳款(XXX)

　　付項　解繳款(VII) 坐支經費(VIII) 撥付款(IX) 賞金(X) 匯費(XI) 損失或虧耗款(XIII)

(d) 收項　歲入分配數(XVII)

　　付項　退還歲入款(XII)

　　收項　撥付款(IX)

　　付項　暫撥款(XV)

52. 年度結賬之分錄法：

(a) 如本年度實收數大於分配數時應為如下之分錄：

收項　歲入分配數(XVII)
付項　預計解繳數(XXXI)
收項　預算解繳數(XXXI)
付項　應解繳欠(XXX)

(b) 如本年度實收數小於分配數時應為如下之分錄：

付項　預計解繳數(XXXI)
收項　歲入分配數(XVII)

（三）總賬各賬戶登記之例

以下各例摘要欄內(1)(2)(3)等係指各賬項分錄之例所舉各例之號次。(I)(II)(III)等係指該賬項對方賬戶之符號。

現　金　(Ⅰ)

摘　要	金　額		
	收項	付項	餘額
(1) 年度開始時轉入上年度現金數若干	XXX		
(9) 納入本機關某某歲入款未經記入歲入賬收數賬戶之收方者若干 (XVIII)(XIX)(XX)(XXI)(XXII)	XXX		
(10) 納入本機關某某歲入款曾經記入歲入賬收數賬戶之收方者若干 (Ⅴ)	XXX		
(11) 收到本機關預納欠項者若干	XXX		
(12) 奉准信到款項者若干 (XXV)	XXX		
(13) 收到其他機關撥入款項者若干 (XXVI)	XXX		
(14) 收到保證金者若干 (XXVII)	XXX		
(15) 收到代收款者若干 (XXVIII)	XXX		
(16) 收到機關繳款已據報告其來源者及其他來源不明之款項者干 (XXIX)	XXX		
(17) 收到所屬機關繳款已據報告其來源者若干 (Ⅳ)	XXX		

(18) 收到國庫或其他機關撥還前解繳之保證金若干(VI) XXX
(19) 收回借支經費款若干(XIV) XXX
(20) 收回暫撥款若干(XV) XXX
(24) 存入銀行現金若干(II)
(26) 向銀行提取現金若干(II)
(27) 憑票據兌得現金若干(III) XXX
(33) 解繳保證金若干(VI) XXX
(34) 解繳保證金以外之款項若干(VII) XXX
(35) 坐支本機關及所屬機關經費未經記入借支經費眼目之收方者若干(VIII)
(36) 撥付其他機關經費及其種用途款項未經記入暫撥款眼目之收方者若干(IX)
(37) 照案支付賞金若干(X) XXX
(38) 支付匯費若干(XI) XXX
(39) 支付退還某歲入款若干(XII) XXX
(40) 損失或虧耗款其數額若干(XIII) XXX
(41) 借支經費者若干(XIV) XXX
(42) 暫撥其他機關經代及某種用途款代若干(XV)

銀行往來 (Ⅱ)

摘　　要	金　　額		
	收項	付項	餘額
轉入上月收方餘額			XXX
(1) 年度開始時轉入上年度往來銀行結欠若干	XXX		
(21) 據銀行報告經收 9—20 各款若干 (XVIII)(XIX)(XX)(XXI)(XXII)(V)(XXIII)(XXIV)(XXV)(XXVI)(XXXVII)(XXXVIII)(XXI)(X)(IV)(VI)(XIV)(XV)	XXX		
(24) 存入銀行現金若干 (I)	XXX		
(25) 以應收票據存入銀行其數額若干 (III)	XXX		
(43) 歸還借入款若干 (XXV)		XXX	
(44) 發還保證金若干 (XXVII)		XXX	
(45) 支付代收款若干 (XXXVIII)		XXX	
本月收方餘額			XX

應收票據 (III)

摘要	金額		
	收項	付項	餘額
(1) 年度開始時撥入上年度應收票據結數若干 (9)(10)(11)(12)(13)(14)(15)(16)(17)(18)(19)(20) 收到代替現金之票據其票額若干 (XXIV)(XXV)(XXVI)(XXVII)(XXVIII)(XXIX)(IV)(V)(VI)	XXX		XXX
(25) 以票據存入銀行其票額者干 (II)		XXX	XXX

轉入上月收方餘額

本月收方餘額

(26) 向銀行提收存款者干 (I)
(46) 據銀行報告經付33——45各款者干 (VI)(VII)(VIII)(IX)(X)(XI)(XII)(XIII)(XIV)(XV)(XXV)(XXVI)(XXVII)(XXVIII)

XXX
XXX
XXX
XXX
XXX

XXX

所屬機關應繳款（IV）

摘要	金額		
	收項	付項	餘額
(1) 年度開始時轉入上年度所屬機關應繳款結數若干			XXX
(17) 收到所屬機關繳款已據報告其來源者若干(I)(III)	XXX		
(21) 據銀行報告經收所屬機關繳款已據報告其來源者若干(II)	XXX		
(22) 據所屬機關報告經收9—16，18—0，各款若干(XVIII)(XIX)(XX)(XXI)(XXII)，(V)(XXIII)(XXIV)(XXV)(XXVI)(XXVII)	XXX		
本月收方餘額			XXX
轉入上月收方餘額			XXX
(27) 憑據兌得現金若干(I)		XXX	
(33)(34)(35)(36)(37)(38)(39)(40)(41)(42)(43)(44)(45)以所收票據代替現金付出其票額若干，VI)(VII)(VIII)(IX)(X)(XI)(XII)(XIII)(XIV)(XV)(XXV)(XXVII)(XXVIII)		XXX	

中國政府會計譜

歲 入 應 收 數 (V)

(XXVIII)(XXIX)(V)(XIV)(XV)
(47)據所區機關報告經付33-〈5各款若干(VI)(VII)(VIII)(IX)
(XI)(XII)(XIII)(XIV)(XV)(XXV)(XXVII)(XXVIII)
X)

本月收方結餘

轉入上月收方結餘

摘　　要	收項	付項	餘額
	XXX		
	XXX		
			XXX
(1) 年度開始時轉入上年度歲入應收數若干	XXX		
(8) 徵收而未經納入之歲入款若干(XXIII)	XXX		
(10) 納入本機關某某歲入款會經記入歲入應收數賬月之收方者若干(I)(III)		XXX	
(21) 據銀行報告納入某某歲入款會經記入歲入應收數賬月之收方者若干(II)		XXX	

(22)據所屬機關報告納入其未繳入款會經記入歲入應收數賬月之收方者若干(IV)
(23)暫記收款之來源於據所屬機關及其他報告判明時轉入本賬月其轉入數若干(XXIX)
(30)以前各年度歲入應收數奉准註銷時其註銷數若干(XXX)
(31)本年度以前各月份歲入應收數奉准註銷時其註銷數若干(XVII)
(32)本月份歲入應收數奉准註銷時其註銷數若干(XXIII)

轉入上月收方餘額

本月收方餘額

解 繳 保 證 金 (VI)

摘　要	金　　額		
	收項	付項	餘額
	XXX		
	XXX		
	XXX	XXX	
	XXX	XXX	
			XXX

(1)年度開始時轉入上年度解繳保證金結數者干
(18)收到國庫或其他機關發還前解繳之保證金者干(I)(III)

| | XXX | XXX | |

中國政府會計論

(21)據銀行報告經收國庫或其他機關發還保證金若干(II)
(22)據所屬機關報告經收國庫或其他機關發還保證金若干(IV)
(23)暫記收款之來源於據所屬機關及其他報告中明時轉入各相當賬
　　月其轉入數若干(XXIX)
(33)解繳保證金若干(III)
(46)據銀行報告解繳保證金若干(I)
(47)據所屬機關報告解繳保證金若干(IV)
(48)以解繳款轉賬頭回前解繳之保證金若干(VII)

本月收方餘額

轉入上月收方餘額

摘　　要	解　繳　款（VII）	金　　額		
			收方	貸方
		XXX		XXX
		XXX		XXX
		XXX		XXX
		XXX		XXX
		XXX		

坐支經費（VIII）

摘要	金額		餘額
	收項	付項	
(34) 解繳保證金以外之款項者干 (I)(III)	XXX		XXX
(46) 據銀行報告解繳保證金以外之款項者干 (II)	XXX		XXX
(47) 據所屬機關報告解繳保證金以外之款項者干 (IV)	XXX		XXX
(48) 以解繳款轉賬頭回前解繳之保證金者干 (VI)	XXX		XXX
(51) 本月結賬時本賬月之結轉賬者干 (XXX)		XXX	XXX
(35) 坐支本機關及所屬機關經費未經記入借支經費賬月之收方者干 (I)(III)		XXX	
(46) 據銀行報告經付坐支本機關及所屬機關經費未經記入借支經費賬月之收方者干 (II)		XXX	
(47) 據所屬機關報告經付坐支本機關及所屬機關經費未經記入借支經費賬月之收方者干 (IV)		XXX	

關於以上各項制度之審計及擬議

撥付款（IX）

摘　　要	金　　額	
	收項　付項	餘額
(32)上月結轉本眼月之收方數若干(II)		XXX
(36)撥付其他機關經費及某種用途款項未經記入暫撥款眼月之收方者若干(I)	XXX	
(46)據銀行報告撥付其他機關經費及某種用途款項未經記入暫撥款眼月之收方者若干(II)	XXX	
(47)據所屬機關報告撥付其他機關經費及某種用途款項未經記入暫撥款眼月之收方者若干(IV)	XXX	
(49)由借支經費轉入坐支經費者若干(XIV)	XXX	
(50)由暫撥款轉入撥付款者若干(XV)	XXX	XXX
(51c)本月結眼時本眼月之結轉數若干(XXX)	XXX	
(51c)本月結眼時本眼月之結轉數若干(XXX)	XXX	XXX

賞　金　(X)

摘　要	金　　額		
	收項	付項	餘額
(37) 照簽支付賞金若干(I)(III)	XXX		
(46) 據銀行報告照簽支付賞金若干(II)	XXX		
(47) 據所屬機關報告照簽支付賞金若干(IV)	XXX		
(51c) 本月結賬時本眼月之結轉數若干(XXX)		XXX	XXX

匯　費　(XI)

摘　要	金　　額		
	收項	付項	餘額
(38) 支付匯費若干(I)(III)	XXX		
(46) 據銀行報告支付匯費若干(II)	XXX		
(47) 據所屬機關報告支付匯費若干(IV)	XXX		
(51c) 本月結賬時本眼月之結轉數若干(XXX)		XXX	XXX

中國政府會計詮

退還歲入款（XII）

摘　要	金　　額	
	收項	付項
(39) 支付退還某某歲入款若干 (I)(III)		XXX
(46) 據銀行報告支付退還某某歲入款若干 (II)		XXX
(47) 據所屬機關報告支付退還某某歲入款若干 (IV)		XXX
(51d) 本月份結賬時本賬戶之結轉數若干	XXX	

損失或虧耗款（XIII）

摘　要	金　　額	餘額
(40) 損失或虧耗款其數額若干 (I)(III)	XXX	
(46) 據銀行報告經付損失或虧耗款其數額若干 (II)	XXX	
(47) 據所屬機關報告經付損失或虧耗款其數額若干 (IV)	XXX	
(51c) 本月份結賬時本賬戶之結轉數若干 (XXX)		XXX

借 支 經 費 (XIV)

摘　要	金　　　額		
	收項	付項	餘額
(1) 年度開始時轉入上年度未經收回或冲轉之借支經費結數若干	XXX		
(19) 收回借支經費款若干 (III)	XXX		
(21) 據銀行報告收回借支經費款若干 (II)	XXX		
(22) 據所屬機關報告收回借支經費款若干 (IV)	XXX		
(25) 暫記收款之來源于據所屬機關及其他報告判明時轉入本眼月其轉入數若干 (XXIX)	XXX		
(41) 借支經費若干 (I) (III)		XXX	
(46) 據銀行報告借支經費若干 (II)		XXX	
(47) 據所屬機關報告借支經費若干 (IV)		XXX	
(49) 由借支經費轉入坐支經費若干 (VIII)		XXX	
本月收方餘額			XXX

轉入上月收方餘額

中國政府會計論

暫撥款（XV）

摘　　要	金　　　額		
	收項	付項	餘額
(1) 年度開始時轉入上年度未經收回或冲轉之暫撥款結數若干	XXX		
(20) 收回暫撥款若干(I)(III)		XXX	
(21) 據銀行報告收回暫撥款若干(II)		XXX	
(22) 據所屬機關報告收回暫撥款若干(IV)		XXX	
(23) 暫記收款之來源屬於所屬機關及其報告判明時本賬月其轉入數若干(XXIX)	XXX	XXX	
(42) 暫撥其他機關經費及某種用途款項若干(I)(III)	XXX		
(46) 據銀行報告暫撥其他機關經費及某種用途款項若干(II)	XXX		
(47) 據所屬機關報告暫撥其他機關經費及某種用途款項若干(IV)	XXX		
(5) 由暫撥款轉入收付款若干(IX)		XXX	XXX
轉入上月收方餘額			
本月收方餘額			

歲入預算數（XVI）

摘　　　要	金　　額		餘額
	收項	付項	
(2) 奉令核准本年度歲入預算數若干（XXXI）	XXX		
(3) 奉令核准追加本年度歲入預算數若干（XXXI）	XXX		
(4) 奉令核減本年度歲入預算數若干（XXXI）		XXX	
(5) 奉令核准某月份歲入分配數若干（XVII）		XXX	
(6) 奉令核准追加某月份歲入分配數若干（XVII）		XXX	
(7) 奉令核減某月份歲入分配數若干（XVII）	XXX		
本月收方餘額			

歲入分配數（XVII）

摘　　　要	金　　額		餘額
	收項	付項	
轉入上月收方餘額			

(5) 奉令核准某月份歲入分配數者若干（XVI）	XXX
(6) 奉令核准追加某月份歲入分配數者若干（XVI）	XXX
(7) 奉令核減某月份歲入分配數者若干（XVI）	
(9附註1) 納入本機關以前各年度滯納數而未經記入歲入應收數眼戶之收方者若干（XXXI）	XXX
(31) 本年度以前各月份歲入應收數奉准銷時其註銷數若干（V）	XXX
(39附註3) 支付退還以前各年度歲入款若干（XXXI）	XXX
(51a) 本月份支出應收納數及滯納數眼月之餘額結轉本眼月其轉入數若干（XVIII）（XIX）（XX）（XXI）（XXII）（XXIII）	XXX
(51d) 本月份結眼時退還歲入款眼月之餘額結轉本眼月其轉入數若干（XII）	XXX

(2)	
轉入上月收方餘額	XXX
本月收方餘額	XXX
(52a) 本年度結眼時如算收數大於分配數其結轉數者若干（XXXI）	XXX
(52b) 本年度結眼時如實收數小於分配數其結轉數者若干（XXXII）	XXX

稅項收納數——其他收納數（XVIII—XXII）

摘　　要	收項	金　額 付項	餘額
(9) 納入本機關某某歲入款未經記入歲入應收數眼目之收方者(Ⅰ)(Ⅲ)		XXX	
(10) 納入本機關某某歲入款彳經記入歲入應收數眼目之收方者(XXIII)		XXX	
(21) 繳納行報告總收某某歲入款未經記入歲入應收數眼目之收方者(Ⅱ)		XXX	
(21附註2) 據銀行報告總收某某歲入款會經記入歲入應收數眼目之收方者(XXIII)		XXX	
(22) 據所屬機關報告總收某某歲入款未經記入歲入應收數眼目之收方者(Ⅳ)		XXX	
(23) 暫記收款之來源據所屬機關及其他報告判明時轉入各相當歲入款眼目其轉入數若干(XXIX)		XXX	
(28) 預納款到達應繳時批轉入各相當歲入款眼目其轉入數若干		XXX	

第三編　第六章　對於以上各項制度之指評及擬議

中國政府會計簿

備 納 數 （XXIII）

摘　要	收項 金額 付項	餘額
(XXIV)		
(29) 以保證金抵充各相當歲入款其轉賬數若干(XXVII)	XXX XXX	
(51a) 本月份結賬時各相當歲入款賬戶之結轉數若干(XVII)	XXX XXX	XXX
(8) 徵收而未經納入之歲入款若干(V)	XXX	
(10) 納入本機關其某歲入款會經記入歲入應收數賬戶之收方者若干 (XVIII)(XIX)(XX)(XXI)(XXII)	XXX	
(21附註2) 據銀行報告經收其某歲入款會經記入歲入應收數賬戶之收方者若干(XVIII),(XIX)(XX)(XXI)(XXII)	XXX	
(32) 本月份歲入應收數奉准註銷時其註銷數若干(V)	XXX	
(51a) 本月份結賬時本賬戶之結轉數若干(XVII)	XXX	XXX

預納款（XXIV）

摘　要	收項	金　額 付項	餘額
(1) 年度開始時轉入上年度預納款結欠若干		XXX	
(11) 收到本機關預納款項若干(I)	XXX		
(21) 據銀行報告經收預納款項若干(III)	XXX		
(22) 據所屬機關報告經收預納款項若干(IV)	XXX		
(23) 暫記收款之來源于據所屬機關報告中判明時轉入本賬月其轉入數若干(XXIX)	XXX		
(28) 預納款到達應繳時期轉入各相當歲入款服及其轉入數若干 (XVII)(XIX)(XX)(XXI)(XXII)		XXX	
轉入上月付方餘額			XXX
本月付方餘額		XXX	

借 入 款 （XXV）

摘　要	金　額		
	收項	付項	餘額
(1) 年度開始時轉入上年度借入款結數若干		XXX	
(12) 奉准借到款項若干(III)	XXX		
(21) 據銀行報告經收借入款若干(II)	XXX		
(22) 據所屬機關報告經收借入款若干(IV)	XXX		
(23) 暫記收款之來源于據所屬機關及其他報告物明瞭轉入本賬月其轉入數若干(XXIX)	XXX		
(43) 歸還借入款若干(I)(III)		XXX	
(46) 據銀行報告歸還借入款若干(II)		XXX	
(47) 據所屬機關報告歸還借入款若干(IV)		XXX	
轉入數若干(XXIX)			XXX
本月付方餘額			
轉入上月付方餘額		XXX	

撥 入 款（XXVI）

摘　要	金　　額	
	收項	付項
(13) 收到其他機關撥入款項若干 (I)	XXX	
(21) 據銀行報告經收其他機關撥入款項若干 (III)	XXX	
(22) 據所屬機關報告經收其他機關撥入款項若干 (II)	XXX	
(23) 簿記收款之來源于據所屬機關及其他報告中明時撥入本眼戶其轉入數若干 (XXIX)	XXX	
(51b) 本月份結眼時本眼戶之結轉數若干 (XXX)		XXX

保 證 金（XXVII）

摘　要	金　　額	
	收項	付項

中国政府会计证

代 收 款（XXVIII）

(1) 年度开始时转入上年度保证金结数若干
(14) 收到保证金若干(I)(III)
(21) 据银行报告经收保证金若干(II)
(22) 据所属机关报告经收保证金若干(IV)
(23) 暂记收款之来源于据所属机关及其他报告判明时转入本账月其
转入数若干(XXIX)
(29) 以保证金抵充各相当岁入款其转账数若干(XVIII)(XIX)(XX)
(XXI)(XXII)
(44) 发还保证金若干(I)(III)
(46) 据银行报告发还保证金若干(II)
(47) 据所属机关报告发还保证金若干(IV)

本月付方余额

转入上月付方余额

摘 要	金 額	
	收項	付項	餘額
	XXX		
	XXX		
	XXX		
	XXX		
		XXX	
		XXX	
		XXX	
			XXX

暫 記 收 款（XXIX）

摘　　要	金　　額		
	收項	付項	餘額
(1) 年度開始時轉入,上年度代收款結數若干	XXX		
(15) 收到代收款項者若干(III)	XXX		
(2) 據銀行報告經收代收款項者若干(II)	XXX		
(22) 據所屬機關報告經收代收款項者若干(IV)	XXX		
(23) 暫記收款之來源于據所屬機關及其他報告判明時轉入本賬月其轉入數若干(XXIX)		XXX	
(45) 交付代收款若干(I)(III)		XXX	
(46) 據銀行報告交付代收款若干(II)		XXX	
(47) 據所屬機關報告交付代收款者若干(IV)		XXX	
本月付方餘額			XXX
轉入上月付方餘額			

中国政府会计论

摘要	应解缴数（XXX）		
	收项	金额付项	余额

(1) 年度开始时转入上年度暨旧记收款结数若干
(16) 收到所属机关缴款未据报告其来源者及其他来源未明之款项若干(I)(III)
(21) 据银行报告经收所属机关缴款未据报告其来源者及其他来源未明之款项若干(II)
(22) 据所属机关经收来源未明之款项若干(IV)
(23) 暂记收款之来源若干据所属机关及其他报告判明时转入各相当账目其转入数若干(XVIII)(XIX)(XX)(XXI)(V)(XXIV)
(XXV)(XXVI)(XXVII)(XXVIII)(VI)(XIV)(XV)

本月付方余额

转入上月付方余额

XXX
XXX
XXX
XXX
XXX
XXX

XXX

(1) 年度開始時轉入上年度賒欠徵繳數結數若干 (XXX)
(20) 以前各年度歲入應收數奉准註銷時其註銷數若干 (V)
(31) 本年度以前各月份歲入應收數奉准註銷時其註銷數若干 (XXX)
(51a) 本月份結賬時根據各歲入款收納數及滯納數賬戶轉入本眼戶其轉入數若干 配數賬戶之數額由預計解繳數賬戶轉入本眼戶其轉入數若干 (XXXI)
(51b) 本月份結賬時將攤入款賬戶之餘額轉本眼戶其轉入數若干 (XXXVI)
(51c) 本月份結賬時將解繳款坐撥費損付款賠償金匯費及損失或虧耗款等眼戶之餘額結轉本眼戶其轉入數若干 (VII, VIII, IX, X, XI, XIII)
(51d) 本月份結賬時根據退還歲入款眼戶轉入歲入分配數眼戶之數額由本眼月結賬預計解繳數眼戶其結轉數若干 (XXXI)

轉入上月付方餘額 .... XXX　　XXX

　　　　　　　　　　　　　　　　　　　　　　　XXX
　　　　　　　　　　　　　　　　　　　　　　　XXX
　　　　　　　　　　　　　　　　　　　　　　　XXX
　　　　　　　　　　　　　　　　　　　　　　　XXX
　　　　　　　　　　　　　　　　　　　　　　　XXX
　　　　　　　　　　　　　　　　　　　XXX

本月付方餘額

預 計 解 繳 數 （XXXI）

摘　要	金　額		
	收項	付項	餘額
(2) 奉令核准本年度歲入預算數若干(XVI)		XXX	
(3) 奉令核准追加本年度歲入預算數若干(XVI)		XXX	
(4) 奉令核減本年度歲入預算數若干(XVI)	XXX		
(9附註1)納入本機關以前各年度滯納數而未經記入歲入應收數眼戶之收方者若干(XVII)	XXX		
(31)本年以前各月份歲入應收數奉准註銷時其註銷數若干(XXX)	XXX		
(39附註3)支付退還以前各年度歲入款若干(XVII)	XXX		
(51a)本月份結眼時根據各眼戶結轉應解繳數及滯納數眼戶之數額由本眼戶結轉應解繳數眼戶其結轉入歲入分配數眼戶之數額由應解繳數眼戶轉入本眼戶其轉入數若干(XXX)			XXX
(51b)本月份結眼時根據退還歲入款眼戶結轉入歲入分配數眼戶轉入應解繳數眼戶之數額由應解繳數眼戶轉入本眼戶其轉入數若干(XXX)		XXX	XXX

本月付方餘額

轉入上月付方餘額

(52a) 本年度結賬時如實收數大于分配數其結轉數若干 (XVII)
(52b) 本年度結賬時如實收數小于分配數其結轉數若干 (XVII)

(四) 資力負擔表格式內容及說明

基於上述徵收機關制度之擬議，吾人可得一年度中資力負擔表之格式內容如下：

資 力 負 擔 表

某 年 某 月 某 日

資力類：		負擔類：	
現金	XXX	預納款	XXX
銀行往來	XXX	借入款	XXX
應收票據		保證金	XXX
所屬機關應繳款		暫記收款	XXX

	應解繳數			負擔總計
	預計解繳數			

歲入應收數
解繳保管款
借支總數
暫撥款
歲入預算數
歲入分配數

資力總計

以上所述資力負擔表于年度終了結賬時歲入預算數歲入分配數及預計解繳數三賬戶俱已結轉故無須在上表中表明，此年終報表之異於年度之中報表者也。

第二目　對於支出機關制度之擬議

（一）總賬各賬戶名稱編號及說明

1. 通常表示收方餘額之賬戶

現金(I)　凡本機關經費類項下之庫存現金皆屬之。與經費類有關之收入款記入收方支出款記入付方。其餘額表示經費類庫存數。

銀行往來(II)　凡本機關經費款項下與銀行往來之存款皆屬之。經費類款項存入銀行數記入收方。向銀行

提取數記入付方其餘額表示經費類銀行往來結存數。

備用金（Ⅲ）凡交與庶務備充零星開支之現金皆屬之備用金之提儲數記入收方及其收回記入付方其餘額表示備用金提儲數。

押金（Ⅳ）凡押存其他機關或私人充作保證品之款項皆屬之上款之付出記入收方及其收回記入付方其餘額表示押金尚未收回數。

暫記付款（Ⅴ）凡歲出款未確定而估付與已確定而暫付一部份之款項皆屬之上款之付出記入收方及其收回或沖轉記入付方其餘額表示暫記付款尚未收回或沖轉數。

預付所屬機關經費（Ⅵ）凡預付所屬機關經費項下之款項皆屬之上款之付出記入收方及其報請核銷記入付方其餘額表示所屬機關經費中尚未報請核銷數。

應領經費（Ⅶ）凡照預算之規定得向國庫按月領取以作本機關及所屬機關經費之奉令核准之全年度預算數與其變勳數記入收方及領到支付書通知所列數記入付方其餘額表示該年度經費項下尚未奉到支付書通知之數。

歲出保留數（Ⅷ）凡因成立契約與發出定單致某時期內有關經費項下可用餘額減低之數皆屬之。關於訂約定貨之價格記入收方應付時之沖轉數記入付方其餘額表示保留數內尚未沖轉數年結收方餘額應轉入

歲出分配數賬戶之收方。

歲出應付數（IX）凡在某時期內確定應付之某項經費尚未實行付款致該時期內該項經費可用餘額減低之數皆屬之。關于確定應付之金額記入收方付款時轉入歲出款各賬戶之金額記入付方。其餘額表示本月份應付數內尚未冲轉數月結收方餘額應轉入歲出分配數賬戶之收方。

附註 歲出應付數即為歲出應付數準備賬項所以別設本賬戶者為求各歲出款賬戶能表示純粹現付狀況并使歲出分配數賬戶，亦能依應付未付數減低其餘額以表示純粹經費發生狀況也。

本機關俸給費（X）凡本機關俸給費項下各種付款皆屬之。上項各費之支出記入付方。其餘額表示本月份俸給費項下各款尚未結轉數月結收方餘額應轉入歲出分配數賬戶之收方。

本機關辦公費（XI）凡本機關辦公費項下支出各款尚未結轉數月結收方餘額應轉入歲出分配數賬戶之收方。

本機關營造費（XII）凡本機關營造費項下支出各款項下支出各款項付款皆屬之。上項各費之支出記入收方收回之款記入付方。其餘額表示本月份營造費項下支出各款尚未結轉數月結收方餘額應轉入歲出分配數賬戶之收方。

本機關購置費（XIII）凡本機關購置費項下支出各款尚未結轉數月結收方餘額應轉入歲出分配數賬戶之收方。其餘額表示本月份購置費項下支出各款項付款皆屬之。上項各款之支出記入收方收回之款記入付方。

本機關特別費(XIV)凡本機關特別費項下各項付款皆屬之。上項各費之支出記入收方收回之款記入付方。其餘額表示本月份特別費項下支出各款尚未結轉數月結收方餘額應轉入歲出分配數賬戶之收方。

所屬機關經費(XV)凡所屬機關經費項下各項付款皆屬之。上項各費之支出記入收方收回之款記入付方。其餘額表示本月份所屬機關經費項下支出各款尚未結轉數月結收方餘額應轉入歲出分配數賬戶之收方。

2. 通常表示付方餘額之賬戶

歲出預算數(XVI)凡照預算之規定本機關及所屬機關之經費定額皆屬之奉令核准之全年度預算數及其變動數記入付方。按月或按期奉令核准之分配數及其變動數記入收方。其餘額表示歲出預算數內尚未分配數。

歲出分配數(XVII)凡按月或按期由歲出預算數內撥充之分配定額皆屬之。奉令核准分配數及其變動數記入付方。結轉歲出應付數本機關俸給費辦公費營造費購置費特別費及所屬機關經費等賬戶之月結收方餘額歲出保留數賬戶之年結收方餘額記入收方。其餘額表示歲出分配數內尚未開支數月份間不能流用之歲出分配數結餘及年結付方餘額應轉入應解繳經費結餘賬戶之付方。

歲出保留數準備(XVIII)凡應從歲出分配數中提出以備償付未了契約定單等之準備數額皆屬之。關於訂約定貨之價格記入付方。應付時之冲轉數記入收方。其餘額表示保留數準備內尚未冲轉數。

歲出應付數準備(XIX)凡應從歲出分配數中提出以備償付已確定經費等之準備數額皆屬之。關於確定應付之金額記入付方付款時之冲轉數記入收方其餘額表示應付數準備內尚未冲轉數。

應解繳經費結餘(XX)凡歲出分配數內各項經費按月或全年開支後之剩餘數皆屬之。上項剩餘金額記入付方解繳或轉賬數記入收方其餘額表示應解繳經費結餘內尚未解繳或轉賬數。

(二)各賬項分錄之例

1. 年度開始時應將上年度資力及負擔各賬戶之結數轉本年度各賬戶之中其分錄法如下：

收項　現金(I)銀行往來(II)備用金(III)押金(IX)暫記付款(V)預付所屬機關經費(VI)應領經費(VII)

付項　歲出保留數準備(XVIII)歲出應付數準備(XIX)應解繳經費結餘(XX)

2. 奉令核准本年度歲出預算數若干。

收項　應領經費(VII)

付項　歲出預算數(XVI)

3. 奉令核准追加本年度歲出預算數若干。

收項　應領經費(VII)

付項　歲出預算數(XVI)

4. 奉令核減本年度歲出預算數若干。

收項　歲出預算數(XVI)

付項　應領經費(VII)

5. 奉令核准某月份歲出分配數若干。

收項　歲出預算數(XVI)

付項　歲出分配數(XVII)

6. 奉令核准追加某月份歲出分配數若干。

收項　歲出預算數(XVI)

付項　歲出分配數(XVII)

7. 奉令核減某月份歲出分配數若干。

收項　歲出分配數(XVII)

付項　歲出預算數(XVI)

8. 持財政部簽發支付書通知向應付款之機關，或本機關收入款項下兌取現金若干。

收項　現金(I)

付項　應領經費(VII)

9 以上項支付書通知存入銀行,其金額若干。

付項　應領經費(VII)

收項　銀行往來(II)

付項　應領經費(VII)

10. 由應解繳經費結餘款項下抵領某月份經費其數額若干。

收項　應解繳經費結餘(XX)

付項　應領經費(VII)

11. 購置與營造上合同之簽訂與定單之發出,其估計數若干。

收項　歲出保留數(VIII)

付項　歲出保留數準備(XVIII)

12. 發生而未經支付之本年度歲出款未經記入歲出保留數準備賬戶之付方者若干。

收項　歲出應付數(IX)

付項　歲出應付數準備(XIX)

13. 發生而未經支付之本年度歲出款會經記入歲出保留數準備賬戶之付方者若干。

收項 歲出保留數準備（估計金額）(XVIII)

付項 歲出保留數（估計金額）(VIII)

收項 歲出應付數（實際金額）(IX)

付項 歲出應付數準備（實際金額）(XIX)

14. 發生而未經支付之以前各年度歲出款會經記入歲出保留數準備賬戶之付方者若干。

收項 歲出保留數準備（估計金額）(XVIII)應解繳經費結餘結餘（如實際金額超過估計金額應

付項 歲出分配數（實際金額）(XVII)應解繳經費結餘（如實際金額不及估計金額應將不及數

記入本賬戶之付方）(XX)

收項 歲出應付數（實際金額）(XX)

付項 歲出應付數準備（實際金額）(XIX)

15. 本機關支付某某歲出款未經記入歲出應付數準備賬戶之付方者若干。

收項 本機關俸給費(X) 本機關辦公費(XI) 本機關營造費(XII) 本機關購置費(XIII) 本機關特別

費(XIV)所屬機關經費(XV)

付項　現金(I)

收項　應解繳經費結餘(XX)

付項　歲出分配數(XVII)

16. 本機關支付某某歲出款曾經記入歲出應付數準備賬戶之付方者若干。

收項　本機關俸給費(X)本機關辦公費(XI)本機關營造費(XII)本機關購置費(XIII)本機關特別費(XIV)所屬機關經費(XV)

付項　歲出應付數(IX)

收項　歲出應付數準備(XIX)

付項　現金(I)

17. 支付備用金若干。

收項　備用金(III)

付項　現金(I)

附註 1. 如支付以前各年度歲出款未經記入歲出應付數準備賬戶之付方者，須連帶為如下之分錄：

18. 支付押金若干。

收項　押金(IV)

付項　現金(I)

19. 歲出款未確定而估付與已確定而預付者,其數額若干。

收項　暫記付款(V)

付項　現金(I)

20. 預付所屬機關經費若干。

收項　預付所屬機關經費(VI)

付項　現金(I)

21. 本機關解繳經費結餘款若干。

收項　應解繳經費結餘(XX)

付項　現金(I)

22. 據銀行報告經付 15—21 各款若干。

收項　本機關俸給費(X) 本機關辦公費(XI) 本機關營造費(XII) 本機關購置費(XIII) 本機關特別

費（XIV）所屬機關經費（X）歲出應付數準備（XIX）備用金（III）押金（IV）暫記付款（V）預付所屬機關經費（VI）應解繳經費結餘（XX）

付項　銀行往來（日）

附註1. 此處亦適用之。

附註2. 如支付者為歲出應付數準備須連帶為如下之分錄：

收項　本機關辦公費（XI）本機關營造費（XII）本機關購置費（XIII）本機關特別費（XIV）所屬機關經費（X）

付項　歲出應付數（IX）

23. 據所屬機關報告就預付款內，經付所屬機關經費歲出應付數準備備用金押金暫記付款及應解繳經費結餘若干。

收項　所屬機關經費（X）歲出應付數準備（XIX）備用金（III）押金（IV）暫記付款（V）應解繳經費

付項　結餘（XX）

附註1. 預付所屬機關經費（VI）

此處亦適用之。

附註3. 如支付者為歲出應付數準備，須連帶為如下之分錄．

收項　所屬機關經費(X)

付項　歲出應付數(IX)

24. 本機關暫記付款之性質判明時轉入各相當賬戶，其轉入數若干．

收項　本機關俸給費(X) 本機關辦公費(XI) 本機關營造費(XII) 本機關購置費(XIII) 本機關特別費(XIV) 所屬機關經費(XV) 歲出應付數準備(XIX) 備用金(III) 押金(IV) 預付所屬機關經費(VI) 應解繳經費結餘(XX)

付項　暫記付款(V)

附註1. 及附註2. 此處亦適用之。

25. 所屬機關暫記付款之性質判明時轉入各相當賬戶，其轉入數若干。

收項　所屬機關經費(X) 歲出應付數準備(XIX) 備用金(III) 押金(IV) 應解繳經費結餘(XX)

付項　暫記付款(V)

附註1. 及附註3. 事此處亦適用之。

26. 存入銀行現金若干。

收項　銀行往來(Ⅲ)
付項　現金(Ⅰ)
27. 向銀行提取存款若干。
收項　現金(Ⅰ)
付項　銀行往來(Ⅲ)
28. 取回備用金若干。
收項　現金(Ⅰ)
付項　備用金(Ⅲ)
29. 收回押金若干。
收項　現金(Ⅰ)
付項　押金(Ⅳ)
30. 收回暫記付款若干。
收項　現金(Ⅰ)
付項　暫記付款(Ⅴ)

31. 收回預付所屬機關經費若干。

  收項　現金（I）

  付項　預付所屬機關經費（VI）

32. 收回誤付或透付某某歲出款若干。（以前各年度所支付及本年度以前各月份所支付而曾經結轉應解繳經費結餘賬戶者。）

  收項　現金（I）

  付項　應解繳經費結餘（XX）

33. 收回誤付或透付某某歲出款若干。（本年度以前各月份所支付而未經結轉應解繳經費結餘賬戶者。）

  收項　現金（I）

  付項　歲出分配數（XVII）

34. 收回誤付或透付某某歲出款若干。（本月份所支付者。）

  收項　現金（I）

  付項　本機關俸給費（X）本機關辦公費（XI）本機關營造費（XII）本機關購置費（XIII）本機關特別費（XIV）所屬機關經費（XV）

第三編　第六章　對於以上各項制度之批評及擬議

六四三

35. 據銀行報告經收28─34各款若干。

收項　銀行往來(Ⅱ)

付項　備用金(Ⅲ) 押金(Ⅳ) 暫記付款(Ⅴ) 預付所屬機關經費(Ⅵ) 應解繳經費結餘(ⅩⅩ) 歲出分配數(ⅩⅦ) 本機關俸給費(Ⅹ) 本機關辦公費(Ⅺ) 本機關營造費(Ⅻ) 本機關購置費(ⅩⅢ) 本機關特別費(ⅩⅣ) 所屬機關經費(Ⅹ)

36. 據所屬機關報告經收28─30 32─34各款若干。

收項　預付所屬機關經費(Ⅵ)

付項　備用金(Ⅲ) 押金(Ⅳ) 暫記付款(Ⅴ) 應解繳經費結餘(ⅩⅩ) 歲出分配數(ⅩⅦ) 所屬機關經費(Ⅹ) 本機關俸給費(Ⅹ) 本機關辦公費(Ⅺ) 本機關營造費(Ⅻ) 本機關購置費(ⅩⅢ) 本機關特別費(ⅩⅣ) 所屬機關經費(ⅩⅤ) 歲出應付款(Ⅸ)

37 每月結賬之分錄法：

(a) 收項　歲出分配數(ⅩⅦ)

(b) 如有月份間不能流用之歲出分配數結餘時應爲如下之分錄：

38. 年終結賬之分錄法：

付項　應解繳經費結餘（XX）
收項　歲出分配數（XVII）

(a) 收項　歲出分配數
　　付項　歲出保留數（VIII）

(b) 如有未保留及未發生之歲出分配數結餘時應為如下之分錄：
　　付項　應解繳經費結餘（XX）
　　收項　歲出分配數（XVII）

（三）總賬各賬戶登記之例

以下各例摘要欄內(1)(2)(3)等係指各賬項分錄之例所舉各例之號次。Ⅰ（Ⅱ）（Ⅲ）等係指該賬項對方賬戶之符號。

現　金　（Ⅰ）

摘　要	收項	付項	餘額
(1) 年度開始時轉入上年度現金數若干	XXX		
(8) 持財政部發簽支付書通知向應付款之機關或本機關收入款項下兌取現金若干(VII)	XXX		
(15) 本機關支付某某歲出款未經記入歲出應付數準備賬戶之付方者若干(X)(XI)(XII)(XIII)(XIV) XV		XXX	
(16) 本機關支付某某歲出款經記入歲出應付數準備賬戶之付方者若干(XIX)		XXX	
(17) 支付備用金若干(III)		XXX	
(18) 支付押金(IV)		XXX	
(19) 歲出款未確定而估付與已確定而預付者其數額者干(V)		XXX	
(20) 預付所屬機關經費若干(VI)		XXX	
(21) 本機關解繳機關經費結餘款若干(XX)		XXX	
(26) 存入銀行現金若干(II)		XXX	

摘　　　　　要	金　額		
	收項	付項	餘額
(27) 向銀行提取存款若干 (II)		XXX	
(28) 收回備用金若干 (III)		XXX	
(29) 收回押金若干 (IV)		XXX	
(30) 收回暫記付款若干 (V)		XXX	
(31) 收回預付所屬機關經費若干 (VI)		XXX	
(32) 收回誤付或透付某某歲出款若干（以前各年度所支付及本年度以前各月份所支付而曾經結轉應解繳應結餘賬戶者）(X) (XI)		XXX	
(33) 收回誤付或透付某某歲出款若干（本年度以前各月份所支付而未經結轉應解繳應結餘賬月者）(XVII)		XXX	
(34) 收回誤付或透付某某歲出款若干本月份所支付者 (XX)		XXX	
(XII) (XIII) (XIV) (XV) 本月收方餘額			XXX
轉入上月收方餘額			

摘要	備用金（III）		
		金額	
	收項	付項	餘額
(1) 年度開始時轉入上年度往來銀行結欠若干		XXX	
(9) 以財政部簽發支付書通知存入銀行其金額若干 (VII)		XXX	
(22) 據銀行報告經付15—21各款若干 (X)(XI)(XII)(XIII)(XIV)	XXX		
(XV)(XIX)(III)(IV)(V)(VI)(XX)			
(26) 存入銀行現金若干 (I)		XXX	
(27) 向銀行提取存款若干 (I)	XXX		
(35) 據銀行報告經收28—34各款若干 (III)(IV)(V)(VI)		XXX	
(XVII)(X)(XI)(XIII)(XIV)(XV)			
本月收方結餘			XXX
轉入上月收方結餘			

摘　要	押　金　（IV）	收項	金　額		
			收項	付項	餘額
(1) 年度開始時轉入上年度備用金結數若干		XXX			
(17) 支付備用金若干(I)		XXX			
(22) 據銀行報告繳付備用金若干(II)		XXX			
(23) 據所屬機關報告業內經付備用金若干(VI)		XXX			
(24) 本機關暫記付款性質判明時應轉入本賬戶其轉入數若干(VI)		XXX			
(25) 所屬機關暫記付款性質判明時應轉入本賬戶其轉入數若干(V)		XXX			
(28) 收回備用金若干(I)			XXX		
(35) 據銀行報告收回備用金若干(II)			XXX		
(36) 據所屬機關報告收回備用金若干(VI)			XXX		
本月收方餘額					XXX
轉入上月收方餘額					

暫記付款 (V)

摘要	金額		
	收項	付項	餘額
(1) 年度開始時轉入上年度押金結數若干		XXX	
(18) 支付押金若干 (I)		XXX	
(22) 據銀行報告經付押金若干 (II)		XXX	
(23) 據所屬機關報告就預付押金若干 (II)		XXX	
(24) 本機關舊記付款性質判明應轉入本眼月其轉入數若干 (V)	XXX		
(25) 所屬機關舊記付款性質判明應轉入本眼月其轉入數若干 (V)	XXX		
(29) 收回押金若干 (I)	XXX		
(35) 據銀行報告收回押金若干 (II)	XXX		
(36) 據所屬機關報告收回押金若干 (VI)	XXX		
本月收方餘額		XXX	
轉入上月收方餘額			XXX

預付所屬機關經費（VI）

摘要	金額		
	收項	付項	餘額
(1) 年度開始時轉入上年度暫記付款結數若干		XXX	
(19) 歲出款未確定佑付與已確定而預付者若干		XXX	
(22) 據銀行報告經付暫記款若干(II)		XXX	
(23) 據所屬機關報告就預付款內經付暫記款若干(VI)		XXX	
(24) 本機關暫記付款之性質判明時轉入各相當眼月其轉入數若干 (X)(XI)(XII)(XIII)(XIV)(XV)(XIX)(III)(IV)(VI)		XXX	
(25) 所屬機關暫記付款之性質判明時轉入各相當眼月其轉入數若干 (XV)(XIX)(III)(IV)(XX)		XXX	
(30) 收回暫記付款若干	XXX		
(35) 據銀行報告收回暫記付款若干(II)	XXX		
(36) 據所屬機關報告收回暫記付款若干(VI)	XXX		
本月收方餘額			XXX
轉入上月收方餘額			

中國政府會計

摘　　要	應　領　經　費　(VII)		
	收項	付項	餘額
(1) 年度開始時轉入上年度預付所屬機關經費結數若干		XXX	
(20) 預付所屬機關經費若干 (I)		XXX	
(22) 據銀行報告預付所屬機關經費若干 (II)		XXX	
(23) 據所屬機關報告較預付款內經付所屬機關經費結餘若干 (XV)(XIX)(III)			
備用金押金暫記付款及應解繳經費歲出應付數準備 (IV)(V)(XX)			
(24) 本機關暫記付款之性質判明時轉入本服月其轉入數若干 (V)	XXX		
(31) 收回預付所屬機關經費若干 (I)	XXX		
(35) 據銀行報告收回預付所屬機關經費若干 (II)	XXX		
(36) 據所屬機關報告經收28—30,32—34各款若干 (III)(IV)(V)(XX)(XVII)(X)	XXX		
轉入上月收方餘額			
本月收方餘額			XXX

(1) 年度開始照轉入上年度應領經費結數若干
(2) 奉令核准本年度歲出預算數若干
(3) 奉令核准追加本年度歲出預算數若干
(4) 奉令核減本年度歲出預算數若干(XVI)
(8) 持財政部簽發支付書通知向應付款之機關或本機關收款項下坐取現金若干(I)
(9) 以上項支付書通知存入銀行其金額若干(II)
(10) 由應解繳經費結餘款項下抵領某月份經費其數額若干(XX)

本月收方餘額

轉入上月收方餘額

歲 出 保 留 數 (VIII)

摘　　要	金　　額		
	收項	付項	餘額
	XXX		
	XXX		
	XXX		
	XXX		
		XXX	
		XXX	
		XXX	
		XXX	
	XXX		
			XXX

(11) 購置興營造上合同之簽訂與定單之發出其估計數若干(XVIII)
(13) 發生而未經支付之本年度歲出款曾經記入歲出保留數準備眼月

歲 出 應 付 數（IX）

摘　要	金　額		
	收項	付項	餘額
(38a) 本年度結賬時本賬月之結轉數若干 (XVII)	XXX		XXX
轉入上月收方結餘	XXX		XXX
之付方者若干 (XVIII)			
本月收方結餘	XXX		XXX
(12) 發生而未經支付之本年度歲出款未經記入歲出保留數準備賬月之付方者若干		XXX	
(13) 發生而未經支付之本年度歲出款曾經記入歲出保留數準備賬月之付方者若干		XXX	
(14) 發生而未經支付之以前各年度歲出款曾經記入歲出保留數準備賬月之付方者若干 (XIX)		XXX	
(16) 本機關支付某歲出款應付數準備賬月之付方者			

本機關經費——本機關特別費（X—XIV）

摘　要	金　　額		
	收項	付項	餘額
		XXX	XXX
		XXX	XXX
		XXX	
(15)本機關支付某某歲出款未經記入歲出應付數準備眼戶之付方者		XXX	
若干(I)		XXX	
(16)本機關支付某某歲出款會經記入歲出應付數準備眼戶之付方者 若干(IX)		XXX	
(22)據銀行報告經付某某歲出款未經記入歲出應付數準備眼戶之付 方若干(X)(XI)(XII)(XIII)(XIV)(XV)			
('22附註2) 據銀行報告經付某某歲出款會經記入歲出應付數準備眼 戶之付方者若干(X)(XI)(XII)(XIII)(XIV)(XV)			
(23附註3) 據所屬機關報告應付某某歲出款會經記入歲出應付數準 備眼戶之付方者(XV)			
(37a)本月份結眼計本眼戶之結轉數若干			

第三篇　第六章　對於以上各項制度之批評及建議

六五五

摘要	所屬機關經費（XV）		
	收項	付項	餘額
方者干(II)	XXX		
(22附註2)據銀行報告經付某某歲出款會經記入歲出應付數準備眼月之付方者干(IX)	XXX		
(24)本機關暫記付款之性質判明時應轉入各相當歲出款眼月其轉入數者干(V)	XXX	XXX	
(34)收回誤付或逾付某某歲出款者干（本月份所支付）(I)		XXX	
(35)據銀行報告收回誤付或逾付某某歲出款者干(本月份所支付者)(II)		XXX	XXX
(37a)本月份結眼時各相當歲出款眼月之結轉數者干(XVII)		XXX	
(15)本機關支付某某歲出款經記入歲出應付數轉備眼月之付方者干(I)		XXX	

(16) 本機關支付某歲出款經記入歲出應付數準備賬月之付方者若干（IX）　　XXX

(22) 據銀行報告經付所屬機關經費未經記入歲出應付數準備賬月之付方者若干（II）　　XXX

(附註2) 據銀行報告經付所屬機關經費經記入歲出應付數準備賬月之付方者若干（IX）

(23) 據所屬機關報告就預付款內經付所屬機關經費未經記入歲出應付數準備賬月之付方者若干（VI）　　XXX

(附註3) 據所屬機關報告就預付款內經付所屬機關經費經記入歲出應付數準備賬月之付方者若干（IX）

(24) 本機關墊記付數準備賬月其轉入本賬月之付方者若干（V）　　XXX

(25) 所屬機關墊記付款之性質判明時應轉入本賬月其轉入數若干（V）

(34) 收回誤付或逕付所屬機關經費者若干（本月份所支付者）（I）　　XXX

(35) 據銀行報告收回誤付或逕付所屬機關經費若干（本月份所支付者）（II）　　XXX

(36) 據所屬機關報告收回誤付或逕付所屬機關經費若干（本月份所支付者）（VI）　　XXX

(37a) 本月份結賬時本賬月之結轉數若干 (XVII)

歲 出 預 算 數 （XVI）

摘要	金額		
	收項	付項	餘額
	XXX	XXX	
	XXX	XXX	
(2) 奉令核准本年度歲出預算數若干 (VII)	XXX	XXX	
(3) 奉令核准追加本年度歲出預算數若干 (VII)	XXX	XXX	
(4) 奉令核准減本年度歲出預算數若干 (VII)	XXX	XXX	
(5) 奉令核准某月份歲出分配數若干 (XVII)	XXX	XXX	
(6) 奉令核准追加某月份歲出分配數若干 (XVII)	XXX	XXX	
(7) 奉令核准減某月份歲出分配數若干 (XVII)	XXX	XXX	XXX
本月付方餘額			

轉入上月付方餘額

歲出分配數（XVII）

摘要	收項	金額 付項	餘額
（5）奉令核准某月份歲出分配數若干（XVI）		XXX	
（6）奉令核准追加某月份歲出分配數若干（XVI）		XXX	
（7）奉令核減某月份歲出分配數若干（XVI）	XXX		
（14）發生而未經支付之以前各年度歲出款會經記入歲出保留數準備眼月之付方者若干（XVIII, XX）		XXX	
（15附註1）本機關未經支付以前各年度歲出款未經記入歲出應付數準備眼月之付方者若干（XX）		XXX	
（33）收回誤付或溢付某某歲出款若干（本年度以前各月未經結轉應解繳經費結餘眼月者）（I）	XXX		
（35）據銀行報告收回誤付或溢付某某歲出款若干（本年度以前各月份所支付而未經結轉應解繳經費結餘眼月者）（II）	XXX		
（36）據所屬幾關報告收回誤付或溢付某某歲出款若干（本年度以前各月份所支付而未經結轉應解繳經費結餘眼月者）（VI）	XXX		

歲出保留數準備（XVII）

摘　要	金　　額		
	收項	付項	餘額
(37a) 本月份結賬時各歲出款項月及歲出應付數眼月之餘額結轉本眼月其轉入數若干(X)(XI)(XII)(XIII)(XIV)(XV)(IX)	XXX		
(37b) 本月份結賬時如有月份間不能流用之歲出分配數結餘時其結轉數若干(XX)	XXX		
	XXX		
	XXX		
本月份付方餘額		XXX	XXX
轉入上月付方餘額			
(38a) 本年度結賬時歲出保留數眼月之餘額結轉本眼月其轉入數若干(VIII)	XXX		
(?8b) 本年度結賬時如有未保留及未發生之歲出分配數結餘時其結轉數若干(XX)	XXX		
		XXX	XXX

歲出應付數準備 (XIX)

摘要	金額		
	收項	付項	餘額
(1) 年度開始時轉入上年度歲出保留數若干	XXX		
(11) 購置與營造上合同之簽訂與定單之發出數若干(VIII)	XXX		
(13) 發生而未經支付之本年度歲出款會經記入歲出保留數備眼戶之付方者若干(VIII)	XXX		
(14) 發生而未經支付之以前各年度歲出款會經記入歲出保留數備眼月之付方者若干(XVII, XX)	XXX		
本月付方餘額			XXX
轉入上月付方餘額			
(1) 年度開始時轉入上年度歲出應付數結數若干		XXX	
(12) 發生而未經記入歲出未經記入歲出保留數備眼戶之付方者(IX)		XXX	
(13) 發生而未經支付之本年度歲出保留數備眼月			

中國政府會計論

之付方者若干(Ⅸ)

(14) 發生而未經支付之以前各年度歲出款會經記入歲出保留數準備賬月之付方者若干(Ⅸ)

(16) 本機關支付某某歲出款會經記入歲出應付數準備賬月之付方者若干(Ⅰ)

(22) 據銀行報告經付某某歲出款會經記入歲出應付數準備賬月之付方者若干(Ⅱ)

(23) 據所屬機關報告經付某某歲出款會經記入歲出應付數準備賬月之付方者若干(Ⅵ)

(24) 本機關暫記付款之性質判明時轉入本賬月其轉入數若干(Ⅴ)

(25) 所屬機關暫記付款之性質判明時轉入本賬月其轉入數若干(Ⅴ)

本月付方餘額

轉入上月付方餘額

應 解 繳 經 費 結 餘（ⅩⅩ）

摘要	金額		收項
	付項	餘額	
	XXX		
	XXX		
	XXX		
	XXX		
	XXX		
	XXX		
		XXX	
		XXX	

(1) 年度開始時轉入上年度應解繳經費結餘數若干　　　　　　　　　　XXX
(10) 由解繳經費結餘款項下抵頒某月份經費其數額若干(VII)
(14) 發生而未經支付之以前各年度歲出款會經記入保留數準備
　　眼戶之付方者若干
　　如實際金額超過估計金額應將不及數記入本眼戶之收方
　　(XVII)
　　如實際金額不及估計金額應將不及數記入本眼戶之付方
　　(XVIII)
(15附証1) 本機關解繳經費以前各年度歲出款未經記入歲出應付數準備
　　眼戶之付方者若干(XVII)　　　　　　　　　　　　　　　　　XXX
(21) 本機關解繳經費結餘款者干(XVII)　　　　　　　　　　　　　　XXX
(22) 據所屬機關解繳經費結餘款者干(I)　　　　　　　　　　　　　XXX
(23) 據銀行報告解繳經費結餘款者干(II)　　　　　　　　　　　　　XXX
(24) 本機關曾記付款性質判明時轉入本眼戶其轉入數若干(VI)　　　　XXX
(25) 所屬機關曾記付款性質判明時轉入本眼戶其轉入數若干(V)　　　XXX
(32) 收回誤付或逾付某某歲出款若干（以前各年度所支）　　　　　　　　　　XXX
(35) 據銀行報告收回誤付或逾付某某歲出款若干（以前各年度所支
　　以前各月份所支付而曾經結轉解繳經費結餘眼戶者）(I)

(36) 據所屬機關報告收回誤付或透付某某歲出款若干（以前各年度所支付及本年度以前各月份所支付而會經結轉解繳經費結餘眼月者）(VI)

(37b) 本月份結眼時如有月份間不能流用之歲出分配數結餘時應結轉本眼月其轉入數若干 (XVII)

			XXX
		XXX	
	XXX		
	XXX		
XXX			XXX
			XXX

轉入上月付方餘額
本月付方餘額

(38b) 本年度結眼時如有未保留及未發生之歲出分配數結餘時應結轉本眼月其轉入數若干

（四）資力負擔表格式內容及說明

基於上述徵收機關制度之擬議吾人可得一年度中資力負擔表之格式內容如下：

資 力 負 擔 表

某 年 某 月 某 日

資力類：	負擔類：
現金	歲出預算數
銀行往來	歲出分配數
備用金	減歲出分配數
押金	歲出保留數準備
暫記付款	歲出應付數準備
預付所屬機關經費	應解繳經費結餘
應領經費	
資力總計	負擔總計

以上所述資力負擔表,于年終結賬時歲出預算數歲出分配數及歲出保留數三賬戶俱已結轉,故無須在上表中表明,此年終報表之異于年度之中報表者也。

第三目 對於徵收及支出機關聯合制度之擬議

本目所論徵收及支出機關聯合制度,與以前兩目所擬議者有不同之點三,其內容如下:(一)以前兩目為

第三編 第六章 對於以上各項制度之批評及擬議

六六五

徵收或支出機關單獨之制度，而本目為徵收及支出機關聯合之制度。（二）以前兩目所有科目為中央各機關及所屬所適用者，而本目所有科目為地方各機關及所屬所適用者。（三）以前兩目係為一方面便利於編製資力負擔表及一方面便利於編製應收應付收支報表而設，而在本目係為一方面便利於編製資力負擔表及一方面便利于編製應收應付收支報表而設，是以有上述三種異點存在故其處置亦卽顯然不同也。

（一）總賬各賬戶名稱編號及說明

1. 通常表示收方餘額之賬戶

現金（I）凡本機關庫存現金皆屬之所有收納數一律記入收方支付數一律記入付方。其餘額表示本機關庫存數。

附註　如以現金存入銀行，則應添設一銀行往來賬戶。如有以票據替代現金納入者，則應添設一應收票據賬戶。如有所屬機關者則應添設所屬幾關應繳款及預付所屬機關經費二賬戶。俱可仿照以前兩目中各相當賬戶之說明處理。

備用金（II）仿照以前第二目中備用金賬戶之說明處理。

押金（III）仿照以前第二目中押金賬戶之說明處理。

暫記付款（IV）仿照以前第二目中暫記付款賬戶之說明處理。

歲入應收數(V) 仿照以前第一目中歲入應收數賬戶之說明處理。

歲入預算數(VI) 仿照以前第一目中歲入預算數賬戶之說明處理。

歲入分配數(VII) 凡由歲入預算數中分攤各月份或各期應徵收定額皆屬之。奉令核准之按月或按期歲入分配數記入收方由各歲入款賬戶結轉數記入付方其餘額表示歲入分配數內尚未徵收數。

歲出保留數(VIII) 仿照以前第二目中歲出保留數賬戶之說明處理。

行政費(IX) 凡上項各費之支出記入收方收回之款記入付方。其餘額表示本月份行政費項下各項用款尚未結轉數月結收方餘額應轉入歲出分配數賬戶之收方。

民政費(X) 仿照行政費賬戶之說明處理。

公安費(XI) 仿照行政費賬戶之說明處理。

土地費(XII) 仿照行政費賬戶之說明處理。

財務費(XIII) 仿照行政費賬戶之說明處理。

教育費(XIV) 仿照行政費賬戶之說明處理。

建設費(XV) 仿照行政費賬戶之說明處理。

2. 通常表示付方餘額之賬戶

田賦收入(XVI) 凡依法徵收之田賦收入皆屬之。上項田賦之收入記入付方註銷或退還之款記入收方。其餘額表示本月份田賦收入內尚未結轉數月結付方餘額應轉入歲入分配數賬戶之付方。

契稅收入(XVII) 仿照田賦收入賬戶之說明處理。

營業稅收入(XVIII) 仿照田賦收入賬戶之說明處理。

財產收入(XIX) 仿照田賦收入賬戶之說明處理。

事業收入(XX) 仿照田賦收入賬戶之說明處理。

行政收入(XXI) 仿照田賦收入賬戶之說明處理。

其他收入(XXII) 仿照田賦收入賬戶之說明處理。

預納款(XXIII) 仿照以前第一目中預納款賬戶之說明處理。

借入款(XXIV) 仿照以前第一目中借入款賬戶之說明處理。

保證金(XXV) 仿照以前第一目中保證金賬戶之說明處理。

代收款(XXVI) 仿照以前第一目中代收款賬戶之說明處理。

暫記收款(XXVII) 仿照以前第一目中暫記收款賬戶之說明處理。

歲出預算數(XXVIII) 仿照以前第二目中歲出預算數賬戶之說明處理。

歲出分配數（XXIX）凡按月或按期由歲出預算數內攤充之分配定額皆屬之奉令核准分配數及其變動數記入付方。結轉各歲出款等賬戶之月結收方餘額歲出保留數賬戶之年結收方餘額記入收方其餘額表示歲出分配數內尚未開支數月份間不能流用之歲出分配數結餘及年結付方餘額應轉入預計本年度收支盈絀賬戶之付方。

歲出保留數準備（XXX）仿照以前第二目中歲出應付數準備賬戶之說明處理。

歲出應付數（XXXI）仿照以前第二目中歲出應付數準備賬戶之說明處理。

本年度預計收支盈絀（XXXII）凡本年度預計收支盈絀之數額皆屬之歲入預計數額記入付方。歲出預計數額記入收方其餘額表示本年度預計收支盈絀數年結付方或收方餘額應轉入以前各年度收支盈絀賬戶之付方或收方。

以前各年度收支盈絀（XXXIII）凡以前各年度實際收支盈絀之數額皆屬之除于本年度結賬時轉入本年度預計收支盈絀賬戶之餘額外其在本年度之中收以前各年度歲入應收數或收回以前各年度誤付或透付數記入付方以前各年度歲出應付數或註銷及退還以前各年度收入數記入收方其付方或收方餘額表示以前各年度實際收支盈絀數。

（二）各賬項分錄之例

1. 年度開始時應將上年度資力及負擔各賬戶之結數轉入本年度各賬戶之中其分錄法如下：

收項　現金(I) 備用金(II) 押金(III) 暫記付款(IV) 歲入應收數(V) 以前各年度收支盈絀(XXXII)

付項　預納款(XXIII) 借入款(XXIV) 保證金(XXV) 代收款(XXVI) 暫記收款(XXVII) 歲出保留數準備(XXX) 歲出應付款(XXXI) 以前各年度收支盈絀(XXXIII)

2. 奉令核准本年度歲入歲出預算數及某月份歲入歲出分配數若干。

(a) 收項　歲入預算數(VI)

付項　本年度預計收支盈絀(XXXI)

(b) 收項　本年度預計收支盈絀(XXXI)

付項　歲出預算數(XXVIII)

(c) 收項　歲入分配數(VII)

付項　歲入預算數(VI)

(d) 收項　歲出預算數(XXVIII)

付項　歲出分配數(XXIX)

附註 1. 如預算與分配數各有核准追加或核減等情形，可仿照上述第一二兩目中分錄方法處理。

3. 徵收而未經納入之歲入款若干。

收項　歲入應收數（V）

付項　田賦收入（XVI）契稅收入（XVII）營業稅收入（XVIII）財產收入（XIX）事業收入（XX）行政收入（XXI）其他收入（XXII）

4. 納入本年度某某歲入款未經記入歲入應收數賬戶之收方者若干。

收項　現金（I）

付項　田賦收入（XVI）契稅收入（XVII）營業稅收入（XVIII）財產收入（XIX）事業收入（XX）行政收入（XXI）其他收入（XXII）

5. 納入以前各年度某某歲入款未經記入歲入應收數賬戶之收方者若干。

收項　現金（I）

付項　事以前各年度收支盈絀（XXXIII）

6. 納入某某歲入款曾經記入歲入應收數賬戶之收方者若干。

收項　現金（I）

付項　歲入應收數（V）

第三編　第六章　對於以上各項制度之批評及擬議

六七一

7. 購置與營造上合同之簽訂與定單之發出其估計數若干。

收項　歲出保留數(VIII)

付項　歲出保留數準備(XXX)

8. 發生而未經支付之本年度歲出款未經記入歲出保留數準備賬戶之付方者若干。

收項　行政費(IX)民政費(X)公安費(XI)土地費(XII)財務費(XIII)敎育費(XIV)建設費(XV)

付項　歲出應付數(XXXI)

9. 發生而未經支付之本年度歲出款會經記入歲出保留數準備賬戶之付方者若干。

收項　歲出保留數（估計金額）(VIII)

付項　歲出保留數準備（估計金額）(XXX)

收項　行政費(IX)民政費(X)公安費(XI)土地費(XII)財務費(XIII)敎育費(XIV)建設費(XV)

付項　歲出應付數（實際金額）(XXXI)

（俱係實際金額）

10. 發生而未經支付之以前各年度歲出款未經記入歲出保留數準備賬戶之付方者若干。

收項　以前各年度收支盈絀(XXXIII)

11. 發生而未經支付之以前各年度歲出款曾經記入歲出保留數準備賬戶之付方者若干。

付項　歲出應付數(XXXI)

收項　歲出保留數準備(估計金額)(XXX)　以前各年度收支盈絀(如實際金額超過估計金額應將超過數記入本賬戶之收方)(XXXII)

12. 歲出應付數(實際金額)(XXXI)以前各年度收支盈絀(如實際金額不及估計金額應將及數記入本賬戶之付方)(XXXII)

付項　行政費(IX)民政費(X)公安費(XI)土地費(XII)財務費(XIII)教育費(XIV)建設費(XV)

收項　現金(I)

13. 支付以前各年度某某歲出款未經記入歲出應付數賬戶之付方者若干。

付項　現金(I)

收項　以前各年度收支盈絀(XXXIII)

14. 支付某某歲出款會經記入歲出應付數賬戶之付方者若干。

付項　歲出應付數(XXXI)

15. 付項　現金(I)
收項　收到預納款項若干。
16. 付項　預納款(XXIII)
收項　現金(I)
奉准借到款項若干。
17. 付項　借入款(XXIV)
收項　現金(I)
收到保證金若干。
18. 付項　保證金(XXV)
收項　現金(I)
收到代收款項若干。
19. 付項　代收欵(XXVI)
收項　現金(I)
收到來源未明之款項若干。

收項　現金(I)
付項　暫記收款(XXVII)
20. 收回備用金若干。
收項　現金(I)
付項　備用金(II)
21. 收回押金若干。
收項　現金(I)
付項　押金(III)
22. 收回暫記付款若干。
收項　現金(I)
付項　暫記付款(IV)
23. 收回誤付或透付某某歲出款若干（以前各年度所支付者。）
收項　現金(I)
付項　以前各年度收支盈絀(XXXIII)

第三編　第六章　對於以上各項制度之批評及擬議

24. 收回誤付或透付某某歲出款若干（本年度以前各月份所支付而曾經結轉本年度預計收支盈絀賬戶者。）

收項 現金(I)

付項 本年度預計收支盈絀(XXXII)

25. 收回誤付或透付某某歲出款若干（本年度以前各月份所支付而未經結轉本年度預計收支盈絀賬戶者。）

收項 現金(I)

付項 歲出分配數(XXIX)

26. 收回誤付或透付某某歲出款若干（本月份所支付者。）

收項 現金(I)

付項 行政費(IX)民政費(X)公安費(XI)土地費(XII)財務費(XIII)教育費(XIV)建設費(XV)

27. 暫記收款之來源于據報告判明時暫入各相當賬戶其轉入數若干

收項 暫記收款(XXVII)

付項 田賦收入(XVI)契稅收入(XVII)營業稅收入(XVIII)財產收入(XIX)事業收入(XX)行政

收入(XXI) 其他收入(XXII) 以前各年度收支盈絀(XXXIII) 歲入應收數 (V) 預納款(XXIII) 借入款(XXIV) 保證金(XXV) 代收欸(XXVI) 備用金 (II) 押金 (III) 暫記付款(IV) 以前各年度收支盈絀(XXXIII) 本年度預計收支盈絀(XXXII) 歲出分配數(XXIX) 行政費(IX) 民政費(X) 公安費(XI) 土地費(XII) 財務費(XIII) 教育費(XIV) 建設費(XV)

28. 預納款到達應徵時期轉入各相當歲入款賬戶,其轉入數若干。

付項 預納款(XXVI)

收入 預納款(XXVI)

29. 以保證金抵充各相當歲入款,其賬數若干。

付項 田賦收入(XVI) 契稅收入(XVII) 營業稅收入(XVIII) 財產收入(XIX) 事業收入(XX) 行政

收入 保證金(XXV)

付項 田賦收入(XVI) 契稅收入(XVII) 營業稅收入(XVIII) 財產收入(XIX) 事業收入(XX) 行政

收入(XXI) 其他收入(XXII)

30. 以前各年度歲入應收數奉准註銷時,其註銷數若干。

收項 以前各年度收支盈絀(XXXIII)

31. 本年度以前各月份歲入應收數奉准註銷時其註銷數若干。

付項　歲入應收數(V)
收項　歲入分配數(VII)

32. 本月份歲入應收數奉准註銷時其註銷數若干。

付項　歲入應收數(V)
收項　田賦收入(XVI)契稅收入(XVII)營業稅收入(XVIII)財產收入(XIX)事業收入(XX)行政收入(XXI)其他收入(XXII)

33. 支付備用金若干。

付項　歲入應收數(V)
收項　現金(I)
收項　備用金(III)

34. 支付押金若干。

付項　現金(I)
收項　押金(III)

35. 歲出款未確定而估付與已確定而預付者其數額若干。

收項 暫記付款(IV)

付項 現金(I)

36. 歸還借入款若干。

收項 借入款(XXIV)

付項 現金(I)

37 發還保證金若干。

收項 保證金(XXV)

付項 現金(I)

38. 交付代收款若干。

收項 代收款 XXVI

付項 現金(I)

39. 以前各年度某某歲入款奉准退還時其退還數若干。

收項 以前各年度收支盈絀(XXXIII)

第三編 第六章 對於以上各項制度之批評及擬議

40 本年度以前各月份某某歲入款奉准退還時，其退還數若干。

付項 現金（Ⅰ）

收項 歲入分配數（Ⅶ）

41 本月份某某歲入款奉准退還時，其退還數若干。

付項 現金（Ⅰ）

收項 田賦收入（ⅩⅥ）契稅收入（ⅩⅦ）營業稅收入（ⅩⅧ）財產收入（ⅩⅨ）事業收入（ⅩⅩ）行政收入（ⅩⅪ）其他收入（ⅩⅫ）

42. 暫記付款之性質于據報告判明時轉入各相當賬戶其轉入數若干。

收項 行政費（Ⅸ）民政費（Ⅹ）公安費（Ⅺ）土地費（Ⅻ）財務費（ⅩⅢ）教育費（ⅩⅣ）建設費（ⅩⅤ）以前各年度收支盈絀（ⅩⅩⅩⅡ）歲出應付數（ⅩⅩⅪ）備用金（Ⅱ）押金（Ⅲ）借入款（ⅩⅩⅣ）保證金（ⅩⅩⅤ）代收款（ⅩⅩⅥ）以前各年度收支盈絀（ⅩⅩⅩⅢ）歲入分配數（Ⅶ）田賦收入（ⅩⅥ）契稅收入（ⅩⅦ）營業稅收入（ⅩⅧ）財產收入（ⅩⅨ）事業收入（ⅩⅩ）行政收入（ⅩⅪ）其他收入（ⅩⅫ）

43. 每月結賬之分錄法：

(a) 收項 田賦收入(XVI) 契稅收入(XVII) 營業稅收入(XVIII) 財產收入(XIX) 事業收入 XX) 行政收入(XXI) 其他收入(XXII)

付項 歲入分記數(VII)

(b) 收項 歲出分配數(XXIX)

付項 行政費(IX) 民政費(X) 公安費(XI) 土地費(XII) 財務費(XIII) 教育費(XIV) 建設費(XV)

(c) 如有月份間不能流用之歲出分配數結餘時應為如下之分錄：

收項 歲出分配數(XXIX)

付項 本年度預計收支盈絀(XXXII)

44. 年終結賬之分錄法：

(a) 如本年度實收數大于分配數時應為如下之分錄：

收項 歲入分配數(VII)

付項 暫記付款(IV)

第三編 第六章 對於以上各項制度之批評及擬議

六八一

(b) 付項　本年度預計收支盈絀(XXXI)
　　 收項　本年度預計收支盈絀(XXXII)

如本年度實收數小于分配數時應為如下之分錄：

(c) 付項　歲入分配數(VII)
　　 收項　本年度預計收支盈絀(XXXII)

(d) 付項　歲出保留數(VIII)
　　 收項　歲出分配數(XXIX)

如有未保留及未發生之歲出分配數結餘時應為如下之分錄：

(e) 付項　歲出分配數(XXIX)
　　 收項　本年度預計收支盈絀(XXXII)

如本年度預計收支盈絀數賬戶為收方結餘時應為如下之分錄：

付項　以前各年度收支盈絀(XXXIII)
收項　本年度收支盈絀(XXXII)

(f) 如本年度預計收支盈絀賬戶為付方結餘時應為如下之分錄：

收項　本年度收支盈絀(XXXII)

付項　以前各年度收支盈絀(XXXIII)

（三）總賬各賬戶登記之例

以下各例摘要欄內(1)(2)(3)等係指各賬項分錄之例所舉各例之號次。(I)(II)(III)等係指該賬項對方賬戶之符號。

現　金　(I)

摘　　要	金　　額		
	收項	付項	餘額
(1) 年度開始時傳入上年度現金數若干	XXX		
(4) 納入本年度某某歲入款未經記入歲入應收數眼戶之收方者若干	XXX		
(XVI)(XVII)(XVIII)(XX)(XXII)	XXX		
(5) 納入以前各年度某某歲入款未經記入歲入應收數眼戶之收方者若干 (XXXIII)			
(6) 納入某某款會經記入應收數眼戶之收方者干(V)			
(12) 支付本年度某某歲出款未經記入應付數眼戶之付方者若干 (IX)(X)(XI)(XII)(XIII)(XIV)(XV)		XXX	

(13) 支付以前各年度某某歲出款未經記入歲出應付數賬月之付方者若干(XXXIII)
(14) 支付某某歲出款會經記入歲出應付數賬月之付方者若干(XXXI)
(15) 收到預納款項若干(XXIII)
(16) 奉准借到款項若干(XXIV)
(17) 收到保證金若干(XXV)
(18) 收到代收款若干(XXVI)
(19) 收到來源未明之款項若干(XXVII)
(20) 收回備用金若干(II)
(21) 收回押金若干(III)
(22) 收回暫記付款若干(IV)
(23) 收回誤付或逸付某某歲出款者若干（以前各年度所支付者）(XXXIII)
(24) 收回誤付或逸付某某歲出款者若干（本年度以前各月份所支付而會經結轉本年度預計收支盈絀賬月者）(XXXII)
(25) 收回誤付或逸付某某歲出款者若干（本年度以前各月份所支付而未經結轉本年度預計收支盈絀賬月者）(XXXIX)
(26) 收回誤付或逸付某某歲出款者若干（本月份所支付者）(IX)(X)

XXX
XXX
XXX
XXX
XXX
XXX
XXX

XXX

XXX

XXX

XXX

摘　　要	備　用　金 (II)		
	收項	付項	餘額
(XI)(XII)(XIII)(XIV)(XV)	XXX		
(33) 支付備用金若干(II)		XXX	
(34) 支付押金(III)		XXX	
(35) 歲出款未確定而估付與已確定而預付者其數額若干(IV)		XXX	
(36) 歸還借入款若干(XXIV)		XXX	
(37) 發還保證金若干(XXV)		XXX	
(38) 支付代收款若干(XXVI)		XXX	
(39) 以前各年度某某歲入款奉准退還時其退還數若干(XXXIII)		XXX	
(40) 本年度以前各月份某某歲入款奉准退還時其退還數若干(VII)		XXX	
(41) 本月份某某歲入款奉准退還時其退還數若干(XVI) (XVII) (XVIII) (XIX) (XX) (XXI) (XXII)		XXX	
本月收方餘額			XXX
轉入上月收方餘額			

押　金　(III)

摘　　要	金　　　額		
	收項	付項	餘額
(1) 年度開始時轉入上年度備用金結數若干	XXX		
(26) 收回備用金若干(I)	XXX		
(27) 暫記收款之來源於據報告判明時轉入本眼月其轉入數若干	XXX		
(XXVII)		XXX	
(33) 支付備用金若干(I)		XXX	
(42) 暫記付款之性質於據報告判明時轉入本眼月其轉入數若干(IV)		XXX	
本月收方餘額			XXX
轉入上月收方餘額			
(1) 年度開始時聽入上年度押金結數若干	XXX		
(21) 收回押金若干(I)		XXX	
(27) 暫記收款之來源于據報告判明時轉入本眼月其轉入數若干(XX			

暫 記 付 款 (IV)

摘　　要	金　　額		
	收項	付項	餘額
(1) 年度開始時轉入上年度暫記付款結數若干		XXX	XXX
(22) 收回暫記付款者若干	XXX		XXX
(27) 暫記收款之來源于據報告判明時轉入本賬戶其轉入數若干 (XXXVII)	XXX		XXX
(35) 歲出款未確定而估付與已確定而預付者其數額若干 (I)		XXX	XXX
(42) 暫記付款之性質于據報告判明時轉入各相當賬戶其轉入數若干 (IX) (X) (XI) (XII) (XIII) (XIV) (XV) (XXXII) (XXXIII) (II) (III)		XXX	XXX

轉入上月收方餘額

本月收方餘額

Ⅶ) 支付押金者若干 (I)

(34)

(42) 暫記付款之性質于據報告判明時轉入本賬戶其轉入數若干 (IV) ……………………………………… XXX XXX

歲入應收數 (V)

摘 要	金　　額		
	收項	付項	餘額
轉入上月收方餘額			XXX
(XXIV)(XXV)(XXVI)(XXXIII)(VII)(XVI)(XVII)(XVIII)(XIX)(XX)(XXI)(XXII) 本月收方餘額			XXX
(1) 年度開始時轉入上年度歲入應收數結數若干	XXX		
(3) 徵收而未經納入之歲入欠若干(XVI)(XVII) (XX)(XXI)(XXII)	XXX		
(6) 納入其未歲入欠經記入歲入應收數眼月之收方者若干 (XIX)		XXX	
(27) 暫記收款之來源于據報告判明時轉入本眼月其轉入數若干 (XXVII)	XXX		
(30) 以前各年度歲入應收數奉准註銷時其註銷數若干 (XXXIII)		XXX	

歲入預算數（VI）

摘要	金額		
	收項	付項	餘額
(31) 本年度以前各月份歲入應收數奉准註銷時其註銷數若干(VII)		XXX	XXX
(32) 本月份歲入應收數奉准註銷時其註銷數若干(XVI)(XVII)(XVIII)(XIX)(XX)(XXI)(XXII)		XXX	XXX
本月收方餘額			XXX
轉入上月收方餘額	XXX		
(2a) 奉令核准本年度歲入預算數若干(XXXII)	XXX		XXX
(2c) 奉令核准某月份歲入分配數若干(VI)	XXX		
本月收方餘額		XXX	
轉入上月收方餘額			

第三編　第六章　關於以上各項制度之批評及擬議

六八九

歲 入 分 配 數 (VII)

摘　要	金　　額		
	收項	付項	餘額
(2c) 奉令核准某月份歲入分配數若干 (VI)	XXX		
(31) 本年度以前各月份歲入應收數奉准註銷時其註銷數若干 (V)	XXX		
(40) 本年度以前各月份某某歲入款奉准退還時其退還數若干 (I)	XXX		
(42) 簿記付款之性質屬于據報各月明時轉入本月份其轉入數若干 (IV)	XXX		
(4ža) 本月份結賬時各歲入款項月之餘額結轉下月份其轉入數若干 (XVI)(XVII)(XVIII)(XIX)(XX)(XXI)(XXII)			XXX
轉入上月收方餘額			
本月收方餘額			
(44a) 本年度結賬時如實收數大于分配數其結轉數若干 (XXXII)		XXX	XXX
(44b) 本年度結賬時如實收數小于分配數其結轉數若干 (XXXIII)		XXX	XXX

歲 出 保 留 數 （VIII）

摘　　要	金　　額		
	收項	付項	餘額
（7）購置與營造上合同之簽訂與定單之發出其估計數若干（XXX）		XXX	
（9）發生而未經支付之本年度歲出數會經記入歲出保留數準備賬戶之付方者若干（XXX）		XXX	
本月收方餘額			XXX
轉入上月收方餘額	XXX		
（4 c）本年度結賬時本賬戶之結轉數者干（XXIX）	XXX		

行政費——建設費（IX—XV）

摘　要	金　　額		
	收項	付項	餘額

田賦收入——其他收入（XVI—XXII）

摘要	金額		
	收項	付項	餘額
(8) 發生而未經支付之本年度歲出款未經記入歲出保留數準備賬月之付方者若干(XXXI)	XXX		
(9) 發生而未經支付之本年度歲出款會經記入歲出保留數準備賬月之付方者若干(XXXI)	XXX		
(12) 未付本年度某某歲出款未經記入歲出應付數賬月之付方者若干(I)	XXX		
(26) 收回說付或溢付某某歲出款者若干(I)	XXX		
(27) 暫記收款之來源于據報告判明時轉入各相當歲出賬月其轉入數若干(XXXVII)	XXX	XXX	
(42) 暫記付款之性質于據報告判明時轉入各相當歲出款賬月其轉入數若干(IV)		XXX	
(43b) 本月份結賬時各相當歲出款賬月之結轉數若干(XXIX)		XXX	XXX

(3) 徵收而未經納入之歲入數若干(V)
(4) 納入本年度某某歲入款未經記入歲入應收數眼月之收方者若干
(27) 曹記收款之來源於據報告判明時記入各相當歲入款眼月其轉入數若干(XXVII)
(28) 預納款到達應徵收時期轉入各相當歲入款眼月其轉入數若干(I)
(29) 以保證金抵充各相當歲入款眼月其轉入數若干(XXIII)
(32) 本月份歲入應收數奉准註銷時其註銷數若干(V)
(41) 本月份某某歲入數奉准退還時其退還數若干(I)
(42) 曹記付款于據報告判明時轉入各相當歲入款眼月其轉入數若干(IV)
(43a) 本月份結眼時各相當歲入款眼月之結轉數若干(VII)

摘要	預納款(XXIII)		
	收項	付項	餘額
	XXX		
	XXX		
	XXX		
	XXX		
		XXX	
		XXX	
		XXX	
		XXX	
			XXX

中國政府會計

摘　　要	借　入　款　(XXIV)		
	收項	付項	餘額
(1) 年度開始時轉入上年度預納款結數若干		XXX	
(15) 收到預納款若干 (I)		XXX	
(27) 暫記收款之來源于據報告判明時轉入本賬月其轉入數若干 (XXVII)		XXX	
(28) 預納款到達應繳時判轉入各相當歲月數眼月其轉入數若干 (XVI)(XVII)(XVIII)(XIX)(XX)(XXI)(XXII)	XXX		
本月付方餘額			XXX
轉入上月付方餘額			
(1) 年度開始時轉入上年度借入款結數若干		XXX	
(8) 奉准借到款項者干		XXX	
(27) 暫記收款之來源于據報告判明時轉入本賬月其轉入數若干 (XXVII)		XXX	

保　證　金　（XXV）

摘　要	金　　額		
	收項	付項	餘額
(1) 年度開始時轉入上年度保證金結數者干	XXX		
(17) 收到保證金者干 (I)	XXX		
(27) 暫記收款之來源于據報告判明時轉入本賬月其轉入數者干 (XXVII)	XXX		
(29) 以保證金抵充各相當歲入款其轉賬數者干 (VXI)		XXX	
(XVIII)(XIX)(XX)(XXI)(XXII)			
(37) 發還保證金者干 (I)		XXX	
轉入上月付方餘額			XXX
(36) 歸還借入款者干 (I)		XXX	
(42) 暫記付款之性質于據報告判明時轉入本賬月其轉入數者干 (IV)		XXX	
本月付方餘額			XXX

中國政府會計

(42) 暫記付款之性質于據報告申明時轉入本眼月其轉入數若干 (IV)

本月付方餘額 XXX

代 收 款 (XXVI)

摘 要	金 額		
	收項	付項	餘額
(1) 年度開始時轉入上年度代收款結數若干	XXX		
(18) 收到代收款項若干 (I)	XXX		
(27) 暫記收款之來源于據報告申明時轉入本眼月其轉入數若干 (XXVII)	XXX		
(38) 支付代收款若干 (I)		XXX	
(42) 暫記付款之性質于據報告申明時轉入本眼月其轉入數若干 (IV)		XXX	
轉入上月付方餘額		XXX	XXX

暫記收款（XXVII）

摘　要	收項	金　額 付項	餘額
(1) 年度開始時轉入上年度暫記收款結數若干			
(19) 收到來源未明之款項者干 (I)			
(27) 暫記收款之來源予據報告判明時轉入各相當賬目其轉入數若干 (XVI)(XVII)(XVIII)(XIX)(XX)(XXI)(XXII)(XXXI) (XXIII)(XXIV)(XXV)(XXVI)(II)(III)(IV)(XXXIII) V (XXXII)(XXIX)(IX)(X)(XI)(XII)(XIII)(XIV,(XV)	XXX XXX	XXX XXX	
本月付方餘額			XXX

摘　要	歲　出　預　算　數（XXVIII）		
	收項	金　額 付項	餘額
轉入上月付方餘額			

摘　要	歲　出　分　配　數　（XXIX）		
	金　額		
	收項	付項	餘額
轉入上月付方餘額			XXX
(2b) 奉令核准本年度歲出預算數若干 (XXXII)		XXX	XXX
(2d) 奉令核准某月份歲出分配數若干 (XXIX)		XXX	XXX
本月付方餘額			XXX
(2d) 奉令核准某月份歲出分配數若干 (XXVIII)			
(25) 收回誤付或逕付某某歲出數若干（本年度以前各月份所支付而未經結轉本年度預計收支盈絀賬月者）(I)			
(27) 暫記收款之來源于據報告判明時轉入本賬月其轉入數若干 (XXVII)			
(43b) 本月份結賬時各歲出款項之餘額結轉本賬月其轉入數若干 (IX) (X) (XI) (XII) (XIII) (XIV) (XV)			XXX

歲出保留數準備（XXX）

摘　要	金　　額		
	收項	付項	餘額
(43c) 本月份結賬時如有月份間不能流用之歲出分配數結餘時其結轉數若干（XXXII）		XXX	
本月付方結餘			XXX
(44c) 本年度結賬時歲出保留數之餘額結轉本眼月其轉入數若干（VIII）	XXX		
(44d) 本年度結賬時如有未保留及未發生之歲出分配數結餘其結轉數若干（XXXII）	XXX		
轉入上月付方結餘	XXX		
(1) 年度開始時轉入上年度歲出保留數準備結存若干			
(7) 賸置購造上合同之簽訂與定單之簽出數若干（VIII）			
(9) 發生而未經支付之本年度歲出經記入歲出保留數準備眼月			

(1) 轉入上月付方餘額

(8) 發生而未經支付之本年度歲出應付數準備結數若干

(9) 發生而未經支付之本年度歲出款會經記入歲出保留數準備賬月之付方者(IX)(X)(XI)(XII)(XIII)(XIV)(XV)

(10) 發生而未經支付之以前各年度歲出款未經記入歲出保留數準備賬月之付方者若干(IX)(X)(XI)(XII)(XIII)(XIV)(XV)

(11) 發生而未經支付之以前各年度歲出款會經記入歲出保留數準備賬月之付方者若干(XXXI)(XXXIII)

本月付方餘額

摘要	歲出應付數 (XXXI)		
	金額		
	收項	付項	餘額
		XXX	XXX
		XXX	XXX
		XXX	XXX
		XXX	
		XXX	
		XXX	

本年度預計收支盈絀（XXXII）

摘要	金額		
	收項	付項	餘額
(11) 發生而未經支付之以前各年度歲出會經記入歲出保留數準備眼月之付方者若干（XXX）		XXX	
(14) 支付某某歲出經記入眼月之付方者若干（XXX）（XXXIII）		XXX	
(42) 曾記付款之性質屬于根據報告判明時轉入本眼月其轉入歲者干（I）	XXX		
(IV) 眼月之付方者若干（XXXIII）			XXX
本月付方餘額			
轉入上月付方餘額			
(2a) 奉令核準本年度歲入預算數若干	XXX		XXX
(2b) 奉令核準本年度歲出預算數若干（VI）（XXVIII）			
(24) 收回誤付或逐付某某歲出款者干（本年度以前各月份所支付而			

中國政府會計論

摘要	金額	
	收項	付項 餘額
(27) 曾經結轉本年度預計收支盈絀賬月者（I）暫記收款之來源于據報告判明時轉入本賬月其轉入數若干	XXX	
(43c) 本月份結賬時如有月份間不能流用之歲出分配數結餘時應結轉本賬月其轉入數若干 (XXIX)	XXX	
本月份付方結餘		XXX
轉入上月付方結餘		
(44a) 本年度結賬時如算收數大於分結餘其結轉數若干 (VIII)	XXX	
(44b) 本年度結賬時如實收數小於分配數其結轉數若干		XXX
(44d) 本年度結賬時如有未保留及未發生之歲出分配數結餘時應結轉本賬其轉入數若干 (XXIX)		XXX
(44e) 本年度結賬時如本賬月為收方結餘時其結轉數若干 (XXXIII)		XXX
(44f) 本年度結賬時如本賬月為付方結餘時其結轉數若干	XXX	

以前各年度收支盈絀（XXXIII）

(1) 年度開始時轉入上年度收支淨絀結數若干　　　　　　　　　XXX　　XXX
(5) 納入以前各年度某某歲入應收數未經記入應收數眼目之收方者
　　若干(I)
(10) 發生而未經支付之以前各年度歲出款未經記入保留數準備
　　眼目之付方者若干(XXXI)　　　　　　　　　　　　　　XXX
(11) 發生而未經支付之以前各年度歲出款曾經記入保留數準備
　　眼目之付方者若干
　　　如貸際金額超過估計金額應將超過數記入本眼目之收方
　　　(XXXI)　　　　　　　　　　　　　　　　　　　　　XXX
　　　如實際金額不及估計金額應將不及數記入本眼目之付方
　　　(XXX)　　　　　　　　　　　　　　　　　　　　　　　　XXX
(13) 支付以前各年度某某歲出款未經記入歲出應付數眼目之付方者
　　若干(I)　　　　　　　　　　　　　　　　　　　　　　　　XXX
(23) 收回誤付或透付某某歲出款者若干(以前各年度所支付者)(I)　　　XXX
(24) 曾記收款之未源于據報告判明時納入以前各年度某某歲入款未
　　經記入歲入應收數眼目之收方者若干(XXVII)　　　　　　　　　XXX
(24) 曾記收款之來源于據報告判明為收回誤付或透付某某歲出款若
　　干(以前各年度所支付者)(XXVII)　　　　　　　　　　　　　　XXX

第三編　第六章　對於以上各項制度之批評及擬議　　　　　　　　七〇三

(3) 以前各年度歲入應收數奉准註銷時其註銷數若干(V)
(39) 以前各年度某某歲入款奉准退還時其退還數若干(I)
(42) 暫記入款之性質于據報告判明爲支付以前各年度某某歲出款未經記入歲出應付數目之付方者若干(IV)
(42) 暫記付款之性質于據報告判明爲退還以前各年度某某歲入款者若干(IV)

本月付方餘額

(44e) 本年度結賬時如本年度預計收支盈絀賬目爲收方結餘時其轉入數若干(XXXII)
(44f) 本年度結賬時如本年度預計收支盈絀賬目爲付方結餘時其轉入數若干(XXXII)

轉入上月付方餘額

			XXX
			XXX
		XXX	
		XXX	
	XXX		
	XXX		
XXX			
XXX			

（四）資力負擔表格式內容及說明

某於上述徵收與支出機關聯合制度之擬議吾人可得一年度中資力負擔表之格式內容如下：

資 力 負 擔 表

某年某月某日

資力類：
現金
備用金
暫記付款
歲入應收數
歲入預算數
歲入分配數

負擔類：
預納款
借入款
保證金
代收款
暫記收款
歲出預算數
歲出分配數
減歲出保留數
歲出保留數準備
歲出應付數
本年度預計收支盈絀
以前各年度收支盈絀
負擔總計

資力總計

第三編　第六章　對於以上各項制度之評批及擬議

七〇五

以上所述資力負擔表于年終結賬時歲入預算數歲入分配數歲出預算數歲出分配數及歲出保留數五賬戶俱已結轉故無須在上表中表明，此年終報表之異於年度之中報表者也。

第四編 附論

第一章 辦理會計事務機關之成立交代及結束

本書第二三兩編之所論，皆以會計機關日常工作為範圍，而其成立交代及結束等事務不預焉。第會計事務輒與各該機關相終始，而會計人員工作，亦佔機關中重要之地位，本章所述當不謹為會計人員應知之常識已也。

第一節 辦理會計事務機關之成立

本節所申述之會計機關，乃指吾國現時政府某主管機關中或某機關中會計主管部份而言。而與本書第一編第二章中所論之各種縱橫式機關稍有差異。又此部份之工作除會計外，現時強半包括歲計統計審核及現金出納等事務在內。而為切合實用起見，故著者於此亦擬加以討論，茲先就辦事細則之規定與人員工作之分配兩點分述之。

第一目 辦事細則之規定

普通每會計主管部份辦事細則之規定，應包括以下十點：

1. 本機關組織法有關會計條文之申述 會計主管部份規定辦事細則之根據為本機關組織法有關會計之條文，故於斯項條文之次第及其內容應首先為之複述。

2. 主管長官職權之申述 本機關組織法中關於會計部份主管長官之職權，亦多有加以規定者。如有斯項條文于辦事細則，亦應首先行為之複述。通常一會計部主管長官在本機關組織法中所予賦之職權大致如下：（一）關于會計規程及各種賬簿表冊格式之擬訂事項，（二）關于編製會計報告事項，（三）關于登記賬簿事項，（四）關于現金出納及有關收支單據之簽字蓋章事項，（五）關于會計文件之會核事項，（六）關于會計上賬簿之接收及保管事項，（七）關于出席或列席各項會議事項，（八）關于所屬人員工作之分配事項，（九）其他關于會計一切事項。

3. 分科（股）職掌之規定 會計主管部份內部組織之廣狹，大致依本機關組織法所賦予之權限為範圍。茲以某主管機關之會計部份為例，其組織大致可分總務預算簿記計算決算及現金出納五科。第一總務科主管事務如下：（一）關于文件撰擬繕寫校對及收發事項，（二）關于案卷之保管整理事項，（三）關于法令之公

告或通知事項，（四）關于本部份所需經費及物品之預算及分配事項，（五）關于不屬其他各科事項第二預算科主管事務如下：（一）關于本機關單位年度概算預算審查編訂及提交事項，（二）關于月份分配預算之審定及核轉事項，（三）關于所屬機關辦理預算之指導及整理事項，（四）關于所屬機關辦理預算之查詢及答覆事項，（五）其他關于預算事項第三簿記科主管事務如下：（一）關于整理原始單據及所屬機關造送收支報表之審定及核轉事項，（二）關於編製傳票事項，（三）關于登過賬簿事項，（四）關于會計總報告之編製事項，（五）關于所屬機關簿記上之指導及整理事項，（六）關于所屬機關簿記上之查詢及答覆事項，（七）關于會計上賬簿之移交接收及保管事項，（八）其他關於簿記事項第四計算決算科主管事務如下：（一）關于所屬機關月份收支計算之核轉事項，（二）關于各項決算之審查編訂及提交事項，（三）關于所屬機關辦理計算決算及交代之指導整理事項，（四）關于所屬機關辦理計算決算及交代之查詢及答覆事項，（五）關于所屬機關辦理計算決算及交代之事項，（六）其他關于計算決算及交代之事項。第五現金出納科主管事務如下：（一）關于管理現金出納事項，（二）關于管理領欵發欵及解繳各款手續事項，（三）關于所屬機關收支手續上之查詢及答覆事項，（四）關于所屬機關收支手續上之指導及整理事項，（五）關于保管銀行存摺應收票據及其他有關收支之單據事項，（六）其他關于現金出納事項。

茲再以某機關（如普通徵收與支出機關）之會計部份爲例其組織大致可分總務編核簿記，及現金出納

四股。第一總務股，其職掌與上節所述者相同。第二編核股主管事務如下：（一）關于編造及核對概算書預算書及月份分配表事項，（二）關于編造及核對一切收支報表事項，（三）關于編造及核對一切收支報表事項，（三）關于編造及核對計算書決算書及交代清冊事項，（四）其他關于編核事項。第三簿記股主管事項如下：（一）關于整理原始單據事項，（二）關于製傳票事項，（三）關于登記賬簿事項，（四）關于賬簿表單書冊之保管事項，（五）其他關于簿記事項。第四現金出納股主管事務如下：（一）關于管理現金出納事項，（二）關于管理領款及解繳各款手續事項，（三）關于處理發給薪俸工餉收據事項，（四）關于保管銀行存摺應收票據及其他有關收支之單據事項，（五）其他關于現金出納事項。

4. 每科（股）主管及所屬人員數額之規定　辦事細則上于規定分科（股）職掌後應隨將每科（股）主管及所屬人員之數額與各該人員所負相當之責任加以規定。如「每科（股）設科（股）長一人科股員若干人」等條文屬之。

5. 辦理文書其他事務程序之規定　所謂辦理文書及其他事務程序即指收發文程序以及文件之撰擬繕寫校對及用印等手續之規定。

6. 辦理會計事務程序之規定　本項規定，實佔辦事細則中之最重要部份故有專為劃分而另行規定會計規程者。然其要點總不外下列之二項：第一應包括財務行政上一切辦理預算現計及決算之程序，第二于一切處

理簿記事務之手續亦須有縝密之規定。惟以上兩項手續上之規定，固不得與現行法令相牴觸，而其中有必經主管機關核准方能施行者，則必先經呈請備案而後公布之。

7. 管理人事之規定 其中如辦公時間之輪值，及請假日期，例須加以規定。而考勤及獎懲等辦法尤佔其中一重要之地位。

8. 會議及其他之規定 會計主管部份為集思廣益力圖整理會計事宜起見，得於辦事細則中規定召集會計會議，而以本部份主管長官各科（股）長及所屬機關會計事務之負責人員出席，至斯項會議會期之決定可依主管長官視有無需要隨時規定之。

9. 公布施行日期之規定 如規定「本細則自呈請主管機關長官核准之日公佈施行」等是。

10. 本細則條文修改方法之規定 如規定「本細則未盡事宜得隨時呈請修改」等是。

第二目 人員工作之分配

關于會計部份人員工作之分配茲舉上述普通徵收與支出機關為例而申述之。第一總務股，應設股長一人，統轄本股事務其下可置文書保管及書記三員主管本股各項事務第二編核股應設股長一人統轄本股事務其下又須有辦理預算現計及決算各員之設置第三簿記股應設股長一人統轄本股事務其下須有編製傳票員登記員及過賬員之三人第四出納股亦應設股長一人統轄本股事務。而應有管理普通現金出納員及管理備用金

第四編 第一章 辦理會計事務機關之成立交代及結束

七一一

出納員兩人隸屬之以上爲普通徵收與支出機關會計部份人員工作分配之詳情至在上述某主管機關會計部份之事務自較繁複故人員工作之分配亦卽稍有差異然其大致與前項分配方法無殊也。

第二節　辦理會計事務機關之交代

普通公務機關移交接收等事項,大半爲所經辦會計事務之交代。茲按吾國現行之公務員交代條例(二十年十二月十九日國民政府公布)之規定述之于下:

第一目　公務員交代條例關于交代之規定

前後任應交代之事項如下:(一)經費實領實支及其餘存數,(二)經收各款項已解未解數,(三)票照存根及未用票照與票照性質類似之各種單證,(四)領售及餘存印花稅票或其他債券,(五)公有財產及物品,(六)印章及各種文卷圖書表單簿記收支憑證(見公務員交代條例第二條。)前後任交代時直接上級機關或主管長官應派員監盤(上項條例第三條。)前任人員應于後任接替之日將印章及一切存款移交清楚其餘交代事項至遲應于一箇月內造具清冊悉數移交後任接收非經取得交代清結證明書後不得擅自離去任地。但因病卸任或在任病故者得由各該機關佐理人員代辦交代仍由前任負責(見上項條例第四條。)前三條之規定於因被裁而卸任之人員對接收人員移交時準用之(見上項條例第五條。)凡款項交代收入之款以票據

印簿為憑支出之款以單據為憑公有財產及物品以財產目錄財產增損表及以前移交清冊為憑其有解款劃款撥欠者解款以回證或銀行銀號錢莊票據為憑劃撥之欠以往來文電及領欠機關收據為憑（見上項條例第六條。）後任或接收人員接到移交清冊時應即同監盤員於十日內逐項盤查清楚出具交代清結證明書交前任或被裁人員呈繳並會呈上級機關或主管長官查核（見上項條例第七條。）後任人員所造各項表冊其開始日期應與前任人員造報截止日期銜接（見上項條例第八條。）前任或被裁人員無論現任或調任遇交代不清逾限一月以上者停止任用並限期嚴追（見上項條例第九條。）交代清冊內如發現有虛捏或漏報情事除報病故者除查封其財產抵償外並應依法懲處之（見上項條例第十條。）後任或接收人員對於交代故意留難或延不結報者予以記過減俸或免職處分（見上項條例第十一條。）交代清冊內如發現有虛捏或漏報情事除將前任或被裁人員予以記過或減俸處分但自行揭報者不在此限前項情形如後任或接收人員或監盤人員通同舞弊時除依法懲處外並應共負賠償之責（見上項條例第十二條。）因交代不清而停止任用之人員任何機關不得予以任用（見上項條例第十三條。）

第二目　吾國現時辦理移交接收監盤等情形之說明

上目所述為現行法中關於交代之規定至現時實際辦理交代時卸任長官應自接任之日起，至卸任之前一日止，所管下列各項分別造具交代清冊二份會同監盤員移交接任長官或接收人員，（一）收入欠與經費款各

照四柱格式分別編造清冊凡在新收及開除兩柱項下,整年度之收支按各該年度收支總數逐年度分列,並註明詳某年度決算書收支對照表字樣未及整年度之收支則按各該月份收支總數逐月分列,並注明詳某月份計算書收支對照表字樣其在卸任月份之收支如非整月份者可仿照月份收支明細表格逐筆分列之。(二)票照印花稅票及其他債券之收付存留情形,亦按四柱格式分別編造清冊,(三)公有財產及物品之清冊係依最近年度決算財產目錄所列之數。再將自編送財產目錄後至卸任之日止之各月份財產增損應另行開單交由後任併入計算書內列報。(四)印章及各種文卷圖書冊簿記收支憑證等,亦應分類編造清冊列報。(五)收入欠與經費欠清冊所列收付各柱內含有預納欠借入欠保證金代收欠暫記收欠暨押金及暫記付欠者,應加編借貸清冊一種連同前任未結之案逐款列報又收入款內之歲入應收數與經費款中之歲出應付數等亦逐項列入此項借貸清冊以明該機關債權與債務之正確情形。

以上各清冊上之應移交各項,均由卸任長官于移交之日移至後任或接收人員至于清冊至遲於隨後一個月內造齊陸續補送如上述移交各項爲現金銀行存款或應收票據之類接任長官多應隨即解繳于應收款之機關。至接任長官或接收人員接到移交表冊後應立即會同監盤員逐項盤查至遲于隨後十日內核明並出具交代清結證明書交卸任長官呈繳主管機關并由三方面于交代清冊兩份上署名蓋章以一份聯銜呈報主管機關核明備案,以一份存本機關備查。

各種簿冊，通常卸任長官應于最後所記之一行，加蓋名章，移交後任。而接任長官應即連續使用，不得擅自更換新簿。

每月預算計算及其他應造報表，現時各卸任長官，大致依下列四種方法處理：（一）支付預算書及請款書額定經費應截至交卸之月止。分支機構之提成經費應至交卸之前一月完全辦竣。（二）各種日報應由卸任長官截至交卸之前一日止完全造報。（三）各種旬報應由卸任長官交卸之前一旬止完全造報。（四）計算書及應附各表應由卸任長官截至交卸之前一月止完全造報，至不滿整月之收支各款，由卸任長官造具截日計算表，檢同單據移交後任併作整月造報。

第三節　辦理會計事務機關之結束

一機關之結束，不外裁撤與歸併其他機關之兩種。後者于會計事務之結束，則仍與交代時所辦理者同。而前者則稍有區別。然大致程序亦多與交代時相彷彿。茲將吾國現時關于斯項結束情形之概要述之于次：（一）交代時應編結束清冊祇須一份，以無須存留一份于本機關備查故也。（二）裁撤之機關應將一切手續結束清楚，交接收人員接收其結束期限，通常得視交代稍寬。（三）關于裁撤機關之結餘款項，如現金銀行存款或應收票據之類，原任長官應于裁撤之日，掃數解繳于應收欵機關。（四）裁撤機關之計算書應編

至結束之日為止。(五)至結束之日為止年度決算亦須同時造報。(六)如所屬分支機關幷未隨同裁撤而改隸其他機關管轄者，則分支機關之計算及決算由接管之總機關分別辦理之。

第四節　對于以上各項手續之批評及擬議

觀於以上三節所述，第一關於會計機關成立現時多半有辦事細則之規定，斯項規定于日常工作足資循率，故無甚可議之處。第二關於會計機關交代現時有編造交代清冊之規定，而斯項收支清冊內應包括卸任長官任內所有收入款及經費款新收及開除之事項，其實已有決算計算書表報告者，該卸任長官于斯項收支已對主管機關解除責任似無重爲開列清冊交與後任之必要。故著者意見以爲卸任長官祇須將交卸前之收支而未經編製計算及決算書表之部份開列清冊交于後任，以爲彙編整期間計算決算書表之根據。至于稅票財產物品印章文卷圖書及其他債權債務之類現時俱應列入清冊交與後任及呈報主管機關，亦無可議之處。第三關于會計機關結束現時亦須編製清冊，而清冊中又有若干收支可以無須列報者其情形正與前論會計機關交代時相同也。

更有進者各機關組織如照本書第一編第二章中之擬議採用四權分立制度則雖長官更替於會計部份之工作，毫無妨礙。現行之一切交代程序既可藉以省去工作效率之加增定在吾人意料中也。

附錄 雍家源先生傳略①

王慶成

雍家源先生曾任復旦大學教授和會計系系主任、上海財經學院教授、上海社會科學院研究員，主要著作有《中國政府會計論》，是我國20世紀30～50年代最有影響的政府會計學家。

青年時期 艱辛求學 成績卓越

雍先生1898年2月1日出生於江蘇南京。先生的祖父是郊區佃農。雍父幼年爲織綿緞徒工，后發展成小手工業主。他六歲開始先后在徐氏私塾、程氏私塾、駱氏私塾念書。八年間除了啓蒙的三字經、百家姓、千字文外，讀完了《四書》《五經》以及《孝經》《周禮》《儀禮》《爾雅》等共十三經。后來駱老夫子見科舉已廢，就勸他上洋學堂。雍先生遂入基督教青年會中學學習英語。他每學期成績都是最優。

雍先生1915年中學畢業后，被保送到金陵大學，先學英文，后改習經濟。他擅長英語，兩次代

---

① 此傳略根據雍家源先生自傳及其家人提供的書面材料編寫。——王慶成

表學校參加金陵、聖約翰、東吳、之江四校的英語辯論會，都奪得銀杯。他讀完大學二年級，經陶行知先生介紹到安徽州三中教英語。他教課認真，學生作業當天批閱發還，課後還同學生一起打籃球，深得學生愛戴。他常領學生到街頭宣傳當地還風行的纏足有害，排演話劇反對封建禮教，校長頗為不滿。一年後聘期屆滿，他毅然離去返金大學習。1921年秋，修完最後部分課程，以優秀成績獲得經濟學學士學位。

雍先生大學畢業後，先去安徽第一農業學校任英文教師，後到南京東南大學附中當首席英文教師。他採用『直接教學法』，與鄰校教師組織英文教學法研究會，邀請幾位外籍教師在課餘教學生英語會話，有效提高了學生學習英語的水平。

雍先生於1923年8月出國。由金陵大學美籍校長包文給賀格爾教授去信，請他聯系雍先生去西北大學攻讀碩士學位。出國所需費用除他兩年來授課積蓄的一千餘元外，祇能靠老同學組織的互助會融通款項。入學後，學費除第一學期由賀爾格資助外，以後各學期皆靠成績優秀而獲得免費待遇：伙食費靠他每天為學生食堂擦盤子來抵償；零用錢則依賴他每星期六晚到中餐館做侍應工作四小時挣得。雍先生在該校改學銀行，兩年後取得工商管理碩士學位。由於會計課程成績特別優秀，老師推薦他為美國拜塔（beta）榮譽會計學社會員。學校介紹他到芝加哥一銀行工

作，他繼續在西北大學進修，直到1928年6月回國。雍先生是靠奮力打工、刻苦學習獲得學位、載譽而歸的。

雍先生回南京後　涉足宦海　堅持教書

雍先生回南京後，經大學同學應鐘介紹，去舊政府審計部任協審，同時在金陵大學教課。半年後因剔除副部長之子的乾薪，雍先生已確定的加薪50元一事被撤銷，乃另謀出路。先後到中央大學學區教育行政院當會計師，中央大學商學院任教授和會計系主任，并在光華大學兼課。1930年春，曾與雍先生在中央大學共事的舊財政部會計司司長秦汾邀他去擔任主任專員。在那裡他設計過一套會計制度，協助草擬一些財務法規，在金陵、中央、光華等院校講授會計、審計。

在此特別需要提及的是，雍先生在長期任教的基礎上，獨自一人編寫了一部《中國政府會計論》，於1933年11月由商務印書館出版。他在『自序』中寫道『泰西各國書籍上之理論，既未盡合吾國之國情，而國內專書無多⋯⋯用於講學詒事，取捨審慎。該書包含在當時的《大學叢書》中，《大學叢書》委員會名單上赫然列有蔡元培、胡適、馬寅初、王雲五、翁文灝、顧頡剛、鄭振鐸、竺可楨諸多名家。該書對於中國現代會計發展史的研究具有重要價值。郭道楊教授《中國會計史稿》下冊第

附錄　雍家源先生傳略

七一九

456頁中,對這本著作做了較高的評價。

1935年4月,舊政府審計部邀雍先生回該部任審計,兼總務長,復審各機關費用報銷,參加草擬審計法。1937年抗日戰爭爆發,審計部撤至重慶,雍先生曾兼任北碚復旦大學會計系教授。后來他與3位同事主張審計調度人員需經審計會議通過才能任命,以保障審計職權獨立行使,此議與審計部次長意見相左,3人先後被調離。雍先生被外調任湖南省審計處長。在湖南,他着力提倡廉潔,常到有關單位演講,強調摒除貪污,戒絕浪費,省裏發給處裏及他個人的年終獎金也拒絕接受,并無處分。1943年,處裏第三組主任趙某有貪污嫌疑,他調查取證,向審計部檢舉,結果趙某僅被調離,并在銀行人員訓練所和求精高專任教。離開湖南后,前往重慶,完全脫離政界,從事教育工作,到重慶大學擔任教授和工商管理系主任,并在銀行人員訓練所和求精高專任教。當時物價日益高漲,爲維持八口之家(6個子女)生計祇能如此。日本投降后重由180磅降至134磅。一身三任,十分勞累,體爲了盡快返回故鄉,他同意舊主計處的要求擔任南京市政府會計長。在此4年中,主辦南京市總預算和總會計,同時也在一些院校授課。

1948年底,國內形勢急轉直下,解放大軍即將渡江。雍先生不滿地方當局無視預算,遂辭去舊南京市會計長之職。后被調任舊糧食部會計長,即隨機關遷到廣州,不久舊糧食部撤銷,改爲田

糧署，不設會計長，其工作另行安排。此時上海糧食公司邀他赴滬開會，他到滬后隨同何士芳、朱錦江兩先生，會見當時的復旦大學校長章益，章益當即約他到復旦任教。他看到三大戰役后反動政權趨於瓦解，就表示同意，至復旦開始講課。那時，舊政府已決定調任雍先生爲交通部會計長，令要員攜委任狀到上海勸說他赴穗就任，遭他一口回絕。此前，有位曾在徐州待過的友人曾對他說：「解放軍紀律嚴明，像你這樣的人大可不必走。」這番話對雍先生決心留下來也起了促進作用。

日新又新　煥發精神　改革教研

1949年5月上海解放，復旦大學9月初開始新學期的教學。雍先生被任命爲會計系系主任，直到1952年暑假院系調整爲止。政府會計課通常在高年級上，他熟練而深入的講授，深受同學們歡迎。他和同學們平等相處，能夠溝通思想，敞開心扉。他同擔任工作的學生經常聯系，能較好地貫徹學校黨組織的工作安排。通過日常政治學習、思想改造運動及其他各項運動，他的思想覺悟有顯著提高，對曾爲舊中國統治者效力那一面有了認識，決心「逐步樹立工人階級思想，忠誠老實地爲人民服務，服從組織分配，以人民利益爲第一」（本人自傳中語）。1949年末至1951年初曾先后在上海商學院、南京大學兼課，后來他認爲如此分散精力不妥，自覺地謝絕了邀請。

附錄　雍家源先生傳略

七二一

1952年秋院系調整,復旦商學院併入以上海商學院爲主新建的上海財經學院。他在思想改造的基礎上,積極致力於教學改革。他除完成授課任務外,編寫、出版了《會計核算原理》一書,該書是基於新的社會主義經濟核算理論寫出來的。他還與預算會計小組的教師一起,在半年內編寫出一本吸收蘇聯先進理論、結合我國建設實際的《預算會計講義》,以後每年修改一次。當時國內尚無公開出版的適應新形勢的政府會計教材,連校內使用的講義也很少見,該講義的編出滿足了當時教學內容更新的急需。雍先生考慮到要「借助於組織活動來鞏固已獲得的進步,并不斷前進」,於1956年1月參加中國民主建國會。當時雍先生努力學習了中國革命史、馬列主義基礎、政治經濟學、辯證唯物主義等政治理論,這對他思想水平的提高和業務能力的增長都發揮了重要作用。他全心全意學習蘇聯先進經驗,注意研究現實問題,認真貫徹「百家爭鳴」方針。1956年秋調整工資級別,那時有些資歷同他相當的老師評爲二級,領道上擔心他不滿意特地找他談話。他在一年多以前曾與其他教授一起要求降低工資,每月工資降爲220元,現評爲三級250元,已有增加。他是一位凡事知足的人,當即表示沒有意見,欣然接受。這時期他家分到三室一廳的新建宿舍,雍師母走出家門參加了家屬委員會的工作,孩子工作的、上學的各得其所,全家過得都很開心。這一年,黨組織對雍先生的歷史問題作了實事求是的結論,他更能安心地工作

1957年春上海財院召開各民主黨派鳴放會，由於他平時講話謹慎，且國家對知識分子工作、生活安排得很周到，心存感激，發言比較穩當。

1958年上海財經學院被撤銷，大部分人員分配到上海社會科學院，財經教師多數去了其經濟研究所，雍先生則被分配到歷史研究所。該所附近的藏書樓存有大量英文書籍、報刊等，他被分配翻譯與太平天國有關的英文資料。雍先生長於英文，并認爲此類資料十分重要，他自出資金，把資料從藏書樓的一些珍貴史料是不能外借的，爲了避免每天往返奔波，他自出資金，把資料先拍成膠片，再放大成照片，在家日夜伏案翻譯。先生在歷史所期間，翻譯成果達一百餘萬字。隨着調整方針的落實，上海財院於1964年恢復。上海社科院中經濟所的上財人員大部分回原單位，而翻譯工作正可發揮他長於英語的優勢，故把他留了下來。對於不能回到他熟悉的會計教學崗位，雖一度不免有些悵然，後來他還是愉快地接受了這一安排。

1966年「文革」開始。社科院沒有學生，成員多數爲知識分子，行動尚較「文明」。8月1日《橫掃一切牛鬼蛇神》社論發表，「革命」行動迅速升溫，當晚歷史所革命羣衆便到雍先生家抄家，從十一點抄到次日凌晨五點多，并無「收穫」。1967年秋歷史所去上海奉賢的農場，領道安排他去老

附錄　雍家源先生傳略

七二三

年養兔隊。在農場邊搞運動邊勞動，他不以爲苦，總是積極努力地參加，有一次大游行，他隨隊伍一口氣走了三十里路。

雍先生到農場一年多后感染了急性肝炎，被送到傳染病院治療。治好后爲防傳染他人，所裏讓他在家休養，后於1972年辦理了退休。1974年夏經檢查發現患有腸癌，醫生決定採取保守療法。雍先生於1975年9月8日因病醫治無效辭世，享年78歲。

雍家源先生的一生，是典型的中國老知識分子奮鬥的一生。他從舊私塾到洋學堂到漂洋過海，既在學校執教，又曾在舊政府供職，埋頭業務工作，不過問政治，最后與舊政府訣別，參加社會主義建設大業。他一生鍥而不舍，積澱深厚，誨人不倦，桃李滿園；律己以嚴，待人以寬，與時俱進，常學常新；對專業奮力攀登，對生活知足常樂，學術上卓有成就，教研上鞠躬盡瘁。雍先生不論是上大學、出國留學，還是后來搞教學、搞翻譯，都能刻苦耐勞、奮力拼搏，他的一切成就都來自於艱苦奮鬥。後半輩子更是過上了新的生活，他堅定地跟着共産黨走，堅持不懈地走社會主義道路。

2015年4月

《會計經典叢書》已出版著作目錄

書　名	作　者
《簿記論》	盧卡・帕喬利
《連環帳譜》	蔡錫勇
《銀行簿記學》	謝　霖
《無形資產論》	楊汝梅
《高級商業簿記教科書》	潘序倫
《改良中式簿記概說》	徐永祚
《會計理論》	埃爾登・S・亨德里克森
《公司會計準則緒論》	W・A・佩頓，A・C・利特爾頓
《中國政府會計論》	雍家源